Klartext

Veröffentlichungen des Stadtarchivs Essen
Band 1

Klaus Wisotzky

Vom Kaiserbesuch zum Euro-Gipfel

100 Jahre Essener Geschichte im Überblick

Für Dagmar,
Bettina, Fabian und Matthias

Die vorliegende Publikation wurde durch
eine Zuwendung der ALLBAU-Stiftung Essen /
ALLBAU Essen AG gefördert.

Die Deutsche Bibliothek – CIP-Einheitsaufnahme

Wisotzky, Klaus
Vom Kaiserbesuch zum Euro-Gipfel : 100 Jahre Essener
Geschichte im Überblick / Klaus Wisotzky. - 1. Aufl. - Essen:
Klartext-Verl., 1996
(Veröffentlichungen des Stadtarchivs Essen ; Bd. 1)
ISBN 3-88474-497-6
NE: Essen / Stadtarchiv:
Veröffentlichungen des Stadtarchivs ...

1. Auflage Juni 1996
Ausstattung und Satz: Klartext Verlag
Lithographie: Digiprint, Erfurt
Druck und Bindung: Magdeburger Druckerei

ISBN 3-88474-497-6

ZUM GELEIT

Als am 19. Juni 1896 Friedrich Wehmhöner als 100 000. Einwohner beim Meldeamt eingetragen wurde, da rückte Essen in die Reihe der Großstädte auf. Dieses „Ereignis" ist für das Stadtarchiv der Anlaß, in einer Chronik Rückschau zu halten auf ein Jahrhundert Stadtentwicklung, die zwischen dem Besuch Kaiser Wilhelms II. im Jahre 1896 und dem Euro-Gipfel 1994 einem mehrfachen Wandel unterlag.
Die Chronik dokumentiert, wie Essen in den ersten fünf Jahrzehnten nach der Großstadtwerdung zur Ruhrmetropole mit mehr als 650 000 Einwohnern aufstieg. Essen wurde als größte Montanstadt Europas zum Synonym für Kohle und Stahl schlechthin, und die Nationalsozialisten feierten die Stadt als „Waffenschmiede des Reiches". Sie wurde aber auch zum Sitz vieler Verwaltungen und zur Einkaufsstadt des Reviers. Diese Entwicklung war begleitet von gesellschaftlichen Umbrüchen und Katastrophen. Der krisenhaften Weimarer Republik folgte das NS-Terrorregime und der von ihm verursachte Zweite Weltkrieg, von dem Essen besonders stark betroffen wurde. Die Bomben verwandelten die Innenstadt in eine Trümmerwüste.
Auch die zweiten fünf Jahrzehnte waren geprägt durch den beständigen Wandel. Nach dem Wiederaufbau, der das Gesicht der Stadt veränderte, galt es, die Strukturkrise im Montanbereich erfolgreich zu bewältigen. Essen ist bei diesem Wandlungsprozeß nicht nur Einkaufsstadt geblieben, sondern auch zu einer Dienstleistungs-, Messe-, Universitäts- und Kulturstadt geworden mit Einrichtungen, die weit über die Region hinaus bekannt sind.
Die Chronik hält diese Entwicklung fest, sie berichtet von den Höhen und Tiefen der Essener Geschichte. Wenngleich die (Lokal-)Politik im Vordergrund steht, so werden die anderen gesellschaftlichen Bereiche nicht ausgespart. Die Wirtschaft – was wäre Essen ohne Krupp –, der Sport und die Kultur sind ebenso mit einbezogen worden wie das Alltagsgeschehen. Dank dieser bunten Vielfalt ist ein informationsreiches Lese- und Nachschlagewerk entstanden, dessen Lektüre bei den Essenerinnen und Essenern sicher zahlreiche Erinnerungen wachrufen wird.

Essen, im Mai 1996

Annette Jäger	Hermann Hartwich
Oberbürgermeisterin	Oberstadtdirektor

Inhalt

Vorwort

Zwischen dem unerwarteten Besuch des Kaisers in der Stadtverordnetenversammlung am 28. Oktober 1896 und dem in aller Welt beachteten Euro-Gipfel im Dezember 1994 liegt beinahe ein Jahrhundert, in dem sich die Stadt Essen in vielerlei Hinsicht gewandelt hat.

Als Essen vor 100 Jahren durch die Geburt des 100 000. Einwohners Großstadt wurde, da war die Kommune eine aufstrebende Industriestadt, geprägt durch die Krupp'sche Gußstahlfabrik und durch den Bergbau. Der Weg zur größten Montanstadt Europas war vorgezeichnet, doch Essen entwickelte sich auch zur Verwaltungs- und zur Einkaufsstadt des Reviers. Heute, ein Jahrhundert später, fördert keine Schachtanlage mehr auf Essener Boden. Die Zechengebäude sind zwar – wie der Förderturm von Zollverein 12 oder der Malakoffturm von Zeche Carl – weiterhin Wahrzeichen der Stadt, doch die Gebäude werden nicht mehr industriell genutzt, sondern sie wurden zu Kultur- und Freizeitzentren umgebaut. Essen ist jenseits von Kohle und Stahl angelangt, wobei der Umstrukturierungsprozeß, so schmerzhaft er auch für die Betroffenen war, doch letztendlich erfolgreich angegangen worden ist. Essen ist mittlerweile zu einer Dienstleistungsmetropole, zu einer Universitäts-, Kongreß- und Messestadt geworden, und die City mit ihren vielen attraktiven Kaufhäusern und Geschäften ist weiterhin ein Anziehungspunkt für die Kaufwilligen aus der näheren und weiteren Umgebung.

Der wirtschaftliche Wandlungsprozeß, der den Charakter Essens so grundlegend geändert hat, war begleitet von prägenden politischen Ereignissen. 1896 beherrschten die bürgerlichen Honoratioren aufgrund des Drei-Klassen-Wahlrechts das Stadtparlament. Sie dachten streng national, ließen den Kaiser hochleben und setzten den Reichsgründern, Kaiser Wilhelm I. und Bismarck, Denkmälern. Die Sozialdemokraten standen hingegen im Abseits. Erstmals im Jahre 1908 zog mit August Hohage ein Vertreter der SPD in die Stadtverordnetenversammlung ein, ohne jedoch Einfluß auf die Entscheidungen nehmen zu können, während heute die Sozialdemokraten die absolute Mehrheit innehaben wie bereits in vorangegangenen Legislaturperioden. Dazwischen liegen Jahrzehnte, angefüllt mit Kämpfen, Krisen und Katastrophen. Die Novemberrevolution 1918, die Machtübertragung an die Nationalsozialisten 1933 und die Etablierung ihres Terrorsystems, der Einzug der alliierten Truppen und der Wiederaufbau des demokratischen Staatswesens markieren die wichtigsten Wendepunkte der jüngeren deutschen Geschichte, die ihren Niederschlag auch im lokalen Bereich gefunden haben. Für die Menschen in Essen waren die Jahre von 1914 bis 1950 ein Zeitraum voller Angst und Schrecken, es waren Jahre der Not und Armut, Jahre der Verzweiflung und der enttäuschten Hoffnungen, und am Ende dieses Zeitabschnitts, der mit dem Ersten Weltkrieg begann, lag Essen in Schutt und Asche.

1896 hatte Essen noch wenig Großstädtisches an sich. Die Stadt war eingekeilt von den Werksanlagen von Krupp und von Schulz-Knaudt sowie von den Bergwerken, und das Stadtbild wurde damals beherrscht durch enge Straßenzüge mit niedrigen Häusern, vielfach noch in bergischer Bauart. Es fehlten sowohl die ansehnlichen Verwaltungsbauten wie auch die weitläufigen Plätze. Die rege Bautätigkeit nach der Jahrhundertwende, die sich in den 20er Jahren fortsetzte (man denke nur an das heutige Haus der Technik, an das Baedekerhaus, die Lichtburg und an das Deutschlandhaus), veränderte das Gesicht der Stadt, das sich nochmals – notgedrungen wegen der gewaltigen Zerstörungen – in der Nachkriegszeit grundlegend wandelte.

Im Verlaufe des Jahrhunderts vergrößerte sich stetig das Stadtgebiet. Durch die Eingemeindungen gewann die Stadt die Grünzüge im Süden, so daß sie den Eindruck einer wenig anmutenden Industriestadt partiell verwischte. Dem industriell bestimmten Norden stand nun der Süden mit der Gruga, mit dem frühzeitig angelegten Stadtwald und mit dem Baldeneysee gegenüber, der der Stadt insgesamt einen hohen Freizeitwert verleiht.

Essen ist im Verlauf der vergangenen 100 Jahre auch zu einer Kulturstadt geworden. 1896 besaß die Stadt lediglich das Stadttheater, das Friedrich Grillo gestiftet hatte und das noch auf Privatbasis betrieben wurde. Heute weist Essen mit dem Folkwangmuseum, dem Ruhrlandmuseum und der Alten Synagoge, mit dem Aalto- und dem Grillo-Theater Kultureinrichtungen von überregionaler Bedeutung auf.

Diesen nur kurz skizzierten, mehrdimensionalen Wandlungsprozeß der Stadt im vergangenen Jahrhundert versucht die Chronik widerzuspiegeln, wobei ich mir sehr wohl des Problems bewußt bin, Entwicklungen in das starre Schema einer Chronologie der laufenden Ereignisse zu pressen. Eine Chronik listet Daten auf. Sie springt von einer Begebenheit zur anderen. In der Fülle der Informationen aus den unterschiedlichsten Bereichen liegt ihre Stärke. Dagegen verzichtet sie weitgehend auf Erklärungen und Erläuterungen. Um dieses Defizit aber etwas abzumildern, bietet der Überblick längere Zitate aus der Stadtchronik, aus Aufrufen und Reden. Diese Textpassagen, die in der Regel nicht kommentiert und bewertet werden, sollen das Charakteristische eines Zeitabschnittes erfassen, sie sollen etwas von dem Fühlen und Denken der Akteure vermitteln. Die Chronik ist daher nicht als reines Nachschla-

gewerk angelegt, sondern sie soll auch ein interessantes Lesebuch sein mit kurzen, aber prägnanten Dokumenten, die die Schrecknisse der NS-Zeit ebenso widergeben wie die Nöte der unmittelbaren Nachkriegsjahre.
Eine Chronik ist trotz der Vielzahl der Daten, die sie enthält, zur Auswahl gezwungen. So wird manche Leserin, mancher Leser vielleicht enttäuscht sein, daß gerade das ihn wichtig erscheinende Ereignis nicht erwähnt wird. Aber es ist nicht möglich, alles, was von Interesse sein könnte, aufzunehmen. Man muß eine Wahl treffen, und diese ist naturgemäß subjektiv. Wenngleich also keine Vollständigkeit angestreben werden kann, so habe ich mich dennoch bemüht, die für die Stadtentwicklung wichtigsten Geschehnisse zu berücksichtigen.
Regelmäßig wiederkehrende Ereignisse wie z.B. bestimmte Messen wurden nicht in die Chronik aufgenommen, es sei denn, sie zeichneten sich durch eine Besonderheit aus. Auch bei der Masse der kulturellen Veranstaltungen mußte eine sehr rigide Auswahl getroffen werden. Es konnte nicht jede Theateraufführung, jedes Konzert oder jede Ausstellung berücksichtigt werden. Im kulturellen Bereich wurde vor allem auf das Zeittypische (das erste Jazz-, Rock- bzw. Pop-Konzert) und auf das Besondere (Theatererstaufführungen) und Herausragende geachtet. Weitestgehend verzichtet habe ich aber auf Personalnachrichten, da diese bei Erwin Dickhoff „Essener Köpfe" erfaßt sind.
Die vorliegende Chronik ist der erste Versuch, 100 Jahre Essener Geschichte in Daten und Fakten zu erfassen. Sie basiert vor allem auf einer Auswertung der offiziellen Stadtchroniken und der Verwaltungsberichte, die die Stadtverwaltung erstellt hat, sowie der Tageszeitungen. Die dort gefundenen Angaben konnten nicht in jedem Einzelfall überprüft werden, so daß kleinere Fehler nicht auszuschließen sind. Für Anregungen und Korrekturen bin ich daher dankbar, denn möglicherweise erscheint die Chronik noch einmal in einer zweiten, erweiterten Auflage.
Für die Unterstützung bei der Datenermittlung zur Geschichte der Firma Krupp habe ich Frau Dr. Renate Köhne-Lindenlaub, der Leiterin des Historischen Archivs Krupp, und Herrn Dipl.-Volkswirt Herwig Müther zu danken. Dank gebührt Herrn Peter Happel und Herrn Horst W. Bühne, die mich bei der Auswahl der Bilder beraten haben, Herrn Gerhard Goth und Frau Marion Heistermann-Gabel, die die mühselige Aufgabe des Korrekturlesens übernommen haben. Der Städtischen Bildstelle und dem Ruhrlandmuseum danke ich für das Überlassen der Fotografien. Mein ganz besonderer Dank gilt der Allbau-Stiftung, denn ohne ihre finanzielle Förderung hätte die Chronik nicht erscheinen können.

„So eine Arbeit wird eigentlich nie fertig. Man muß sie für fertig halten, wenn man nach Zeit und Umständen das Möglichste getan hat.“

(J. W. von Goethe)

1896

19. JUNI Als 100 000. Einwohner wird auf dem Meldeamt Friedrich Wehmhöner, Sohn des Schmiedes Wilhelm Wehmhöner, Postallee 43, angemeldet. Essen ist damit Großstadt geworden. In einem Extrablatt kommentiert die „Rheinisch-Westfälische Zeitung“: „Die Zahl 100 000 hat freilich nur eine formelle Bedeutung, denn nicht das Mehr der einen Person macht einen Ort zur Großstadt, sondern der Zug großstädtischen Lebens, der durch eine Stadt geht; aber man hat sich daran gewöhnt, erst Städte von über 100 000 Einwohnern als Großstädte zu betrachten. Daß der Aufschwung in den letzten Jahrzehnten ein großartiger gewesen ist, und daß nur wenige Städte ein gleiches stetiges und gesundes Wachstum zeigen, dies zu erläutern, hieße Eulen nach Athen tragen. ... Aus einem kleinen, verräucherten, unansehnlichen Landstädtchen hat Essen sich im Laufe von 50 Jahren zur Großstadt aufgeschwungen. Ein Jedermann hofft, daß die Weiterentwicklung Essens in gleicher Weise vor sich gehen werde. Ist doch noch manches Ziel vorhanden, dem Essen zu einer gedeihlichen Entwicklung zustrebt. Wir erinnern an die Bildung eines neuen Regierungsbezirks mit der Hauptstadt Essen, die Schaffung eines die Stadt berührenden Kanals usw. Mit neuem Mut und erfrischter Kraft werden Essens Bürger nunmehr weiterstreben, ihre Vaterstadt nach außen an Umfang und nach innen an Schönheit auszubauen. Also Glückauf zur Erreichung der Viertelmillion.“

28.–30. JUNI Der chinesische Vizekönig Li-Hung-Tschang ist zu Gast auf der Villa Hügel und besucht die Kruppschen Werke.

14. JULI Die Stadtverwaltung warnt die Bevölkerung, „das von der Wasserleitung gelieferte Wasser ohne vorheriges Abkochen zu genießen“. Wegen des ungünstigen Grundwasserstandes war der Leitung schlechtes Wasser zugeführt worden.

8. AUGUST Die Stadt erwartet das Kaiserpaar und trifft vielseitige Vorkehrungen, um dem Herrscherpaar einen jubelnden Empfang zu bereiten. Doch Kaiser Wilhelm II. muß wegen einer „katarrhalischen Halsaffection“ absagen. In Begleitung des Prinzen Heinrichs wird die Kaiserin nach der Besichtigung der Kruppschen Fabrik und einer Fahrt durch die geschmückten Straßen vor dem Rathause vom Oberbürgermeister Erich Zweigert begrüßt: „Allerdurchlauchtigste Kaiserin! Gnädigster Prinz und Herr! Leider haben wir in Folge der Erkrankung Sr. Majestät nicht die erhoffte Freude, in dieser Stunde in

das Auge unseres Landesherren blicken zu dürfen. ... Ew. Majestät und Ew. Königl. Hoheit kommen soeben aus der Kruppschen Gußstahlfabrik. Sie haben die Riesenschornsteine rauchen gesehen und die gewaltigen Hämmer dröhnen gehört, welche das Eisen schmieden für unsere Waffen. Ew. Majestät haben aber auch bereits gesehen ... Werke und Wohlfahrtseinrichtungen, welche seiner Zeit vorausschauend und mit einem Herzen voll warmer Liebe für seine Mitarbeiter Alfred Krupp errichtet hat und die zu erhalten und zu erweitern die verdienstvolle Arbeit seines Sohnes ist. Der Weg zur Stadt hat Ew. Majestät und Ew. Königliche Hoheit geführt durch eine Reihe von Bergleuten, welche es sich nicht nehmen lassen wollten, in ihrer alten historischen Tracht dem Kaiser und der Kaiserin zu huldigen. Sie sind Zeugnis dafür, daß unsere Stadt trotz ihrer mehr als tausendjährigen Geschichte die ersten Anfänge ihrer Entwicklung den Schätzen verdankt, welche Gott unter unserem Grund und Boden wachsen ließ.“ Nach dem Empfang auf dem Markt besichtigt die Kaiserin die Kolonien Alfredshof und Altenhof.

17. AUGUST Im hohen Alter von 91 Jahren stirbt der Ehrenbürger Dr. Peter Beising, von 1847 bis 1896 Pfarrer an St. Gertrud. Ihm war am 30. September 1895 wegen „seiner großen Verdienste um das Armen- und Schulwesen der Stadt“ und wegen „seiner hervorragenden Fürsorge für die Geistesschwachen der Rheinprovinz, betätigt in der Errichtung des Franz Sales-Hauses“, das Ehrenbürgerrecht verliehen worden.

17. OKTOBER Im Restaurant „Germania“ an der Limbecker Straße findet die erste Filmvorführung im Ruhrgebiet statt. Wenige Tage später, am 5. November, eröffnet Louis Bogdan einen Kinomatographen. Gezeigt werden in dem knapp halbstündigen Programm u.a. die Filme „Der Zar in Paris“, „Die Ankunft eines Eisenbahnzuges“, „Ein Marktplatz in Lyon“, „Schiffe in Volldampf“, „Zwei Athleten als Ringkämpfer“. Eintritt für den 1. Platz 50 Pfg., für den 2. Platz 30 Pfg., Kinder die Hälfte.

28. OKTOBER Kaiser Wilhelm II., der zu Gast bei Krupp ist, erscheint „unerwartet und unangemeldet im Sitzungssaale des Rathauses während einer Sitzung der Stadtverordneten. Der Jubel, welcher infolge dieser noch keiner Stadtgemeinde erwiesenen Ehrung die Herzen der Vertreter der Stadtgemeinde und der gesamten Bürgerschaft erfüllte, klingt noch heute nach, und die Dankbarkeit gegen unseren Allerhöchsten Herrn wird nicht erlöschen.“ (Verwaltungsbericht 1902, S. IX)

Kaiser Wilhelm II. besucht die Stadtverordnetenversammlung

6. NOVEMBER Friedrich Alfred Krupp wird das Ehrenbürgerrecht verliehen.

1. DEZEMBER Die vom Berliner Architekten August Orth entworfene Kreuzeskirche wird eingeweiht.

1897

17. JANUAR Im Saale des Wirts Kemper findet der sozialdemokratische Parteitag der Rheinprovinz statt. Die Polizei berichtet: „Der Saal ist reich geschmückt. Auf der Bühne sind die Büsten von Lasalle, Marx und Engels aufgestellt. Allenthalben befinden sich sozialdemokratische Inschriften auf rotem Tuch wie: Hoch der Achtstundentag! – Freiheit, Gleichheit, Brüderlichkeit! – Wissen ist Macht, Macht ist Wissen! – Proletarier, aller Länder vereinigt euch! – Alle Menschen, gleich geboren, sind

ein adelig Geschlecht! – Mann der Arbeit aufgewacht und erkenne deine Macht! Die Arbeiter sind der Fels, auf dem die Kirche der Zukunft aufgebaut wird.“ Zur Eröffnung führt der Mechaniker Karl Germer aus: „Das, was uns zusammenkittet, was uns zusammenhält, das sind unsere Ideale, unsere Ziele, das ist die Liebe für die gesamte Menschheit. Parteigenossen! Unsere Liebe ist nicht begrenzt auf die lokalen Verhältnisse, nicht begrenzt auf die Grenze Deutschlands, unsere Liebe umfaßt den Weltall von Pol zu Pol. Um bildlich zu sprechen, kommt es mir vor, als wenn sich ein eisener Reif zusammenpresse um den Weltall. Die Gefängnisstrafen unserer Parteigenossen sind die Nieten, die Zuchthausstrafen sind die Schweißstellen, welche den Reifen zusammenziehen, so, daß keine Macht der Welt ihn wieder zerreißen kann.“ Bevor die Parteitagsverhandlungen beginnen, müssen die Frauen aufgrund des Versammlungsgesetzes den Saal verlassen.

21. März Der Kaiser-Wilhelm-Park in Altenessen wird feierlich eingeweiht und am Eingang eine Kaiser-Eiche gepflanzt zur Erinnerung an die Geburt Kaiser Wilhelms I. am 22. März 1797.

1898

5. Februar Durch Circular Nr. 17 des Kruppschen Direktoriums wird das 1883 eingerichtete Laboratorium II zur Chemisch-Physikalischen Versuchsanstalt ausgebaut, die sich in den folgenden Jahren zu einem international anerkannten Forschungszentrum entwickelt.

13. Februar „Der Weckruf. Organ der [sozialdemokratischen] Arbeiterpartei im Reichstagswahlkreis Essen“ erscheint zum ersten Male. Im Editorial heißt es: „Was will der Weckruf? Wecken will er die Schlafenden, zum Denken aufrütteln will er die Gleichgültigen, zum Handeln begeistern die Grübelnden und Zaghaften! Die Zeit des Schlafens, der Untätigkeit ist vorüber, wer leben will muß kämpfen, so sagt der Dichter. Die gesellschaftlichen Zustände fordern gebieterische Besserung! Den Weg zur Besserung, die geeigneten, gesetzlich erlaubten und menschlich gestatteten Mittel zur Hebung der Arbeiterlage soll der Weckruf zeigen. Eine hohe Aufgabe, aber mit Hilfe der Gesinnungsgenossen werden wir sie erfüllen. ... Klein ist unser Blatt. Das ist wahr, aber ist nicht aus dem zarten Pflänzchen der starke Baum erstanden? Aller Anfang ist schwer, besonders im Zeitungswesen, wenn man keine reichen Gönner und zahlungsfähige Gevatter hat. Aber weil unser Weckruf unseren

eigenen Groschen seine Geburt verdankt, so haben wir auch nach niemand zu fragen. Wir fangen klein an, aber unsere Freunde werden dafür sorgen, daß aus dem Blättchen ein Blatt wird, zum Wohle der Arbeiterschaft. Und nun gehe hinaus in die Welt, du unser Weckruf! Walte deines Amtes, zeige, daß du ein Kind deiner Zeit bist. Wecke, lehre, beschütze und mache geneigt zu guter sozialer Tat!"
Die Hoffnungen trügen. Am 1. Oktober 1902 muß der „Weckruf" sein Erscheinen einstellen.

14. März Das neue Eisenbahndirektionsgebäude am Bismarckplatz wird in einer Feierstunde seiner Bestimmung übergeben.

23. März Der Mülheimer Bergwerks-Verein wird gegründet. Er erwirbt noch im gleichen Jahr zur Zeche Hagenbeck die Zechen Humboldt und Wiesche hinzu.

25. April Die Rheinisch-Westfälische Elektrizitätswerk AG (RWE) wird mit einem Kapital von 2,5 Millionen Mark gegründet.

7. Mai Die neue Wassergewinnungsanlage des städtischen Wasserwerks auf dem linken Ruhrufer wird in Betrieb genommen.

16. Juni Bei der Reichstagswahl gewinnt der Kandidat des Zentrums Gerhard Stötzel mit 30 104 Stimmen klar vor Friedrich Alfred Krupp (27 550 Stimmen) und dem Sozialdemokraten Ludwig Schröder (2975 Stimmen).

15. August Das Volksbrausebad im Nordviertel wird eröffnet. „Es zeichnet sich aus durch zweckmäßige Einrichtungen und darf als eine besonders segensreiche Einrichtung betrachtet werden, weil es auch den weniger bemittelten Klassen der Bevölkerung ermöglicht, gegen Zahlung eines geringen Betrages sich die Wohltaten eines Bades zu verschaffen", urteilt Toni Kellen.

23. Oktober Das Kaiser-Wilhelm-I-Denkmal auf dem Burgplatz, ein Reiterstandbild, das der Bildhauer Hermann Volz geschaffen hat, wird feierlich enthüllt. „Der Künstler hat ... in den Vordergrund seiner Erwägungen das Verlangen gestellt, ein getreues Abbild der persönlichen Erscheinung des Kaisers zu liefern. Ja, das ist er, der geliebte Heerführer, der Abgott seines Volkes, das sind seine Züge, wie wir sie geschaut haben, ja, das ist die mächtige, straffe soldatische Figur, das ist das entschlossene Kinn und der beinahe herbe Mund, welcher den Willen an-

kündigt, das zu tun, was er für nötig hält; aber das sind auch seine milden Augen mit dem sinnenden Blick, welcher in die Ferne gerichtet ist, als wolle er weithin die Menschenmenge überschauen, die ihn bewundert. Neben diesen realen Zügen aber überwiegt in dem Eindruck des Ganzen die Idealisierung. Das Ganze zeigt jene künstlerische Ruhe in der Bewegung, welche kein plastisches Kunstwerk entbehren darf.“ Mit diesen Worten beschreibt die „Rheinisch-Westfälische Zeitung“ das Denkmal.

Die Einweihung des Kaiser-Wilhelm-I.-Denkmals auf dem Burgplatz

1899

„Der äußere Eindruck, den Essen bei meinem Dienstantritt auf mich gemacht hatte, bestätigte den Ruf, in welchem Essen damals in Deutschland stand, d.h. den einer wenig anmutenden Industriestadt. Die Enge der Altstadt, deren Radius einen Kilometer nicht überstieg, einerseits und das überschnelle Anwachsen der Einwohnerzahl andererseits hatten bisher eine moderne oder wenigstens sachgemäße Ausgestaltung des Stadtbildes unmöglich gemacht. Die Altstadt enthielt außer der sehr eindrucksvollen und schön gelegenen Münsterkirche und den in ihrer Nähe liegenden, übrigens meist recht bescheidenen Kurien der adeligen Mitglieder des 1802 säkularisierten freiweltlichen Damenstiftes keine Erinnerungen aus älterer Zeit, dagegen war das Städtebild in den engen Hauptstraßen noch durchaus von niedrigen, zum Teil noch schieferbeschlagenen Häusern bergischer Bauart beherrscht, neben denen sich vielfach gräuliche Fassaden von Geschäftshäusern in Zuckerbäckerarchitektur breit machten. Abgesehen von dem in neuerer Zeit in gotischem Stil erbauten Rathaus existierten in der Altstadt keinerlei monumentale Baulichkeiten. Schon am Bahnhof, dessen Empfangsgebäude im Sommer 1899 noch nicht vorhanden war, wurde der Ankommende durch das ununterbrochene laute Arbeiten der Niethämmer von dem nahe gelegenen Schulz-Knaudt'schen Walz- und Kesselwerk darauf aufmerksam gemacht, daß er sich im Industriebezirk befinde, und die dem Bahnhof zugewandte Halde des Werkes, die stets in rotglühender Schlacke leuchtete, verstärkte noch diesen Eindruck." (Brandi, Arbeitsjahre, S. 9f.)

19. JANUAR Das „Colosseum", erbaut von dem Architekten Oskar Kunhenn, eröffnet seinen Betrieb. Es war „mit schön beschwingter Rokokofassade damals der modernste und eleganteste Varietébau Westdeutschlands. Das im ersten Stockwerk nach dem Kopstadtplatz hin gelegene Kaiserkaffee, mit prächtiger Deckenbeleuchtung, war eine Sehenswürdigkeit von Rang, die Colosseumkapelle unter ihrem Dirigenten Blatzheim war tüchtig in ihrem Fach, intime Weinstuben schlossen sich an das Kaffee; die Bühne brachte auserlesene Programme – der gesamte Komplex war eine Stätte des Vergnügens, die auch sehr viele Fremde nach Essen zog und für die werdende Großstadt eine Dauerreklame von starker Anziehungskraft bedeutete".

Der Kopstadtplatz mit Colosseum

6. FEBRUAR August Freiherr von Hövel, seit 1870 Landrat des Landkreises Essen, wird zum Regierungspräsidenten in Koblenz ernannt. Anläßlich seines Ausscheidens schreibt die „Essener Volkszeitung“: „Über 28 Jahre lang hat Freiherr von Hövel an der Spitze des Landkreises gestanden, der unter seiner Leitung die Höhe der Entwicklung erreicht hat, die er heute einnimmt. Wie rasch dieselbe vor sich ging, beweisen allein die Zahlen der Volkszählungen. Im Jahre 1875 zählte der Landkreis 108 717 Einwohner, während die Personenstandsaufnahme im November vorigen Jahres eine Seelenzahl von 239 879 ergab, also trotz der Ausscheidung der Stadt Essen aus dem Kreise weit mehr als das Doppelte. – Eine so außerordentlich schnelle Entwicklung stellte natürlich auch bedeutend höhere Anforderungen an die Verwaltung, und diese Schwierigkeiten hat der Scheidende, der als Kreiseingesessener mit den Verhältnissen seit längeren Jahren vertraut war, zu überwinden gewußt. Durch Anlegung neuer und Regulierung der vorhandenen Straßen wurden die unregelmäßig zerstreut liegenden Ortschaften in enge Verbindung gebracht, und zwar derart, daß

der ganze Kreis fast ein zusammenhängendes Ganzes bildet. – Ein Verdienst des Freiherrn von Hövel ist die im Jahre 1891 erfolgte Gründung der landwirtschaftlichen Winterschule in Kettwig. – Im gleichen Maße betätigte der Landrat seine Fürsorge für die Hebung der Landwirtschaft, z.B. Viehzucht, wovon die zahlreichen jetzt bestehenden Zuchtvereine und Viehladen Zeugnis geben. Während der ganzen Zeit seiner Tätigkeit im Kreise war er Direktor der Lokalabteilung Essen und Mitglied des Centralvorstandes des landwirtschaftlichen Vereins für Rheinpreußen."
Zu seinem Nachfolger wird Max Rötger ernannt, der aber bereits nach zweijähriger Tätigkeit sein Amt aufgibt und am 1. Juni 1901 Mitglied des Direktoriums der Fa. Fried. Krupp wird.

1. MÄRZ Auf ausdrücklichen Wunsch von Friedrich Alfred Krupp, „daß ein Anfang gemacht werde, mit der sofortigen Einrichtung einer Bibliothek belehrenden und unterhaltenden Inhalts, aus welcher sich die Angehörigen der Gußstahlfabrik Bücher entleihen können", wird die Kruppsche Bücherhalle im ehemaligen Knappschaftsgebäude am Limbecker Platz eingerichtet.
Ihr Leiter Paul Ladewig beschreibt, welche Bücher anzuschaffen seien: „Die Bibliothek soll im weitesten Sinne Zwecken der Unterhaltung und Belehrung dienen, unter Ausschluß streng wissenschaftlicher Werke, soweit solche nicht als Nachschlagewerke wünschenswerter Besitz erscheinen. Bei der Auswahl der Werke ist besonderes Augenmerk einerseits auf im besten Sinne populäre, flüssige, angenehm lesbare Darstellungsweise der Verfasser zu legen, andererseits auf soliden, geistig vertieften inneren Gehalt. Soweit angängig, ist das Interesse an der darzubietenden Literatur durch Wahl illustrierter Ausgaben zu unterstützen. Agitatorische Literatur jeder Art ist grundsätzlich fernzuhalten."

21. MÄRZ Das neue Realgymnasium an der Heinickestraße, erbaut nach den Plänen des Stadtbaurates Karl Guckuck, wird bezogen.

23. MÄRZ Auf Initiative von Gustav Renzing wird der Essener Sportverein gegründet, der als erste Verein in Essen Fußballspiele austrägt. Zum ersten Mal gewinnt die Mannschaft am 13. Mai 1900 mit 3:1 gegen die Spielabteilung des Duisburger Realgymnasiums.

15. April Im Essener Rathaus konstituiert sich der Ruhrtalsperrenverein.

23. April Das zum 1. April gebildete städtische Orchester, bestehend aus 45 Musikern, gibt unter der Leitung seines Musikdirektors Georg Witte sein erstes Konzert.

1. Mai Mit dem Personenzug um 4.14 Uhr nach Kettwig werden die neuen hoch liegenden Gleisanlagen in Betrieb genommen.

10. Juni „Hochragender Turm, mögest du stets ein Zeichen sein des Patriotismus und der Opferwilligkeit und zugleich eine Mahnung an alle kommenden Geschlechter zur Hingebung, zur Liebe und Treue zu Kaiser und Reich. Das lasse Gott gelingen!“ Mit diesen Worten weiht der Regierungspräsident, Freiherr von Rheinbaben, den Kaiser-Wilhelm-Turm auf dem Hallo in Stoppenberg ein, der zugleich Aussichts- und Gedächtnisturm ist, denn in seinem Hauptgeschoß und in einer Museumshalle wird die Regierungszeit Kaiser Wilhelms I. verherrlicht. Die Absichten beschreibt der Bürgermeister Carl Meyer: „Dadurch, daß man den Erholungspunkt im Walde zugleich zu einer Stätte der Erinnerung an den Kaiser Wilhelm den Großen gestalten und so immer wieder unserer Arbeiterbevölkerung das Bild des hochs. Kaisers vor Augen führen und ihr Erinnern an seine Großtaten immer wieder wachrufen will, glaubten die Erbauer in einem ganz besonders hohen Maße zur Belebung der königstreuen Gesinnung der Arbeiterbevölkerung beizutragen.“

19. Juli Der Kruppsche Bildungsverein, der Vorträge, Ausstellungen, Konzerte, Unterhaltungs- und Rezitationsabende veranstaltet, wird gegründet. Der Verein richtet sich in erster Linie an die Kruppschen Werksangehörigen, doch auch Werksfremde können Mitglied werden. Der Verein nimmt einen raschen Aufschwung und zählt 1907 bereits 3100 Mitglieder.

24. September Das Bismarck-Denkmal, das der Bildhauer Reinhold Felderhoff geschaffen hat, wird feierlich enthüllt. „Die Statue selbst steht in der Art ihrer Darstellung völlig im Schema der zeitgenössischen Bismarckdenkmäler vom Typ des ‚Bismarck in voller Uniform und Mantel‘. Schwert oder Degen und Schriftstück in seinen Händen waren oft gebrauchte Symbole für Reichsverfassung und Reichsschwert und damit Anspielungen auf die Verdienste des Dargestellten. Das Bild des in dieser Weise wiedergegebenen Kanzlers ist die Projektion der Vor-

Das Bismarck-Denkmal
vor der Eisenbahndirektion

stellung der Denkmalserrichter von diesem Mann überhaupt: das Abbild eines aufrechten, wehrhaften und waffenfähigen Mannes, des Begründers und Bewahrers des Deutschen Reichs. Das dokumentiert sich auch in den Worten, die das Komitee zu Felderhoffs Entwurf fand: ‚Das Gesamtbild macht einen mächtigen, der Größe der darzustellenden Persönlichkeit entsprechenden würdigen Eindruck.'" (Laumann, Denkmäler, S. 15)

NOVEMBER Als erste Stadt in Deutschland stellt Essen einen hauptamtlichen Wohnungsinspektor ein, dessen Aufgabe es ist, bauliche Mängel festzustellen und hygienische, aber auch sittliche Mißstände aufzudecken, die sich aus der Überfüllung der Wohnungen ergeben.

15. NOVEMBER „Um besonders den Arbeitern und deren Angehörigen nach der Arbeit des Tages in Freundes- und Familienkreisen zwanglose Unterhaltung in Geist und Gemüt erhebender Weise zu bieten“, werden auf Anregung des Oberbürgermeisters Erich Zweigert Volksunterhaltungsabende veranstaltet. Als Eintrittsgeld wird ein Betrag von zehn Pfennig erhoben.

1900

1. APRIL Das Elektrizitätswerk des RWEs an der Viehofer Straße nimmt seinen Betrieb auf. Die Stromverteilung erfolgt durch unterirdisch verlegte Kabel mit 5000 Volt Primärspannung. Das Niederspannungsnetz, das mit 120 Volt arbeitet, wird durch 55 Transformatorenstationen gespeist.

1. JULI Rüttenscheid wird aus der Bürgermeisterei Rellinghausen ausgegliedert und zur selbständigen Bürgermeisterei erhoben.

16. SEPTEMBER Mit der Aufführung der Oper „Fidelio“ beginnt die erste Spielzeit des Intendanten Hans Gelling. Das Publikum und die Kritiker sind begeistert. „Eine solche Fidelio-Vorstellung haben wir hier noch nicht gehabt“, jubelt die „Essener Allgemeine Zeitung“.

24.–25. OKTOBER Das Kaiserpaar ist zu Gast bei Krupp. Zum Besuchsprogramm gehört eine Besichtigung der Kolonie Friedrichshof und des Altenhofs, wo die beiden von Krupp errichteten Kapellen, die Professor Rittmeyer aus München entworfen hat, eingeweiht werden.

1901

19. MÄRZ Die Stadtverordnetenversammlung billigt das Ortsstatut betr. die Bildung der Wählerabteilungen bei den Gemeindewahlen. Danach „werden die Wähler in der Art in drei Abteilungen geteilt, das von der Gesamtsumme der in § 1 des Gesetzes vom 30. Juni 1900 ... bezeichneten Steuerbeträge aller Wähler auf die erste Wählerabteilung 5/12, auf die zweite 4/12 und

auf die dritte 3/12 fallen, wobei aber eine höhere Abteilung nicht mehr Wähler zählen darf als eine niedere".
Waren zuvor 3 Personen in Klasse 1, 401 in Klasse 2 und 18 991 Personen in Klasse 3 (Angaben für 1900) wahlberechtigt, so verschieben sich die Zahlen nach dem neuen Ortsstatut folgendermaßen: Klasse 1 – 14 Personen; Klasse 2 – 799 Personen; Klasse 3 – 18 582 Personen.

19. MÄRZ Regierungsreferendar Karl Snethlage wird zum kommissarischen Landrat des Kreises Essen ernannt. Er scheidet im Oktober 1909 wegen nervöser Erschöpfung aus dem Amte.

1. APRIL Das nach den Plänen des Essener Architekten Peter Zindel entstandene Bankgebäude der Essener Credit-Anstalt (heute Deutsche Bank) an der Ecke Maxstraße/Lindenallee wird in Betrieb genommen. „Das Gebäude darf in architektonischer Hinsicht als eine Zierde unserer Stadt gelten", urteilt Toni Kellen.

Die Essener Credit-Anstalt

1. April Durch Vertrag zwischen der Königlichen Regierung und der Stadt wird eine Gewerbeschule mit drei Abteilungen (Maschinenbauschule, Bauschule, Dekorationsmalerschule) eingerichtet.

19. April Heinrich Carl Sölling, langjähriges Mitglied der Stadtverordnetenversammlung, wird wegen seines sozialen Engagements das Ehrenbürgerrecht verliehen.

20. Juni Auf Anregung des Geschäftsführers des Kruppschen Bildungsvereins, von Glümer, wird ein Museumsverein gegründet. Sein Ziel ist die Errichtung eines öffentlichen, für jedermann unentgeltlich zugänglichen Museums, das der Volkserziehung im weitesten Sinne dienen sollte.

1. August Die Bürgermeisterei Altendorf wird eingemeindet. „Über zehn Jahre hatte Essen um die Braut, die weder schön noch wohlhabend war, gefreit", schreibt der Beigeordnete Paul Brandi. „Daß sich Essen zu dieser Verbindung entschloß, lag, abgesehen von der Tatsache, daß auf diese Weise das Kruppsche Unternehmen in vollem Umfang in das Stadtgebiet gedrückt wurde, in dem Bestreben, unter allen Umständen sobald wie möglich in die Familie, also den Landkreis, hineinzuheiraten; denn ohne die Sprengung der Kreisgrenzen, die Essen wie würgende Klammern umschlossen, war ... die Entwicklung der Stadt zu einem Industriemittelpunkt ausgeschlossen. Aber niemals hätte sich der Landkreis Essen bereit gefunden, etwa die schönen Gebiete des Südens, dem die eigentliche Liebe der Stadt Essen naturgemäß galt, herzugeben. So mußte sich Essen entschließen, zunächst den mageren Teil zu wählen, um so wenigstens ... in die als uneinnehmbar geltende Festung eine größere Bresche zu schlagen."

1. Dezember Das neue Gebäude der Handelskammer am Bismarckplatz, das nach den Plänen des Essener Architekten Peter Zindel erbaut wurde, wird feierlich eröffnet.

1902

25. Februar Entgegen der Arbeitsordnung verlassen 600 Arbeiter der Kruppschen Herdschmieden während der Mittagspause das Werksgelände, worauf 25 Arbeiter fristlos entlassen werden. In der Folgezeit werden mehrere Protestversammlungen einberufen, an der mehr als 1000 Belegschaftsmitglieder teilnehmen. In diesem Zusammenhang wendet sich Friedrich Alfred

Krupp „An meine Arbeiter“: „Allen Versuchen, meine Arbeiter mir zu entfremden, trete ich heute ein für alle Male entgegen, indem ich zu Euch, allen meinen Arbeitern von sämtlichen Betrieben, das Folgende sage, was diejenigen unter Euch, welche mich kennen, schon wissen: Mir gewährt es in meinem Lebensberuf die größte Freude und Befriedigung, für Euch zu denken und zu sorgen; unter mir wird Euch mit meinem Wissen und Willen gewiß kein Unrecht geschehen. Fühlt sich einer von Euch bedrückt, so wißt Ihr, daß jedem von Euch der Weg zu mir offen steht. Ich gebe Euch den wohlgemeinten Rat: Habt mehr Vertrauen zu mir, zu Eurem Arbeitgeber, der Euch naturgemäß und vermöge vom Vater überkommener Grundsätze näher steht, als zu den unverantwortlichen Leuten, welche aus Gründen, die außerhalb unserer gemeinsamen Interessen liegen, an Euch herantreten.“

3. MÄRZ Die städtische Bücherhalle in der Kettwiger Straße 8 wird eröffnet. Die Benutzung ist „jeder unbescholtenen, in der Stadt wohnenden, über 16 Jahre alten Person unentgeltlich auf Grund von Leihkarten gestattet“. Geöffnet hat die Bücherei täglich außer sonntags von 11.30 bis 13.30 Uhr und von 17 bis 19 Uhr.

18. APRIL Die Stadtverordnetenversammlung beschließt, den bestehenden Arbeitsnachweisverein in städtische Regie zu übernehmen.

21. MAI In Anwesenheit des preußischen Staatsministers und Ministers für Handel und Gewerbe, des Chefs der preußischen Bergverwaltung, Theodor Adolf von Möller, wird das neue Gebäude des Vereins für die bergbaulichen Interessen im Oberbergamtsbezirk Dortmund an der Friedrichstraße feierlich eingeweiht.

15. JUNI Die Ruderriege des Essener Turn- und Fechtklubs (ETUF) veranstaltet ihre erste offene, international ausgeschriebene Hügel-Regatta.

21. JULI Durch Erlaß des Ministers des Inneren wird die Gemeinde Zweihonnschaften von der Bürgermeisterei Kettwig getrennt und zur selbständigen Bürgermeisterei erhoben, die nach Genehmigung durch den König vom 20. Februar 1903 den Namen Bredeney erhält.

3. AUGUST Die Bürgerschaft feiert die hundertjährige Wiederkehr des Tages, an dem das Hochstift und die Stadt Essen mit der Krone Preußens vereinigt wurde. Während der Festlichkeiten wird auch der Grundstein zum Jahrhundertbrunnen gelegt, der beim Münchener Bildhauer Ulfert Janssen in Auftrag gegeben wird.

22. NOVEMBER Im Herbst werden Vorwürfe einer italienischen Zeitung gegen Friedrich Alfred Krupp wegen angeblicher Homosexualität erhoben, die von den sozialdemokratischen Zeitungen aufgegriffen werden. Ehe die Beschuldigungen geklärt werden können, stirbt Friedrich Alfred Krupp plötzlich an einem Herzschlag – so das ärztliche Gutachten. An seiner Beisetzung nimmt der Kaiser persönlich teil, der die Angriffe auf Krupp zurückweist: „Ich habe häufig mit meiner Gemahlin die Gastfreundschaft im Kruppschen Hause genossen und den Zauber der Liebenswürdigkeit des Verstorbenen auf mich wirken lassen. Im Laufe der Jahre haben sich unsere Beziehungen so gestaltet, daß ich mich als einen Freund des Verewigten und sei-

Kaiser Wilhelm II. begleitet den Sarg Friedrich Alfred Krupps

nes Hauses bezeichnen darf. Aus diesem Grunde habe ich es mir nicht versagen wollen, zu der heutigen Trauerfeier zu erscheinen, indem ich es für meine Pflicht gehalten, der Witwe und den Töchtern meines Freundes zur Seite zu stehen. Die besonderen Umstände, welche das traurige Ereignis begleiteten, sind mir zugleich Veranlassung gewesen, mich als das Oberhaupt des Deutschen Reiches hier einzufinden, um den Schild des Deutschen Kaisers über dem Hause und das Andenken des Verstorbenen zu halten. Wer den Heimgegangenen näher gekannt hat, wußte, mit welcher feinfühligen und empfindsamen Natur er begabt war und daß diese den einzigen Angriffspunkt bilden konnte, um ihn tödlich zu treffen. Er ist das Opfer seiner unantastbaren Integrität geworden. Eine Tat ist in deutschen Landen geschehen, so niederträchtig und gemein, daß sie alle Herzen erheben gemacht und jedem deutschen Patrioten die Schamröte auf die Wange treiben mußte über die unserem ganzen Volke angetane Schmach. Einen kerndeutschen Manne, der stets nur für andere gelebt, der stets nur das Wohl des Vaterlandes, vor allem aber das seiner Arbeiter, im Auge gehabt hat, hat man an seiner Ehre angegriffen. Diese Tat mit ihren Folgen ist weiter nichts als Mord; denn es besteht kein Unterschied zwischen demjenigen, der den Gifttrank einem anderen mischt und kredenzt, und demjenigen, der aus dem sichern Verstecke seines Redaktionsbureaus mit den vergifteten Pfeilen seiner Verleumdungen einen Mitmenschen um seinen ehrlichen Namen bringt und ihn durch die hierdurch hervorgerufenen Seelenqualen tötet. Wer war es, der diese Schandtat an unserem Freunde beging? Männer, die bisher als Deutsche gegolten haben, jetzt aber dieses Namens unwürdig sind, hervorgegangen aus den Klassen der deutschen Arbeiterbevölkerung, die Krupp eben so unendlich viel zu verdanken hat und von der Tausende in den Straßen Essens mit tränenfeuchtem Blick dem Sarge ihres Wohltäters ein letztes Lebewohl zuwinkten. Ihr Kruppschen Arbeiter habt immer treu zu eurem Arbeitgeber gehalten und an ihm gehangen; ... Ich vertraue darauf, daß ihr die rechten Wege finden werdet, der deutschen Arbeiterschaft fühlbar und klar zu machen, daß weiterhin eine Gemeinschaft oder Beziehungen zu den Urhebern dieser schändlichen Tat für brave und ehrliebende Arbeiter, deren Ehrenschild befleckt worden ist, ausgeschlossen sind. Wer nicht das Tischtuch zwischen sich und diesen Leuten zerschneidet, legt moralisch gewissermaßen die Mitschuld auf sein Haupt."

Der Essener Hauptbahnhof

10. DEZEMBER Das neue Empfangsgebäude des Hauptbahnhofes wird eröffnet.

1903

28. JANUAR Margarethe Krupp gibt den Firmenangehörigen bekannt: „Mein verstorbener Mann hat in seinem Testament die Überzeugung niedergelegt, daß – im Falle seines frühzeitigen Ablebens und beim Übergange der Fabrik an einen minderjährigen Erben – seine Werke in der bisherigen Form nur unter Schwierigkeiten weitergeführt werden könnten. Er hat deshalb letztwillig den Wunsch ausgesprochen, in solchem Falle die Fabrik in die Form einer Aktiengesellschaft überzuführen. In Übereinstimmung mit dem Direktorium und meinen Beiständen werde ich, als Vertreterin meiner Tochter Bertha Krupp, diese letztwillige Bestimmung des Entschlafenen, die er in der Sorge um das fernere Gedeihen seiner Werke getroffen, zur Ausführung bringen. Diese Veränderung soll jedoch nicht in der Weise erfolgen, daß die Fabrik verkauft wird; vielmehr werden die An-

teile im Eigentum meiner Tochter Bertha als Fabrikerbin verbleiben. Auf diese Weise wird auch künftig die Fabrik als Kruppscher Besitz erhalten bleiben, wie es den Wünschen meines Mannes entspricht. Die persönlichen Beziehungen zur Fabrik aufrecht zu erhalten, die Fürsorge für die Werksangehörigen – Beamte wie Arbeiter – im Sinne und Geiste des Entschlafenen weiter zu pflegen, wird uns stets am Herzen liegen." Durch notariellen Akt am 22. April erfolgt die Umwandlung in eine Aktiengesellschaft, Fried. Krupp AG, mit einem Grundkapital von 160 Mill. Mark.

11. April „Landsberg ist das einzige Gut, was man per Wagen von Mülheim aus erreichen kann. Dabei hat es guten Wald und Wasser. Auch ist die Lage in den Bergen mir erwünscht." Dies sind die Gründe für den Großindustriellen August Thyssen, Schloß Landsberg zu erwerben. Thyssen, der am 4. April 1926 stirbt, findet zwei Jahre später in der Familiengruft im Bergfried des Schlosses seine letzte Ruhe.

1. Juni Nach dreijähriger Bauzeit wird das neue Postamt gegenüber dem Hauptbahnhof eröffnet.

Die neue Hauptpost

14. JUNI Das von dem Bildhauer Otto Lang geschaffene Denkmal für Friedrich Alfred Krupp auf dem Altenhof wird feierlich enthüllt. Im Programmheft der Einweihungsfeier ist zu lesen: „... erwachte in den Herzen der Bewohner der Kolonie Altenhof, die ihr Dasein dem wohltätigen, schöpferischen Geiste des Verstorbenen verdankt, der Wunsch, ihren geliebten Herren für die überaus vielen Wohltaten, die der Verstorbene den Bewohnern des Altenhofs zugewendet, an der Stätte, die Herr Krupp so oft mit seinem Besuche beehrte, zum bleibenden Andenken ein Denkmal zu errichten."

Minna Deuper mit ihrem Ehemann Friedrich

16. Juni Bei der Reichstagswahl liegt im ersten Wahlgang Gerhard Stötzel mit 35 323 Stimmen vor dem Sozialdemokraten Paul Gräser (22 860 Stimmen) und dem National-Liberalen Karl Klingemann. Die Stichwahl am 25. Juni gewinnt Stötzel mit 38 999 zu 32 626 Stimmen. „Es flattert also wieder über dem Wahlkreise die sieggewohnte Fahne des Zentrums“, triumphiert die „Essener Volkszeitung“.

15. November Das katholische Arbeitersekretariat nimmt seine Tätigkeit auf. Erster hauptamtlicher Sekretär ist Christian Kloft.

1904

6. Januar Im Lokal „Borussia“ in der Rottstraße halten die sozialdemokratischen Frauen ihre erste öffentliche Frauenversammlung ab. Sie wählen Minna Deuper zu ihrer Vertrauensperson.

22. April Die Stadtverordnetenversammlung beschließt eine neue Armenordnung. „In diese ist die Neuerung aufgenommen, zu der nur sehr wenige Städte in Deutschland übergegangen sind, daß auch Damen als Armenpfleger gewählt werden können; also der erste Erfolg der Frauenbewegung in Essen!“ – so der Kommentar in der Zeitung „Essener Neueste Nachrichten“.

1. Mai An der höheren Mädchenschule wird die Lehrerinnen-Bildungsanstalt, die der Minister für geistliche, Unterrichts- und Medizinalangelegenheiten durch Reskript vom 9. März genehmigt hat, eröffnet. Die unterste Klasse des Seminars beginnt mit 32 Schülerinnen.

18. Juni „Bei dem Realgymnasium bildete sich im Laufe des Jahres eine Ruderriege, der Sekundaner und Primaner von gutem Betragen und guten Leistungen angehören dürfen. Frau Krupp stellte in Hügel an der Ruhr einen geeigneten Platz zur Verfügung und überwies der Riege ein eigens gebautes Bootshaus zur Benutzung. ... Das Haus wurde am 18. Juni mit einer schlichten Feier eröffnet.“ (Chronik 1904, S. 27)

14. Juli Durch das Gesetz betreffend Bildung einer Genossenschaft zur Regelung der Vorflut und zur Abwässerreinigung im Emschergebiet wird die Emschergenossenschaft mit Sitz in Essen gegründet. Sie ist für die Regulierung der Emscher und der Nebenflüsse zuständig und baut Klär- und Pumpenanlagen. Die Kosten werden von den Beteiligten, den Bergwerken, Indu-

strieunternehmen, den Städten und Gemeinden, durch Umlage aufgebracht.

24. SEPTEMBER Der städtische Saalbau, entworfen vom Prof. Neckelmann, wird nach dreijähriger Bauzeit der Bürgerschaft übergeben. Eine Woche später, am 1. und 2. Oktober veranstaltet der Essener Musikverein ein großes Musikfest, dessen Höhepunkt die Aufführung der „Sinfonia domestica“ unter persönlicher Leitung des Komponisten Richard Strauß ist.

Das Musikfest im Städtischen Saalbau

25. SEPTEMBER Der von dem Berliner Bildhauer Emil Cauer geschaffene Kaiser-Wilhelm-Brunnen in Altenessen wird feierlich enthüllt. Das Denkmal besteht aus einem Brunnenbecken aus rotem Sandstein mit einem Felsen, an dem ein Bronzerelief Kaiser Wilhelm I. angebracht ist. Auf den Steinen stehen ein Bergmann und ein Schmied als Verkörperung der beiden wichtigsten Industriezweige Altenessens.

Der Kaiser-Wilhelm-Brunnen in Altenessen

30. SEPTEMBER Die städtische Lesehalle wird in der Chausseestraße eröffnet. Das Haus hat der Legationsrat und bevollmächtigte Minister Julius von Waldthausen der Stadt unentgeltlich zur Verfügung gestellt, während die Umbauten aus Mitteln der Julius-Waldthausen-Stiftung finanziert werden.

27.–31. OKTOBER Der Vaterländische Frauenverein veranstaltet einen Wohltätigkeitsbasar, dessen Erlös teils für die Wohltätigkeitsbestrebungen in Essen, teils für die Verwundeten und Hinterbliebenen der im Kampfe gegen die Hereros in Südwestafrika kämpfenden Truppen sowie für die geschädigten deutschen Ansiedler bestimmt ist.

14. NOVEMBER Die Stadtverordnetenversammlung bewilligt 1 Millionen Mark zur Erwerbung des sogenannten Langenbrahmer Waldes und einiger anstoßender Grundstücke für die Anlegung eines Stadtwaldes. Bereits seit 1897 war mit dem Freiherrn von Schell über das Gelände verhandelt worden.

29. NOVEMBER Die Stadtverordnetenversammlung beschließt, im Interesse der Sicherheit der Gebäude im Stadtbezirk beim Oberbergamt den Antrag zu stellen, daß den unter dem Gebiete der Stadt Bergbau treibenden Zechen aufgegeben werde, fernerhin nur mit Bergeversatz zu arbeiten.
Die Stadtverordnetenversammlung billigt in der gleichen Sitzung einen Vertrag mit der Süddeutschen Eisenbahn-Gesellschaft. Danach darf die Gesellschaft die bestehenden Straßenbahnstrecken zweigleisig ausbauen.

4. DEZEMBER In der ersten Etage des früheren Postgebäudes am Burgplatz wird das städtische Museum eröffnet. Vorhanden sind zehn Ausstellungsräume: ein naturwissenschaftlicher Raum mit der zoologischen und der Mineraliensammlung, ein Dürerzimmer, ein großer Raum für die Bilder und Bronzen der Helene Cappell-Stiftung, mehrere Zimmer für die Lokalgeschichte sowie ein Zimmer für kunsthistorische Ausstellungen. In der ersten Präsentation werden vom 6. bis 31. Dezember künstlerisch ausgeführte Bilderbücher und Kinderzimmer-Wandschmuck gezeigt.

11. DEZEMBER Im Alter von 80 Jahren stirbt Dr. Friedrich Hammacher, Ehrenbürger der Stadt.
Hammacher war von 1858 bis 1872 Stadtverordneter und vertrat von 1863 bis 1898 den Wahlkreis Essen-Mülheim-Duisburg im Preußischen Abgeordnetenhaus. Er gehörte zu den Gründungsmitgliedern des Bergbauvereins, dessen Vorsitzender er bis 1890 war. Wegen seiner Verdienste um die Entwicklung der Eisen- und Kohlenindustrie hatte ihm die Stadt am 5. Oktober 1888 das Ehrenbürgerrecht verliehen.

1905

6. JANUAR Die Musikalische Gesellschaft veranstaltet ein Max Reger-Konzert unter Leitung des Komponisten. Der berichtet seiner

Frau: „Gestern Abend ein großer unbestrittener Erfolg, der Abend ist von größter Bedeutung für mich gewesen.“

16. Januar Die in Essen tagende Revierkonferenz der Bergarbeiterverbände beschließt den allgemeinen Ausstand. Die wichtigsten Forderungen der Bergleute sind: Achtstundenschicht einschließlich Ein- und Ausfahrt, Beseitigung des Wagennullens, Festsetzung eines Minimallohnes, Errichtung von Arbeiterausschüssen, Reform des Knappschaftswesens, humane Behandlung durch die Vorgesetzten.
Am 9. Februar wird der Streik von der Revierkonferenz beendet, da der preußische Handelsminister eine Überarbeitung des Allgemeinen Berggesetzes angekündigt hatte. Zudem gehen den Bergarbeiterorganisationen die finanziellen Mittel zur Unterstützung der Ausständigen zur Neige.

3. März Als 200 000. Einwohner wird Erich Pieper, Sohn des Bahnbeamten Hugo Karl Pieper, angemeldet. Die Stadt schenkt ihm ein bis zum 3. März 1929 gesperrtes Sparkassenbuch über 300 Mark.

9. Mai Der 100. Todestag Friedrich Schillers wird festlich begangen. Die Hauptveranstaltung bildet ein großes Volksfest im Stadtwald mit Deklamationen, Darstellungen einiger Szenen

Der Schillerbrunnen im Stadtwald

aus den Schillerschen Dramen sowie mit Musik- und Gesangaufführungen. Während des Festes wird auch der vom Theaterdirektor Hans Gelling gestiftete Brunnen und der um den Brunnen angelegte Lindenhain eingeweiht.

24. MAI Im katholischen Gesellenhaus gründet sich ein interkonfessioneller Verein gegen die öffentliche Unsittlichkeit. Der Kampf solle jetzt aufgenommen werden, da die Unsittlichkeit in Essen gegenüber anderen Städten noch nicht übermächtig geworden sei.

1. JULI Rüttenscheid wird eingemeindet. Die Gründe nennt der Gesetzentwurf für den Preußischen Landtag: „Rüttenscheid zählt 22000 Einwohner. Fast die Hälfte findet ihren Erwerb in Essen, wie auch die Gewerbebetriebe der Gemeinde Rüttenscheid hier ihren Hauptabsatz haben. Industrielle Betriebe sind anderseits aus Essen in die Landgemeinde verlegt worden, oder unterhalten in Rüttenscheid Filialen. An der Grenze der beiden Gemeinden ist die Bebauung so weit vorgeschritten, daß die Gemeindegrenzen äußerlich nicht mehr erkennbar sind. Die Bebauung trägt auch in Rüttenscheid durchaus städtischen Charakter. Fast ein Drittel aller Häuser gehört Essener Einwohnern oder Essener Geschäftsfirmen, von der Gemarkung ist mehr als ein Achtel Eigentum der Stadt Essen, ein Fünftel der Firma Krupp. Der Stadtwald liegt ebenfalls zum Teil im Rüttenscheider Bezirk. Wie an dieser kommunalen Anlage, so nehmen die Einwohner von Rüttenscheid auch an allen übrigen städtischen Einrichtungen, wie den höheren Schulen, dem Theater, der Lesehalle, den Badeanstalten, dem Wohnungsnachweis, der Arbeitsvermittlungsstelle usw., teil. Hinsichtlich der Kanalisation ist Rüttenscheid auf den Anschluß an Essen angewiesen. Mit Trinkwasser wird die Gemeinde schon jetzt von Essen aus versorgt. ... In der Erkenntnis ihrer Zusammengehörigkeit haben Essen und Rüttenscheid den Eingemeindungsvertrag vom 24. Februar 1905 abgeschlossen.“

1. JULI Das Baubüro des Rhein-Herne-Kanals beginnt mit seiner Arbeit. Die Stadt stellt der Regierung die Büroräume für die Bauzeit bis zum 30. Juni 1920 unentgeltlich zur Verfügung.

3. JULI Das Schlachthaus in Altenessen wird seiner Bestimmung übergeben. Nach Erweiterungen in den Jahren 1908 und 1912 können hier 120 Schweine gleichzeitig geschlachtet werden.

9. JULI Ein 80jähriger, 35 Morgen großer Eichenwald in der Nähe des Altenhofes, den Margarethe Krupp zu einem Waldpark um-

gestalten ließ, wird zur öffentlichen Benutzung freigegeben. Er ist mit schön angelegten Wegen durchzogen und Ruhebänken versehen.

18. JULI Im Baugewerbe beginnt mit der Aussperrung der Bauarbeiter ein Arbeitskampf, der bis zum 4. September anhält. Nach langwierigen Verhandlungen unter dem Vorsitz des Beigeordneten Dr. Otto Wiedfeldt wird am 31. August ein Tarifvertrag mit Wirkung bis zum 1. Mai 1908 abgeschlossen, der für das gesamte Ruhrgebiet gültig ist. Durch ihn werden die Löhne nicht unwesentlich erhöht.

19. SEPTEMBER Durch den Tod des Reichstagsabgeordneten Gerhard Stötzel wird eine Ersatzwahl notwendig. Es erhalten Arbeitersekretär Johann Giesberts (Zentrum) 35 500, Redakteur Wilhelm Gewehr (SPD) 28 728, Rechtsanwalt Dr. Victor Niemeyer (Vereinigte liberale Parteien) 17 886, Franz Behrens (Christlich-soziale Partei) 2194 und Redakteur Josef Chociszweski (Polen) 1723 Stimmen. Da keiner der Kandidaten die absolute Mehrheit errungen hat, wird eine Stichwahl am 28. September durchgeführt, bei der Giesberts mit 41 799 Stimmen gegenüber Gewehr (37 524 Stimmen) erfolgreich ist.

7. UND 8. OKTOBER Max Reger ist abermals zu Gast in Essen. Beim zweiten Konzert wird seine „Sinfonietta op. 90“ uraufgeführt.

NOVEMBER Es wird eine „Freiwillige Sanitätskolonne“ mit Anschluß an den Zentralverband vom Roten Kreuz gegründet. „In der Kolonne wird außer Krankenpflege-Personal für den Kriegsschauplatz, auch Pflege- und Transportpersonal für den Dienst im Inlande unentgeltlich in der Herstellung von Notverbänden und ähnlichen Verrichtungen ausgebildet.“ (Chronik 1905, S. 41)

18. DEZEMBER Auf der Generalversammlung des RWEs erklären sich die Städte Essen, Gelsenkirchen und Mülheim/Ruhr bereit, Aktien zu erwerben und jeweils einen Sitz im Aufsichtsrat einzunehmen. „Dieser Tag wurde zur Geburtsstunde des gemischt-wirtschaftlichen Unternehmens.“ (Pohl, Stadtwerk, S. 21)

1906

23. MÄRZ Die Generalversammlung der Rheinischen Anthracit-Kohlenwerke (u.a. mit den Zechen Heisinger Tiefbau, Friedrich Wilhelm und Poertingssiepen) beschließt, den Namen in Es-

sener Steinkohlenbergwerke AG zu ändern und den Sitz nach Essen zu verlegen.

9. APRIL Die Stadt richtet eine Rechtsauskunftsstelle ein, die von einem Juristen geleitet wird. Er gibt kostenfreie Auskunft in Angelegenheiten des Arbeiterschutzes, der Arbeiterversicherung, der gewerblichen Verhältnisse, der Steuer-, Militär-, Schul-, Armen-, Waisenrats-, Staatsangehörigkeits-, Miets-, Alimentations- und Vormundschaftssachen.

20. APRIL Die Stadtverordnetenversammlung ernennt einstimmig Oberbürgermeister Erich Zweigert zum Ehrenbürger der Stadt.

27. MAI Oberbürgermeister Zweigert stirbt im Alter von 57 Jahren. Der Stadtverordnete Finanzrat Ludwig Klüpfel würdigt den Verstorbenen bei der städtischen Trauerfeier im Saalbau: „Zwanzig Jahre ruhte die Leitung der Stadtverwaltung in seiner Hand, in einer Zeit, wo das mit dem großen Aufschwung der Industrie verbundene fortgesetzte starke Wachstum der Stadt außerordentliche Anforderungen an die städtische Verwaltung und ihren Leiter stellte. Als vor zwanzig Jahren die Wahl auf Erich Zweigert fiel, war die Stadt noch verhältnismäßig klein, aber in aufsteigender Entwicklung begriffen. ... In dieser Zeit kam Erich Zweigert zu uns, ein Mann in der Blüte der Jahre, von scharfem, lebhaftem Geiste und gereiften Anschauungen und Grundsätzen, ausgerüstet mit der gründlichen Bildung des preußischen Staatsbeamten, im praktischen Justizdienst erprobt und als mehrjähriger Leiter einer nicht unbedeutenden Stadt [Guben] auch im Gemeindedienst schon geschult. So trat er sein hiesiges Amt an und erweckte sofort den Eindruck, daß wir den richtigen Mann gefunden hatten, der den ihn erwartenden Aufgaben gewachsen war. Diesen Eindruck hat seine ganze Amtsführung voll bestätigt. Mit frischem Mut, mit nie erlahmender Tatkraft und mit klarem Blick für die Bedürfnisse unseres fortgesetzt wachsenden Gemeinwesens ging er an die Arbeit, und es ist geradezu wunderbar, was unter seiner Leitung aus der Stadt geworden ist, die sich während seiner Amtszeit fast um das Vierfache in der Einwohnerzahl vergrößerte und die sich durch Errichtung neuer Teile, stattlicher Bauten und Denkmäler, freundlicher Gartenanlagen und freier Plätze in ihrer äußern Erscheinung so verschönert hat, daß sie den früheren Ruf als nur nüchterne, unschöne Stadt der Arbeit längst nicht mehr verdient. Aus dem kleinen und einfachen Verwaltungsapparat, den er vorfand, hat er als geschickter Organisator, Schritt haltend mit der Zunahme der Bevölkerung, den großen Beamtenorganismus ge-

Oberbürgermeister Erich Zweigert

schaffen, den eine moderne große Industriestadt zur Erfüllung der ihr von Gemeinde und Staat gestellten Aufgaben nicht entbehren kann. ... Seine Tätigkeit, die besonders im Falle des Ruhrtalsperren-Vereins und der Emscher-Regulierungsgenossenschaft über das Interesse der Stadt hinaus in größere Interessengebiete fördernd eingriff, erwarb ihm auch die Anerkennung der Staatsregierung, bei der er in hohem Ansehen stand, und die seinen Ansichten, die er nach oben stets mit großem Freimute vertrat, großes Gewicht beilegte."

27. MAI Zum Abschluß des 42. Tonkünstlerfestes, das der Allgemeine Deutsche Musikverein vom 24. bis 27. Mai veranstaltet hat, wird die VI. Sinfonie von Gustav Mahler unter Leitung des Komponisten uraufgeführt.

29. MAI Der Essener Motor-Club, Vorläufer des heutigen ADAC, wird ins Vereinsregister eingetragen.

2. JULI Die Stadtverordnetenversammlung wählt einstimmig den Geheimen Regierungsrat und vortragenden Rat im Ministerium

für landwirtschaftliche Angelegenheiten, Wilhelm Holle, zum neuen Oberbürgermeister. Er wird am 7. August durch den Düsseldorfer Regierungspräsidenten Arthur Schreiber in sein Amt eingeführt.

24. JULI Der Regierungspräsident genehmigt den ortsüblichen Tagelohn, der erhöht wurde auf 3,40 M für männliche Personen über 16 Jahren, auf 2,20 M für weibliche Personen über 16 Jahren, auf 1,80 M für männliche Jugendliche unter 16 Jahren und auf 1,20 M für weibliche Jugendliche unter 16 Jahren.

18.–23. AUGUST Essen steht unter dem Eindruck der 53. Generalversammlung der Katholiken Deutschlands, die durch einen großen Festzug mit 40 000 Personen eingeleitet wird. Der Katholikentag beschäftigt sich nicht nur mit theologischen Fragen, sondern auch mit den sozialen Aufgaben der Kirche.

Festgottesdienst bei der 53. Generalversammlung der Katholiken Deutschlands

1. Oktober Die bisherige Bürgermeisterei Stoppenberg wird aufgelöst zu drei neuen Bürgermeistereien: Bürgermeisterei Stoppenberg (mit den Gemeinden Katernberg, Stoppenberg, Schonnebeck, Huttrop und Frillendorf), Bürgermeisterei Rotthausen und Bürgermeisterei Kray-Leithe.

15. Oktober In Anwesenheit des Kaisers Wilhelm II. und mehrerer Kabinettsmitglieder heiratet auf der Villa Hügel Bertha Krupp, die Alleinerbin der Krupp-Werke, und der Legationsrat Dr. Gustav von Bohlen und Halbach. Mit kaiserlicher Erlaubnis darf der Geburtsname der Frau von beiden geführt werden. Der Familienname, der an den ältesten Sohn weitergegeben wird, heißt nunmehr Krupp von Bohlen und Halbach.

1. Dezember Die Margarethe Krupp-Stiftung für Wohnungsfürsorge tritt ins Leben. Sie „soll in erster Linie der Wohnungsfürsorge für die minderbemittelten Klassen dienen“ (§ 5 der Stiftungsurkunde). Anläßlich der Vermählung ihrer Tochter Bertha hatte Margarethe Krupp 1 000 000 Mark und ein Baugrundstück von rund 50 Hektar Größe, die heutige Margarethenhöhe, gestiftet.

7. Dezember Da viele Eltern, besonders aus dem Mittelstande, den Wunsch haben, „ihren Töchtern eine über das Ziel der Volksschule hinausgehende gründlichere und umfangreichere Schulbildung zu verschaffen, ohne die höheren Kosten für die höhere Mädchenschule auszugeben“, beschließt die Stadtverordnetenversammlung eine Mädchenmittelschule einzurichten. Diese wird am 16. April 1907 feierlich eröffnet. Das Schulgeld beträgt 60 Mark für die Einheimischen und 90 Mark für die Auswärtigen.

1907

25. Januar Bei der Wahl zum Reichstag geben 95 022 der 105 858 Wahlberechtigten ihre Stimme ab. Es erhalten Arbeitersekretär Johann Giesberts (Zentrum) 39 634, Redakteur Wilhelm Gewehr (SPD) 29 378, Postverwalter Ernst Wiedenhoff (National-liberale Partei) 22 162, Rektor Linden (Liberale Partei) 1091 und der Schriftsteller Josef Chociszweski (Polen) 2540 Stimmen. Bei der erforderlichen Stichwahl am 5. Februar gewinnt Giesberts mit 45 026 Stimmen gegenüber Gewehr (35 889).

1. Februar Georg Melches und andere Fußballbegeisterte beginnen im Sportverein Vogelheim mit dem Fußballspiel. Aus diesen bescheidenden Anfängen entwickelt sich später über einige Fusionen Rot-Weiß Essen.

7. Juni Die Stadtverordnetenversammlung beschließt, den weiblichen Dienstboten, die 10 Jahre ununterbrochen bei derselben Herrschaft beschäftigt gewesen sind, eine silberne Brosche oder ein Sparkassenbuch über 25 Mark, nach 20jähriger Dienstzeit eine goldene Brosche oder ein Sparkassenbuch über 75 Mark und schließlich nach 25jähriger Dienstzeit eine goldene Uhr oder ein Sparkassenbuch über 100 Mark überreichen zu lassen.

7. Juni Die Stadtverordnetenversammlung beschließt, eine öffentliche Untersuchungsstelle für Nahrungsmittel, Genußmittel und Gebrauchsgegenstände einzurichten, die seit 1919 den Namen „Chemisches Untersuchungsamt der Stadt Essen" trägt.

21. Juni Um der großen Säuglingssterblichkeit zu begegnen, beschließt die Stadtverordnetenversammlung eine Milchküche zwecks Abgabe einwandfreier Säuglingsmilch und eine Mütterberatungsstelle einzurichten.

17. Juli Ein Verkehrsverein wird gegründet, der den Zweck verfolgt, Verkehr, Handel und Wohlfahrt im Stadt- und Landkreis Essen zu fördern. Seine Aufgaben sind: Verkehrserleichterungen jeder Art anzustreben, den Fremdenverkehr zu heben, Kongresse und Ausstellungen in die Stadt zu holen, durch Veröffentlichungen für die Stadt zu werben und ein Verkehrsbüro zur Auskunftserteilung einzurichten.

3. August Der Jahrhundertbrunnen wird der Öffentlichkeit übergeben: Der Platz ist mit Fahnen und Girlanden aus Tannenzweigen feierlich geschmückt. Damen in der Kleidung der letzten Stiftsäbtissin, von Stiftsdamen und Essener Patrizierdamen und Herren in der Uniform preußischer Soldaten nehmen am Denkmal Aufstellung. Oberbürgermeister Holle hält die Festansprache, die Glocken der Kirchen läuten, Choräle werden geblasen, und der Essener Männergesangverein bietet Gesangsvorträge.

„Das Denkmal zeigt in der Mitte einen Arbeiter im Augenblick des Ausruhens, nicht ermüdet, sondern in ruhender Kraft. Lustig spielende Putten in den Öffnungen der Brunnenwände oberhalb der kleinen Wasserbecken bilden zu dem frohen Ern-

Der Jahrhundertbrunnen

ste der Hauptfigur einen glücklichen Gegensatz. Das Denkmal soll die Arbeit verkörpern. Unter dem Wahlspruch ‚Rüstig zur Arbeit, froh in der Rast' soll dieses Denkmal inmitten des arbeitsreichen Industriebezirks bekunden, daß jeder, der sich fleißigen Schaffens betätigte, zum Aufblühen unseres Vaterlandes beigetragen hat." (Chronik 1907, S. 48)

15.–21. SEPTEMBER Im „Gildenhof" in Rüttenscheid tagt der Parteitag der SPD, da die Stadtverwaltung den Sozialdemokraten den Saalbau verweigert hatte. Verärgert kommentiert die „Arbeiter-Zeitung": „Obschon Essen Kongreßstadt werden soll, war in diesem Bau kein Platz für unseren Parteitag. Jeder Klimbimverein kann dort tagen, nur die Vertreter der bedeutsamsten Kulturbewegung unserer Zeit nicht."

22. SEPTEMBER Aus Anlaß seines 25jährigen Jubiläums veranstaltet der Evangelische Arbeiterverein ein Arbeiterfest auf dem Burgplatz, an dem sich mehr als 18 000 Mitglieder von Arbeitervereinen beteiligen.

21. OKTOBER Mit einem Festakt im Saalbau wird das Institut „Akademische Kurse für Handelswissenschaften und allgemeine Fortbildung" eröffnet. Es soll nach den Vorstellungen des Initiators, des Kommerzienrates Dr. Karl Goldschmidt, „nicht nur eine Fortbildungsanstalt für Kaufleute, sondern überhaupt dem Bildungsbedürfnis weiterer Volkskreise dienstbar sein und so-

zusagen ein hochschulmäßig ausgestatteter Konzentrationspunkt des geistigen Lebens von Essen und seiner Umgebung werden". Die Vorlesungen finden zunächst abends im Gymnasium am Burgplatz und in der Oberrealschule an der Steeler Chaussee statt.

26. Oktober „Arbeiterzeitung – und das erste Blatt-
Wir senden's heut' hinaus in Dorf und Stadt –
Die Zeitung soll für Recht und Freiheit werben,
Soll Licht verbreiten, wo der Weg nicht klar,
Soll niederkämpfen, was nicht echt und wahr
Und Schutz und Schirm sein in dem Kampf, dem herben. –
Arbeiterzeitung – welch metall'ner Klang
Liegt in dem Wort! Klingt's nicht wie Hochgesang,
Wie frohe Botschaft, daß es besser werde?
Für euch, für euch ist sie geschaffen nur
Die ihr da frondet auf der Erde Flur
In Kümmernis, in Nöten und Beschwerde.
...
Ihr aber, Fröner all' in Hütt' und Schacht,
und ihr, die ihr die andern Werte macht,
Helft mit, daß wir das hohe Ziel erringen.
Helft alle mit, daß unser neues Blatt
Den Siegeseinzug hält in Dorf und Stadt,
Und tut ihr es, so muß das Werk gelingen!
Und ihr auch wollet fördern und mitbau'n,
Ihr Arbeitsschwestern – Proletarierfrau'n,
Daß sich die Not, die Knechtschaft endlich wende.
Dem Gatten helft, dem Bruder und dem Sohn,
Befreiung schaffen aus der harten Fron,
Die jetzt dem Volk noch fesselt Fuß und Hände. –
Und nun hinaus, hinaus in Sturm und Not,
Ins off'ne Meer, du leichtes Segelboot
Und scheue Tiefe nicht und Wasserbreite.
Arbeiterzeitung – mach' dem Namen Ehr' –
Dem Schwachen sei du Schild fortan und Wehr –
Arbeitersegen gibt dir das Geleite!"

Mit diesem Gedicht begrüßt Heinrich Kämpchen die erste Ausgabe der „Arbeiterzeitung. Sozialdemokratisches Organ für den Stadt- und Landkreis Essen".

17. November Das von Hugo Lederer geschaffene Friedrich Alfred Krupp-Denkmal am Limbecker Platz wird feierlich enthüllt. In einer Halbrotunde, an deren Wänden allegorische Figuren angebracht sind, steht auf einem Sockel die in Bronze gegossene Figur Krupps.

17. NOVEMBER Aus Dankbarkeit über die Errichtung des Krupp-Denkmals und über die „unvergeßliche Feier, die unseren Herzen so wohlgetan und die ein neues Band geknüpft hat zwischen der Stadtgemeinde Essen, der Fabrik und unserer Familie“ schenkt Margarethe Krupp der Stadt die 200 Morgen umfassenden Wald- und Talstreifen in Rüttenscheid.

1908

10. JANUAR Die Stadtverordnetenversammlung genehmigt den Ankauf von Aktien des RWEs (1 Million Mark Nominalaktien zum Kurse von 135 und 1 750 000 Mark Aktien zum Kurse von 134,80).

22. JANUAR In Reaktion auf den Bergarbeiterstreik des Jahres 1905 und in Reaktion auf die stärker werdende Arbeiterbewegung konstituiert sich der Zechenverband. Er bezweckt einen engeren Zusammenschluß der rheinisch-westfälischen Bergwerke zur Wahrung gemeinsamer Interessen in Arbeiterfragen.

1. APRIL Die Landgemeinde Huttrop wird eingemeindet, da Huttrop seit langem mit Essen eine wirtschaftliche Einheit bildet. Mehr als $^{1}/_{4}$ der Einwohner besteht aus den Insassen und dem Pflegepersonal des Franz Sales-Hauses sowie aus den Bewohnern der Arbeiterkolonie Hüttenheim, die der AG Essener Blechwalzwerk Schulz-Knaudt gehört.

1. APRIL Die königliche Maschinenbauschule wird mit drei Klassen eröffnet. Sie soll künftige niedere maschinentechnische Betriebsbeamte, Werkmeister und niedere Bürobeamte für die Maschinenindustrie heranbilden und Besitzern kleinerer Betriebe die nötigen Fachkenntnisse, insbesondere die erforderliche Fertigkeit im Zeichnen vermitteln.

4. - 20. APRIL Das Essener Abstinenz-Kartell und der Verein Frauenwohl veranstalten unter dem Ehrenvorsitz des Oberbürgermeisters Dr. Holle eine Antialkohol-Ausstellung in der städtischen Turnhalle, Mühlenstraße.

31. AUGUST Krupp richtet die erste Lehrlingswerkstatt zur Ausbildung von Schlosser- und Dreherlehrlingen ein

1. OKTOBER Die Königliche Baugewerkschule nimmt ihren Lehrbetrieb auf. Sie soll Baugewerbetreibende zu Baugewerksmeistern oder Bauunternehmern ausbilden und bautechnische Hilfs-

kräfte auf die mittlere und technische Laufbahn bei den Regierungs-, Militär-, Eisenbahn- und Kommunalbehörden vorbereiten.

1. OKTOBER Eine städtische Handwerker- und Kunstgewerbeschule wird im Rathaus Rüttenscheid eingerichtet. Sie ist eine Fachschule zur beruflichen Heranbildung von leistungsfähigen Gesellen und Gehilfen, Meistern, Zeichnern und Modelleuren für die verschiedenen Zweige des Kunsthandwerkes der gewerblichen Industrie.

25. OKTOBER Das von Hugo Lederer geschaffene Grabdenkmal für Erich Zweigert wird in die Obhut der Stadt gegeben. „Dem Wesen des Verstorbenen entsprechend ist das Denkmal schlicht, würdig und ohne jeden Prunk gehalten. Ein aus einer Steinwand hervortretender Obelisk enthält die Inschrift: Ihrem Ehrenbürger Erich Zweigert, Oberbürgermeister 1886 – 1906. Die dankbare Stadt. Putten halten zu beiden Seiten der Inschrift bronzene Kränze." (Chronik 1908, S. 7)

23. DEZEMBER Als erster Sozialdemokrat wird August Hohage in die Stadtverordnetenversammlung gewählt. Er gewann die Stichwahl in der 3. Abteilung im 4. Bezirk (Altstadt).

1909

1. FEBRUAR Die „Essener Neuesten Nachrichten" stellen ihr Erscheinen ein.

1. APRIL Zum ersten Male werden weibliche Bürokräfte in den Dienst der Stadtverwaltung übernommen. Sie werden als Hebebuchführerinnen im Steuerkassenbetrieb eingesetzt.

1. APRIL Das neue Hauptsteueramt nimmt seine Tätigkeit auf. Die Stadt hatte für den Neubau das frühere Michelsche Haus, in dem Franz Dinnendahl von 1807 bis 1821 gelebt hatte, zur Verfügung gestellt. Für das wirtschaftliche Leben ist das Hauptsteueramt von großer Bedeutung, da man hier sämtliche Steuersachen einschließlich des Verkehrs mit dem Auslande und der Verzollung erledigen kann.

1. APRIL Ein katholisches und ein evangelisches Lehrerseminar werden eingerichtet.

1. APRIL Bei den städtischen höheren Knaben- und Mädchenschulen werden neue Schulgeldsätze eingeführt. Einheimische Schüler zahlen bei den Knabenschulen 150 Mark. Das Schulgeld für die einheimischen Schülerinnen beträgt 120 (Klassen X – VIII) und 150 Mark (Klassen VII – I bei den höheren Mädchenschulen) bzw. 180 Mark (Lyzeum).

6. JUNI 13 Freiballons steigen zur Ausscheidungsfahrt für das Gordon-Bennett-Rennen in die Lüfte. Der Sieger, der Ballon Hildebrandt, landet nach 37 Stunden Fahrt in Auenheim, Kreis Kehl.

9. JUNI Im Saalbau wird die europäische Fahrplankonferenz eröffnet, an der Vertreter von 20 europäischen Eisenbahnverwaltungen teilnehmen.

1. JULI Wegen der wirtschaftlichen Entwicklung, der Zuwanderung und deren Rückwirkung auf die politischen Zustände im Ruhrgebiet wird die Polizei verstaatlicht. Zum Polizeipräsident der Polizeidirektion Essen, der die Städte Essen, Oberhausen und Steele sowie die Bürgermeistereien Altenessen, Borbeck, Kray-Leithe, Rotthausen und Stoppenberg angehören, wird der Landrat von Mülheim, Robert von Bemberg-Flamersheim, ernannt.

15. JULI Eine elektrische Feuermeldeanlage der Firma Siemens & Halske wird in Betrieb genommen. 52 Feuermelder sind aufgestellt worden.

29. JULI Die Städtischen Krankenanstalten in Holsterhausen werden feierlich eingeweiht. Die Lokalpresse lobt: „Weit im äußersten Südwesten des Essener Stadtgebietes, in einer Gegend, die bis heute ihren fast reinen ländlichen Charakter bewahrt hat, ist in einem Zeitraum von knapp drei Jahren eine Gruppe von insgesamt 23 Gebäuden entstanden, die als eine der modernsten und eigenartigsten Schöpfungen auf dem Gebiete des Krankenhauswesens in Deutschland, ja in ganz Europa bezeichnet werden muß. ... Was da in den drei Jahren an den grünen Hängen des Mühlbachtales emporgewachsen ist, kann keineswegs als Krankenhaus im landläufigen Sinne bezeichnet werden. Viel eher könnte man die Anlage als Krankenstadt bezeichnen."

Die Städtischen Krankenanstalten

20. SEPTEMBER Nach einem Flug über die Innenstadt landet ein Zeppelin-Luftschiff auf einem abgesperrten Platz zwischen der Norbert- und der Lührmannstraße, begeistert empfangen von einer ungeheueren Zuschauermenge und begrüßt vom Oberbürgermeister Holle: „Ein großer Tag ist der heutige für uns. Wir haben gesehen, wie das Luftschiff aus nebelhaften Fernen in majestätischem Adlerfluge heranzog und einen Teil des rheinisch-westfälischen Kohlenreviers, des Landes der Kohle und des Eisens überflog. Majestätischen Fluges umkreiste es die Türme und Zinnen unserer Stadt. Langsam nahte es sich dem Landungsplatz und bot unseren leibhaftigen Augen dar, was wir bisher nur aus den Zeitungen kannten. Alle Räder stehen still, alle Herzen schlagen höher, alle Glocken tönen und der Donner schwerer Kruppscher Geschütze, begrüßt den Beherrscher der Lüfte. Wir danken dem greisen Grafen Zeppelin, daß er sein Werk nach hier gesandt hat, um es der Bevölkerung des Landes der Kohlen und der Erze zu zeigen."

NOVEMBER Das nach den Plänen der Architekten Nordmann und Knobbe errichtete Bankgebäude des Essener Bankvereins wird seinem Zwecke übergeben.

5. NOVEMBER Regierungsrat Hans von Eynern wird zum kommissarischen Landrat des Kreises Essen bestellt. Seine endgültige Bestätigung erfolgt am 1. Juni 1910.

21. NOVEMBER Auf Anregung des Landgerichtsrats Baur und des Justizrates Hans Niemeyer wird im Stadtwald ein Zweigert-Gedenkstein errichtet. Der Stein, ein in dieser Größe seltener Findling aus dem Odenwald, soll ein „Dankmal“ für die Schaffung des Stadtwaldes sein.

29. NOVEMBER Die evangelische Erlöserkirche, deren Grundstein 1906 gelegt wurde, wird eingeweiht. Architekt ist Franz Schwechten, Erbauer der Kaiser-Wilhelm-Gedächtniskirche in Berlin.

12. DEZEMBER Das vom Architekten Oskar Kunhenn entworfene Logenhaus in der Logenstraße wird eingeweiht.

1910

8. JANUAR Um Abhilfe zu schaffen für die vielen Geschäftsreisenden, die in Düsseldorf oder Dortmund Logis nehmen müssen, weil in Essen ein standesgemäßes Hotel fehlt, gründet sich die Firma Kaiserhof, Essener Hotel-GmbH. Zweck der Gesellschaft ist die Errichtung eines erstklassigen Hotels, das in der Lindenallee gebaut werden soll auf dem Boden des ehemaligen Krankenhauses der Barmherzigen Schwestern. Das Grundstück hatte die Stadt im Tausch gegen Gelände auf dem Brünglinghaushof erworben. Das Hotel wird zu Ostern 1912 eröffnet. „Das Hotel Kaiserhof war, als es seine Pforten öffnete, ein Ereignis für Essen, und es wird zum Erlebnis für jeden, den ein gütiges Geschick in den Räumen dieses vornehmen Hauses ausruhen und genießen läßt. Man genießt Kultur in diesen Hallen, in diesen prächtigen Sälen und Salons, man genießt Kultur, echte Lebenskultur, nicht zuletzt in der stillen marmornen Abgeschlossenheit eines Kaiserhof-Bades. Was der moderne Techniker und der moderne Hygieniker für die Erholung des hastenden und reisenden Erwerbsmenschen erdacht, was unsere Raumkünstler und Innendekorateure an lieblichen Harmonien komponieren konnten, das alles klingt im Kaiserhof zusammen in den einzigen Akkord des Wohlbehagens: Es ist eine Lust, hier zu leben.“

8. JANUAR Die erste Ausgabe der „Kruppsche Mitteilungen“ mit der Beilage „Nach der Schicht“ erscheint. In ihnen werden die Bekanntmachungen des Direktoriums und der Dienststellen veröffentlicht. Die Mitteilungen haben aber auch die Aufgabe, „das Gefühl der Zusammengehörigkeit unter den Werksangehörigen zu wecken, zu erhalten und zu stärken und ihnen allen, – ob sie nun an leitender oder nachgeordneter Stelle, ob sie als Arbeiter oder als Beamte tätig sind, – immer von Neuem ins Bewußtsein zu rufen, daß nur durch das Zusammenarbeiten aller Werksangehörigen etwas Ersprießliches geleistet werden kann. Das Wort Alfred Krupps – Der Zweck der Arbeit soll das Gemeinwohl sein! – sei auch das Losungswort der Kruppschen Mitteilungen!“

Das Hotel „Kaiserhof"

6. MÄRZ Auf dem Gerlingplatz demonstrieren mehr als 30 000 Arbeiter und Arbeiterinnen gegen das preußische Drei-Klassen-Wahlrecht.

11. MÄRZ Die Stadtverordnetenversammlung billigt die Beteiligung der Stadt an einer Essen-Bredeneyer Gartengesellschafts m.b.H.. Alleinige Gesellschafter sind die Stadt und die Firma Friedrich Krupp AG. Zweck der Gesellschaft ist die Entwicklung Bredeneys als Gartenstadt vorzubereiten. Sie soll zudem verhindern, daß die Entwicklung allein von der Gemeindeverwaltung bestimmt wird.

1. April Die Bürgermeisterei Rellinghausen (außer Heisingen) und der größte Teil der Gemeinde Fulerum fallen an Essen. Für Rellinghausen bringt dies einige Vorteile, da die Gemeinde nicht in der Lage gewesen war, die dringend notwendige Kanalisation anzulegen und die Verkehrsprobleme zu lösen. Auch Essen hatte ein großes Interesse an der Vereinigung, weil der größte Teil des Stadtwaldes in Rellinghausen lag.
Sehr am Herzen liegt den Rellinghausern ihre traditionelle Annen-Kirmes, weshalb ihr Fortbestand ausdrücklich im Eingemeindungsvertrag festgeschrieben wird (§ 13).

6. Mai „Zur Förderung des Turnspielwesens" bestellt die Stadtverordnetenversammlung den Volksschullehrer Hermann Ehrings zum Oberturnlehrer.

22. Mai Wegen der günstigen Witterung läßt sich der Halleysche Komet zwischen 20.30 und 22 Uhr gut beobachten.

14. August Der Brunnen auf dem Rüttenscheider Marktplatz, geschaffen vom Berliner Bildhauer Nick, gestiftet vom Verschönerungsverein, wird der Öffentlichkeit übergeben.

26. September Anläßlich seines goldenen Priesterjubiläums wird Matthias Büssem, Pfarrer an St. Laurentius und Dechant des Dekanats Werden, zum Ehrenbürger der Stadt Steele ernannt.

1. Oktober Die Hauptstelle für das Grubenrettungswesen mit Sitz in Essen nimmt ihre Arbeit auf.

1911

7. Januar Eine neue Handelskammer für die Kreise Essen, Mülheim und Oberhausen wird errichtet. Zum Vorsitzenden wird Carl Funke gewählt. Seine Stellvertreter sind Dr. Alfred Hugenberg und Gerhard Küchen.

30. Januar – 3. Februar Die Wiederaufnahme des sogenannten Meineidsprozesses gegen den Bergarbeiterführer Ludwig Schröder und Genossen endet mit einem Freispruch aller Angeklagten. – Bei einer Bergarbeiterversammlung in Baukau kam es zu einem Zusammenstoß, bei dem der die Veranstaltung überwachende Polizist Münter Schröder niederstieß. Über den Vorfall berichtete die „Bergarbeiter-Zeitung", worauf Anklage gegen den Redakteur wegen Beleidigung des Polizisten erhoben wurde. In der Verhandlung bestätigten neben Schröder weitere Zeugen den Vorfall, doch das Gericht schenkte ihren Aussagen keinen Glauben. Statt dessen wurden die Zeugen wegen Meineides angeklagt und am 17. August 1895 zu Gefängnisstrafen bis zu sechs Jahren verurteilt. Das Urteil, ein augenfälliges Beispiel der damaligen Klassenjustiz, wurde zwar als Skandal angesehen, doch erst nach mehreren vergeblichen Anläufen erreichte der Verteidiger Dr. Niemeyer die Wiederaufnahme des Verfahrens.

MÄRZ Die ersten Familien beziehen ihre Wohnungen auf der Margarethenhöhe. Die von dem Architekten Georg Metzendorf entworfene Gartenstadt wird bereits in der Entstehungsphase gelobt. Hier entstehe „ein Stück Frieden im Großstadtlärm, ein Märchen in der modernen Unrast", „wie es schöner und origineller kaum anderswo anzutreffen ist", liest man in der zeitgenössischen Presse. Doch auch heute noch sind die Kritiker voller Begeisterung: „Diese Lösung mutet so selbstverständlich an und ist doch ein genialer Wurf, denn das Naturgegebene ist zu größter Wirkung gesteigert. ... Ich kenne keine Siedlung, die so menschlich, bedürfnisgerecht und bescheiden ist wie diese", urteilt der Gartenbaudirektor Helmut Klausch 1966.

11. MÄRZ Der 1000-Zentner-Hammer „Fritz", den Alfred Krupp selbst entworfen hatte, wird außer Betrieb gesetzt.

31. MÄRZ Da ein Teil des Flußufers der Ruhr in Rellinghausen an der Annenfähre zunehmend als Licht- und Luftbad sowie zum Baden genutzt wird, entschließt sich die Stadtverordnetenversammlung, weitere Mittel für den Ausbau des Strandbades zur Verfügung zu stellen.

1. APRIL Bei der städtischen Sparkasse wird der Scheckverkehr eingeführt.
Im Gebäude des Landratsamtes wird die Kreissparkasse eröffnet.

19. JUNI Das vom Essener Architekten Schwer errichtete Verwaltungsgebäude der Rheinisch-Westfälischen Hütten- und Walzwerksberufsgenossenschaft, ein Monumentalbau in der Ottilienstraße, wird vom Präsidenten des Reichsversicherungsamtes, Dr. Kaufmann, seiner Bestimmung übergeben.

1. JULI Der neue städtische Musikdirektor Hermann Abendroth, der am 29. Mai in sein Amt eingeführt wurde, leitet sein erstes Sinfoniekonzert.

7. JULI Die Stadtverordnetenversammlung billigt einen Vertragsentwurf, durch den die Essener Theaterverhältnisse grundlegend geändert werden. Das Stadttheater geht in städtische Regie über.

1. OKTOBER Die Handwerker- und Kunstgewerbeschule, die nach langen Verhandlungen endlich die staatliche Anerkennung erhalten hat, nimmt unter dem Architekten Alfred Fischer ihre Arbeit auf. Zu den Lehrer gehören u.a. der Maler Jan Thorn Prikker, der Bildhauer Josef Enseling und der Architekt Adolf Holub.

6. OKTOBER Die Stadtverordnetenversammlung billigt die Beschaffung eines Automobilaktentransportwagens, da die Beförderung der Akten zu den verschiedenen Verwaltungsstellen mit Boten und Handkarren unhaltbar geworden war.

3.–4. NOVEMBER Im Rahmen der Akademischen Kurse referiert Dr. Gertrud Bäumer über „Die Stellung der Frauenbewegung zu den modernen Gesellschaftstheorien".

16. NOVEMBER Der Neubau der Königlichen Maschinenbauschule am Viehofer Platz wird feierlich eingeweiht. Am gleichen Tag findet auch die Einweihung des vom Architekten Edmund Körner entworfenen Neubaus der Königlichen Baugewerkschule an der Wallotstraße statt.

8. DEZEMBER Das neue, von dem Regierungs- und Baurat Habicht entworfene Reichsbankgebäude in der Lindenallee wird vom Vizepräsidenten der Reichsbank, Dr. von Glasenapp, eingeweiht. Über den Fenstern des Geschäftssaales befinden sich neun Reliefdarstellungen, die die Treue, die Arbeitsamkeit, die Klugheit, den Mut, die Gerechtigkeit und die Wachsamkeit versinnbildlichen als die Haupttugenden, welche den Industriellen und den Kaufmann zum Erfolg führen. Des weiteren sind die Wohlhabenheit, das häusliche Glück und die Lebensfreude dargestellt – der Lohn für die erfolgreiche Tätigkeit.

1912

12. JANUAR Bei der Reichstagswahl erhalten Arbeitersekretär Johann Giesberts (Zentrum) 42 832, Redakteur Wilhelm Gewehr (SPD) 40 503, Gymnasialdirektor Viktor Steinecke (liberale Parteien) 25 937, Josef Chociszweski (Polen) 3 744 und Julius Keudel 578 Stimmen. Bei der Stichwahl am 25. Januar siegt Giesberts mit 57 700 zu 52 510 Stimmen.

14. JANUAR Das Rheinisch-Westfälische Volkstheater unter der Leitung des Direktors Hans Bacmeister nimmt mit Lessings „Minna von Barnhelm“ seinen Spielbetrieb auf. Im ersten Programmheft ist zu lesen: „Unser Unternehmen gilt in erster Linie dem arbeitsamen Volk von Essen. Dies soll fortan eine Stätte sich bereitet wissen, wo es edle Erholung und bildenden Genuß finden kann, ohne mehr dafür ausgeben zu müssen als seinen Mitteln entspricht. ... Uns, die wir allerdings nicht auf eine so lockere, billige und oft unsaubere Art zu unterhalten vermögen, wie unser falscher Bruder an allen Ecken, den wir ungern, doch notgedrungen hier nennen: der Kinomatograph. Wer sich von den seelenzermürbenden Sensationen des Films und dem leeren Gelächter über stumme Grimassen auch dann noch nicht selber zu erlösen vermag, wenn eine künstlerische Bühne in eindringlicher Konkurrenz um seine Teilnahme wirbt, um dessentwillen werden wir in der Auswahl unserer Stücke nicht unter das Niveau hinabsteigen, welches einzuhalten unser Geschmack uns befiehlt. Laß sehen, Volk von Essen, wie wir, so gesinnt, durch Dich für Dich zu bestehen vermögen! Wenn wir scheitern, so werden wir nur daran scheitern, daß wir Dich überschätzen. Wenn wir aber gedeihen, so wird unser Gedeihen Dich und uns ehren.“ Bacmeister überschätzt das Publikum und muß seine Bühne nach nur einem Jahr Fritz Krüger überlassen.

14. JUNI Die Stadtverordnetenversammlung verleiht Margarethe Krupp, „die Ihres unvergeßlichen Gemahls und seines Hauses Überlieferung großherzig weiterführt, allzeit bereit Pflege den Kranken und Ruhe den Müden zu schaffen, Heimat und Lebensfreude zu wecken“, das Ehrenbürgerrecht. Die Urkunde wird ihr am 8. August überreicht.

1. JULI Zur Erinnerung an den Firmengründer Friedrich Krupp schenkt Margarethe Krupp der Stadt das Friedrichsbad, das mit einem Schauschwimmen seiner Bestimmung übergeben wird.

20. JULI In Anwesenheit von Frau Margarethe Krupp wird der ihr zu Ehren errichtete Schatzgräberbrunnen auf dem Kleinen Markt der Margarethenhöhe eingeweiht. An dem von Joseph Enseling geschaffenen Brunnen ist ein Sinnspruch („Grabt Schätze nicht mit Spaten, sucht sie in edlen Taten“) angebracht, der das Wirken Margarethe Krupps charakterisieren soll.

3. AUGUST Das Keramikhaus, so benannt wegen des reichen keramischen Schmucks, wird eröffnet.

6.–8. AUGUST Zum Andenken an die Gründung der Kruppschen Gußstahlfabrik veranstalten die Kruppwerke eine Jahrhundertfeier, an der auch der deutsche Kaiser Wilhelm II. teilnimmt. Die Stadt überreicht der Firma eine künstlerisch gestaltete Adresse mit folgendem Text:
„Ein Jahrhundert in Arbeit verbracht
Schmiedete Stadt und Werk zusammen,
Flammen zündeten sich an Flammen,
Größe ward an Größe entfacht.
Schaffende Arbeit wirkte fort
Segenspendend für unsern Ort!"
Anläßlich des Jubiläums werden Unterstützungsfonds für Beamte und Arbeiter eingerichtet, die mit einer bzw. mit fünf Millionen Mark ausgestattet werden. Zudem stiftet Margarethe Krupp 500 000 Mark, um die Aufnahme und Verpflegung von Frauen und Kindern in den Kruppschen Erholungshäusern zu erleichtern. Die Stadt Essen erhält 2 Millionen Mark, „von denen 1 Millionen Mark für Kunst- und Museumszwecke, $^1/_2$ Million Mark für allgemeine Wohlfahrtszwecke und $^1/_2$ Millionen Mark zur Beschaffung von Freibetten für Frauen und Kinder in den städtischen Krankenanstalten verwandt werden sollen".

28. SEPTEMBER Auf dem Blechwalzwerk Schulz-Knaudt wird das letzte Blech gewalzt. Zum 1. Oktober verlegt das 1856 gegründete Werk seinen Betrieb nach (Duisburg-)Angerort.

30. SEPTEMBER Die Bergbau-Gesellschaft Neu-Essen mit den beiden Schächten Heinrich und Fritz und der Kölner Bergwerks-Verein mit den Schachtanlagen Anna, Carl und Emscher fusionieren zum Köln-Neuessener Bergwerksverein.

18. OKTOBER Die Firma Krupp erhält das Patent für einen nichtrostenden, säure- und hitzebeständigen Stahl, der in langjährigen Versuchen entwickelt wurde. Der Werkstoff ist nicht nur wichtig für die Entwicklung in der chemischen Industrie, sondern er wird auch im Haushalt (Spülen, Pfannen und Töpfe) eingesetzt. Den Markennamen NIROSTA läßt Krupp am 14. März 1922 als Warenzeichen schützen.

21. NOVEMBER Das von Professor Wilhelm Kreis erbaute Warenhaus von Theodor Althoff wird seiner Bestimmung übergeben. Es ge-

hört mit 53 großen Spezialabteilungen und 45 Unterabteilungen, verteilt auf 28 000 qm Nutzfläche, zu den größten Kaufhäusern Deutschlands.

Das Kaufhaus Althoff

13. Dezember Weil das Segerothviertel wegen seiner Lage und Bebauung zu den ungesundesten Gebieten der Stadt gehört und im Vergleich zu den anderen Stadtteilen sehr benachteiligt ist, beschließt die Stadtverordnetenversammlung, den Segerothfriedhof, auf dem es seit 1882 keine Beerdigungen mehr gegeben hat, in eine öffentliche Parkanlage umzuwandeln, um wenigstens eine kleine Grün- und Erholungsfläche zu schaffen.

13. Dezember Die Stadtverordnetenversammlung beschließt, die Essener Wetterwarte II. Ordnung in eine der I. Ordnung umzuwandeln, damit folgende Messungen und Untersuchungen durchgeführt werden: Messungen des Staubgehaltes der Luft und der Beschaffenheit des Staubes; Untersuchungen über die Beziehungen der Luftdruckverhältnisse und der Schlagwetter; Untersuchungen über den Einfluß der Feuerungskamine und der industriellen Anlagen auf die Beschaffenheit der Luft; regelmäßige Wetterprognosen.

1913

JANUAR Der Handelshof, in dem ein Hotel, zwei Restaurants, ein Café, eine Konditorei, ein Kino, viele Läden und Büroräume untergebracht sind, eröffnet seinen Betrieb. Das Gebäude mit rund 350 nutzbaren Räumen wurde in großem Umfange mit Eisenbeton errichtet.

5. APRIL Bei den Städtischen Krankenanstalten wird die Frauenklinik, die den Namen „Königin-Luise-Haus“ tragen soll, in Benutzung genommen. Sie hat Platz für 120 Pflegebedürftige.

2. MAI Die Stadtverordnetenversammlung bewilligt die Mittel zum Kauf eines Autosprengwagens und einer Autokehrmaschine.

17. MAI Das neue Gerichtsgebäude an der Zweigertstraße, das bereits am 1. April seiner Bestimmung übergeben worden war, wird feierlich eingeweiht. Es ist eines der größten Justizbauten Preußens, das nach langer Planungszeit endlich fertiggestellt wurde.

5. JUNI Durch das Ruhrtalsperrengesetz wird aus dem bisherigen Verein mit freiwilliger Mitgliedschaft eine Zwangsgenossenschaft des öffentlichen Rechts. In ihr sind vereinigt die Wasserwerke sowie die Fabriken, die jährlich mehr als 30 000 cbm Wasser aus der Ruhr oder ihren Nebenflüssen entnehmen.

26. JULI Im Ausstellungsgelände an der Norbertstraße wird eine große Gewerbeschau eröffnet, die zu einem vollen Erfolg wird. Bis zum 7. September werden 95 000 Besucher gezählt.

25. SEPTEMBER Die von Professor Edmund Körner erbaute Synagoge wird eingeweiht. Sie ist – so die Chronik der Stadt Essen – „die schönste Deutschlands. Über dem ganzen Bau thront von den Vierungskuppeln eng umschmiegt die 38 Meter hohe Hauptkuppel. Unter dieser erhebt sich die etwa 30 Meter hohe Innenkuppel. Von keiner Säule getragen ruht sie frei auf den Außenwänden und erscheint dadurch dem Auge noch höher als sie in Wirklichkeit ist. Blau und Gold sind die Haupttöne des Ganzen, leuchtendes Rot gibt aus den Fenstern die Domi-

Die Synagoge an der Steeler Straße

nante dazu, und violett funkelt es aus den Fenstern wie aus kleinen Glühkörpern im Gehänge der Lampen. Von den großen Mosaik-Ornamenten gleißt der Schein des dort reichlich verwandten Perlmutts und an den Wänden und Wölbungen glitzern eingelassene Steine wie Tropfen von Gold. Von der Höhe des Tambours leuchtet in kostbarem Mosaik das Pentagramm des Sternes. Das Allerheiligste, durch seine leuchtende Pracht, goldene Türen und Bronzekuppel mit Perlmuttmosaik, die Blicke auf sich ziehend, ist in poliertem Muschelkalk ausgeführt. Zwei kostbare silberne Leuchter mit vergoldeter Bronze und Emaille prangen vor ihm. Hinter und über dem Allerheiligsten erhebt sich die 57 Register zählende Orgel. Bronzelampen ragen von der Laterne der Kuppel ins Innere hinein und gleich einem Kranze schwebt in Höhe der Empore ein großer bronzener Beleuchtungskörper, aus dessen Alabasterschalen das Licht unzähliger Lampen sich in den Raum ergießt. Jegliche Kunst moderner Technik ist hier verwandt. Ein ganz besonderer Schmuck sind die sechs Hauptfenster, Sinnbilder der sechs Fest- und Feiertage; Sabbat, Passah, Pfingsten, Neujahr, Versöhnungsfest und Laubhüttenfest."

12. OKTOBER Max Reger leitet die Uraufführung seiner „Vier Tondichtungen nach Arnold Böcklin".

18. OKTOBER Zur Erinnerung an die Völkerschlacht bei Leipzig im Jahre 1813 wird ein Fackelzug durch die Straßen der Stadt veranstaltet. Der Zug, an dem 15 000 Personen teilnehmen, endet auf dem Burgplatz, wo der Oberbürgermeister eine Ansprache hält. Im Stadttheater wird in einer Festvorstellung Paul Heyses „Kolberg" aufgeführt.

7. NOVEMBER Die Stadtverordnetenversammlung beschließt, das Krankenhaus Huyssens-Stiftung zu erwerben.

1. DEZEMBER Das neue evangelische Waisenhaus auf dem Gelände des ehemaligen Brünglinghaushofs, das 108 Kinder aufnehmen kann, wird seiner Bestimmung übergeben.

1914

9. JANUAR „Die Berufswahl ist in einer Richtung entwickelt, die der Jugend schadet, dem Wirtschaftsleben ernste Wunden schlägt. Man sieht auf schnelles Geldverdienen, auf möglichst leichte und bequeme Arbeit. Man drängt in großen Massen zu den ‚besseren Berufen', namentlich in beamtenähnliche Stellungen. Auch gibt es Modeberufe, die zeitweise üblich und daher überfüllt sind. Gemieden werden von der großen Menge Berufe, die finanzielle Opfer erfordern, die ernste Anforderungen an die Ausbildung stellen, die die persönliche Freiheit einschränken usw. Die Folgen dieser Entwicklung äußern sich nach den

verschiedensten Richtungen: Die Jugend treibt in großen Massen in ungelernte Berufe. Die Bequemlichkeit schnellen Geldverdienens verleitet dazu, sich von einer für die ganze Zukunftsentwicklung so bedeutsamen Ausbildung zurückzuhalten, sich statt dessen an frühes Geldausgeben zu gewöhnen und in dem Streben, die Einnahmen zu steigern, fortwährend die Tätigkeit zu wechseln, allen Gefahren der Straße ausgesetzt, ein körperliches und geistiges Vagabundenleben zu führen." Um diese Mißstände abzustellen, genehmigt die Stadtverordnetenversammlung die Einrichtung einer städtischen Berufsberatung. Der Beschluß kommt wegen des Kriegsausbruchs vorerst nicht zur Ausführung und wird erst 1922 realisiert.

17. JANUAR Hermann Hesse liest aus eigenen Werken.

16. FEBRUAR Zur Ausbildung von Krankenschwestern wird eine Anstalt, das „Rheinische Mutterhaus vom Roten Kreuz", gegründet. Erste Oberin ist Margot von Bonin.

23. APRIL Die Viktoriaschule, die von der Luisenschule abgetrennt worden ist, wird in einem Festakt eingeweiht. Die Aula ist mit drei hohen Glasfenstern ausgestattet, die Jan Thorn-Prikker geschaffen hat.

23.–27. MAI Der allgemeine deutsche Musikverein veranstaltet sein Tonkünstlerfest, für das die städtischen Säle kostenlos zur Verfügung gestellt werden. Uraufgeführt wird die komische Oper „Herr Dandolo" von Rudolf Siegel (Text: Willi Vesper).

11. JUNI Der von den Berliner Bankarchitekten Bielenberg und Moser entworfene Neubau der Diskontogesellschaft in der Lindenallee wird eröffnet.

28. JULI Auf einer Friedenskundgebung der SPD wird folgende Resolution angenommen: „Die am 28. Juli 1914 im Saale des Herrn Gather zu Essen-Ruhr versammelten Männer und Frauen protestieren auf das entschiedenste gegen die frevelhafte Kriegsprovokation der österreichisch-ungarischen Regierung, durch die der Friede in Europa ernstlich gefährdet wird. Nach Ansicht der Versammlung dient der in Sarajevo begangene politische Mord, den die Versammlung verurteilt wie jede politische Gewalttat, den Kriegshetzern in Österreich nur als Vorwand, während die wirklichen Gründe des Vorgehens gegen Serbien in den Profitinteressen und Machtgelüsten bestimmter Teile der herrschenden Klasse Österreichs zu suchen sind. Die

Versammlung erklärt ihren tiefsten Abscheu gegen den Krieg, der in jedem Falle den arbeitenden Klassen aller Länder nur unendliches Elend und neue Lasten bringt. ... In dem Bestreben, den Krieg zu bekämpfen und den Frieden zu erhalten, fühlt sich die Versammlung einig mit den klassenbewußten Arbeitern aller Kulturländer. Sie fordert deshalb alle Arbeiter und Arbeiterinnen auf, sich der sozialdemokratischen Partei anzuschließen, als der einzigen Partei, die nachdrücklich und unermüdlich für den Frieden arbeitet."

30. JULI „Die Spannung war am Nachmittag aufs höchste gestiegen, nachdem die Meldungen von der russischen Mobilmachung bestätigt wurden. Abends gegen 10 Uhr wogte auf der Kettwiger, Burg- und Viehofer Straße eine dichte Menschenmenge hin und her. Die Kriegserregung erklomm ihren Höhepunkt. In den überfüllten Restaurants und auch im Freien wurden patriotischen Lieder gesungen. Um 11 Uhr abends noch herrschte auf der Kettwiger und Burgstraße ein beängstigend starkes Gedränge; die Straßenbahnen hatten Mühe, vorwärts

Die Einweihung des Rhein-Herne-Kanals

zu kommen. Am Kaiser Wilhelm-Denkmal veranstaltete eine große Gruppe eine vaterländische Kundgebung. Anhaltend zogen Trupps durch die Stadt und sangen patriotische Lieder." (Chronik 1914, S. 110)

1. AUGUST Die Mobilmachung des Deutschen Heeres wird bekanntgemacht. Die Feuerwehr heftet die entsprechenden Plakate an allen Straßenecken der Stadt an.

3. AUGUST Essen steht unter dem Zeichen der Mobilmachung. „Ernst und entschlossen scharten sich die Söhne der Stadt um die Fahnen. Schon am frühen Vormittag zogen die Einberufenen ihren Gestellungslokalen zu, die meisten in Begleitung ihrer Frauen und Kinder oder ihrer Angehörigen. Im Hofe der Schule am Alfrediplatz standen die Krieger dicht gedrängt. An 9000 Mann wurden hier im Laufe des Tages abgefertigt. Die gesamte Oberprima der Humboldt-Oberrealschule stellte sich zu dem Waffendienst. Andere Primaner folgten ihrem Beispiel", berichtet die Essener Chronik.

Der Aufmarsch der Truppen

7. AUGUST Auf einer Versammlung im großen Stadtgartensaal, mit der der Kriegsliebesdienst initiiert wird, proklamiert Oberbürgermeister Holle: „Der Krieg tobt um uns her. Europa starrt in Waffen. Die Nation, die sich die zivilisierteste der Welt nennt, und eine uns verwandte Nation haben sich mit der russischen Unkultur verbündet, um die deutsche Kultur, die Kultur der Wahrheit, Reinheit und Frömmigkeit, zu vernichten. Die Zeit des größten Völkerkrieges ist angebrochen, aber wir stehen gerüstet und furchtlos da, und alle Deutschen fühlen sich heute eins in ihrer Kampf- und Opferbegeisterung. Deutschlands Einheit ist seine Stärke. Noch nie war das Einheitsband so mächtig wie heute, die Blüte des Volkes steht in Waffen zum Schutze der heiligsten Güter unserer Nation. Glückauf zum heiligen Krieg!"

10. OKTOBER Nahe dem Limbecker Platz wird auf der Limbecker Straße das Kaufhaus der Firma C & A Brenninkmeyer eröffnet.

23. NOVEMBER Die „Angehörigen aller Staaten, mit denen sich Deutschland im Kriegszustand befindet", werden „ohne Rücksicht auf Alter und Geschlecht" aus der Stadt ausgewiesen.

Aufstellung von Beutekanonen auf dem Burgplatz

2. DEZEMBER Nach zweijähriger Bauzeit wird der große Erweiterungsbau der Hauptbadeanstalt an der Steeler Straße in Benutzung genommen. Die alte Badeanstalt, errichtet 1882, genügte den Bedürfnissen einer Großstadt von 500 000 Einwohnern schon lange nicht mehr. Besonders beklagenswert war der Umstand, daß das Bad von Männern und Frauen nur abwechselnd zu bestimmten Tageszeiten benutzt werden konnte. Der Neubau mit einer Frauenschwimmhalle beseitigt diesen Mißstand.

1915

1. APRIL Durch die Eingemeindung der Gemeinden Altenessen, Borbeck und Bredeney samt Haarzopf wird Essen zu einer der größten Städte Deutschlands. Die Fläche der Stadt steigt von 3867 auf 9810 Hektar, während die Bevölkerungszahl von 363 000 auf 494 000 anwächst. Zur Feier des Tages gratuliert der Regierungspräsident Dr. Francis Kruse: „Es ist damit ein Ziel erreicht, das von der Stadtgemeinde Essen in Gemein-

schaft mit der Firma Fried. Krupp seit Jahren mit Umsicht und Entschlossenheit verfolgt worden ist. ... Möge der heutige Tag, der in die Karwoche dieses Kriegsjahres fällt, für die Stadt Essen der Ausgangspunkt zu weiterer Entwicklung werden, möge ihn in späteren Jahren die Bürgerschaft stets freudig und festlich begehen können im Gedanken auch daran, daß heute vor 100 Jahren der Geburtstag Bismarcks die Morgenröte des Deutschen Reiches heraufgeführt hat." Worauf der Oberbürgermeister antwortet: „Am heutigen 100-jährigen Geburtstage des Eisernen Kanzlers, wo schwere Zeiten beweisen, wie Einigkeit stark macht, tritt die Kanonenstadt als Groß-Essen von Ruhr bis Emscher vereinigt ins Leben, vertrauend, daß deutsche Siege arbeitsfreudiges Gedeihen und neue Entwicklung begründen. Eurer Hochwohlgeboren für die kraftvolle Förderung des großen Planes wärmstens zu danken, ist der Stadtverwaltung Essen besonderes Bedürfnis."

25. APRIL Mit der Aufführung von Beethovens „Missa solemnis" verabschiedet sich Musikdirektor Hermann Abendroth, der einem Ruf nach Köln folgt.

14. JULI Das von der Stadt erbaute evangelische Lehrerseminar in der Seminarstraße wird seiner Bestimmung übergeben.

25. JULI Auf dem nördlichen Vorplatz des Hauptbahnhofes wird das Kriegsmal „Der Schmied von Essen" errichtet. Das Ehrenmal von Professor Edmund Körner enthält im Mittelstück ein Reliefbild des Schmieds und auf jeder Seite eine Schrifttafel („Wir werden uns wehren bis zum letzten Hauch und Roß" und „Noch nie wurde Deutschland überwunden, wenn es einig war"). Sowohl der Schmied als auch die Tafeln können – gegen die Zahlung eines Geldbetrages – mit eisernen, silbernen und goldenen Nägeln beschlagen werden. Das Kriegsmal ist in einer Halle untergebracht, die über den Eingangsbereich die Inschrift „Unseren Helden zur Ehr! Freiheit, Ehre, Vaterland" trägt. An den Seitenwänden ist zu lesen: „Zusammen halten Euren Wert und Euch ist Niemand gleich" und „Wo Isen ligg, wo Eeken waßt, dao waßt auk Lü, de daobi paßt" (Wo Eisen liegt, wo Eichen wachsen, da wachsen auch Leute, die dazu passen).

Zur Einweihung erläßt Oberbürgermeister Holle folgenden Aufruf: „Mitbürger! Ein Standbild von Künstlerhand ist unserer Stadt erstanden: Der Schmied von Essen. Zur Heldengröße emporgewachsen, sich stützend auf sein scharfes Schwert, sich schützend mit dem abwehrstarken Schild, will der Schmied von Essen ein Wahrzeichen unserer großen ernsten Zeit sein und bleiben. Er will preisen unserer Heimat Waffenschmiede, er will Zeugnis ablegen von unseres Volkes Siegeswillen, er will ehren unserer deutschen Brüder Heldentum und den kommenden Geschlechtern unseres Kaisers Mahnung überliefern, daß unser Volk unbesiegbar ist, wenn es treu und einig für das gemeinsame große Vaterland eintritt. Der Schmied von Essen will aber auch helfen, daß wir eine Dankesschuld abtragen. Wir sollen Opfer bringen, eingedenk der gewaltigen Opfer, die unsere Brüder dem Vaterlande gebracht haben. ... Mitbürger! Bringe jeder von uns nach seinen Kräften sein Dankesopfer zu dem Schmied von Essen. Legen wir ihm durch tausendfache Hammerschläge eine Eisenrüstung an, dann wird sich das Eisen in Gold wandeln, und unser Wille zu helfen, zur vaterländischen Tat werden."

Nach Kriegsende wird das Ehrenmal beseitigt, das Mittelstück zunächst im Stadtgarten, dann in der Gruga aufgestellt, wo es im Kriege zerstört wird.

Einweihung des Kriegsmals „Der Schmied von Essen"

1916

7. April Auf dem Standesamt in Borbeck wird der am 5. April geborene Wilhelm Peter Paul Elser, Sohn eines Eisenbahnaushilfsschaffners, als 500 000. Bürger angemeldet.

Mai Gegen die unzureichende Lebensmittelversorgung gibt es erste Protestkundgebungen. Frauen erscheinen auf den Rathäusern und dem Landratsamt und bringen „in teilweise sehr erregter Form allerlei Beschwerden“ vor.

24. Juni Max Fiedler dirigiert sein erstes Konzert als neuer städtischer Musikdirektor.

7. Juli Der erste Streik im Ruhrgebiet während des Ersten Weltkriegs ereignet sich auf der Schachtanlage Neu-Cöln des Essener Bergwerksvereins König Wilhelm in Borbeck. Anlaß ist die schlechte Lebensmittelversorgung.

9. Juli Die altkatholische Friedenskirche wird vom Oberhaupt der altkatholischen Kirche, Bischof Dr. Moog, feierlich eingeweiht. Das ornamentale Goldmosaik im Chorraum schuf Jan Thorn-Prikker.

24. September Essen ist erstmals das Ziel von Luftangriffen. Zwei Flieger werfen 11 Bomben ab, die zwei Kinder töten.

1917

30. März Die Stadtverordnetenversammlung beschließt, städtisches Kriegsgeld (300 000 50-Pfennigstücke) zu prägen.

April Ein Ausstand bei Krupp ist der Auftakt zu einer Reihe von Proteststreiks, die bis in den Sommer hinein andauern. Immer wieder legen aus Protest gegen die unzureichende Lebensmittelversorgung und niedrige Löhne Arbeiter und Arbeiterinnen kurzfristig die Arbeit nieder. Betroffen ist neben den Zechen und Krupp auch die Zinkhütte in Borbeck.

22. April Auf der Kreiskonferenz der SPD entscheidet sich eine deutliche Mehrheit der Delegierten (121 von 162) für den Anschluß an die Unabhängige Sozialdemokratische Partei (USPD), die sich aus Kritik gegen die Burgfriedenspolitik der Partei von der SPD abgespalten hat.

2. Oktober Die Stadtverordnetenversammlung beschließt: „Dem siegreichen Oberbefehlshaber unserer tapferen Heere in West und Ost, dem entschlossenen Befreier der Ostmark, dem genialen Organisator wehrhafter Volkskraft in Feld und Heimat, dem mannhaften Vorbild deutscher Treue und deutscher Zuversicht Generalfeldmarschall von Hindenburg als Ausdruck unauslöschlicher Dankbarkeit für unvergängliche Taten und als Huldigung der Waffenschmiede Deutschlands, deren Wehr er ruhmreich von Sieg zu Sieg führt, am Tage der Vollendung seines 70. Lebensjahres das Ehrenbürgerrecht der Stadt Essen zu verleihen, zum bleibenden Erinnern für spätere Geschlechter einer bedeutsamen Straße Essens den Namen Hindenburg zu geben und im Rathause die Büste des Reichsschirmers Hindenburg neben der des Reichskanzlers Bismarck aufzustellen."

November Auf einer Friedenskundgebung der SPD, die von mehr als 7000 Personen besucht wird, spricht Friedrich Ebert.

1918

3. Mai Die Stadtverordnetenversammlung wählt Dr. Hans Luther, seit 1913 Geschäftsführer des Deutschen und Preußischen Städtetages in Berlin, zum Oberbürgermeister. Die „Essener Volkszeitung" kommentiert die Entscheidung: „Seine umfassende Kenntnis aller kommunalen und kriegswirtschaftlichen Angelegenheiten, seine wertvollen Beziehungen zu allen Reichs- und Staatsämtern werden seinem neuen Wirkungskreis in Essen zugute kommen. ... Die bisherige praktische Tätigkeit Dr. Luthers läßt ihn daher für seine neue Stellung besonders geeignet erscheinen. Wir dürfen erwarten, daß er bei seinen noch jungen Jahren die frische Tatkraft mitbringen wird, wie sie ein ebenso jugendliches Städtewesen wie Essen, das höchster Entwicklung fähig ist, verlangt. Aus dem Bilde, das wir von ihm bringen, spricht hohe Vergeistigung neben lebendigem Wirklichkeitssinn und verbindlichem Wesen. Möge die Ehe, die er mit Essen schließt, ein Band von Dauer und ihre Harmonie ungestört bleiben."

5. Juli Dr. Hans Luther wird als Oberbürgermeister in sein Amt eingeführt. In seiner Begrüßungsansprache führt er aus: „Indes auf den Oberbürgermeister Zweigert muß ich zurückkommen. Diesen Namen muß jeder Essener Oberbürgermeister aussprechen in der Stunde, da er sein Amt übernimmt. Zweigert hat die Stadt Essen in die Tiefe gegründet. Ich empfinde die ungewöhnliche Kraft dieses Mannes. ... Hat Zweigert die

Stadt in die Tiefe gegründet, so hat Herr Oberbürgermeister Holle, wie ich sagen möchte, die Stadt in die Breite gegründet. Und mir will es fast scheinen, als ob meine Aufgabe auf die Formel zu bringen wäre, das, was neu in die Breite gegründet worden ist, in die Tiefe zu gründen. Ich darf noch einmal zurückkehren zu dem Leitgedanken der Selbstverwaltung. Eine solche ist nur möglich, wenn sie vom Heimatgefühl getragen ist. Herr Stadtverordneter Gummert sprach davon, daß in Essen wenig Überlieferung sei. Darf ich da leise widersprechen. Fassen wir das Wort nicht zu eng. Essen ist, ich greife hoch, ein Bild der Entwicklung des Deutschen Reiches seit 1870. Ja, dürfen wir nicht sagen, daß in diesem Boden goldene Schätze ruhen, daß dieser Boden ein Kernstück der Geschichte des Deutschen Reiches ist. Weiter, meine Herren, wo es gilt, die Heimat zu verteidigen, da steht die Stadt Essen in erster Linie der Heimatfront. Darin stimme ich dem Herrn Stadtverordneten Gummert bei, daß Essen die Stadt der Arbeit ist. In diesem Krieg darf gewiß jede Stadt diesen Titel für sich in Anspruch nehmen. Aber Essen hat schon im Frieden so gearbeitet und wird im zukünftigen Frieden weiter so arbeiten, wie es immer getan. Reiche und frohe Arbeit wollen auch wir bei der Stadtverwaltung tun. Jeder von den Angestellten soll fühlen, daß er an seinem Platz ist und so notwendig wie der Oberbürgermeister. Dann wird auch die Arbeit der Stadtverwaltung einen guten Klang geben zu dem hohen Lied der Arbeit, das aus den dunklen Schächten dringt. Essen Glück auf!“

AUGUST Auf den Schachtanlagen der Zeche Königin Elisabeth legen am 12. August die Bergleute die Arbeit nieder – Beginn einer Streikwelle, die zahlreiche Zechen des Essener Reviers erfaßt. „Kameraden, wollen wir unseren Kameraden auf den Nachbarzechen in den Rücken fallen? Es ist an der Zeit, wo auch wir die Zwangsjacke abstreifen“, fordert der Sicherheitsmann Nols auf einer Belegschaftsversammlung der Zeche ver. Sälzer und Neuack. Auch die Drohung des Generalkommandos, die Streikenden sofort zum Militär einzuziehen, kann die Bergleute nicht schrecken. „Das Fleisch, die Gesundheit haben wir verloren, dann sollen sie auch noch unsere Knochen haben“, erklärt Nols.

Am 21. August wird dann auf allen Schachtanlagen wieder gearbeitet.

9.–10. SEPTEMBER Kaiser Wilhelm II. besucht zum letzten Male die Kruppsche Fabrik. Vor eintausend ausgesuchten Arbeitern hält er am zweiten Besuchstag eine Durchhalterede: „Wir wissen nicht, wann das Ringen beendet sein wird, aber das eine wissen wir, daß wir den Kampf bestehen müssen. Jetzt kommt es auf die letzten Anstrengungen an, es geht ums Ganze, und weil unsere Feinde es wissen, versuchen sie es mit Zersetzung im Innern durch falsche Gerüchte und durch Flaumacherei, um uns mürbe zu machen. Das kommt nicht aus dem Kreise des deutschen Volkes, das sind künstliche Machwerke. Worin besteht unsere Pflicht? Unser Vaterland frei zu machen. Ihr an eurem Amboß, ich auf meinem Thron wollen kämpfen und durchhalten bis zum letzten. Dazu helfe uns Gott!"

Kaiser Wilhelm II. besichtigt die Kriegsbetriebe

8. NOVEMBER Als sich Ende Oktober die Matrosen weigerten, zu einer sinnlos gewordenen Seeschlacht auszufahren, ahnte niemand, daß diese spontane Verweigerung zu einer Rebellion eskalieren sollte, die bald alle deutschen Städte erfaßte. Am Ende stand der Sturz des Kaisers und die Ausrufung der Republik.
In Essen besetzt am Abend ein von Köln kommender Trupp revolutionärer Matrosen und Soldaten den Hauptbahnhof

und entwaffnet die dort stationierte Wache. Schnell verbreitet sich in der Stadt die Nachricht, daß der Militarismus gestürzt sei und ein revolutionärer Soldatenrat die Macht übernommen habe.

9. NOVEMBER Von einer Massenversammlung, zu der mehr als 10 000 Menschen auf den Sportplatz an der Bismarckstraße strömen, wird der Arbeiter- und Soldatenrat, bestehend aus Mitgliedern der USPD und der MSPD, als vorläufiges Revolutionsorgan bestätigt.

10. NOVEMBER Die beiden sozialdemokratischen Parteien richten einen Aufruf „An die Arbeiter und Bürger Essens!“: „Der Kampf zwischen dem deutschen Volk und der offenen und versteckten Reaktion ist in sein entscheidendes Stadium eingetreten. Heute geht es nicht mehr um Parlamentsschacher wegen der preußischen Wahlrechtsvorlage, sondern um die volle Demokratie und die deutsche Republik. Unter dem Zwang der Stunde hat sich vollzogen, was wir längst ersehnt: Die Einigung der Sozialdemokratischen mit der Unabhängigen Sozialdemokratischen Partei. Beide Parteien sind an der Bildung des Arbeiter- und Soldatenrates beteiligt und treffen alle Maßnahmen, Ruhe und Ordnung in der Stadt aufrecht zu erhalten und vor allen Dingen die Lebensmittelversorgung zu sichern. Das ist bei dem Zurückfluten der Truppen eine große, gewaltige Aufgabe. Wir zweifeln nicht daran, daß die Behörden in diesen Fragen mit uns Hand in Hand arbeiten. Eine Reihe von Kommissionen werden nötig sein, um die Fragen der Verpflegung, der Unterkunft, der Arbeitsvermittlung usw. zu regeln. Für die mit der Demobilisation zusammenhängenden Fragen hat die Stadtverwaltung alle Vorkehrungen getroffen. An den Bürgern der Stadt Essen ist es, die Bestrebungen für die öffentliche Ordnung zu unterstützen. An die Arbeiterschaft ergehen von dem Arbeiter- und Soldatenrat Weisungen, deren strengste Befolgung wir von der Selbstzucht unserer Arbeiter erwarten. In Essen darf kein Blut fließen und es wird kein Blut fließen, wenn die sozialdemokratischen Arbeiter beider Richtungen treu und fest zusammenstehen. ... Das Gebot der Stunde lautet: In Ruhe und Ordnung Schaffung der vollen Demokratie und der freien deutschen Republik.“

12. NOVEMBER Die Direktion der Krupp-Werke rufen zusammen mit dem Arbeiterausschuß und den Gewerkschaften die Arbeiterinnen auf, freiwillig zu gehen. „Arbeiterinnen können auf Weiterbeschäftigung innerhalb der Gußstahlfabrik nicht rechnen, da die für sie geeignete Arbeit mit der Beendigung des Krieges zum

größten Teil wegfällt und im übrigen ihre Arbeitsplätze für die zurückkehrenden Krieger freigemacht werden müssen."

15. NOVEMBER Wilhelm Grevel, Apotheker, dann in Düsseldorf lebender Rentier, verstirbt im Alter von 83 Jahren. Grevel, ein engagierter Heimatforscher, hatte eine der größten Bibliotheken zur rheinisch-westfälischen Geschichte zusammengetragen. Diese Sammlung von etwa 4000 Bänden vermachte er testamentarisch der Stadt. Sie ist heute der wertvollste Bestand in der Stadtbibliothek.

21. NOVEMBER Oberbürgermeister Dr. Luther begrüßt die heimkehrenden Soldaten mit einem veröffentlichten Willkommensgruß: „Zum Willkommen! Die Vaterstadt Essen begrüßt die Essener Krieger mit heißem Dank. Unbesiegt und ungebeugten Mutes kehrt Ihr zurück. Ihr habt durch Eure Tapferkeit in mehr als vierjährigem Ringen den Boden des Vaterlandes vor feindlichen Einfällen und vor Verwüstung bewahrt, im Verein mit Euren Kameraden, die zur Verteidigung der Heimat ihr Leben gelassen haben. Unsere Dankbarkeit für Eure Treue und Standhaftigkeit wird nie erlöschen. Wir bitten Euch, liebe Mitbürger, setzt nun bei der Emporrichtung des geliebten Vaterlandes Eure ganze Kraft mit derselben Hingebung ein, die Ihr im Kampfe und im Schützengraben bewährt habt. Beharrlichkeit und mannhafter Sinn, in denen Ihr Vorbild wart, werden es erreichen, daß das deutsche Volk und Reich in neuer Gestalt zu doppelter Herrlichkeit erblühen."

26. NOVEMBER Der Spartakusbund, die Vorläuferorganisation der Kommunistischen Partei (KPD), wird gegründet.

3. DEZEMBER Am Nachmittag wird von einem Offizier eine rote Fahne vom Gebäude der Post entfernt. Es kommt zu Tumulten, da die Bevölkerung darin ein konterrevolutionären Akt sieht. Am Abend dringen Spartakisten in die Redaktionsräume der ihnen verhaßten Rheinisch-Westfälischen Zeitung ein. Sie bedrohen den Schriftleiter, verwüsten die Büros und hissen eine rote Fahne.

1919

11. JANUAR Als Reaktion auf die immer wieder ausbrechenden Streiks besetzt der Essener Arbeiter- und Soldatenrat die Räume des Zechenverbandes und des Rheinisch-Westfälischen Kohlensyndikats und ernennt den Landrichter Dr. Ruben zum

Volkskommissar für die Sozialisierung des Kohlenbergbaus. In einem Flugblatt wird der „Sieg des Sozialismus“ gefeiert: „Heute ist das Kohlensyndikat und der Zechenverband durch unsere Volkskommissare besetzt worden. Damit ist der erste Schritt zur Sozialisierung getan. Die Zentrale der kapitalistischen Ausbeutung und die Zwingburg der zechenherrlichen Gewalt sind damit in die Hände des Volkes übergegangen. Da auch die Forderungen der gewerkschaftlichen Organisationen bewilligt sind, ist jeder Grund zum Streik weggefallen. Auf dieser Grundlage hat gestern die Konferenz der Streikausschüsse und Vertrauensleute sämtlicher Essener Zechen mit großer Mehrheit die Wiederaufnahme der Arbeit beschlossen. Bergarbeiter, der erste Schritt auf dem Wege zum Zukunftsstaat ist also getan. Wir werden den Weg entschlossen weiter gehen. Helft uns durch Disziplin und sozialistische Einsicht. Nehmt geschlossen die Arbeit wieder auf!“

13. JANUAR Eine Konferenz der Arbeiter- und Soldatenräte des Ruhrgebiets tagt im Saalbau. Sie wählt eine Kommission, bestehend aus je drei Vertretern der drei sozialistischen Parteien (MSPD, USPD und KPD). Diese sogenannte Neuner-Kommission soll die Sozialisierung des Bergbaus durchführen.

19. JANUAR Bei der Wahl zur Nationalversammlung, der ersten Wahl in Deutschland, bei der auch die Frauen das Wahlrecht besitzen, wird das Zentrum stärkste Partei mit 38,6 Prozent der Stimmen, während die MSPD nur 27,7 Prozent erhält. Die USPD (7,2 %) liegt mit weitem Abstand zurück. Der Nationale Verein, der sich aus Deutsch-Nationaler Volkspartei (DNVP) und Deutsche Volkspartei (DVP) zusammensetzt, vereinigt 16,3, die Deutsche Demokratische Partei (DDP) 8,6 Prozent auf sich.

26. JANUAR Die Wahl zur preußischen Landesversammlung bestätigt im wesentlichen das Ergebnis der Wahl zur Nationalversammlung:

Zentrum	– 39,7 %
MSPD	– 31,3 %
USPD	– 7,2 %
Nationaler Verein	– 15,0 %
DDP	– 6,8 %

18. FEBRUAR Auf einer Gesamtkonferenz der Arbeiter- und Soldatenräte des Reviers kommt es zum Bruch zwischen den gemäßigten und den radikalen Kräften, und die Mehrheitssozialdemokraten treten aus der Neuner-Kommission aus. Eine von den Sparta-

kisten beherrschte Konferenz hatte am 16. Februar den Generalstreik ausgerufen, um so gegen den Einmarsch des Freikorps Lichtschlag in Hervest-Dorsten zu protestieren. Die Vertreter der MSPD und die Gewerkschaften wenden sich gegen den Ausstand: „Unsere Bergarbeiterschaft will den Generalstreik nicht! Sie will Ruhe, Brot und Frieden! Der Generalstreik bringt Unruhe, Bürgerkrieg, Lebensmittelnot und Elend!"

23. FEBRUAR Bei der dritten Wahl des Jahres, bei der Kommunalwahl, erringt das Zentrum einen überwältigen Erfolg mit 45 Prozent der Stimmen. Weit abgeschlagen sind die MSPD (24,2 %) und der Nationale Verein (15,3 %). Weiterhin ziehen in die Stadtverordnetenversammlung die USPD (9,6 %), die Demokratische Partei (6,1 %) und die Polenpartei (2,7 %) ein.

21. MÄRZ Lehrerin Franziska Gosewinkel, Näherin Maria Giesing, Lyzealdirektorin Antonie von Loesen vom Zentrum, Oberin Maria Lenbert vom Nationalen Verein, Emma Grasse und Monika Hinrichs von den Mehrheitssozialdemokraten, Emma Leder von den unabhängigen Sozialdemokraten sowie Lehrerin Maria Edler und Anna Bohn-Engelhardt von der Deutschen Demokratischen Partei sind die ersten Frauen, die als Stadtverordnete eingeführt werden.

30. MÄRZ Eine Schachtdelegiertenkonferenz von 195 Revierzechen, die im Restaurant „Alt-Essen" auf der Kettwiger Straße tagt, beschließt die Gründung einer Allgemeinen Bergarbeiter-Union Zugleich wird der Generalstreik ausgerufen zur Durchsetzung folgender Forderungen:
„1. Sofortige Einführung der Sechsstundenschicht mit Ein- und Ausfahrt für Untertage-Arbeiter unter Beibehaltung des bisher für längere Schichtdauer gezahlten Lohnes;
2. 25prozentige Lohnerhöhung;
3. Regelung der Knappschaftsfragen;
4. Anerkennung des Rätesystems;
5. Sofortige Durchführung der Hamburger Punkte (betr. Kommandogewalt);
6. Sofortige Freilassung aller politischer Gefangenen;
7. Sofortige Bildung einer revolutionären Arbeiterwehr;
8. Sofortige Auflösung aller Freiwilligenkorps;
9. Sofortige Anknüpfung aller politischen und wirtschaftlichen Beziehungen mit der russischen Sowjetregierung;
10. Entwaffnung der Polizei im Industriegebiet und Reich;
11. Bezahlung der Streikschichten."

1. April Der Generalstreik beginnt und weitet sich zu einem der größten Arbeitskämpfe im Revier aus. Am 10. April stehen mehr als 300 000 Bergleute im Ausstand. Erst nach der Verhaftung der Streikleitung am 15. April in Werden flaut der Streik langsam ab und ist am 28. April beendet, ohne daß das Hauptziel, die Einführung der Sechs-Stunden-Schicht, erreicht wird.

4.-5. April Zur Unterstützung der ausständigen Bergarbeiter treten das Personal der Straßenbahnen und die Belegschaften der Krupp-Werke und des RWEs in einen mehrtägigen Sympathiestreik.

8. April In der Nacht rücken Regierungstruppen zusammen mit dem Freikorps Lichtschlag in die Stadt ein, über die der verschärfte Belagerungszustand verhängt wird.

11. April Zwischen den Anhängern der Kommunistischen Partei und Regierungstruppen kommt es zu zahlreichen Zusammenstößen, bei denen die Spartakisten mehrere Tote zu verzeichnen haben.

17. April Vor dem Notar Wilhelm Hennecke erscheinen Oberbürgermeister Luther, die Beigeordneten Helm und Schmidt sowie 14 weitere Herren, die einen Bauverein in Form einer Aktiengesellschaft gründen wollen. Der Allgemeine Bauverein Essen AG (Allbau), der die endgültige Genehmigung durch das preußische Handelsministerium am 10. Mai erhält, beabsichtigt, „als kapitalkräftige Vereinigung in der Zeit der Wohnungsnot die Bautätigkeit wieder zu beleben".

20. April Die „Neue Volksbühne" im Gebäude des früheren Kriegerheims wird mit der Komödie „Kater Lampe" von Emil Rosenow eröffnet.

9. Mai Die Stadtverordnetenversammlung protestiert gegen die vorgelegten Friedensbedingungen: „Voll tiefster Empörung über den Vernichtungsvertrag, den die feindlichen Führer den Vertretern des deutschen Volkes vorgelegt haben, stellt sich die Essener Stadtverordnetenversammlung hinter die Erklärungen der deutschen Reichsregierung und bekundet einmütig, daß auf solcher Grundlage niemals der Welt ein dauerhafter Frieden erwachsen kann. Wir wollen, daß es mit der Selbstzerfleischung der Menschheit ein Ende hat und fordern deshalb, daß Reichsregierung und Nationalversammlung nur einem Frieden zustimmen, der den 14 Wilsonpunkten entspricht."

9. MAI Die Stadtverordnetenversammlung beschließt die Fortbildungsschulpflicht für alle im April 1919 Schulentlassene.

16. MAI Auf einer Volkskundgebung auf dem Burgplatz, die die Verwaltungen des Stadt- und Landkreises, die Zentrumspartei, die Mehrheitssozialdemokraten sowie die rechtsstehenden Parteien einberufen haben, wird folgende Resolution angenommen:
„An Hunderttausend deutsche Männer und Frauen aus Stadt und Land Essen erheben voll Empörung und Abscheu ihre Stimmen gegen den Mordfrieden, den die feindlichen Führer uns ansinnen. Wir fordern den uns bei Abschluß des Waffenstillstandes zugesagten Frieden, der grundsätzlich allen Völkern gleiches Recht und gleiche Entwicklungsmöglichkeit gibt. Wir geloben, daß das deutsche Volk nicht eher ruhen wird, bis die Menschheit die Segnungen eines Dauerfriedens genießt, der auch dem deutschen Vaterlande den Weg zur Wiederaufrichtung eröffnet."

JUNI Die Kruppschen Waldungen vom Ruhrweg bis zur Werdener Landstraße werden tagsüber zum freien Durchgang geöffnet.

3. JUNI Gegen separatistische Bestrebungen wendet sich die Stadtverordnetenversammlung einstimmig: „Die Stadtverordnetenversammlung der größten Stadt des rheinisch-westfälischen Industriegebietes weist die volksverräterischen Versuche, die Rheinlande zu einem selbständigen Staat zu machen, mit Entrüstung zurück. Sie hält auch eine Trennung der Rheinlande von Preußen unter allen Umständen für verwerflich. Sie bekennt sich zu dem unerschütterlichen Willen, am deutschen Reich und Preußen festzuhalten und jeder Lockerung der Verbindung mit allem Nachdruck entgegenzutreten."

JULI Die Firma Krupp gibt bekannt, daß sie zum Lokomotiv- und Wagenbau übergehen werde, da abzusehen sei, „daß auf Jahre hinaus Kriegsgerät nicht wieder hergestellt werden könne".

1. AUGUST Die Stadtverordnetenversammlung beschließt die Gründung einer Volkshochschule, die – laut Satzung – „die Freude an geistiger Arbeit in die Gesamtbevölkerung hineintragen" will. Ihre Arbeit beginnt die VHS am 24. November.

28. OKTOBER Als erster Sozialdemokrat wird Martin Krolik, zuvor Genossenschaftssekretär beim Bürger- und Arbeiterkonsumverein

Eintracht, zum Beigeordneten der Stadt gewählt. Seine Amtseinführung findet am 5. Dezember statt.

1.–9. NOVEMBER Der Streik der Straßenbahner lähmt das Wirtschaftsleben der Stadt. Da auch der Vorortverkehr der Eisenbahn äußerst beschränkt worden war, sind Teile der Stadt ohne jedes Verkehrsmittel.

6. DEZEMBER „Seid pünktlich, zuverlässig und unermüdlich, und seid auch mäßig im Rauchen und Qualmen", mit diesen Worten schickt Gustav Krupp von Bohlen und Halbach die erste von Krupp gebaute Lokomotive auf Probefahrt.

1920

7.–9. MÄRZ Zum Abschluß des Essener Katholikentags wird eine Entschließung verabschiedet, in dem für „ein einträchtiges Zusammenarbeiten von Staat, Kirche und Schule" plädiert wird. Die versammelten Katholiken „verwerfen alle Versuche, die Segenskräfte der Kirche und der Religion auszuschalten aus dem Leben des Volkes. Insbesondere verlangen sie auch für die Zukunft katholische Schulen, in denen es ihnen möglich ist, ihre Kinder im Glauben und im Geiste der Kirche zu unterrichten und die Lebenswerte der katholischen Religion ungehindert und ungeschmälert der sittlichen Erziehung nutzbar zu machen."

13. MÄRZ Die „Essener Allgemeine Zeitung" berichtet:
„Es gibt keinen Kanonenkönig Krupp mehr. Nicht das mindeste der Werke steht mehr im Dienste Mars. Nichts läßt erkennen, daß hier vor 1 1/2 Jahren noch die größte Waffenschmiede der Welt war, ... Krupp wird sich in erster Linie auf Maschinenbau legen. Seine gewaltigen Maschinenhallen sind darauf eingerichtet, die größte Kraftmaschine zu bauen wie die diffizilste Schreib- und Rechenmaschine, Registrierkasse usw. Die riesige Artilleriewerkstatt aber, 300 m lang, ist zur Lokomotivenfabrik geworden, täglich soll eine erzeugt werden, und man ist diesem Ziel schon ziemlich nahe, da im Februar 20 herauskamen. Da ständig 150 reparaturbedürftige Lokomotiven in Arbeit sind, so wird Krupp, der auch Güterwagen baut, unheimliche Mengen Radsätze und anderes Eisenbahnmaterial herstellt, helfen, unser Eisenbahnwesen wieder in die Höhe zu bringen. Im Panzerplattenwerk werden jetzt Eisenbleche gemacht, nichts erinnert an die frühere Kriegsindustrie. Wie aus einem bösen Traum erwacht, reckt und dehnt sich der Essener

Gigant und stellt sich mit beiden Füßen fest auf die heimische Erde."

13. März In Berlin putschen Reaktionäre um den Alldeutschen Wolfgang Kapp und General Walther Freiherr von Lüttwitz gegen die Regierung. Die „Essener Arbeiter-Zeitung" ruft zum Generalstreik auf: „Heraus zum Kampf für die Republik! Heraus aus Fabrik und Werkstatt zum Generalstreik! Wollt Ihr die Republik und die Demokratie meucheln lassen? Legt sofort für heute die Arbeit nieder! Zeigt millionenfach, daß Ihr Ruhe und Frieden wollt." Dem Aufruf wird weitgehendst Folge geleistet, so daß das wirtschaftliche Leben in den nächsten Tagen lahmgelegt ist.
In einigen Städten des Ruhrgebiets bilden sich bewaffnete Einheiten der revolutionären Arbeiterschaft, Keimzellen der „Roten Ruhr-Armee". Der Protest gegen den Putsch weitet sich in der Folgezeit zu einem politischen Aufstand aus.

18./19. März Truppen der „Roten Armee", von Rotthausen kommend, erobern nach schweren Kämpfen mit der Sicherheitspolizei das Rathaus von Stoppenberg.

19. März Essen wird von der „Roten Armee" besetzt, wobei die Kämpfe zwischen der Einwohnerwehr und den Revolutionären um den Wasserturm an der Steeler Straße zahlreiche Menschenleben kosten. Oberbürgermeister Dr. Luther übergibt die Macht an einen Vollzugsrat, gebildet aus Mitgliedern der KPD und der USPD.

24. März Nach der Kapitulation der reaktionären Putschisten und der Wiedereinsetzung der rechtmäßigen Regierung beginnen in Bielefeld Verhandlungen zwischen Vertretern der Regierung, der Arbeiterparteien und der „Roten Armee", die mittlerweile das gesamte Ruhrgebiet kontrolliert. Festgehalten wird in dem sogenannten Bielefelder Abkommen u.a. die Abgabe aller Waffen, die Entlassung aller gegenrevolutionären Persönlichkeiten in der Verwaltung, eine grundlegende Verwaltungsreform, die Verabschiedung neuer Sozialgesetze, die Sozialisierung der dazu reifen Wirtschaftszweige und die Auflösung der Freikorps. Zudem solle den Arbeiterorganisationen „ein entscheidender Einfluß auf die Neuregelung der wirtschafts- und sozialpolitischen Gesetze eingeräumt" werden.
Da das Abkommen nicht von allen Teilen der „Roten Armee" akzeptiert wird, gehen die Kämpfe weiter.

7. APRIL Nach langwierigen Kämpfen im Norden, die am 3. April begannen, marschieren Regierungstruppen in die Stadt ein. Mit der Verhaftung bzw. mit der Flucht zahlreicher Rotarmisten endet die Aufstandsbewegung in Essen.

Unruhige Zeiten.
Essen während des Kapp-Putsches

5. MAI Die Preußische Landesversammlung verabschiedet das Gesetz über den Siedlungsverband Ruhrkohlengebiet. Sitz des Verbandes ist Essen. Zum ersten Direktor wird der Essener Beigeordnete Dr. Robert Schmidt gewählt.

6. JUNI Bei der Reichstagswahl bleibt das Zentrum mit 33,7 Prozent stärkste Partei. Bei den Arbeiterparteien läßt die USPD mit 26,8 Prozent die MSPD (11,6 %) weit hinter sich, während die KPD noch völlig unbedeutend ist (1,4 %). Bei den liberalen Parteien liegt die DVP (13 %) vor der DDP (3,2 %). Die DNVP kann 8,3 Prozent der Stimmen auf sich vereinigen.

25. JULI Das Kunstmuseum eröffnet seine Ausstellungstätigkeit im neuen Haus an der Bismarckstraße, das Professor Dr. Hans Goldschmidt gestiftet hat.

6. AUGUST Die Stadtverordnetenversammlung billigt die finanzielle Unterstützung einer Zweigstelle des Zentralinstituts für Erziehung und Unterricht. Das Institut nimmt im Januar 1921 seine Tätigkeit im Realgymnasium an der Heinickestraße auf.

8. AUGUST Baron von Fürstenberg öffnet den Borbecker Schloßpark für die Bevölkerung. Allerdings wird ein Eintrittsgeld erhoben.

28. AUGUST Die Essener Ortsvereinigung der Goethe-Gesellschaft wird gegründet.

20.–24. NOVEMBER Auf dem 10. Kongreß Christlicher Gewerkschaften Deutschlands im Saalbau fordert Adam Stegerwald die Öffnung des Zentrums zu einer interkonfessionellen Volkspartei.

1921

2. JANUAR Im städtischen Saalbau findet die Goldene Jubelfeier der Essener Zentrumspartei statt. Die Festrede hält der Vorsitzende der Partei, Staatsminister a.D. Dr. Karl Trimborn.

14. JANUAR Die Stadtverordnetenversammlung billigt die Übernahme des Handelshofes in städtischen Besitz.

14. JANUAR Die Stadtverordnetenversammlung beschließt, für den gewählten ersten städtischen Beigeordneten beim Staatsministerium die Verleihung der Amtsbezeichnung Bürgermeister zu beantragen. Diesem Antrage wird stattgegeben.

1. FEBRUAR Unter Beteiligung des städtischen Verkehrsamtes, des Essener Verkehrsvereins und der Wirtschaft wird die Gemeinnützige Ausstellungsgesellschaft gegründet.

20. FEBRUAR Bei den Wahlen zum Preußischen Landtag erringt das Zentrum einen grandiosen Sieg mit 36,8 Prozent der Stimmen. Bei den Arbeiterparteien überrundet die KPD (16,4 %) die MSPD (15,4 %) und die USPD (6,2 %), während bei den bürgerlichen Parteien die DVP (13,4 %) die DNVP (10 %) hinter sich läßt.

9. MÄRZ Weil Reparationszahlungen nicht erfolgten, besetzten am 8. März französische Truppen Düsseldorf und Duisburg. Gegen diese Maßnahme protestieren die Essener Gewerkschaftsorganisationen: „Die deutsche Regierung konnte nicht gleichzeitig Verpflichtungen übernehmen, die unmöglich zu erfüllen sind und die beiden folgenden Generationen unseres Volkes wirtschaftlich versklaven. Die allmächtigen Ententestaatsmänner glaubten, diese Maßnahmen treffen zu müssen. Sie verletzten damit nicht nur jedes Menschlichkeitsgefühl, sondern auch die kla-

ren Bestimmungen des Versailler Vertrages. Die den unterzeichneten Organisationen angehörenden Arbeiter, Angestellten und Beamten des Stadt- und Landkreises Essen in einer Gesamtzahl von 180 000 erheben hiermit einmütig ihre Stimme, um gegen dieses ungerechtfertigte Vorgehen der Entente energisch zu protestieren. Sie billigen den Entschluß der deutschen Regierung, nichts zu unterschreiben, was über die Kräfte des deutschen Volkes geht. Sie sind nicht gewillt, auf ihre ureigensten Menschenrechte zu verzichten und werden diese mit allen ihnen zu Gebote stehenden Mitteln zu verteidigen wissen."

28. MÄRZ Eine kommunistische Aufstandsaktion, deren Zentrum das Mansfelder Revier im Mitteldeutschland ist, berührt auch Essen. Plakate rufen zum Generalstreik und zur Bewaffnung der Arbeiterschaft auf. Am Nachmittag des Ostermontags strömen die Menschenmassen zu einer Protestversammlung in die Innenstadt, wo die Polizei den Burgplatz abgesperrt hat. Es kommt zu blutigen Zusammenstößen auf den Kopstadtplatz, die 25 Menschenleben und zahlreiche Verletzte fordern. In den folgenden Tagen herrscht aber Ruhe, da dem Aufruf zum Generalstreik nirgends Folge geleistet wird.

20. AUGUST Unter Beteiligung der Stadt Essen gründet sich eine Börsenhausgesellschaft, deren Zweck die Errichtung eines Börsengebäudes ist. Als Architekt wird Professor Edmund Körner gewonnen.

25. AUGUST In der Ausstellungshalle wird die große Ausstellung „Tuberkulose, Geschlechtskrankenheiten" des Deutschen Hygiene-Museums in Dresden eröffnet. Die Ausstellung „lenkte mit schonungsloser Offenheit die Aufmerksamkeit auf zwei furchtbare Feinde unseres Volkes". „Die Tuberkulose-Ausstellung berichtete über die ungeheure Ausbreitung der Seuche, namentlich unter den Kindern. Sie zeigte die verheerende Wirkungen des Tuberkelpilzes im menschlichen Körper, wies auf die tausendfachen Ansteckungsgefahren hin und nannte Mittel zum Schutze vor Ansteckung. In der Ausstellung für Geschlechtskrankheiten orientierten graphische Darstellungen über die gewaltige Zunahme der Geschlechtskrankheiten in den letzten Jahren. Die verhängnisvolle Rolle der Prostitution als Ansteckungsherd wurde dem Besucher vor Augen geführt und eindringlich vor gewissen Genüssen und Zerstreuungen der Großstadt gewarnt." (Chronik 1921, S. 99)

7.–9. OKTOBER Auf der Kaupenhöhe tagt der 10. deutsche Pazifisten-Kongreß. Die Festansprache hält der Reichstagspräsident Paul Löbe.

16. OKTOBER Der Deutschnationale Handlungsgehilfenverband hält den 15. deutschen Handlungsgehilfentag ab. Festredner ist der Ministerpräsident Adam Stegerwald.

1922

3. FEBRUAR Die Stadtverordnetenversammlung genehmigt den Ankauf des Geländes des ehemaligen Walzwerkes Schulz-Knaudt am Hauptbahnhof durch die Stadt.

16. MÄRZ Dr. Peter Jacobs wird zum Ehrenbürger von Werden ernannt. Jacobs war von 1882 bis 1921 Pfarrer am Zuchthaus Werden und gehörte zu den Begründern des Historischen Vereins für das Gebiet des ehemaligen Stiftes Werden, dessen 1. Vorsitzender er bis 1919 war, danach Ehrenvorsitzender.

17. MÄRZ Die Stadtverordnetenversammlung stimmt der Annahme der Sammlung Folkwang zu, die der Hagener Industrielle und Kunstfreund Karl Ernst Osthaus zusammengetragen hatte. Zu den wertvollsten Kunstschätzen der Sammlung, die Kunstwerke aus allen Zeiten und Ländern umfaßte, gehörten Gemälde von Renoir, Gauguin, Cézanne, van Gogh, Rodin, Matisse, Munch, Marc, Nolde, Kirchner, Kokoschka und Rohlfs. Nach dem Tode Osthaus besaß die Stadt Hagen nicht die Mittel für den Erwerb des Museums, so daß die Zerstörung der wertvollen Sammlung drohte. In dieser Situation ergreifen Dr. Ernst Gosebruch, Direktor des Essener Kunstmuseums, und Oberbürgermeister Dr. Luther die Initiative, und es gelingt ihnen, die heimische Wirtschaft als Mäzen zu gewinnen, die die Kaufsumme von 15 Millionen Reichsmark aufbringt.

31. MAI Auf der 678-Meter-Sohle der Zeche Amalie ereignet sich eine Explosion, bei der 23 Bergleute getötet und 29 teils schwer verletzt werden. Sie wurde ausgelöst, weil verbotswidrig geschossen worden war.

4. AUGUST Die Stadtverordnetenversammlung beschließt, die Theaterstraße zu Ehren des ermordeten Reichsaußenministers in Walter Rathenau-Straße und den Gerlingplatz in Republikplatz umzubenennen.

22. SEPTEMBER Die Stadtverordnetenversammlung genehmigt die Ausgabe städtischen Notgeldes. Dies ist notwendig geworden, da die Reichsbank nicht mehr in der Lage war, genügend gesetzliche Zahlungsmittel zu liefern.

29. OKTOBER Im Hans Goldschmidt-Haus wird das Folkwangmuseum eröffnet.

11. NOVEMBER Oberbürgermeister Dr. Luther appelliert an den Finanzminister: „In kultureller Hinsicht muß ich immer wiederholen, daß der gesamte Ruhrkohlenbezirk und darunter in besonders sichtbarer Weise die den Mittelpunkt dieses Landes bildende Stadt Essen vom Staate bisher keine kulturelle Förderung erfahren hat, die auch nur von ferne der wirtschaftlichen Bedeutung und der Einwohnerzahl des Bezirks und der Stadt Essen entspricht. ... Es ist fast nicht mehr erträglich, daß die Aufmerksamkeit des Staates in kulturellen Fragen sich immer und immer wieder denjenigen Städten zuwendet, die von Alters her durch die Staatsgunst mit Kultursegnungen ausgestattet sind, während die ‚nachgeborene' Stadt Essen bei Seite stehen muß. ... Ich bitte, daß nunmehr wirklich von Seiten des preußischen Staates der Weg einer Förderung der Kulturdinge auch in der kulturarmen Mittelpunktstadt des Ruhrkohlenbezirks mit all seiner werktätigen, aber darum nicht minder kulturbedürftigen Bevölkerung beschritten wird."

1. DEZEMBER Oberbürgermeister Dr. Luther wird, da er zum Reichsernährungsminister berufen worden ist, für zunächst vier Monate beurlaubt.

15. DEZEMBER Die Stadtverordnetenversammlung verabschiedet eine Resolution gegen die französischen Besatzungspläne: „Von maßgebenden politischen Führern und Zeitungen des Auslandes ist in der letzten Zeit immer unverhüllter die Forderung nach Besetzung des Ruhrgebietes und der Stadt Essen erhoben worden, um dadurch die Losreißung des Rheinlandes von Deutschland vorzubereiten. Dem gleichen Ziele der Loslösung dient das stets dreister werdende Treiben des Häufleins der Sonderbündler, deren hochverräterische Bestrebungen man geflissentlich der Welt als den Willen des ganzen rheinischen Volkes ausgeben möchte. Demgegenüber erklären wir als berufene Vertreter von Essens Bürgerschaft, daß das rheinische Volk, insbesondere die Stadt Essen, was auch kommen mag, treu zu Reich und Preußen steht. Auch eine Besetzung, in der wir eine neue brutale Vergewaltigung eines wehrlosen Volkes und eine neue Quelle unerträglicher Leiden erblicken, wird

unsere Treue und Anhänglichkeit nicht erschüttern. In der festen Überzeugung, daß nur im Verband mit Reich und Preußen Kultur und Wirtschaft des Rheinlandes gesichert sind, werden wir allen Loslösungsbestrebungen, von welcher Seite sie auch kommen mögen, unsern entschlossenen Widerstand entgegensetzen."

– Der Dollarkurs steigt im Laufe des Jahres von 176,50 Mark (Januar) über 6200 Mark (November) auf 7500 Mark (Dezember).
Die zunehmende Geldentwertung zeigt sich auch an der Entwicklung der Lebensmittelpreise. Ende 1922 kosten: ein Kilo Graubrot 300, Rindfleisch 1000, Schweinefleisch 1800, Butter 3200 und Speck 2400 Mark. Ein Ei wird für 70 Mark verkauft.

1923

9. JANUAR Die Reparationskommission stellt fest, daß das Deutsche Reich das Liefersoll bei Holz und Kohle nicht erfüllt habe. Dies nehmen Frankreich und Belgien zum Anlaß, das Ruhrgebiet zu besetzen.

9./10. JANUAR In Erwartung einer Besetzung des Ruhrgebiets verlegt das Rheinisch-Westfälische Kohlensyndikat seinen Sitz nach Hamburg.

11. JANUAR Unter dem Oberbefehl von General Degoutte rücken französischen Truppen in die Stadt ein, die am Abend 6000 Franzosen beherbergt. In einer einberufenen Stadtverordnetensitzung protestieren die Vertreter aller Parteien gegen die Besetzung. Der Fraktionsvorsitzende der SPD, Hans Steinbüchel, erklärt: „Da wir den Militarismus im eigenen Lande ablehnen, müssen wir auch gegen jede fremde Militärherrschaft als eine Gewaltmaßnahme gegen die in Ruhe ihrer Arbeit nachgehende Bevölkerung protestieren. Durch die drückenden Maßnahmen der Siegerstaaten wird der Chauvinismus und der Revanchegedanke weiter gefördert. ... Wir lehnen den militaristischen Zwang, gleichgültig, von welchem Lande er ausgeht, mit aller Entschiedenheit ab und fühlen uns in diesem Sinne einig mit den Sozialisten aller Länder."

15. JANUAR Die Arbeitsgemeinschaft der politischen Parteien ruft zu einer Protestaktion auf:
„Alle Arbeit ruht am Montag, den 15. Januar, vormittags von 11 - $11^1/_2$ Uhr vollständig. Betriebe, Büros, Banken, Ge-

Französische Panzer am Bahnhof Kray-Nord

schäftshäuser, Gastwirtschaften usw. schließen. Alle Geschäfte lassen die Rolläden herab. Elektrische Bahnen und Fahrzeuge jeder Art stellen den Fahrverkehr ein. Die Glocken läuten die Protestkundgebung ein und aus. Jeder, der sich um 11 Uhr vormittags auf der Straße befindet, bleibt zwei Minuten stehen in Gedanken an die Schmach und Gewalt, die Deutschland angetan ward, und an die unabsehbaren Folgen dieser Gewalttat. Wir erwarten, daß alle deutschen Männer und Frauen im besetzten Gebiet ausnahmslos unserer Aufforderung Folge leisten."

„Würdig und einheitlich wurde diese Trauerkundgebung durchgeführt." – so die Essener Chronik. „Vor dem Hotel Kaiserhof, wo außer einer Anzahl ausländischer Journalisten französische Offiziere und Ingenieure wohnten, sammelte sich eine besonders große Menschenmenge an. Ein Herr hielt eine Ansprache, in der er an die deutschen Geistesheroen Goethe und Schiller, Kant und Beethoven erinnerte und zu Stolz und Zuversicht aufforderte, da eine solche Kulturnation nicht geknechtet werden könne. Er schloß mit einem Hoch auf das

Vaterland. Im Anschluß daran sang die Menge die Nationalhymne und mehrere vaterländische Lieder."

18.-20. JANUAR Da sie sich weigerten, den Franzosen Kohle zu liefern, werden mehrere Bergwerksdirektoren (unter ihnen der Generaldirektor des Essener Bergwerkvereins, Franz Wüstenhöfer, der Generaldirektor der Essener Steinkohlenbergwerke, Ernst Tengelmann, und der Direktor der Zeche Bonifacius, Hermann Olfe) inhaftiert. Ihnen wird am 24. Januar vor dem Kriegsgericht der französischen Rheinarmee in Mainz der Prozeß gemacht, bei denen sie zu Geldstrafen verurteilt werden.

14. FEBRUAR Bürgermeister Heinrich Schäfer wird verhaftet, da er die Lieferung von 72 Automobilen an die Besatzungsbehörde verweigert hatte. Das Kriegsgericht verurteilt ihn am 16. Februar zu zwei Jahren Gefängnis und fünf Millionen Mark Geldstrafe. Zum Jahresende wird Schäfer begnadigt, so daß er am 22. Dezember seine Tätigkeit wieder aufnehmen kann.

14. FEBRUAR Während einer Aufführung von Schillers „Wilhelm Tell" kommt es zu einer nationalistischen Demonstration. Der damalige Intendant Stanislaus Fuchs erinnert sich: „Da kam das Erlebnis, das ungeheuer war. Jedes Wort wurde vom gesamten Publikum mit Begeisterung aufgegriffen, und als der Rütlischwur kam und der Schauspieler Melchinger die Worte sprach: ‚Wir wollen sein ein einzig Volk von Brüdern ... und uns nicht fürchten vor der Macht der Menschen', da stand das Publikum spontan auf und sprach begeistert den Rütlischwur nach. Jeden Satz wiederholte es wie ein Gelöbnis. Dem Melchinger würgte es im Halse, die Tränen kamen den Schauspielern. Wie der Rütlischwur zu Ende war, da brauste wie ein Ruf das Deutschlandlied. Draußen war alles schwarz voll Menschen, die lauschten." Die Reaktion der Franzosen läßt nicht lange auf sich warten, am nächsten Tag besetzen sie das Theater, und der Spielbetrieb muß eingestellt werden.

17. FEBRUAR Das Polizeipräsidium wird besetzt, und die Polizisten werden entwaffnet. Der Stellvertreter des ausgewiesenen Polizeipräsidenten, Regierungsrat Niedermeyer, und Oberstwachtmeister Niehoff werden verhaftet.

24. FEBRUAR Der Direktor des Werdener Zuchthauses beschwert sich bei der Besatzungsmacht gegen die Einlieferung der Verhafteten: „Nach dem deutschen Gesetze dürfen in einem Zuchthause nur solche Gefangene aufgenommen werden, welche rechtskräftig zu einer entehrenden Zuchthausstrafe verurteilt wor-

den sind, also Leute, die wegen gemeiner Verbrechen Strafe erlitten haben. Die Unterbringung von Menschen, die weiter nichts verschuldeten, als ihrer eigenen Regierung die Treue und den Gehorsam auch unter schwierigsten Verhältnissen zu halten, oder aus Liebe zum Vaterlande sich hinreißen ließen, gegen Verordnungen der Besatzungstruppen zu verstoßen, in einer solchen Anstalt widerspricht daher jedem Rechtsempfinden; denn hier handelt es sich lediglich um edle Motive. Ich kann deshalb nur annehmen, daß dortseits der Zweck der hiesigen Strafanstalt nicht in vollem Umfange erkannt worden ist, sonst hätte bei den Begriffen über Ehre und Moral, welche bei jedem Kulturvolk vorausgesetzt werden dürfen, eine Inanspruchnahme des hiesigen Zuchthauses zur Aufnahme von solchen Gefangenen unterbleiben müssen."

4. MÄRZ Am Viehofer Platz hat sich eine bewaffnete Bande gebildet, die das Polizeibüro in der Holzstraße verwüstet und mehrere Geschäfte plündert. Weniger Erfolg hat sie im Kaufhaus Althoff, wo die Angestellten die Plünderer verprügeln.

18. MÄRZ Im Hauptbahnhof wird ein französischer Soldat erschossen. Als Vergeltung werden mehrere Bürger als Geiseln verhaftet und ins Zuchthaus Werden gebracht, wo sie bis zum 1. April verbleiben.

31. MÄRZ Aus Protest gegen die Besetzung der Kraftwagenhalle des Kruppschen Werkes versammelt sich, alarmiert durch die Werkssirene, eine größere Menschenmenge vor dem Fabriktor. Bei ihrem Abzug schießen die französischen Soldaten plötzlich auf die Menge, wobei 13 Personen getötet und 41 verletzt werden.

Da die Franzosen die Protestaktion als eine von der Werksleitung initiierte Provokation empfinden, verhaften sie am 1. Mai Gustav Krupp sowie Mitglieder des Direktoriums und stellen sie vor ein Kriegsgericht. In dem Prozeß, der vom 4. bis 8. Mai in Werden stattfindet, wird Krupp zu 15, die anderen Angeklagten zu 10 bis 20 Jahren Gefängnis und zu hohen Geldstrafen verurteilt. Krupp bleibt bis zum 25. Oktober 1923 im Düsseldorfer Zentralgefängnis in Haft.

6. APRIL Das Glückaufhaus wird fertiggestellt.

1. AUGUST Auf dem Essener Wochenmarkt kosten ein Kilo Rindfleisch 140 000, Schweinefleisch 160 000, Butter 170 000, Kartoffeln 19 000 und Wirsing 10 000 Mark.

2. AUGUST Die „Essener Allgemeine Zeitung" schreibt: „Die Lage im Industriegebiet wird von Tag zu Tag, ja fast von Stunde zu Stunde ernster. Infolge der französischen Grenzvorrichtungen und Bestimmungen wird der ganze Verkehr immer mehr beschränkt. Neue Stempel und Pässe werden nur in geringer Menge oder gar nicht ins besetzte Gebiet ausgestellt. Infolgedessen haben sehr viele Geschäfte ausverkauft. Diese Läden sind ganz geschlossen. Weiterhin wirkt die ungeheure Markentwertung katastrophal. Die Preise werden täglich erhöht und sind unerschwinglich. Die Geschäfte öffnen nur stundenweise. Alle Waren werden rationiert, und die vielfach verhärmten Käufer müssen wieder in Reihen stehen."

4. AUGUST Auf ver. Sälzer und Neuack fordert der größte Teil der Belegschaft eine einmalige Zahlung von 5 Millionen Mark je Belegschaftsmitglied. Um ihrer Forderung Nachdruck zu verleihen, wird auf dem Zechenplatz ein Galgen aufgebaut. Als man dem Rechnungsführer den Strick vors Gesicht hält, gibt er nach und verspricht eine Sonderzahlung.

1. SEPTEMBER Die Glaswerke Ruhr werden als Aktiengesellschaft in das Handelsregister des Amtsgerichts Essen eingetragen.

20. SEPTEMBER Auf der Bahnstrecke Essen-Rüttenscheid-Heißen wird in der Nähe der Brandsmühle das Gleis gesprengt. Daraufhin verhängen die Franzosen über die Stadt und den Landkreis eine Verkehrssperre.

26. SEPTEMBER Der passive Widerstand wird aufgegeben. Im Aufruf der Reichsregierung heißt es: „Um das Leben von Volk und Staat zu erhalten, stehen wir heute vor der bitteren Notwendigkeit, den Kampf abzubrechen. Wir wissen, daß wir damit von den Bewohnern der besetzten Gebiete noch größere seelische Opfer als bisher verlangen. Heroisch war ihr Kampf, beispiellos ihre Selbstbeherrschung. Wir werden niemals vergessen, was diejenigen erlitten, die im besetzten Gebiet duldeten. Wir werden niemals vergessen, was diejenigen aufgaben, die lieber ihre Heimat verließen, als dem Vaterlande die Treue zu brechen."

29. SEPTEMBER In Essen kosten ein Kilogramm Rindfleisch 100 - 140 Millionen, Schweinefleisch 140 - 170 Millionen, Butter 180 - 200 Millionen und Kartoffeln 5 Millionen Mark.

6. OKTOBER Reichskanzler Gustav Stresemann ernennt den Oberbürgermeister und bisherigen Reichsernährungsminister Dr. Hans Luther zum Reichsfinanzminister.

23. OKTOBER Der Essener Polizeipräsident berichtet dem Regierungspräsidenten: „Im Stoppenberger Bezirk wurde ein Weißkohlfeld von mehreren hundert Personen, darunter auch Frauen und Kindern, geplündert. ... Auf Frillendorfer Gebiet kamen nächtliche Plünderungen von Kartoffelfeldern vor. ... Am 15. ds. Mts. eilten 8 Polizeibeamte zur Vertreibung von Kartoffeldieben nach dem Felde des Gutsbesitzers Beckmann in Kray. Da die nach Hunderten zählende Menge von ihnen nicht völlig vertrieben werden konnte, griff aus eigener Veranlassung eine Anzahl Franzosen, die in der nahegelegenen Sternbrauerei untergebracht sind, mit aufgepflanztem Seitengewehr ein, worauf alles flüchtete. Auch gegen eine nach vielen Hunderten zählende Menge, die die Kartoffeläcker des Gutes Schulte-Düllmann in Kray-Leithe an der Grenze von Wattenscheid ausraubte, konnten die vorhandenen Polizeibeamten allein nichts ausrichten."

24.–28. OKTOBER Essen steht im Zeichen von Demonstrationen und Plünderungen. „Schon vom frühesten Morgen an waren die Straßen in der Nähe der Märkte in der Altstadt von Menschen dicht bevölkert, unter denen sich auch viele Leute befanden, die offenbar mit der Absicht ausgegangen waren, sich billige Lebensmittel zu verschaffen. Der Tanz begann wieder auf dem Gerlingplatz. Dort verfolgten die Plünderer dieses Mal eine neue Taktik. Sie traten einzeln an die Stände und fragten nach den Preisen. Als ihnen diese genannt wurden, machten sie ihrem Unmut über deren Höhe Luft, und das war scheinbar das Zeichen für die übrigen Teilnehmer. Es ging zum Sturm über die Stände her, von denen einzelne die Ware kurzerhand fortnahmen und unter die Überröcke versteckten. Auch das Geld wurde weggenommen. Die Händler standen vor den Trümmern ihrer Stände. Auf dem Kopstadtplatz fiel man über die Fleisch- und Bäckerstände her, und auch hier wurde reiche Beute gemacht. Die Schutzmannschaft konnte nicht viel ausrichten. Sie säuberte die Plätze, nachdem das Unheil geschehen war. Später kam es noch in der Umgebung des Althoffschen Warenhauses zu wilden Auftritten." (Chronik 1923, S. 155f.)

15./16. November Plünderungen und Ausschreitungen leben wieder auf. Betroffen sind auch Borbeck, Katernberg, Kray, Steele und Kupferdreh.

– Erwerbslosenzahlen der Stadt Essen 1923

	Männer	Frauen	insgesamt
1. Januar	85	17	102
1. Juli	3 955	775	4 730
1. Oktober	10 281	3 158	13 439
1. Dezember	56 510	5 498	62 008

1924

1. April Die Firma Krupp übergibt den etwa 30 Morgen großen Erholungspark beim Altenhof der Stadtverwaltung.

Mai Da sich die Arbeitgeber und die Gewerkschaften über die Schichtenzeiten nicht einigen konnten, kommt es im Ruhrbergbau zu einem Arbeitskampf, der bis zum Ende des Monats andauert.

4. Mai Bei der Reichstagswahl behauptet das Zentrum trotz kleinerer Verluste seine Stellung als stärkste Partei (30,1 %). Klarer Wahlsieger ist die KPD, die mit 25,4 Prozent die SPD (11,4 %) weit überrundet. Die USPD (0,7 %) spielt bei dieser Wahl keine Rolle mehr. Während die liberalen Parteien Stimmen verlieren (DVP 9,3; DDP 2,8 %), kann das rechte Lager Gewinne verbuchen: DNVP – 9,8 und Völkischsozialer Block 6,1 Prozent.
Am gleichen Tag werden auch die Gemeindewahlen durchgeführt, die in etwa die gleichen Ergebnisse wie bei der Reichstagswahl zeigen. Zentrum – 30,1; KPD – 24,9; MSPD – 12,1; DNVP – 11,8; DVP – 10,9; DDP – 4,1 Prozent. Ins Stadtparlament ziehen aber auch die Christlich-Soziale Volksgemeinschaft (3,1%) und die Partei für Leibesübungen (2,5 %) ein. Im Vergleich zur Gemeindewahl von 1919 sind aber große Verschiebungen eingetreten. Zu den Verlierern gehören das Zentrum (- 14,9 Prozentpunkte) und die MSPD (- 12,1), während die KPD, die erstmals für die Stadtverordnetenversammlung kandidiert, ein Plus von 24,9 Prozentpunkte zu verzeichnen hat.

30. Mai Bei der Verpflichtung der neugewählten Stadtverordneten verliest der kommunistische Stadtverordnete Schroers eine Erklärung der KPD: „Die Kommunisten erblicken in den Parla-

menten und im Parlamentarismus nur ein Täuschungsmittel der herrschenden Klasse, um die kapitalistische Diktatur vor den Massen des werktätigen Volkes zu verschleiern. Aus diesem Grund gehen sie nicht in die Parlamente, um dort sogenannte positive Arbeit zu leisten, sondern die Kommunisten wollen das bürgerliche Parlament lediglich benutzten, um den dort vor sich gehenden Volksbetrug zu entlarven. Sie fühlen sich weder durch irgendeine Formalität wie Handschlag gebunden, erkennen grundsätzlich keine Schweigepflicht gegenüber der Arbeiterklasse an, sondern betrachten als einzige Richtschnur für ihr Verhalten das Interesse des Proletariats, als dessen Gewählte und Beauftragte die Kommunisten ins Parlament geschickt worden sind. Sie fühlen sich nur verantwortlich der Arbeiterklasse und der kommunistischen Partei. Ihrem Programm getreu werden die Kommunisten für die Revolution, für den Sturz der Bourgeosie und ihrer Parlamente, für die Aufrichtung der Diktatur des Proletariats wirken." Aufgrund dieser Darlegung wird die Verpflichtung der kommunistischen Stadtverordneten vom Minister des Inneren als ungültig angesehen, so daß die Kommunisten von den Sitzungen ausgeschlossen bleiben. Erst als die Fraktion erklärt, „die Obliegenheiten als Stadtverordnete gewissenhaft" zu erfüllen, erfolgt am 27. Juni die Neuverpflichtung.

1. Juni Die Stärke der Besatzung beträgt 1205 Offiziere, 4424 Unteroffiziere und Mannschaften mit 564 Familienangehörigen, ferner 100 Angestellte der Micum mit 80 Angehörigen und 227 Angestellte der Regie mit 236 Familienmitgliedern. Zudem befinden sich in Ställen 1150 Pferde, die ebenfalls verpflegt werden müssen.

12. Juli Der Kommandant der 77. Division verbietet bis 10. August alle Stadtgartenkonzerte, da auf einer Veranstaltung Militärmärsche gespielt worden waren. Musikdirektor Gustav Müller wird zu sechs Monaten Gefängnis verurteilt.

18. Juli Die Stadtverordnetenversammlung nimmt das Gesuch des Oberbürgermeisters Dr. Luther, ihm aus seinem Amt zu entlassen, an. Die „Essener Allgemeine Zeitung" würdigt ihn als den „führenden Mann unter den Oberbürgermeistern des Ruhrbezirks": „Er kannte die Lebensinteressen des Ruhrbezirks genau und hat sie nachdrücklich und erfolgreich vertreten. Seit er Minister ist, fehlt uns diese kräftige Vertretung, der Ruhrbezirk ist verwaist. In Essen war Dr. Luther kein stürmischer Reformator, aber ein Mann kühnen, tatkräftigen Erfassens neuer Möglichkeiten. Den Grundbesitz der Stadt hat er

durch wertvolle Erwerbungen erweitert. ... Neue Behörden und Unternehmungen zog er in die Stadt. Wir erwähnen nur das Postscheckamt, den Siedlungsverband. Seinem kühnen Wagemut dankt Essen den Besitz des wertvollen Glückaufhauses an der Friedrichstraße. Das Folkwangmuseum, eine der wertvollsten Sammlungen Westdeutschlands, fiel Essen als Frucht der rührigen, zähen Entschlossenheit des nimmer rastenden Mannes zu. Durch den Bau des Börsenhauses, den er eifrig betrieb, suchte Dr. Luther die Stadt Essen immer enger mit den führenden Kreisen des Handels und der Industrie zu verknüpfen. Den Erweiterungsbau des Rathauses förderte er in ungünstigen Zeiten so trefflich, daß die Stadt heute einen

Die Oberbürgermeister Dr. Hans Luther
und Dr. Franz Bracht (v.l.)

Bau aufgerichtet sieht, der wohl in Jahrzehnten nicht mehr im Bereich der Möglichkeiten läge. Besondere Sorgfalt wandte er der Entwicklung Essens zur Ausstellungsstadt zu. Es entstand die Gesellschaft zur Verwertung der Ausstellungshallen, die Essens Ruf unter den Städten des Westens fast im Augenblick begründete und dem neuen Wettbewerber auf dem Gebiete der Ausstellungs- und Kongreß-Städte viele Neider schuf. Auch kulturelle Interessen pflegte er nachdrücklich. ... Der Gesamteindruck des Schaffens ist der eines rastlosen Wirkens in die Tiefe, für das die Stadt dem scheidenden Manne stets Dank wissen wird."

28.–30. JULI Die Jahrhundertfeier des Burggymnasiums, zu dessen Schülern Friedrich Krupp, Friedrich Hammacher, Carl Humann und der Kölner Domkapitular Alexander Schnütgen gehörten, wird festlich begangen.

10. NOVEMBER Der neue Sitzungssaal der Stadtverordnetenversammlung im Rathauserweiterungsbau wird seiner Bestimmung übergeben. Die Decke schmückt das Gemälde „Die industrielle Arbeit" von Professor Karl Kriethe.

10. NOVEMBER Die Stadtverordnetenversammlung wählt den Staatssekretär Dr. Franz Bracht zum neuen Oberbürgermeister. Seine Amtseinführung findet am 18. Dezember statt.

1. DEZEMBER Oberregierungsrat Paul Mertens wird zum kommissarischen Landrat des Kreises Essen bestellt. Seine endgültige Bestätigung erfolgt am 13. Mai 1925. Mertens ist der letzte Essener Landrat, da der Kreis im Jahre 1929 aufgelöst wird.

6. DEZEMBER Auf Einladung der Kant-Gesellschaft referiert Professor Dr. Martin Heidegger über „Dasein und Wahrsein nach Aristoteles".

7. DEZEMBER Bei der Reichstagswahl muß die KPD (18,6 %) schwere Verluste hinnehmen, wovon die anderen Parteien profitieren: Zentrum – 33,8; MSPD – 15,8; DNVP – 11,2; DVP – 10,8 und DDP – 3,6 Prozent. Die Nationalsozialistische Freiheitsbewegung erhält 2,6 Prozent der Stimmen.

21. DEZEMBER Die katholische Pfarrkirche „Zu den heiligen Schutzengeln" in Frillendorf, ein von Edmund Körner entworfener, „eigenwilliger expressionistischer Backsteinbau" (Parent, S. 112), wird eingeweiht.

1925

25. FEBRUAR Die Städte und die Landkreise des Ruhrgebiets gründen die Luftverkehrsgesellschaft Ruhrgebiet AG (Lurag), der sich bald die Industrie- und Handelskammern des Reviers, der Ruhrsiedlungsverband und einige Wirtschaftsunternehmen anschließen. Ziel ist es, das Ruhrgebiet in den Luftverkehr einzugliedern. Wegen der französischen Besatzung beginnt der Flugbetrieb zunächst in Dorsten, ehe er am 30. August vom Flughafen Essen/Mülheim aus aufgenommen wird.

Die Essener Börse (heute Haus der Technik)

9. MÄRZ Das von Professor Edmund Körner entworfene Börsengebäude wird eröffnet. Es enthält neben vermieteten Geschäftsräumen drei Säle. Der große Börsen- und Kuxensaal hat eine Größe von 500 qm und bietet Platz für 300 Händler. Der Reichskanzler Dr. Luther übermittelt in einem Grußwort: „Möge das Essener Börsengebäude in seiner hochragenden Stellung neben dem Hauptbahnhof ein wirksames Wahrzeichen dafür sein, daß auf dem Grunde von Kohle und Eisen nicht nur die Industrie blühen soll, sondern alle Zweige des vielgestaltigen Wirtschaftslebens! Möge die Stadt Essen durch

die Pflege auch des Handels und des Geldverkehrs sich ihrer zukunftsreichen Lage im Mittelpunkt des Ruhrgebiets immer mehr gewachsen und würdig erweisen! Möge die starke Architektur des neuen Börsenhauses ein Markstein sein in der Ausbildung eines neuen Baustils, der die eigene Sprache des Industriebezirks spricht!"

16. MÄRZ Eine außerordentliche Generalversammlung der Essener Credit-Anstalt, die am 18. Januar 1872 in das Handelsregister eingetragen worden war, stimmt dem Zusammengehen mit der Deutschen Bank zu. Die „Essener Volkszeitung" kommentiert: „Das Ruhrrevier verliert damit die letzte bodenständige Bank. ... Nicht nur allein, daß wir zur Zeit der Besatzung die schwere Last tragen mußten und noch tragen müssen, sondern es ist sogar bitter, wenn jetzt das Letzte, was noch übrig geblieben ist, auch noch abgewonnen wird. Hoffen wir, daß die Deutsche Bank sich dauernd vor Augen hält, daß die Essener Credit-Anstalt Tradition besitzt und viele Anhänger treu zu ihr stehen."

28. MÄRZ Das Innungshaus wird in einer Festversammlung seiner Bestimmung übergeben. Das Haus wurde 1922 vom Essener Handwerk erworben und nach dem Plan der Architekten Großkopf und Kunz umgestaltet.

29. MÄRZ Beim ersten Wahlgang für das Amt des Reichspräsidenten liegt in Essen der Zentrumskandidat Wilhelm Marx mit 70 625 Stimmen vorn, gefolgt von Karl Jarres (Kandidat der DNVP/DVP – 46 306), Otto Braun (SPD – 33 236) und Ernst Thälmann (KPD – 27 050).
Zum zweiten Wahlgang am 26. April treten nur noch Wilhelm Marx als Kandidat des Zentrums und der SPD, Ernst Thälmann (KPD) und als Kandidat der Rechten, Generalfeldmarschall Paul von Hindenburg, an. Marx bleibt mit 119 191 Stimmen Sieger vor von Hindenburg (82 327) und Thälmann (28 923).

29. APRIL Unter der Leitung von Richard Strauß spielt das städtische Orchester „Don Juan", „Tod und Verklärung", „Till Eulenspiegels lustige Streiche" und „Ein Heldenleben".

26. JULI Der Abzug der französischen Truppen beginnt.

1. AUGUST Um Mitternacht läuten die Glocken aller Kirchen den Beginn des ersten Freiheitstages ein. Reichskanzler Dr. Luther sendet

ein Telegramm an den Oberbürgermeister: „In dieser Stunde der endgültigen Befreiung gehören meine Gedanken der Stadt Essen und ihrer Bürgerschaft, mit der ich durch Arbeit in schwerer Zeit und durch die mir erwiesene Hilfe und Freundlichkeit für immer aufs innigste verbunden bin. Am Vorabend jenes unseligen 11. Januar hat Essens Bevölkerung in Kundgebungen voll Tiefe und Leidenschaft, die kein Miterlebender je vergessen wird, sich zu vaterländischer Festigkeit verbunden. Im Geiste dieser Gelübde hat Essen mehr als zweieinhalb Jahre die Härten der Besatzung getragen. Auch jetzt noch drückt gerade auf Essen und den Ruhrbezirk weitere wirtschaftliche Not. Aber die endgültige Befreiung vom fremden Joch sei uns eine Verheißung für ein weiteres Voranschreiten auf dem mühevollen Wege zu Deutschlands Wiederaufstieg. Essen Glückauf!"

4. AUGUST Eine Ortsgruppe der Nationalsozialistischen Deutschen Arbeiterpartei (NSDAP) wird gegründet, die unter der Leitung von Josef Terboven steht, der später zum Gauleiter avanciert.

16. AUGUST Eine Ruhrbefreiungsfeier findet auf dem Burgplatz statt. „Gewaltige Menschenmassen, Fahnen und frohgemute Gesichter legten überall beredetes Zeugnis von dem Willen aller Bevölkerungskreise ab, die Befreiungsfeier, zu der die Stadt aufgerufen, würdig und freudigen Herzens zu begehen. Schon am frühen Vormittag strömten aus allen Stadtteilen die Einwohner zum Stadtkern, um an den Festgottesdiensten und der Feier auf dem Burgplatz teilzunehmen. Zwischen 11 und $11^1/_2$ Uhr boten die Zugangsstraßen zum Burgplatz das Bild eines wogenden Menschenmeeres, aus dem heraus die bunten Fahnen der mit klingendem Spiel zum Festplatz ziehenden Vereine sich lebhaft hervorhoben. Der Burgplatz selbst erwies sich für die Veranstaltung als viel zu klein. Kopf an Kopf standen die Menschen bis weit hinein in die Zugangsstraßen." (Chronik 1925, S. 25f.)

13. SEPTEMBER Im Alter von 68 Jahren stirbt der ehemalige Bürgermeister der Bürgermeisterei Stoppenberg, Carl Meyer. Unter seiner Leitung (1. März 1891 bis 1. Juli 1924) wurde Stoppenberg zur größten Landbürgermeisterei Preußens mit 78 200 Einwohnern im Jahre 1906. Er befaßte sich auch in einer großen Untersuchung, die seit 1897 in mehreren Auflagen erscheint, mit der „Geschichte des adligen Damenstifts Stoppenberg und der Geschichte der Bürgermeistereien Stoppenberg, Rotthausen und Kray-Leithe".

Reichspräsident von Hindenburg zu Gast in Essen

17.-18. SEPTEMBER In Begleitung des Reichskanzlers Dr. Hans Luther und des preußischen Ministerpräsidenten Otto Braun besucht der Reichspräsident Paul von Hindenburg die Stadt. Er legt auf dem Ehrenfriedhof an den Gräbern der von den Franzosen erschossenen Krupparbeiter einen Kranz nieder und spricht auf einer vaterländischen Kundgebung.
Anläßlich dieser Kundgebung gibt die Stadtverwaltung zum Gedenken an die Befreiung eine Plakette heraus, die Adolf Holub entworfen hatte. Sie zeigt auf der einen Seite einen nach der Knechtschaft sich wiederaufrichtenden Werkmann, auf der anderen Seite einen aus den Flammen aufsteigenden Phönix. Vergoldete Stücke der Plakette werden vom Oberbürgermeister als Ehrengeschenke an Persönlichkeiten überreicht, die sich beim Ruhrkampf besonders ausgezeichnet hatten.

24. OKTOBER Das neue Kaufhaus der Firma Gustav Blum (später Loosen, heute P & C) wird eröffnet.

1. DEZEMBER Das Stadtparlament erlebt eine tumultuarische Erwerbslosendebatte. Die Rede des kommunistischen Stadtverordneten

Heinz Renner, mit der er die Anträge für die Winterhilfsmaßnahmen für Erwerbslose und sonstige Unterstützungsempfänger begründet, wird von der Zuschauertribüne vielfach mit Beifall bedacht. Als von den Zuhörern Flugblätter in den Saal geworfen werden, läßt der Oberbürgermeister die Tribüne räumen. Daraufhin stören die Kommunisten die Debatte durch fortwährende Zwischenrufe, die der Oberbürgermeister mit Ordnungsrufen ahndet, worauf die Abgeordneten der KPD die Sitzung verlassen.

1926

JANUAR Das Ruhrtal erlebt eine Hochwasserkatastrophe. In den Häusern an der Mühlenstraße in Kettwig vor der Brücke steht das Wasser über ein Meter hoch in den Zimmern. In Steele fällt die Gasversorgung aus, während in Kupferdreh das Trinkwasser fehlt.

21. FEBRUAR Auf dem Großmarkt bricht ein Brand aus, der größere Schäden verursacht. Zur Vorsorge werden die neuen Verkaufsstände aus Beton errichtet, die am 10. November in Betrieb genommen werden.

1. APRIL Maria Edler wird zur Rektorin der Dreilindenschule ernannt. Damit steht zum ersten Male in Preußen eine Frau einer Schule vor. Maria Edler war seit 1896 Lehrerin an der Dreilindenschule und engagierte sich als Leiterin der Essener Zweigstelle des Zentralinstituts für Erziehung und Unterricht besonders bei der Schulreform. Zugleich war sie die Führerin der Essener Ortsgruppe des Vereins Preußischer Lehrerinnen.

15. MAI Nach Wiener Vorbild wird in Rüttenscheid neben dem Ausstellungsgelände der Vergnügungspark „Prater" eröffnet. Er muß aber nach fünfjährigem Bestehen im Oktober 1930 wieder geschlossen werden.

9.–13. JUNI In Erinnerung an den 10. Todestag von Max Reger wird in Zusammenarbeit mit der Max-Reger-Gesellschaft das 4. Max-Reger-Fest veranstaltet, das einen außergewöhnlich großen Erfolg hat.

20. JUNI Im Rahmen des Essener Rotkreuztages wird das Waldtheater der Öffentlichkeit übergeben, nachdem die ursprünglich vorgesehene Eröffnungsfeier am 13. Juni wegen der Wetterverhältnisse ausfallen mußte.

1. JULI Die Rheinischen Stahlwerke verlegen ihren Verwaltungssitz nach Essen ins Arenberghaus am Bismarckplatz.

18. JULI Der Antrag des Zentrums, die Mittelschulen in konfessionelle Anstalten zu verwandeln, wird in einer Elternabstimmung mit 1739 zu 1128 Stimmen abgelehnt.

2. AUGUST Die Eisenbahnlinie Kettwig-Heiligenhaus wird feierlich eröffnet.

2. SEPTEMBER Julius Forstmann, Inhaber der Firma Forstmann, Huffmann & Co in Passaic (USA), gebürtig aus Werden, wird wegen seiner Verdienste um den Bau des Werdener Gymnasiums, das am gleichen Tag bezogen werden konnte, zum Ehrenbürger der Stadt Werden ernannt.

11. OKTOBER 52 Zechen und Hüttenwerke gründen die Aktiengesellschaft für Kohleverwertung, die 1928 in Ruhrgas AG umbenannt wird.

22. OKTOBER Die Stadtverordnetenversammlung stellt einen Betrag von 330 000 Mark für den 1. Bauabschnitt einer elektrischen Beleuchtung der Hauptverkehrsstraßen zur Verfügung.

12. NOVEMBER Martin Andersen Nexö liest auf Einladung der Goethegesellschaft aus eigenen Werken.

15. NOVEMBER Im Rahmen der Einzelvorträge der Akademischen Kurse hält im großen Saal des städtischen Saalbaues Frithjof Nansen einen Vortrag über die Zukunftsaufgaben der Polarforschung. Das Interesse der Bevölkerung ist riesig, und der Saal ist bis auf den letzten Platz besetzt.

28. NOVEMBER Im kleinen Saal der Börse wird eine Ausstellung mit Werken von Peter Behrens eröffnet. Sie umfaßt Modelle und Entwürfe von Industriebauten, Wohnhäusern, Siedlungstypen, Stadtplanungen, sakralen Kunstwerken etc.

1. DEZEMBER Stefan Zweig hält im Konzertsaal der Börse einen Vortrag über „Goethe und Hölderlin“.

3. DEZEMBER Im Saalbau spricht Adolf Hitler vor etwa 200 geladenen Gästen, vorwiegend aus Wirtschafts- und Industriekreisen, über „Neue Wege zur Macht“.

1927

Februar Die städtische Höhere Abendschule wird eröffnet. Sie ist eine Aufbauschule, die sich unmittelbar an die Volksschule anschließt und an der in einem fünfjährigen Lehrgang berufstätige Männer und Frauen das Reifezeugnis erwerben können. Nach der nationalsozialistischen Machtergreifung wird die Schule aufgelöst, was die „National-Zeitung" am 5. Mai 1933 als „Ende eines marxistischen Unsinns" begrüßt.

März Auf der Leipziger Frühjahrsmesse wird erstmals das bei Krupp entwickelte Hartmetall WIDIA – abgeleitet von hart WIe DIAmant – der Öffentlichkeit vorgestellt, das sich bestens zur Herstellung von Werkzeugen eignet.

2.–7. März Im Saalbau wird der XI. Parteitag der KPD eröffnet. Er bildet einerseits den Abschluß des parteiinternen Kampfes gegen die linke Opposition, andererseits wird die Auseinandersetzung mit der Sozialdemokratie verschärft. Ernst Thälmann fordert, die Kommunisten müßten einen „unerbittlichen Kampf führen für die Entlarvung der sozialdemokratischen Führer, für ihre Vertreibung aus der Arbeiterschaft. Das ist unsere Hauptaufgabe."

23.-24. April Die NSDAP veranstaltet ihren zweiten Parteitag des Ruhrgaues. Als Redner treten u.a. Adolf Hitler und Gregor Strasser auf. Der Parteitag endet mit einem Demonstrationszug durch die Stadt und einer Kundgebung auf dem Burgplatz. In der Parteitagsbroschüre „Freiheit der Arbeit" ist zu lesen: „Die nationalsozialistische Idee, die als Todfeindin des Marxismus auf den Plan trat, konnte sich deshalb auch nicht mit dem alten Symbol zufriedengeben. Sie sieht nicht die Rettung der Deutschen Nation in einer äußeren Einigkeit, als vielmehr in der Herbeiführung einer inneren, nicht nur rassischen, sondern auch weltanschaulichen Einheit unseres Volkes. Dieses Ziel kann jedoch nur erreicht werden durch einen Vernichtungskrieg gegen die Elemente der Zersetzung und Zerstörung unseres Volkskörpers."

Mai Die neue Ausstellungshalle wird an die Gesellschaft zur Verwertung des Essener Ausstellungsgeländes übergeben. Als erste Ausstellung wird hier die Achema (Ausstellung für chemisches Apparatewesen) vom 7. bis 19. Juni gezeigt.

MAI Die ersten öffentlichen Fernsprecher werden auf dem Viehofer Platz aufgestellt.

4. MAI Im Börsensaal liest Thomas Mann aus seinen eigenen Werken. Er beginnt mit einer Anekdote von einem Veranstalter von Vortragsabenden, der auf die Frage des Dichters, was er lesen solle, geantwortet hat, das sei ganz gleichgültig, das Publikum komme doch nur, um das „Rhinozeros" zu sehen. Es folgt dann die Novelle „Unordnung und frühes Leid". „Thomas Mann liest seine Erzählung ruhig, behaglich das Geschriebene selber noch einmal mitgenießend und erlebend. Ironische Stellen pointiert er leise. Er wahrt jene feine Zurückhaltung, die seinem zuchtvollen und strengen Künstlertum eigen ist. ... Die Hörer folgten der Vorlesung mit vielem Behagen und dankten dem Dichter am Schluß durch lebhaften Beifall." – so der Kritiker der Lokalpresse.

8. MAI Die neue katholische St. Antonius-Kirche in Schönebeck wird eingeweiht. Die Einweihung nimmt Reichsarbeitsminister Dr. Heinrich Brauns vor, der früher Seelsorger der Gemeinde war.

12. MAI Wilhelm Furtwängler gastiert mit dem Berliner Philharmonischen Orchester.

JUNI Der erste Bauabschnitt des Neubaues des Folkwangmuseums sowie das Karl-Goldschmidt-Haus werden in Benutzung genommen. Der Ausstellungsbetrieb beginnt mit einer großen Präsentation der gesamten Werke Emil Noldes.

2. JUNI Bert Brecht und Kurt Weill besuchen die Gußstahlfabrik. Anlaß ihres Besuches ist die Absicht, eine Industrieoper für die Essener Oper zu schreiben. Als der Plan in Essen bekannt wird, setzt rüde Polemik von rechts ein: „Als Zugstück für die Bühnen ist ein Schlager ausgedacht – eine Ruhrrevue – großer Theaterspektakel mit Ausstattung, Gesang und Tanz – genannt ‚Die große Ruhrrevue'. Von wem der Gedanke ausgeht, erscheint unklar. Zur Ausführung sind aber von den Hintermännern des Planes die zwei Juden Brecht und Weil [sic!] vorgeschoben, welche schon fest von der Stadt engagiert sind. Brecht (der eigentlich Baruch heißen soll) ist Verfasser wertloser, dekadenter perverser Schauspiele ..., die trotz aller Judenreklame außerhalb Berlins nicht ziehen. Weil ist kleiner gekrampfter Operettenverfertiger. Diese zwei Juden sollen jetzt die ‚große Kunst' von Berlin nach Essen bringen." Die Stadt-

verwaltung weist die antisemitische Hetze nicht zurück und stellt auch die falschen Behauptungen nicht richtig, sondern gibt das ehrgeizige Projekt auf.

15. AUGUST Das Werkhaus auf der Margarethenhöhe mit den Werkräumen, Ateliers und den Wohnungen für die Künstler wird fertiggestellt.

12. SEPTEMBER Beim Hauptfernsprechamt wird der Handbetrieb durch den Selbstanschlußbetrieb ersetzt. „Als die Mitternacht vorüber war, stand der Essener Fernsprechverkehr im Zeichen der neuen Zeit. Essen war wiederum einen gewaltigen Schritt in seiner Entwicklung vorwärts gekommen, wenn auch der Weg über den Menschen zur Maschine ging. Das neue Fernsprechamt mit seinen Anlagen ist ein Meisterwerk moderner Technik." (Chronik 1927, S. 55)

1. OKTOBER Mit einem Festakt im Saalbau werden die Folkwangschulen gegründet. Die städtische Handwerker- und Kunstgewerbeschule heißt nun Schule für Gestaltung. Ebenso nimmt die Fachschule für Musik, Tanz und Sprache ihren Lehrbetrieb auf. „Ziel der Schule ist die Ausbildung in allen Zweigen der Ausdruckskünste und insbesondere die Vorbereitung zum staatlichen Musiklehrerexamen, zur staatlichen Schulgesangslehrerprüfung, zur staatlichen Prüfung für Organisten und Chordirigenten, ferner zum Bewegungslehrer und zu sprecherischen Berufen" – so der Verwaltungsbericht.
Die geistige Idee der Schule beschreibt Rudolf Schulz-Dornburg: „Wir glauben an die Kraft der Künste über den allzu engen Kreis heutiger Genießer hinaus, glauben an eine Entwicklung, in der das künstlerische Erleben in Stein, in Wort, im Ton, in der Bewegung, in der Farbe wirklich auf alle überströmt. Unproblematisch, groß in schöner Einfachheit, rein und heiter; handwerklich in harter Schulung eindeutig genug gemeistert, um in alle hineinzugehen. Wir glauben an die Bedeutung des Ruhrgebiets in dieser Entwicklung. Hier wurzeln Menschen ganz bestimmter Struktur, unterscheiden sich in ihrer Gesamtheit von der gewisser Großstädte anderer Landstriche. Sehr vielfältig durchsetzt mit Temperamenten des ganzen Deutschlands, finden sich immer wieder Tausende zusammen, die im Getriebe dieser volksdichten Städte Ablenkung suchen. ... Wir glauben nicht, Phantastereien nachjagend, an das Plötzliche solcher Entwicklung, als ob sie von irgendwelchen Personen angekurbelt werden könnte. Aufbau – auf festem Grund. Kulturpolitik großer Gemeinwesen – nicht einzelner. Hinarbeit zur Bindung: wie bei den Aufgaben der Wirtschaft, des

Siedlungswesen. In der Stadt Essen will man versuchen, die heranwachsende Generation zu erfassen und die Ideenfülle in den Folkwangschulen zu zentralisieren. Hier sollen die vielfältigen Begabungen des Ruhrgebiets selber suchen und antworten. In den Folkwangschulen soll jeder seine Arbeit tun in seinem Kreis und dennoch überall jene geheimnisvollen Berührungspunkte spüren – das Lebendige, Unbeschreibliche, das nicht Kunstberuf ist, sondern Berufung zur Kunst."

16. Oktober Der 1. Bauabschnitt des Baedekerhauses wird vollständig fertiggestellt und feierlich eröffnet. Bereits im Juni wurden die Obergeschosse 3 bis 5 vom Siedlungsverband Ruhrkohlenbezirk bezogen, während das Erdgeschoß durch die Firma Baedeker im August eröffnet wurde.

18. Oktober Mit Kleists „Prinz von Homburg" (Bühnenbild: Caspar Neher) wird das völlig neugestaltete Schauspielhaus wiedereröffnet. Voll des Lobes war „Die Fackel", das Organ der Essener Volksbühnen: „Was Prof. Metzendorf und Stadtbaurat a.D. Schneider aus dem alten Kasten gezaubert haben, ist ebenso erstaunlich wie erfreulich, ein wahrer Tempel wahren künstlerischen Erlebens."

20. Oktober Die Betriebe der Gewerkschaft Ver. Sälzer und Neuack und die Zechen Helene und Amalie werden unter dem Namen Fried. Krupp AG Bergwerke Essen zusammengefaßt.

November Die Räumung des Zuchthauses Werden beginnt. Die Insassen werden in die Strafanstalten Werl und Lüttringhausen verlegt.

15. November Franz Werfel liest auf Einladung der Goethegesellschaft aus eigenen Werken.

21. November Das Haus der Technik nimmt seine Tätigkeit auf. Es soll der Fortbildung der Techniker dienen, weshalb Abkommen mit den technischen Hochschulen Aachen und Hannover sowie mit der Universität Münster getroffen worden sind. Den ersten Vortrag hält Dipl. Ing. Zur Nedden über das Thema „Ingenieur, Chemiker und Kaufmann Hand in Hand".

2. u. 5. Dezember Im städtischen Saalbau finden zwei Veranstaltungen mit Adolf Hitler statt. „In dem Kreis der Zuhörer war eine Reihe prominenter Köpfe der rheinisch-westfälischen Wirtschaft und Angehörige der intellektuellen Kreise aller Stände zu bemerken." (Chronik 1927, S. 119)

1928

11. JANUAR Die musikalische Tragödie „Antigone“ von Arthur Honegger (Text: Jean Cocteau) wird uraufgeführt.

9. FEBRUAR In einer Versammlung der Rheinisch-Westfälischen Vereinigung der Immobilien- und Hypothekenmakler wird die Einrichtung einer Rheinisch-westfälischen Grundstücksbörse mit Sitz in Essen beschlossen. Der erste Börsentag findet am 7. März statt.

22. FEBRUAR Der von Professor Franz Guntermann, gebürtig aus Steele, geschaffene Brunnen mit der Aufschrift „350 Jahre Stadtwappen Steele“ wird der Öffentlichkeit übergeben. Auf einer Säule steht eine Kindergruppe, wobei ein Knabe in der Tracht der Pagen der Äbtissin von Essen das verliehene Stadtwappen in Händen hält, während der zweite das Schmiedehandwerk der Stadt und die Gewehrfabrikation verkörpert.

8. MÄRZ In einer geschlossenen Mitgliederversammlung der NSDAP im städtischen Saalbau erklärt Adolf Hitler: „Wir wollen kämpfen, bis wir unsere Fahne auf dem Grabe des Marxismus aufpflanzen können!“

28. APRIL Bei einem blutigen Zusammenstoß zwischen Nationalsozialisten und Mitgliedern des Roten Frontkämpferbundes auf dem Limbecker Platz wird der Nationalsozialist Gottfried Thomae getötet.

1. MAI Der Mülheimer Bergwerks-Verein verlegt seine Verwaltung nach Essen.

13. MAI Im städtischen Saalbau wird die 19. Generalversammlung des Gewerkvereins christlicher Bergarbeiter eröffnet.

17. MAI Die neue Wassersportanlage am Kanal in Dellwig wird seiner Bestimmung übergeben.

20. MAI Bei den Reichstagswahlen verlieren das Zentrum und die bürgerlichen Parteien an Stimmen: Zentrum: 29,4 % - - 4,4; DNVP: 8,7 % - -2,5; DVP: 6,6 % - -4,2; DDP: 2,7 % - -0,9). Nutznießer sind die Arbeiterparteien (KPD: 21,2 % - +2,6; SPD: 17,7 % - +1,9) und die Reichspartei des deutschen

*Die Wassersportanlage
am Kanal in Dellwig*

Mittelstandes (6 %). Die NSDAP wird von 8082 Männern und Frauen gewählt (= 3,4 %).

JUNI Die Essener Theatergemeinde des Bühnenvolksbundes beschreibt die Situation des Theaters: „Viel folgenschwerer und gefährlicher war der Versuch, das Niveau des Spielplans höher zu schrauben, als es die Essener Situation und Tradition verträgt. Hier kann man nun einmal kein allzu anspruchsvolles literarisches Theater oder Kulturtheater machen. Wir sind in der Provinz, haben zudem nicht das geschulte Theaterpublikum anderer Städte. Der Essener arbeitet hart und schwer. Wenn er abends ins Theater geht, will er ausschauen, aber nicht sich anstrengen. Die kleine Schicht der künstlerisch Anspruchsvollen ist viel zu schwach, die Theater zu füllen, ist zudem seit langen gewohnt nach Bochum, Duisburg, Düsseldorf zu fahren und dort ihre Ansprüche zu befriedigen.... So haben wir allen Grund, besorgt in die Zukunft zu sehen. Auf der einen Seite die Aktiva: ein genialer Opernleiter von hinreißendem Schwung, dem wir einige Spitzenleistungen und wagemutige Versuche und daneben eine sorgfältige Durcharbeitung des ganzen Spielplans zu danken haben, eine Tanzgruppe von hohem Können, die Ruf nach außen besitzt, einige hochbegabte Künstler ... – noch einiges andere ließe sich nennen.

Auf der anderen Seite eine beispiellose Theaterablehnung, Abwanderung der Oberschicht nach auswärts, der Massen in die Lichtspielhäuser und Sportarenen, eine chronische Finanzmisere, eine mißtrauische und ablehnende Kritik, eine oft unsichere Verwaltungsbehörde, ein, von Ausnahmen abgesehen, denkbar unsachverständiger Kunstausschuß."

8. JUNI Im Folkwangmuseum wird die Ausstellung „Kunst und Technik" eröffnet. Sie ist anläßlich der 67. Hauptversammlung des Vereins Deutscher Ingenieure, der vom 9. bis 11. Juni in Essen tagt, organisiert worden. Zu den größten Kostbarkeiten zählt der Bergmannsaltar aus der Kirche von Annaberg aus dem 16. Jahrhundert.

15. JUNI Der Essener Kreistag faßt eine Entschließung gegen die Auflösung des Landkreises: „Der Kreistag ist nach wie vor der Ansicht, daß die Umstellung der gesamten Wirtschaft im westlichen Industriegebiet für die nächsten Jahre noch nicht übersehen werden kann und daß es infolgedessen nicht möglich ist, die kommunalen Grenzen im industriellen Westen auf Grund der bestehenden wirtschaftlichen Gliederung schon jetzt derartig neu abzustecken, daß auf Jahrzehnte hinaus wirtschaftlich leistungsfähige Stadt- und Landkreise geschaffen werden. ... Umsomehr erscheint es dem Kreistag notwendig, seinen Willen zur Wahrung seiner Selbständigkeit zu betonen und als seine unerschütterliche Überzeugung zum Ausdruck zu bringen, daß ... auch nicht ein einziger triftiger Grund für eine vorzeitige Eingemeindung von Teilen des Landkreises, mit Ausnahme der von Karnap, in die Stadt Essen vorhanden ist."

21.–26. JUNI Mehr als 900 Künstler aus 16 Nationen nehmen am 2. Deutschen Tänzerkongreß teil.

15. JULI Die Zeche Vereinigte Hagenbeck wird stillgelegt.

31. AUGUST Die Zeche Johann Deimelsberg wird stillgelegt.

1. OKTOBER Der 2. Bauabschnitt des Baedekerhauses wird fertiggestellt.

18. OKTOBER Die „Essener Allgemeine Zeitung" berichtet über die Eröffnung des Filmpalastes „Lichtburg": „Im Parkett-Foyer des Theaters herrscht ein glanzvolles Leben. Die Herren sind zumindest im dunklen Abenddreß, die Damen in blitzender, schillernder Abendtoilette und ein leiser Duft von Seide, vermischt mit jenem Aroma, von dem immer gesellschaftliche

Veranstaltungen kultivierten Niveaus durchweht sind. Man sieht in Gruppen bekannte Persönlichkeiten aus der Finanzwelt, der Industrie, dem Handel, der Behörden, dem Stadtparlament und überhaupt allen Kreisen der Bürgerschaft beisammen. Künstler und Architekten sind stark vertreten. Das glanzvolle Bild vermittelt den Eindruck, daß seit langem der Essener Gesellschaft die Gelegenheit zu einem Stelldichein so großem Umfangs nicht gegeben war. Ein Gongschlag ertönt einmal, zweimal. Dunkelrot gekleidete Boys eilen eilfertig hin und her. An einer Galerie von Blumen vorbei begibt man sich

Die Kettwiger Straße mit Blick auf die Lichtburg

in den Theaterraum. Bald ist kein Platz mehr frei, und es herrscht verhältnismäßig große Stille, die das Raumerlebnis der 2000 begleitet." Auch andere Zeitungen sind von dem Hause begeistert, das nach modernsten Grundsätzen ausgestaltet worden ist. Und: „Der Grundsatz, daß das Lichtspielhaus ein Ort kultivierter Unterhaltung sein soll, ist mit zwingender Konsequenz, wohl zum ersten Male in Deutschland, bei dem Bau der prächtigen Lichtburg durchgeführt worden. Deswegen wird der im Herzen der Großstadt Essen gelegene Bau wohl immer freudig überraschte, zufriedene Gäste sehen."

22. OKTOBER Mitten über der Kreuzung Kahr-, Alfred- und Bismarckstraße wird die erste Verkehrsampel in Essen in Betrieb genommen. Die Zeitung informiert die Verkehrsteilnehmer: „Bis zur Gewöhnung der Fahrzeugführer und Radfahrer an diese Einrichtung nimmt ein Verkehrsposten noch die Regelung des Verkehrs nach den optischen Signalen vor. Im eigenen Interesse ist es erforderlich, daß sämtliche Fahrzeugführer diese Lichtzeichen beachten, da sie andernfalls für entstehende Verkehrsunfälle zur Verantwortung gezogen werden. Es bedeutet: Grünes Licht Freie Fahrt, gelbes Licht Achtung. Halten, rotes Licht Halt. Beim Überschneidungsverkehr hat das von rechts kommende Fahrzeug das Vorfahrtsrecht.“

Das Ehrenmal für die erschossenen Krupparbeiter

27. Oktober Die erste Lichtwoche, mit der Werbung für das Geschäftsleben gemacht werden soll, wird eröffnet. „Die Stadt war an den Abenden durch Lichtströme märchenhaft beleuchtet. Von nah und fern waren Menschen herbeigeströmt, um das Essener Lichtwunder zu bestaunen.“ (Chronik 1928, S. 47)

1. November Beim sogenannten Ruhreisenstreit werden in Essen etwa 23 000 Metall- und Hüttenarbeiter ausgesperrt. Für ihre Unterstützung wendet die Stadt rund 1 700 000 Mark auf.

20. Dezember Auf dem Ehrenfriedhof wird das von Prof. Hugo Lederer geschaffene Ehrenmal für die von den Franzosen getöteten 13 Krupparbeiter eingeweiht.

– „Im Vergleich zu der noch verhältnismäßig günstigen Wirtschaftslage des Jahres 1927 brachte das Jahr 1928 ein allmähliches Absinken der Konjunktur. Die wirtschaftlichen Spannungen zeigten, wie stark die Wirtschaft unter dem Druck von Reparationslasten, Kapitalnot und Schwierigkeiten in den Außenhandelsbeziehungen steht und wie weit sie von einer inneren Festigung noch entfernt ist.“ (Verwaltungsbericht 1928, S. 1)

1929

4. Januar In Anwesenheit des Regisseurs W. Pudowkin wird in der „Lichtburg“ der Film „Sturm über Asien“ erstmals in Deutschland aufgeführt.

16. Januar Karl Kraus liest auf Einladung der Goethegesellschaft aus eigenen Werken und interpretiert Goethes „Pandora“, „diese abstrakt gedankliche Dichtung voller Musikalität in Wort und Rhythmus, die vorzutragen ein Wagnis sondergleichen bedeutet. Karl Kraus, mit diesem im Publikum kaum bekannten Meisterwerk vertraut wie nur einer, formt diesen klassischen Vorwurf in sprachlich-musikalischem Dithyrambus neu und bringt es fertig, zwar nicht alle Ebenen zu überbrücken, aber die Dichtung zu immer wieder neuen Höhepunkten voranzutreiben und das Interesse am Gedanklichen, am Geformten und an seiner Interpretierung bis zum Schlusse wach zu halten.“ Schreibt die Lokalpresse und fährt fort: „Bezeichnend ist, daß neben dem Dichter auch der Ironiker den Kreis der ihm zuhörenden Menschen zu starkem Mitgehen zwang und im starken Beifall ein tiefes Erlebnis einer nicht alltäglichen Veranstaltung zum Ausdruck kam.“

27. Januar In Anwesenheit der Jugendbünde aller Richtungen wird die Jugendherberge auf der Margarethenhöhe eingeweiht.

20. Februar Jakob Wassermann liest als Gast der „Akademischen Kurse" im großen Saal der Börse die damals noch unveröffentlichte Novelle „Die Romana" und ein Kapitel aus seinem bekannten Justizroman „Der Fall Mauritius".

1. März Auf der Schachtanlage Zollverein 6/9 wird die Förderung eingestellt. Die Anlage dient nur noch der Seilfahrt und der Wetterführung.

3. März Das nach einem Entwurf von Prof. Alfred Fischer errichtete Hauptverwaltungsgebäude des Ruhrsiedlungsverbandes an der Kronprinzenstraße wird feierlich eingeweiht.

1. April In Gegenwart der Konsule der Niederlande und der Tschechoslowakei wird die internationale Fluglinie Prag – Marienbad – Kassel – Essen – Rotterdam eröffnet.

6. April – 9. Mai Die Ausstellung „Technik im Heim", gemeinsam von der Stadt Essen, dem Verein Deutscher Ingenieure, dem Reichskuratorium für Wirtschaftlichkeit, dem Reichsverband Deutscher Hausfrauenvereine und dem Reichsverband landwirtschaftlicher Hausfrauen gestaltet, wird von ihrem Initiator und Protektor, Prof. Dr. Oskar von Miller, Erbauer des Deutschen Museums München, eröffnet. Die Ausstellung besuchen 72 000 Personen.

8. April Josef Ignasiak füllt in seinem Betrieb an der Hammerstraße die erste Coca-Cola-Flasche ab.

26.–29. April Von mehreren tausend Ärzten aus ganz Deutschland wird der 48. Deutsche Ärztetag besucht.

1. Mai Die internationale Fluglinie Antwerpen – Essen – Hamburg, die die belgische Luftverkehrsgesellschaft Sabena betreibt, wird eröffnet.
Durch die internationale Ausweitung des Luftverkehrs steht der Flughafen Essen-Mülheim nach der Frachtzahl an fünfter Stelle unter den 80 deutschen Flughäfen.

4. Mai Das umgestaltete und erweiterte Folkwangmuseum wird wiedereröffnet. Damit hat das Ruhrgebiet sein erstes repräsentatives Kunstmuseum erhalten. Der Architekt Prof. Edmund Kör-

ner sagt bei der Übergabe: „Unbestritten jedenfalls ist heute das Verlangen, das Museum als lebendig strahlende Kulturstätte im Tageskampf der Meinungen zu sehen, aktiv wirkend, kraft der in ihm niedergelegten geistigen und seelischen Bekenntnissen aus allen Zeiten. Und gerade hier im Industriegebiet wird man diese Forderung besonders stellen. Hier wo Kraft und Zeit von des Tages harter Arbeit verbraucht werden, und wo man ein Vakuum in Dingen der Kunst, sich davon verlassen und entgöttert fühlt, hier ist die Sehnsucht nach diesen Dingen fast elementar geworden. Daß man dieser Dinge froh werden möge, daß Folkwang Stätte der Erholung im edelsten

Das Deutschlandhaus kurz vor der Fertigstellung

Sinne, daß es Sammelpunkt der Menschen, Wünsche, Bestrebungen werden möge, die sich aus dem niederen Alltagsgetriebe lösen wollen, daß Folkwang unserer Stadt Essen Förderung sei, daß aber auch Essen dem Folkwang weiter Liebe und Förderung zuteil werden lassen möge, das sei heute, wo ich den vorläufig geplanten Teil fertig übergeben kann, mein Wunsch."

15. Mai Im Hüttenwerk der Fried. Krupp AG in Borbeck wird der erste Hochofen in Betrieb genommen, ein zweiter wird am 4. September angeblasen. Mit den Hochöfen, die eine Tagesleistung von zusammen 1000 Tonnen besitzen, ist das Hüttenwerk komplett, nachdem 1917 bereits mit dem Bau eines Stahlwerks (Martinwerk 7) begonnen worden war, dem 1923 ein Walzwerk folgte. Es entwickelt sich zum Zentrum der Edelstahlproduktion und beschäftigt zeitweise etwa 3500 Mann.

29. Mai – 9. Juni Reichsminister Hermann Dietrich eröffnet die Rekofa, die Reichsausstellung für Kolonialwaren und Feinkost. Sie ist die führende Veranstaltung der Lebens- und Genußmittelbranche.

1. Juni Das von dem Architekten Jakob Koerfer aus Köln entworfene Deutschlandhaus wird nach nur einjähriger Bauzeit bezogen.

29. Juni In Anwesenheit zahlreicher Ehrengäste (u.a. Reichsminister Dr. Adam Stegerwald) wird die „Große Ruhrländische Gartenbau-Ausstellung" (GRUGA) eröffnet. Aus ödem, brachliegendem, teilweise sumpfigem Gelände mit beträchtlichen Höhenunterschieden, das nur geringen Baumbestand aufwies, ist ein Erholungspark für die Bevölkerung geschaffen worden, der sich auch durch die terrassenförmige Gliederung auszeichnet. „Die Gruga überragte die früheren Ausstellungen der Stadt Essen an Umfang und Bedeutung wesentlich. Neben einer überdeckten Ausstellungsfläche von 20 000 qm war für Ausstellungszwecke noch ein besonders hergerichtetes Freigelände in Größe von 23 Hektar geschaffen worden. Alle Zweige der künstlerischen, technischen, wissenschaftlichen und volkswirtschaftlichen Gebiete des Gartenbauwesens wurden dem Besucher vorgeführt. Im Rahmen der Ausstellung fanden sechs Sonderschauen statt, die besonders in Fachkreisen vollste Anerkennung fanden. Dank einer ausgedehnten und starken Werbung übertraf der Besuch dieser Ausstellung alle Erwartungen. Die normale Besucherzahl betrug an den Wochentagen bis zu 30 – 40 000 und an Sonntagen bis zu 70 000 Personen. Außer Sonderzügen, von denen mehrere aus dem Ausland kamen (Holland, Belgien), mußten auch die fahrplan-

Blick auf die Dahlienarena der Gruga

mäßigen Züge verstärkt und Vor- und Nachzüge eingelegt werden. ... Gesamtbesucherzahl etwa 2 Millionen.“ (Verwaltungsbericht 1929, S. 27f.)

28. JULI Ein vereinfachter Notruf ermöglicht, die Polizei mit der Nummer 01 und die Feuerwehr mit 02 umgehend zu erreichen. Da das Amt den Anrufer ermitteln kann, sind Polizei und Feuerwehr auch dann unterrichtet, wenn ein Sprechen verhindert wurde.

AUGUST Oberbürgermeister Bracht läßt die Skulptur „Die Liegende“ vom Mülheimer Bildhauer Wilhelm Deus aus dem Badegarten der Gruga entfernen, weil sie unmoralisch sei und durch ihren Anblick die Jugend gefährdet würde.

1. AUGUST Aufgrund des Umgemeindungsgesetzes vom 29. Juli werden zwei Städte (Steele und Werden) und neun Gemeinden (Frillendorf, Heisingen, Karnap, Katernberg, Kray, Kupferdreh, Schonnebeck, Stoppenberg und Überruhr) eingemeindet. Damit vergrößert sich die Einwohnerzahl um

167 000 Personen bzw. 35,1 Prozent und die Gebietsfläche um 9251 Hektar bzw. 94,2 Prozent. Mit den Eingemeindungen wird der Landkreis Essen aufgelöst.

12. August Die „Komische Oper“ am Kopstadtplatz, die seit 30 Jahren von Emil Schulz geleitet wurde, wird an einen Berliner Konzern verpachtet. Nach Umbauarbeiten wird sie als Varieté unter dem Namen „Scala“ am 16. Oktober eröffnet.

26. August Angehörige des Reichsbanners werden von Nationalsozialisten überfallen und z.T. lebensgefährlich verletzt.

3. September Die „Essener Volkszeitung“ schildert eine Straßenbahnfahrt nach Borbeck: „Es ist ein Uhr mittags. Das Publikum des Wagens zeigt ein ganz bestimmtes Gepräge. Meist sind es Verkäuferinnen und Verkäufer, alle etwas blaß von der Luft und dem Staub der Warenhäuser, alle etwas still und müde von den vielen Wünschen anspruchsvoller Kunden. Am Kronenberg leert sich der größte Teil des Wagens, so daß man endlich auch zu einem Sitzplatz kommt, wenn die Straßenbahn von der Altendorfer Straße abbiegt. Eine schwefelgraue Dunstwolke liegt wie ein Schleier über dem Kruppschen Friedhof. Stahlharter Klang von Industrie und Verkehr umbraust den Frieden der stillen Schläfer. Alle Bäume dieses Gartens sind mit einer feinen Staubschicht bedeckt, alle Blumen grau und müde. Man wird etwas traurig beim Anblick dieses Gottesackers in Lärm und Qualm. ... Durch eine Linkswendung fährt die Straßenbahn in Richtung Jahnplatz weiter. Bedrückend gähnen dem Beschauer bald zu beiden Seiten rauchgeschwärzte, trostlos gleichförmige Mietskasernen entgegen, typische Häuser einer vor zwanzig Jahren üblichen lieblosen Bauweise. Pappschilder lassen hier und da vor den Parterrefenstern die Not von erwerbslosen Familien erkennen: Hier werden Rasierklingen geschliffen! – Hier wird gemangelt! – Schlafstelle zu vermieten! – und so. Mit beschleunigtem Tempo saust die Straßenbahn die Gerade an diesen genormten Fassaden vorbei und hält dann am Blechernen Haus. Diese kleine kuriose Stehbierhalle, die nicht größer ist als eine der üblichen Arbeiter-Wellblech-Buden, gestattet durch die geöffnete Tür einen Einblick in das Innere und zu seinen Gästen. Wenige Tische mit handfesten Stühlen bilden außer der Biertheke im Hintergrund das einfache Mobiliar. Typisch auch hier für die Bevölkerung unseres Kohlenpotts ist der Thekensteher mit den von Kohlenstaub schwarzumränderten Augen und der blinkenden Kaffeepulle auf dem Rücken. Der Kumpel kippt sich hier einen, wenn er von der Schicht kommt, um

dann nach Muttern zum Futtern zu gehen. ... Auf gerader Strecke saust die Straßenbahn an der Zinkhütte vorbei nach Borbeck. Diese Zinkhütte mit ihrer neuerbauten chemischen Fabrik ist der Schrecken aller Hausfrauen im weiten Umkreis. Das Wischen macht in diesem Bezirk des weißen Staubes keine Freude. Kaum haben fleißige Hände Möbel und Hausrat gereinigt, so beginnt schon wieder der hauchdünne Staub, der auf den Möbeln so gut sichtbar ist, sich niederzulassen. Der kritische Besucher, der nicht an die Nähe der Zinkhütte denkt, kann manche Hausfrau in ihrer Ehre kränken, wenn er, zynisch lächelnd, seinen Namen auf die staubbedeckten Möbel schreibt. Im Vorbeifahren sieht man den vorbildlich angelegten Bergeborbecker Sportplatz und dann das stille Heim der Salesianer in Borbeck. ... Die Straßenbahn hält am Endziel dieser Fahrt, am Borbecker Germaniaplatz."

9. SEPTEMBER Die Abteufarbeiten für den Schacht Zollverein 12 beginnen.

29. SEPTEMBER Vor dem Stoppenberger Ehrenfriedhof wird der „Stein der Republik" feierlich eingeweiht. In einem drei Meter hohen und 110 Zentner schweren Findling sind Bronzeplatten mit den Köpfen von Friedrich Ebert, Matthias Erzberger und Walter Rathenau eingelassen. Die Inschrift „Stein der Republik" sowie die Reliefs werden 1933 von den Nationalsozialisten entfernt. Erst 1988 wird die Denkmalschändung rückgängig gemacht, und am 16. November kann der wiederhergestellte Gedenkstein in Anwesenheit von Ministerpräsident Johannes Rau erneut der Öffentlichkeit übergeben werden.

1. OKTOBER Für die eingemeindeten Städte und Ämter werden örtliche Verwaltungsstellen gebildet. Sie bestehen aus einer Verwaltungsabteilung, einer Zahlstelle der Stadt- und Steuerkasse, einer Zahlstelle der Sparkasse und in der Regel auch aus einer technischen Dienststelle.

4. OKTOBER Die „Essener Volks-Zeitung" berichtet, daß in Kürze Elisabeth Krumme ihre Tätigkeit beim Landgericht aufnehmen werde. Damit wird zum zweiten Mal in Preußen eine Frau die Position eines Richters einnehmen. Die erste Rechtsanwältin war bereits 1928 am Essener Amts- und Landgericht zugelassen worden.

16. OKTOBER Im großen Saal der Börse liest Heinrich Mann aus seinen Werken „Der Freund", „Maskenball" und „Kindheitsmuster". In der Zeitung ist zu lesen: „Der Abend wurde insofern eine Überraschung, als der Vortragende im behaglichen Lehnstuhl,

unter dem warmen Schein einer gelben Stehlampe, sich gar nicht als der Bürgerschreck, der grimmige Satiriker des Kaiserreichs gab, der er in seinen früheren Romanen war. Auch Abstecher in die überfeinerte Erotik, wie sie etwa seine ‚Göttinnen' enthalten, unterblieben. Und selbst sprachlich gab er sich sehr gemäßigt."

17. NOVEMBER Bei der Stadtverordnetenwahl ist das Zentrum mit 37 Prozent der Stimmen der große Gewinner. Einen Stimmenzuwachs hat auch die SPD (15,2 %) zu verzeichnen, sie bleibt aber hinter der KPD (19,8 %) zurück. Zu den Verlieren gehören die DVP (7,7 %), die DNVP (6,5 %), die Mittelstandsliste (6,6 %) und der Christlich Soziale Volksdienst (3,4 %). Erstmals zieht mit drei Vertretern die NSDAP (3,3 %) ins Stadtparlament ein.

22. NOVEMBER Mit der Vorführung des Films „Das Land ohne Frauen" in der „Lichtburg" beginnt die Tonfilm-Aera in Essen.

23. NOVEMBER Der an der Limbecker Straße gelegene Neubau des Kaufhauses Sinn, geschaffen von dem Regierungsbaumeister Weber und den Architekten Prof. Bruno Paul und Schultheiß wird nach nur halbjähriger Bauzeit eingeweiht.

3. DEZEMBER Serge Rachmaninoff gastiert im städtischen Saalbau.

12. DEZEMBER In Anwesenheit des Komponisten Alban Berg wird das Musikdrama „Wozzeck" aufgeführt.

13. DEZEMBER Die völkerkundliche Abteilung des Museums der Stadt Essen wird nach dreijähriger Vorbereitungszeit in dem von der Stadt angemieteten Kruppschen Hause am Westbahnhof der Öffentlichkeit übergeben.

15. DEZEMBER Anläßlich des 50. Geburtstages von Rudolf von Laban findet eine Morgenfeier im Vortragssaal des Folkwangmuseums statt. Sie ist zugleich die offizielle Begrüßung Labans zu seiner beginnenden Tätigkeit bei der Folkwangschule – Abteilung Tanz.

18. DEZEMBER Auf Einladung der „Akademischen Kurse" referiert Anna Freud über „Die Psychoanalyse und das Kind".

1930

1. FEBRUAR In Anwesenheit von Senatspräsidenten Dr. Heinrich Sahm wird in der Börse die Danzig-Ausstellung des Deutschen Auslandsinstituts eröffnet.

8. MÄRZ Das neue Sparkassengebäude an der Rathenaustraße, das am 24. Februar in Betrieb genommen wurde, wird feierlich eingeweiht. Die Kassenhalle mit einer siebzig Meter langen ununterbrochenen Schalteranlage, die Elektro- und die Rohrpost ermöglichen nun eine reibungslose Abwicklung des Geschäftsverkehrs.

9. MÄRZ Das Museum Folkwang eröffnet eine große Ausstellung des graphischen und des plastischen Schaffens Ernst Barlachs.

1. APRIL Das „Haus der Technik“ bezieht seine neuen Räume im Sparkassengebäude.

Die Stadtbücherei an der Hindenburgstraße

1. JUNI Das „Wachsame Hähnchen“, das Ehrenmal, das die Schützenvereine für ihre im Weltkrieg gefallenen Mitglieder auf dem Kornmarkt errichtet haben, wird feierlich enthüllt. „Wie unsere Väter in verklungenen Tagen auf die Wälle gestiegen sind, um dem Feind zurückzuschlagen, so haben unsere Väter und Brüder im Weltkriege durch den Wall ihrer lebendigen Leiber die deutsche Heimat geschützt. Darum glaubten wir berechtigt zu sein, dieses Denkmal der alten Schützen zu weihen den Vätern und Brüdern des großen Krieges, soweit sie unsere Schützenbrüder waren“, führt der Präsident der Essener Schützenvereine, Theo Gaßmann, bei der Einweihung aus.

16. JUNI Der Neubau der Stadtbücherei an der Hindenburgstraße, errichtet von Allbau nach den Plänen der Architekten Metzendorf und Schneider, wird feierlich eröffnet.

22. JUNI Die Auferstehungskirche am Kurfürstenplatz wird eingeweiht. „Dem Gedanken folgend, daß ein Kirchenbau die Sammlung der Gemeinde um Kanzel und Altar verkörpern solle, entwarf Otto Bartning für die evangelische Auferstehungsgemeinde in Huttrop auf kreisrundem Grundriß den bis

Die städtische Badeanstalt in Altenessen

dato konsequentesten Zentralbau der neueren Sakralarchitektur. Grundprinzip ist der Zylinder, der sich bis zur Laterne hin stufenweise dreimal verjüngt. Die Wände bestehen aus einem Stahlbetonskelett, das mit Ziegelsteinen ausgemauert wurde.“ (Parent, S. 129)

19. Juli Die vom Beigeordneten Bode entworfene Altenessener Badeanstalt wird ihrer Bestimmung übergeben.

22. August Eine Veranstaltung des Reichsbanners im Saalbau, auf der der frühere preußische Innenminister Albert Grzesinski über das Thema „Demokratie und Diktatur“ referiert, wird von Nationalsozialisten und Kommunisten fortwährend gestört und endet im Tumult.

14. September Bei der Reichstagswahl profitieren von der sich abzeichnenden Wirtschaftskrise die radikalen Parteien. Die NSDAP legt 11,1 Prozentpunkte zu und kommt auf 14,5 Prozent der Stimmen, während die KPD 24,5 Prozent (+ 3,3) erhält. Die anderen Parteien haben mehr oder weniger große Verluste zu verzeichnen: Zentrum: 27,1 % – -2,3; SPD: 13,9 % – -3,8; Reichspartei des Deutschen Mittelstandes: 4,4 % – -1,6; DNVP: 3,8 %.– -4,9; DVP: 3,8 % – -2,8.

17. September Die Ferrostaal AG wird ins Essener Handelsregister eingetragen.

30. September Der Um- und Neubau des Kaufhauses von Cramer & Meermann wird feierlich seiner Bestimmung übergeben.

5. Oktober Nationalsozialisten dringen frühmorgens in den Betsaal der Synagoge ein und stören den Gottesdienst.

15. Dezember Die „National-Zeitung“, das nationalsozialistische Kampfblatt, erscheint. Als Herausgeber firmiert Hermann Göring. Stellvertretender Chefredakteur wird der spätere Reichspressechef der NSDAP, Dr. Otto Dietrich, zuvor Journalist der „Essener Allgemeinen Zeitung“ und Korrespondent der „Rheinisch-Westfälischen Zeitung“ in München.

29. Dezember Der Köln-Neuessener Bergwerksverein und das Eisen- und Stahlwerk Hoesch schließen einen Fusionsvertrag ab.

– „Das Jahr 1930 stand in dem Zeichen einer schweren wirtschaftlichen Depression. In den ersten acht Monaten des Ka-

lenderjahres vollzog sich im Ruhrgebiet ein außerordentlich scharfer wirtschaftlicher Niedergang. ... Die wirtschaftliche Notlage spiegelt sich am deutlichsten in der stetigen Zunahme der Zahl der Personen, die durch die Schrumpfung der Wirtschaft aus ihrer Arbeit verdrängt wurden." „Die schlechte Wirtschaftslage wirkte sich für die städtischen Finanzen sowohl in einer Verringerung der Steuereinnahmen als auch in einer scharfen Steigerung der Ausgaben für die Betreuung der Wohlfahrtserwerbslosen aus. Der Effekt für die Haushaltslage war eine Verschlechterung von rund sechs Millionen RM. In dem Bestreben, unter allen Umständen eine geordnete Finanzwirtschaft aufrecht zu erhalten, wurden zu Beginn des Rechnungsjahres gewisse Ausgaben in Höhe von 10 Prozent gleich einem Betrage von 2,6 Millionen RM und die Rücklagen in allen Sonderhaushalten in voller Höhe gesperrt. Die Haushaltstitel für ‚nicht regelmäßig wiederkehrende Ausgaben' durften nur mit Zustimmung des Finanzdezernenten in Anspruch genommen werden. Die vorläufigen Maßnahmen, die schließlich beträchtliche endgültige Einsparungen im Betrage von rund einer Millionen RM ermöglichten, reichten indes nicht aus, um das Gleichgewicht zwischen Einnahmen und Ausgaben herzustellen. Man war insbesondere gezwungen, neue Einnahmequellen nach der Notverordnung vom 26. Juli 1930 – Bürgersteuer, erhöhte Biersteuer, Getränkesteuer – zu erschließen. Essen blieb durch das Verantwortungsbewußtsein seiner Stadtverordneten-Versammlung vor dem Schicksal anderer Städte bewahrt, die sich die Einsetzung von Staatskommissaren ... gefallen lassen mußten."
(Verwaltungsbericht 1930, S. 1 u. 3f.)
Hauptunterstützungsempfänger beim Arbeitsamt und beim Wohlfahrtsamt:

Januar	26 874
April	28 207
Juli	31 779
Oktober	41 944

1931

– „Sicherlich wirkt die Stadt auch heute noch auf den ersten flüchtigen Blick unfreundlich und rußgeschwärzt. Das gilt aber nur für den inneren Stadtkern, die sogenannte Altstadt, mit ihren engen Gäßchen, buckeligem Kopfsteinpflaster, brüchigen Gartenmauern und wackeligen Fachwerkhäusern. Auch die eigentlichen Arbeiterviertel um das Kruppgelände herum, das Segeroth und Altendorf, werden mit ihrem dichten, verwinkelten Straßennetz, mit den von Fabrikrauch zerfressenden schmucklosen, ungepflegten Fassaden keinen Schönheitssucher begeistern. Hier gibt es noch ganze Straßenzüge ohne Kanalisation, und das W.C., das weder W. noch C. ist, liegt auf dem offenen, von der Straße aus jedem sichtbaren und zugänglichen Hof. ... Der architektonische Neuformungsprozeß des Essener Stadtbildes ist aber in der Tat des Interesses und genauerer Beobachtung wert. Man versucht, die Stadtmitte, das eigentliche Geschäfts- und Verwaltungsviertel, aufzulockern und hat dabei mit dem hügeligen Gelände der Stadt ... und mit der scharfkurvigen Hauptverkehrsader gewaltige Schwierigkeiten. Am Hauptbahnhof – in der nord-südlich verlaufenden Hauptstraße, der Kettwiger Straße – wird die Enge zu verkehrsreichen Zeiten lebensgefährlich. Man sieht, wie die Straßenbahnwagen im Schritt-Tempo sich in den Menschenhaufen hineinwühlen, als ob sie auf Mord ausgingen, und mit einem Auto ist überhaupt an kein Durchkommen zu denken. ... Wenn auch das Bunte und Stilgemischte ein bißchen nach Neureich aussieht – vierschrötigen Geschäftshäusern wird eine Fassade aufgepappt, daß sie fast aussehen wie florentinische Palazzis [sic!] -, so ist doch in Essen alles Bauen und Renovieren mit einer gewissen Zielstrebigkeit unternommen, mit dem Bewußtsein des Wachstums und der Aufgaben der Stadt, und so werden auch Geschmacksverwirrungen erträglicher.“ (Schwarz, Kohlenpott)

21. März Auf dem Flughafen wird die Nachtlandebeleuchtung in Betrieb genommen. Damit ist die Voraussetzung für den Nachtluftverkehr geschaffen worden.

22. März Die von Professor Otto Bartning entworfene Melanchthonkirche in Holsterhausen wird eingeweiht.

26. April In der großen Ausstellungshalle finden die Gerätemeisterschaften der Deutschen Turnerschaft statt. Es sind die dritten Meisterschaften nach Leipzig (1921) und Frankfurt (1925).

21. Mai Eine vom Erwerbslosen-Ausschuß der KPD organisierte Demonstration endet vor dem Rathaus in einem Handgemenge mit der Polizei. Die Protestveranstaltung ist der Auftakt einer Reihe von revolteartigen Aktionen, die der Oberbürgermeister als eine „mehr kriminelle als politische Bewegung“ charakterisiert. Erst am 6. Juni enden die Ausschreitungen.

24. Mai Im Rowohlt-Verlag erscheint Erik Regers Roman „Union der festen Hand“.

16. AUGUST Von 100 000 begeisterten Zuschauern wird die Landung von Graf Zeppelin begrüßt.

29.–30. AUGUST Mit einer Großkundgebung auf dem Sportplatz in Huttrop, zu der ca. 20 000 Nationalsozialisten aufmarschieren, endet der Gauparteitag der NSDAP. Hauptredner ist Joseph Goebbels.

29. SEPTEMBER Das Preisgericht hat von den 16 Einsendungen den Roman „Rauch an der Ruhr“ von Felix Wilhelm Beielstein für den Romanpreis der Stadt Essen ausgewählt.

12. OKTOBER Die „National-Zeitung“ kommentiert eine Schachtdelegiertenkonferenz der Revolutionären Gewerkschafts-Opposition (RGO), auf der neue Streikaktionen beschlossen wurden, folgendermaßen: „Die politischen Kinder Severings dürfen jetzt also schon laut herausposaunen, daß sie Krach machen wollen. Abgesehen davon, daß sie den Streik als politisches Kampfmittel betrachten, und nicht mehr als rein wirtschaftlich-soziales, daß sie also aus ihren verbrecherischen Zielen ihre Anhänger hungern und darben lassen wollen, interessiert uns die Sache augenblicklich lediglich in Hinsicht auf das Verhältnis, das die Polizei zu dieser offiziellen Erklärung nehmen wird. Sollte jedoch vor Beginn dieses Winters das Dritte Reich ausbrechen, was nach Lage der Dinge nicht ganz unwahrscheinlich ist, dann dürfte die ganze Beunruhigung voraussichtlich darin bestehen, daß die bleichen Knochen der RGO-Führer im leichten Morgenwind an den Laternenpfählen gegeneinanderklappern.“

15. OKTOBER In einer Versammlung protestieren die Junglehrer und -lehrerinnen gegen die Massenentlassungen an Essener Schulen: „Durch die rücksichtslose Abbaumaßnahme wird die Volksschule auf Jahrzehnte in ihrer Entwicklung zurückgeworfen und der Untergang des deutschen Volkes als Kulturnation eingeleitet. Tausende junge Menschen werden der Not ausgesetzt und müssen der öffentlichen Fürsorge zur Last fallen. Die bisherige Schulpolitik der Stadt Essen hat verschuldet, daß sich der Abbau für die Essener Schulamtsbewerber(innen) besonders hart auswirkt, da die Stadt ohne jeden Grund seit über drei Jahren keine Anstellung mehr vorgenommen hat.“ Dem Protest der Lehrer schließen sich am 21. Oktober die Elternbeiräte an. Auch sie monieren, daß die Entlassung von 192 Lehrkräften „den geregelten Unterrichtsbetrieb“ gefährde, „der in dieser Zeit der Wirrnis nötiger ist als je. Zu der fortschreitenden Auflösung des Familienlebens gesellt sich nun als wei-

teres Symptom des Niederganges der Abstieg der Volksbildung, die mit der Volksschule steht und fällt. Wie sich diese Eingriffe für den Bestand des Staates und die Zukunft unseres Volkes auswirken, darüber scheinen sich die maßgebenden Instanzen erst klar zu werden, wenn es zu spät ist." Der Protest hat Erfolg, denn ein Großteil der Lehrer und Lehrerinnen wird im November wieder eingestellt.

21. DEZEMBER Das neue Verwaltungsgebäude der Allgemeinen Ortskrankenkasse (AOK) an der Ecke Jäger-/Hoffnungsstraße wird eingeweiht.

– „Die allgemeine Notlage erfuhr durch den stetig weiterschreitenden Niedergang der Wirtschaft eine empfindliche Steigerung, zu einem wirtschaftlichen Tiefstand führend, der trostlos ist. Die verheerenden Wirkungen dieser Entwicklung trafen mit Schärfe auch die Finanzwirtschaft der Stadt, brachten ihre Kassenlage in ernsteste Gefahr und häufig dem Zusammenbruch nahe. Die weitere Verkümmerung der Wirtschaft und Schrumpfung der Produktion warf immer mehr Menschen in Arbeitslosigkeit, steigerte dadurch ganz außerordentlich die öffentlichen Wohlfahrtslasten und führte auf der anderen Seite zu einem scharfen Rückgang der Steuer, aber auch der sonstigen Einnahmen der Stadt. Die Lage wurde noch verschlimmert durch den Ausbruch der Bankenkrise und deren Folgeerscheinung: die Zertrümmerung der Kreditwirtschaft. Besonders ernste, die Stadt unmittelbar treffende Wirkungen ergaben sich in diesem Zusammenhang aus den bei der Landesbank der Rheinprovinz aufgetretenen Schwierigkeiten und aus dem Abschneiden der Kommunen von dem Kredit ihrer Sparkassen. Der Stadt war dadurch jede finanzielle Bewegungsfreiheit genommen, und es war oft bei größter Vorsicht und Umsicht nicht möglich, durch die Schwierigkeiten durchzulavieren. Geordnete Finanzdispositionen waren unmöglich. Zahlungsverzögerungen und Zahlungsstockungen, die früher unbekannt waren, traten ein."

„Im Jahre 1931 nahmen die Notstände in einem unerhörtem Ausmaße zu. Die Zahl der Familien, die von der Not verschont geblieben sind, wird immer geringer. Beim Arbeitsamt, Wohlfahrtsamt und Kriegswohlfahrtsamt befanden sich am Schlusse des Jahres 160 000 Personen in laufender Fürsorge. Jeder vierte Einwohner stand in Betreuung einer öffentlichen Fürsorgestelle. Hierbei sind noch nicht einmal alle diejenigen eingerechnet, die ebenfalls als hilfsbedürftig anzusehen sind und nur deshalb nicht aus öffentlichen Mitteln unterstützt werden, weil ihre Bezüge die Richtsätze der öffentlichen Für-

sorge erreichen."
(Verwaltungsbericht 1931, S. 10 u. 64)

1932

13. JANUAR Carl Zuckmayer liest aus eigenen Werken.

1. FEBRUAR Die Förderung auf der neuen Schachtanlage Zollverein 12 beginnt, während sie auf den Schachtanlagen 1/2/8 und 3/7/10 eingestellt wird. Schacht 12 dient der Kohlenförderung und dem Materialtransport, hier wird die zentrale Aufberei-

tungsanlage eingerichtet, und von hier erfolgt auch die Drucklufterzeugung und die Stromversorgung der anderen Schachtanlagen. Die Schachtanlage mit ihren von den Architekten Fritz Schupp und Martin Kremmer geschaffenen Übertage-Anlagen gilt nicht nur als größte, sondern auch als die schönste Zeche des Ruhrgebiets. „Schupp und Kremmer hatten das Glück, diese Optimalvorstellung von einer befriedigenden Zusammenarbeit zwischen Ingenieur und Architekt mehrfach praktizieren zu können, und zwar erstmals in vollem Umfang bei der Planung für Zollverein 12. Die von ihnen gefundene Formensprache mit der orthogonal geordneten Gesamtanlage, den auf kubischen Grundformen reduzierten Baukörpern und

Zeche Zollverein – Schacht 12

den Rasterfassaden aus Stahlfachwerk ist nur zu verstehen aus der von ihnen geforderten und hier mit aller Konsequenz verwirklichten Offenheit zwischen Ingenieurleistung und Baukunst. Ihre Formensprache war ein Beweis für die Ehrlichkeit ihrer Annäherung: Sie schöpften nicht aus einer fernen und fremden Symbolwelt, sondern setzten unmittelbar das in bauliche Gestalt um, was aus der Gedankenwelt der Ingenieure resultierte. Damit sind Schupp und Kremmer mehr als andere Architekten ihrer Zeit aus ihrer unmittelbaren Umgebung heraus auf die kühle Welt des Funktionalismus der Industrie und der Arbeit gestoßen. Ihre Formensprache ist eine Umsetzung der technischen und ökonomischen Rationalität, der knappen Ausnutzung von Geld, Material und Arbeitskraft. Zollverein 12 ist somit auch als ein Symbol zu verstehen, das in einer Hochblüte der kapitalistischen Gesellschaft entstand und deren Tugenden ungeschminkt darstellt." (Buschmann, Zollverein, S. 22f.)

7. FEBRUAR Das Frauenbildungsheim des Katholischen Deutschen Frauenbundes am Hedwig-Dransfeld-Platz wird feierlich eingeweiht.

22./23. FEBRUAR In der Nacht wird die Synagoge geschändet. Unbekannte Täter haben in großen Lettern „JUDA VERRECKE" auf die Außenwand geschmiert. „Es dürfte einer der Tiefpunkte des politischen Kampfes in Essen sein", konstatiert die „Essener Volkszeitung".

7. MÄRZ Reichskanzler Heinrich Brüning spricht in den Ausstellungshallen. Die Kundgebung ist der Auftakt für den Wahlkampf zur Reichspräsidentenwahl.

8. APRIL Bei seinem ersten Deutschlandflug kommt Adolf Hitler auch nach Essen, wo er vor mehr als 30 000 Zuhörern spricht.

23. APRIL Die neue Werdener Brücke wird dem Verkehr übergeben.

16. JUNI Die Papen-Regierung hebt das SA- und SS-Verbot auf. Die Folgen schildert die „Essener Volks-Zeitung" am 18. Juni: „Der Tag fiel dadurch auf, daß die SA der Nationalsozialisten in ihrer neuen Uniform mit einer Arroganz und Rücksichtslosigkeit durch die Straßen zogen und sich in manchen Lokalen breitmachten, die auf alle Andersdenkenden im höchsten Maße provokatorisch wirken mußte ... Die neue Serie blutiger Auseinandersetzungen der Radikalen rechts und links hat damit in

Essen begonnen, sie wird, so befürchten wir, noch eine fürchterliche Fortsetzung erleben."

3. JULI Bei einem internationalen Wettbewerb der Choreographen in Paris erhält die Folkwang Tanzgruppe für die Aufführung des Totentanzes „Der grüne Tisch" von Kurt Jooss (Musik F.A. Cohen) den ersten Preis.

20. JULI Oberbürgermeister Bracht wird von Reichskanzler Papen nach der Absetzung der geschäftsführenden preußischen Regierung, dem sogenannten Preußenschlag, als Reichskommissar mit der Führung des preußischen Innenministeriums betraut. Steinberg charakterisiert Bracht „als ‚Vernunftrepublikaner'", der sich immer stärker der Rechten zuwandte. „Bei aller Qualifikation, die der Oberbürgermeister zweifellos auf kommunalpolitischen Gebiet besaß – ... – war es doch verhängnisvoll für das politische Klima in der Stadt, daß an der Spitze der Verwaltung ein im Grunde antirepublikanisch gesinnter konservativer Politiker stand, nebenbei gesagt mit einem lächerlichen Hang zur Prüderie,... Ausgesprochene Zurückhaltung bewies er seit 1930 gegenüber den die politischen

Arbeitslose im III. Hagen vor den Wahlanschlägen der Parteien

Gegner immer stärker terrorisierenden Nationalsozialisten, während er um so schärfere Worte gegenüber den Kommunisten fand."

Bracht ernennt als Reichskommissar den Essener Polizeipräsidenten Dr. Kurt Melcher zum neuen Berliner Polizeipräsidenten, der noch am gleichen Tag seine Amtsvorgänger Albert Grzesinski und Dr. Bernhard Weiß verhaften ließ.

31. JULI Der Siegeszug der NSDAP hält an. Bei der Reichstagswahl legt die Partei nochmals 9,5 Prozentpunkte zu und kommt auf 24 Prozent. Gewinne haben auch das Zentrum (30,7 % – +3,6), die KPD (25,1 % – +0,6) und die DNVP (4 % – +0,2) zu verzeichnen, während die SPD leicht verliert (12,7 %). In die Bedeutungslosigkeit versinken die liberalen Parteien (DVP: 0,7 %) und die Reichspartei des Deutschen Mittelstandes (0,5 %).

1.–4. SEPTEMBER Unter dem Motto „Christus in der Großstadt" findet der 71. Deutsche Katholikentag statt, an dem viel politische Prominenz (u.a. der bayrische Ministerpräsident Dr. Heinrich Held und der österreichische Bundeskanzler Engelbert Dollfuß) teilnimmt. Der Kirchentag wird auch „als Politikum" (Morsey, Zentrumspartei, S. 323) stark beachtet, da Redner, die wie Ferdinand Freiherr von Lüninck der politischen Rechten angehören, bestreiten, daß die Zentrumspartei alleinige Vertreterin des politischen Katholizismus sei.

6. NOVEMBER Bei der Reichstagswahl hat die NSDAP (21,5 %) erstmals Verluste (-2,5) zu verzeichnen, während die DNVP (6,2 %) zulegt (+2,2). Die anderen Parteien bleiben stabil: Zentrum – 31; KPD – 25,4; SPD – 11,7 und DVP – 1,4 Prozent.

9. NOVEMBER Thomas Mann spricht über „Goethes Laufbahn als Schriftsteller".

13. DEZEMBER Die Stadtverordnetenversammlung wählt mit großer Mehrheit Bürgermeister Heinrich Schäfer zum neuen Oberbürgermeister.

1933

1. JANUAR Rund 203 000 Personen werden vom Arbeits- und vom Wohlfahrtsamt unterstützt, d.h. jeder 3. Einwohner erhält eine öffentliche Unterstützung.

16. JANUAR Die neue Hauptpost wird eingeweiht und die große Schalterhalle am 16. Januar dem Verkehr übergeben. Der Neubau begann im Jahre 1924 und wurde abschnittsweise durchgeführt. Die letzten Reste des alten Gebäudes werden in den folgenden Wochen abgerissen.

31. JANUAR „Kommt das dritte Reich?“ fragt die sozialdemokratische Zeitung „Volkswacht“ anläßlich der Ernennung Hitlers zum Reichskanzler, und sie gibt die – leider falsche – Antwort: „Nein es kommt nicht, Herr Frick muß bereits Wasser in den schäumenden Wein gießen.“

6. FEBRUAR C. G. Jung referiert im Rahmen der „Akademischen Kurse“ zum Thema „Vom Werden der Persönlichkeit“.

28. FEBRUAR Die Bezirksleitung der KPD sowie die Redaktion und Druckerei des „Ruhr-Echos“ in der Rottstraße werden von SA und Polizei gestürmt. Die SA-Leute zerstören die Einrichtungen und Maschinen, und alle Anwesenden werden in Haft genommen.

MÄRZ Die Aufstauung des Baldeneysees beginnt. Wenngleich der See eine großartigen Sport- und Erholungsstätte ist, so dient er in erster Linie – wie der Hengsteysee bei Hagen und der Harkortsee bei Wetter – der Reinigung und Reinhaltung der

Arbeiter beim Bau des Baldeneysees

Ruhr. Begonnen wurden die Arbeiten im Juli 1931 als groß angelegte Arbeitsbeschaffungsmaßnahme, weshalb weitgehend auf Maschinenarbeit verzichtet wurde.

1. März Eine Verhaftungswelle trifft die KPD und die ihr angeschlossenen Verbände. Zu den ersten Opfern gehören u.a. Karl Lomberg, Heinrich Rabbich und Paul Schilling.

1. März In der Ausstellungshalle V findet vor zehntausend begeisterten Teilnehmern eine Wahlkundgebung mit dem Reichskanzler a.D. Heinrich Brüning und Jakob Kaiser statt, die „eine eindrucksvolle Demonstration des Selbstbehauptungswillens des Zentrums" (Steinberg) ist.

4. März Zur Unterdrückung des antifaschistischen Widerstandes werden etwa 900 Hilfspolizisten aus den Reihen der SA, der SS und des Stahlhelms eingestellt. Sie werden durch den Polizeipräsidenten Dr. Richard Wiesmann auf dem Burgplatz verpflichtet.

5. März Bei der Reichstagswahl, die nicht mehr unter regulären Bedingungen durchgeführt wird, wird die NSDAP (30,6 %) zur stärksten Partei knapp vor dem Zentrum (30,1 %). Starke Einbußen erleidet die KPD (19,9 % – -5,5), während die SPD (10,8 %) und die DNVP (6,1 %), die sich nun Kampffront „Schwarz-weiß-rot" nennt, konstant bleiben.

8. März Nationalsozialisten demonstrieren vor den jüdischen Geschäften und zwingen die Inhaber zur Schließung ihrer Läden. Von dem Boykott betroffen sind auch die großen Warenhäuser und die sogenannten Einheitspreisläden.

10. März Reichsminister Hermann Göring spricht auf einer Kundgebung der NSDAP des Kreises Essen in der Ausstellungshalle 1 der Gruga. Er polemisiert gegen das Zentrum und führt u.a. aus: „Ich möchte darüber keinen Zweifel lassen: Ich habe erst angefangen! Es ist längst noch nicht Schluß damit. Man darf niemals einen Feind, den man geschlagen hat, laufen lassen. ... Und wenn sie weiter sagen, da und dort sei einer abgeholt worden, da und dort sei einer mißhandelt worden. Ja mein Gott, wo gehobelt wird, da fallen Späne. Es sind außergewöhnliche Zeiten. Die Nation ist erwacht, ja ich sage es: Wir haben jahrelang den Leuten gesagt, ihr dürft abrechnen mit den Verrätern. Wir stehen zu unserem Wort, das wir gebraucht haben: Es wird abgerechnet!"

11. März Gauleiter Josef Terboven und 100 bewaffnete SA-Leute dringen in die Redaktionsräume der „Essener Volks-Zeitung“ und erzwingen den Abdruck der Göring-Rede vom Vortag unter der Schlagzeile „Es wird abgerechnet mit dem Zentrum“.

12. März Am Wahltage wird „eine Reihe von Zeitgenossen, die sich bisher in hervorragender Weise marxistisch betätigt oder sonstwie unbeliebt gemacht hatten“ („National-Zeitung“), verhaftet. Zu ihnen gehören die sozialdemokratischen Beigeordneten Martin Krolik und Hugo Verspohl, Essens Reichsbannerführer Hermann Hamacher und der Redakteur der SPD-Zeitung, Hans Steinbüchel.

12. März Bei der Stadtverordnetenwahl bleibt das Zentrum trotz aller Behinderungen und Schikanen stärkste Partei mit 33,8 Prozent der Stimmen, während die NSDAP 33,1 Prozent erhält. Die KPD (13,6 %) und die SPD (9,9 %) haben Stimmenverluste hinzunehmen, was angesichts der Unterdrückungsmaßnahmen nicht erstaunt. Aufgerieben werden die Vertretungen des Mittelstandes und des Bürgertums. Lediglich die Kampffront „Schwarz-weiß-rot“ kann sich mit 6,3 Prozent behaupten.

13. März In der Großviehhalle wird ein jüdischer Viehhändler mißhandelt. In einer zynischen „Randbemerkung“ wird der Vorfall von der „National-Zeitung“ aufgegriffen: „Nachdem am Montagmorgen ein Zug SA auf dem Städt. Schlachthof wieder die Hakenkreuzfahne gehißt hatte, stattete der Trupp der Großviehhalle einen Besuch ab, wo man zufällig auf einen jüdischen Tempeldiener mit einem riesengroßen, funkelnagelneuen Schächtmesser in der Hand stieß. Gerüchteweise soll der Tempeldiener jetzt noch Loblieder auf Jehova singen, daß er den Verlust des Schächtmessers als einzigen Nachteil aus dieser Begegnung zu beklagen hatte.“

April Aufgrund des sogenannten „Gesetzes zur Wiederherstellung des Berufsbeamtentums“ vom 7. April werden 44 Beamte, zumeist Sozialdemokraten und Zentrumsmitglieder, von ihren Posten entfernt. Betroffen sind u.a. die Beigeordneten Martin Krolik und Hugo Verspohl (SPD), Dr. Albert Meurer und Jacob Weber (Zentrum), der Direktor der Stadtbücherei, Eugen Sulz, der Direktor des Schlachthofes, Dr. Scheers und der Gas- und Wasserwerksdirektor Schick. Auch der Direktor des Folkwang-Museums, Dr. Ernst Gosebruch, wird zunächst entlassen, jedoch aufgrund des Widerspruchs des Folkwangmuseums-Vereins wieder eingestellt. Wegen der politischen Differenzen sucht er dann um seine Pensionierung nach, die zum 1. Dezember 1933 bewilligt wird.

1. APRIL Vor den Geschäften, Büros und Praxen, deren Inhaber Juden sind, ziehen abermals Posten der SA auf und rufen zum Boykott auf.

6. APRIL Nach einer Unterredung mit dem Gauleiter der NSDAP, Josef Terboven, bietet Oberbürgermeister Heinrich Schäfer „aus Gründen der politischen Situation" seinen Rücktritt an. Sein Nachfolger wird Dr. Theodor Reismann-Grone.

7. APRIL Über die erste Stadtverordnetenversammlung in der NS-Zeit berichtet die „National-Zeitung": „Von draußen klingen Lieder und Märsche, klingt die Stimme unseres Pg. Fischer, der von der Geschichte der Kruppstadt erzählt. Die Bänke der bürgerlichen Parteien füllen sich. Die Linke jedoch bleibt wohltuend leer, denn die SPD hat es vorgezogen, nicht zu erscheinen. Schon diese Anfangsstimmung gibt Kunde, wie grundlegend sich die Verhältnisse geändert haben! Auf der Zuschauertribüne fliegen die Hände hoch – die Fraktion der NSDAP betritt den Sitzungssaal! Die Nationalsozialisten nehmen ihre Plätze ein. Die ganze rechte Seite füllt sich mit Braunhemden, dazwischen die schwarzen Uniformen der Schutzstaffelmänner. Pg. Schlicht kommandiert: Achtung! Pg. Dr. Reismann-Grone betritt den Saal! Die Nationalsozialisten springen auf, die Hand zum Gruß! ‚Dem Staatskommissar ein dreifaches Sieg-Heil!' Und hell klingt der Hitlergruß auf, verbindet den Führer der Stadt Essen mit den Vertretern des Volkes." Reismann-Grone erklärt, daß er das Amt des Oberbürgermeisters nicht angestrebt habe. „Ich bin erst Montag nacht damit überrascht worden. Nach der vollzogenen Tatsache aber habe ich den Ruf als Befehl aufgefaßt und habe als einfacher Soldat in der großen Armee Hitlers den angewiesenen Machtposten bezogen und gedenke dort meine Pflicht zu tun." Ein wichtiges Ziel seines Handelns sei der wirtschaftliche Aufschwung. „Was unsere Herzen aber noch mehr bewegt als die wirtschaftlichen Fragen, das ist der nationale Aufbruch, der Hitlers Name trägt. Was wir zu oberst wollen, ist die sittliche, völkische und rassische Erneuerung."

9. APRIL In der „National-Zeitung" polemisiert J. Cremers gegen die Ausstellungs- und Sammlungspolitik des Folkwangmuseums: „Heute, 11 Jahre nach der Übernahme des Besitzes müssen wir feststellen, daß in dieser verflossenen Zeit die Halle des Volkes zu einem Snobistentempel von Wechslern und Händlern des

Kunstbetriebes gemacht worden ist, daß die frischen Quellen der gemüthaften Erbauung des deutschen Menschen dieses Landes mit dem Schutt und der Asche der unfruchtbaren Zivilisationskunst zugeschüttet worden sind. ... Von Anfang bis Ende ist dieses Museum ein wort- und einflußreicher Sammelpunkt undeutscher, zersetzender Kunstentartung gewesen. ... Durch elf Jahre hindurch eine ununterbrochene Kette von Zivilisationskunst, von internationalen Konjunkturjägern, die gestützt auf den jüdischen Kunsthandel, aus der ästhetisch-politischen Verwirrung der armen Deutschen ihren Nutzen zogen. Hier waren zu Hause die Paul Klee, Moses Kogan, Kandinsky, Molzahn, Moholy-Nagy, El Lissitzky, Oskar Schlemmer und die ganze Bauhausgesellschaft. ... Was sie zurücklassen, ist ein Schutthaufen von gepriesenen Stilarten, von denen kein Mensch mehr etwas wissen will. Verschmutzt und entweiht ist der Quell, der in der ‚Halle des Volkes' entspringen sollte. Wie ein Sturmwind jagte in diesen Wochen im Namen der nationalen Erhebung die deutsche Kulturrevolution über diese morschen Trümmerhaufen einer verfallenen Kunstmacherei. Der neue Tag bricht an. Seine reine Luft ist nicht für die Leute des Kunstgeschäfts, der Gesinnungsakrobatik, des Kulturbolschewismus. Fort mit ihnen, den Platz freigemacht für diejenigen, die mit reinen Händen an den Aufbau des neuen Werkes herangehen, im unersättlichen Glauben an die nationale Wiedergeburt der deutschen Kunst und Kultur."

20. April Die Stadtverordnetenversammlung beschließt, Adolf Hitler das Ehrenbürgerrecht zu verleihen. Zugleich werden die Kettwiger und die Burgstraße sowie ein Teil der Viehofer Straße in Adolf Hitler-Straße umbenannt, und der Burgplatz erhält den Namen Adolf Hitler-Platz.

2. Mai Wie im ganzen Reich werden auch in Essen die Gewerkschaftshäuser von der SA besetzt. Über die Aktion berichtet die „National-Zeitung" am 3. Mai: „Die Aktion zum Schutze der deutschen Arbeiterschaft, die gestern im ganzen Reichsgebiet einheitlich durchgeführt wurde, setzte auch in Essen schlagartig ein. Den Standarten 58 und 60 unter ihren Leitern Dahlem und Schultz war die Aufgabe der Durchführung übertragen worden. Die erwerbslosen SA-Männer beider Standarten sammelten sich um 9 Uhr auf dem Adolf-Hitler-, bzw. Horst-Wessel-Platz. Den einzelnen Sturmbannen wurde die Durchführung der Aktion in ihren Bereichen übertragen, die die Wohnungen und Büros der Gewerkschaftssekretäre zu gleicher Zeit besetzten und durchsuchten, die Führer der Gewerkschaften in Schutzhaft nahmen und zunächst in das SA-

Dienstgebäude auf der Rüttenscheider Straße brachten. Späterhin wurden die Häftlinge im geschlossenen Zuge in das Polizeipräsidium eingeliefert und dem Untersuchungsgefängnis zugeführt. 31 Gewerkschaftsführer wurden von der Aktion erfaßt."
Peter Schatkowski, Geschäftsführer des deutschen Metallarbeiterverbandes, erinnert sich: „Ich wurde eingesperrt im Brigadehaus der SA in der Huyssenallee, einer Villa, tief im Garten gelegen. Die Kellerräume stark finster, abgeschlossen und mit bewaffneten SA-Leuten besetzt. Bei meiner Einsperrung im dunklen Keller fand ich dort bereits Inhaftierte mit zerschlagenden Gliedern halb liegend oder sitzend vor. Zwei bewaffnete SA-Leute, die vor unseren Augen scharf laden mußten, überwachten das Verbot des Sprechens im Keller. Bei der geringsten Bewegung und Flüsterung versetzte man uns einen Kolbenhieb nach dem anderen, gleichgültig wie und wohin er traf."

8. Mai Zahlreiche Straßen werden umbenannt. U.a. Altendorfer Straße in Thomaestraße; Friedrich-Ebert-Straße in Schlageterstraße; Klarastraße in Horst-Wessel-Straße; Limbecker Platz in Thomaeplatz; Republikplatz in Platz des 21. März; Rottstraße in Lichtschlagstraße; Rüttenscheider Platz in Horst-Wessel-Platz; Viehofer Platz in Oettingplatz.

9. Mai Der Schriftsteller Richard Euringer wird zum Leiter der Stadtbücherei ernannt. Er läßt rund 40 000 Bände aus dem Bestand nehmen, die nicht der NS-Ideologie entsprechen. Sie werden auf dem „Friedhof der jüdisch-marxistischen Literatur" – so die damalige Terminologie – im Magazinturm untergebracht.

26. Mai Die sechs sozialdemokratischen Stadtverordneten werden, als sie zu einer Sitzung erscheinen, von SA- und SS-Leuten aus dem Sitzungssaal geworfen. Da den Kommunisten bereits durch den Runderlaß des Ministers des Inneren vom 20. März ihr Mandat entzogen worden war, hat nun die NSDAP zusammen mit der DNVP die absolute Mehrheit inne. So ist das Wahlresultat vom 12. März gewaltsam geändert worden.

21. Juni Nachdem bereits am 19. Mai eine erste Bücherverbrennung auf dem Schulhof des Helmholtz-Realgymnasiums stattgefunden hatte, wird nochmals am 21. Juni ein „Scheiterhaufen des Undeutschen" auf dem Gerlingplatz errichtet. Als erster spricht der Kreisleiter der NSBO, Knaden: „Wenn wir auf dem Platz des 21. März, auf dem Platz des Geistes von Pots-

dam den Scheiterhaufen errichten, so gerade deswegen, weil auf diesem Platze früher die Arbeiter von den internationalen Marxisten verhetzt worden sind. Die Schriften dieser unseligen Volksverräter sollen nun auf diesem Platze ihr Grab finden, und aus dem roten Fanal möge sich ein neuer deutscher Geist

Die Bücherverbrennung auf dem Gerlingplatz

entwickeln.“ Danach proklamiert der neue Leiter der Stadtbücherei, Richard Euringer: „Ich sitze auf dem Sessel der Stadtbücherei und bin damit beauftragt, einen neuen Geist in die Stadtbibliothek hineinzutragen. ... Die Proleten haben nicht etwa das gelesen, was ihre Seele verlangte, sondern etwas, was ihnen die Drahtzieher der marxistischen Internationale zuschoben, um aus ihnen ein willfähriges Objekt zu machen. ... Dieses Geschreibsel wird nun heute in Flammen aufgehen. Das ist schön, symbolisch, bildhaft. Wir werden nun hier in Essen zu den Kumpels gehen und ihnen deutsche Literatur näherbringen.“ Nach den Reden zündet SA-Standartenführer Dahlem den Bücherberg mit den Werken von Thomas und Heinrich Mann, Erich Maria Remarque, Ernst Toller, Kurt Tucholsky usw. an.

JULI Die Volkshochschule wird geschlossen, da ihre Grundsätze mit der Auffassung des Nationalsozialismus nicht verträglich seien – so die offizielle Stadtchronik.

1. JULI Die neue, 43 Meter breite Unterführung am Hauptbahnhof wird für den Verkehr freigegeben. Sie ersetzt die alte Durchfahrt, die zu einem berüchtigten und gefürchteten Engpaß geworden war.

13. JULI Die Stadtverordnetenversammlung beschließt, Hermann Göring zum Ehrenbürger zu ernennen. Der Ehrenbürgerbrief wird ihm am nächsten Tag bei einer Kundgebung auf dem Adolf-Hitler-Platz überreicht.

11. SEPTEMBER Der in Essen wohnende ehemalige preußische Wohlfahrtsminister Heinrich Hirtsiefer wird mit einem Schild („Ich bin der Hungerleider Hirtsiefer“) um den Hals durch die Stadt geführt und dem Gespött der NS-Leute ausgesetzt. Es ist „ein Schauspiel, das an Widerlichkeit nur schwer zu übertreffen“ ist (Steinberg).

Wenige Tage später wird Hirtsiefer verhaftet und ins Konzentrationslager Börgermoor überführt. Seine Ankunft schildert Wolfgang Langhoff: „Er (Hirtsiefer) wird zur Kleiderkammer geschleppt. Dort muß er sich ausziehen. Ein junger Kommunist wird gezwungen, ihn zu prügeln. Man zieht ihm eine viel zu kurze und zu enge Hose an, die ihm vorne weit offen steht und mit einem Bindfaden über den Bauch zusammengebunden werden muß. Vorn zieht man ihm weit den Hemdzipfel heraus. Dann gibt man ihm einen Rock, den er verkehrt herum, das Futter nach außen, anziehen muß. Auf den Kopf setzt man ihm ein viel zu kleines Soldatenkäppchen. Er muß sich

Holzschuhe mit langen Gummischäften anziehen, in denen er kaum gehen kann. In diesem Aufzug wird er unter brausendem Gelächter von Baracke zu Baracke geführt."

30. SEPTEMBER Der Geschäftsbericht des Direktoriums der Fried. Krupp AG für das Geschäftsjahr 1932/33, das mit dem 30. September endet, ist voll des Lobes über die NS-Regierung: „Die nationale Wiedergeburt unseres Volkes hat die deutsche Industrie mit neuer Zuversicht erfüllt. Die Mißwirtschaft der Parteien ist beseitigt, der Klassenkampf und seine zersetzende Wirkung ist beendet; eine starke Staatsführung, fest gegründet auf dem Willen der Nation, ist bemüht, das gewerbliche Leben aus jahrelanger Erstarrung zu lösen und die Grundlagen für eine gedeihliche Entwicklung unserer industriellen Arbeit wieder herzustellen. In freudiger Gefolgschaft stehen wir hinter dem Führer unseres geeinten Volkes. Die wirtschaftlichen Maßnahmen unserer Reichsregierung haben wir zu unserem Teil nach Kräften gefördert."

14. OKTOBER In den Ausstellungshallen der Gruga wird die Funkausstellung 1933 eröffnet, Schirmherr ist der Reichsminister für Volksaufklärung und Propaganda, Joseph Goebbels, der in seinem Grußwort schreibt: „Der Rundfunk ist erster und einflußreichster Mittler zwischen geistiger Bewegung und Volk, zwischen Idee und Menschen. ... Ich begrüße daher die Bestrebungen der Rundfunkausstellung in Essen und hoffe, daß auch sie dazu beitragen wird, das Wort unseres Führers wahr zu machen: ‚Rundfunk in jedes Haus'".

8. NOVEMBER Das erste Schiff, der Kahn Atlas I, beladen mit Pflastersteinen für das Tiefbauamt, wird im Stadthafen gelöscht. Die ersten Planungen für den Hafen gehen auf das Jahr 1913 zurück, doch die Baumaßnahmen, die in den 20er Jahren begannen, verzögerten sich wegen der Weltwirtschaftskrise und wurden erst 1933 vollendet. Mit der Eröffnung des Hafens hat Essen endlich Anschluß an eine wichtige Verkehrsader gefunden.

1934

31. JANUAR Die Stadt erwirbt im Tausch gegen Baugrundstücke in Haarzopf und Bergerhausen den Waldbesitz des Freiherrn von Vittinghoff-Schell in einem Umfang von 217 Hektar und dazu 47 Hektar Ruhrwiesen.

1. Februar Dr. Klaus Graf von Baudissin, Konservator der Stuttgarter Staatsgalerie, wird neuer Leiter des Folkwangmuseums. „Hieran schloß sich entsprechend den auf kulturellem Gebiet vom Nationalsozialismus gestellten Forderungen eine innere Umgestaltung und Erneuerung des Museums durch den neuen Leiter, der eine Durchprüfung der Bestände und die Ausmerzung solcher Werke vornahm, die dem Geist der nationalsozialistischen Kunstpolitik widersprachen. ... Dabei wurden nicht nur ganze Bilderserien der sogenannten abstrakten Kunst rücksichtslos entfernt, sondern auch verschiedene Gemälde von Malern wie Nolde, Schmitt-Rottluff, Kirchner, Pechstein u.a. vorläufig im Magazin abgestellt. ... Die Hauptstücke der entfernten Bilder wurden für einige Zeit in einem Saal als Sammlung abschreckender Gegenbeispiele gezeigt.“ (Chronik 1934, S. 184)

5. Februar In der Dienststellenleiterbesprechung werden die städtischen Beamten gerügt, die sich von jüdischen Ärzten behandeln lassen: „Ich empfinde es als Nationalsozialist als ein starkes Stück, wenn ein städtischer Beamter, dem doch eigentlich klar sein sollte, was heute gespielt wird, sich noch von einem Juden behandeln läßt. Wir als Deutsche wollen uns nicht von einem Angehörigen einer fremden Rasse betreuen oder beraten lassen, darum diese passive Resistenz gegenüber den Juden. Die Verfügungen der Regierung, dem Juden gegenüber eine ablehnende Stellung einzunehmen, sind zwar aufgehoben, und zwar wegen der außenpolitischen Lage. Wenn aber einer ein Herz im Leibe hat, der läßt sich von einem deutschen Arzt behandeln.“

8. März Auf der Internationalen Automobil-Ausstellung in Berlin stellt Krupp den ersten serienmäßig hergestellten, luftgekühlten Fahrzeug-Dieselmotor der Welt vor.

25. April – 13. Mai Die Ausstellung „Gesunde Frau – Gesundes Volk“, gestaltet vom Deutschen Hygienemuseum Dresden und dem städtischen Gesundheitsamt, die auch – zeittypisch – die Rassenlehre und die Rassenhygiene berücksichtigt, zählt 27 000 Besucher.

28. Juni Auf Anregung von Oberbürgermeister Theodor Reismann-Grone wird als Gästebuch der Stadt ein „Stahlbuch“ angelegt, da „die Stahlstadt Essen und die eiserne Zeit“ kein Goldenes Buch dulde. Für den Einband wurden Stahlplatten verwandt, die bei der Firma Fried. Krupp AG aus einem 1500 Kilogramm wiegenden gegossenen Block aus nichtrostendem

*Die Trauung des Gauleiters Terboven in der Münsterkirche.
In der Mitte Trauzeuge Adolf Hitler*

Chrom-Nickel-Stahl herausgearbeitet wurden. Die ersten Eintragungen werden anläßlich der Hochzeit des Gauleiters Terboven vorgenommen, an der Adolf Hitler und Hermann Göring als Trauzeugen teilnehmen, von Reismann-Grone emphatisch begrüßt: „Wenn heute zu diesem hochzeitlichen Fest Sie, mein Führer, erschienen sind, mit Ihren alten getreuen Gefolgsmannen, vor allem mit Ihnen, Herr Ministerpräsident Göring, wenn wir so die beiden Ehrenbürger der größten Metallstadt Deutschlands gleichzeitig begrüßen dürfen, so setzt sich für uns heute diese stattliche Reihe der kaiserlichen erlauchten Besuche fort, welche für die Stadt ein Ruhm und für die Geschichte ein Ereignis sind. Um diese Stunde in etwa festzuhalten, hat die Stadt Essen heute ein Gästebuch begonnen. Es soll ein Ausdruck dafür sein, daß heute mit dem Dritten Reich und diesem Buch eine neue Epoche der Stadt eingeläutet wird."
In der Mittagsstunde trifft sich Hitler mit Gustav Krupp von Bohlen und Halbach und besichtigt einige Betriebe, ehe er

dann wieder zur Hochzeitsgesellschaft stößt. Auch bei der kirchlichen Trauung in der Münsterkirche fungieren Hitler und Göring als Trauzeugen, und sie nehmen als Ehrengäste am Hochzeitsmahl teil.
Zwei Tage später, am 30. Juni, findet der Schlag gegen Röhm und seine Gefolgschaft in der SA, begleitet von zahlreichen Morden, statt. So habe Hitler durch die Teilnahme an der Hochzeit den Eindruck absoluter Ruhe erweckt, um – wie die „Nationalsozialistische Korrespondenz" berichtet – „die Verräter nicht zu warnen".

4. NOVEMBER In Anwesenheit zahlreicher Ehrengäste wird das Ehrenmal für die in den Ruhrkämpfen 1918 – 1920 gefallenen Angehörigen von Reichswehr, Freikorps, Polizei- und Einwohnerwehren auf der Burgruine Horst-Ruhr der Öffentlichkeit übergeben. Es wird „in der Form eines alten Steinringes nach nordisch-germanischer Art" (Chronik 1934, S. 65) errichtet.

18. NOVEMBER Kennzeichnend für das NS-System war die Inszenierung der Volksgemeinschaft. So wird im Rahmen des Winterhilfswerks (WHW) in einem neu errichteten Pavillon vor der Hauptpost ein „Eisernes Buch" ausgelegt und zu Spenden aufgerufen: „Das Eiserne Buch soll nicht eine beliebige Gelegenheit schaffen, für das Winterhilfswerk zu spenden, sondern es soll bewußt der Bevölkerung der Stadt Essen eine Gelegenheit gegeben werden, ein sinnfälliges Zeugnis zu schaffen für die lückenlose Geschlossenheit und den besonderen Opferwillen, mit der sie sich in den Dienst des Winterhilfswerk stellt. Jeder setze seine Ehre darein, mit dabei zu sein und sich einzutragen in das Eiserne Buch von Essen, damit aus ihm späteren Geschlechtern das Zeugnis freudigen Opfergeistes entgegenleuchte. Erscheint in Massen und erfüllt Eure Pflicht durch Eintragung in das Eiserne Buch und durch die Gabe eines angemessenen Opfers ohne langes Zögern, damit schon der erste Tag den Beweis erbringt, daß die Bevölkerung Essens nicht zögert, wo es gilt, im Geiste nationaler Solidarität zusammenzustehen mit denen, die der Hilfe aller bedürftig sind."

20. DEZEMBER Die Stadt erwirbt von der Baronin von Waldthausen das 101 Ar große Grundstück Lindenallee 49 mit aufstehender Villa und Park („Waldthausenpark") für 500 000 RM.

23. DEZEMBER Nationalsozialisten beschädigen die Synagoge in Steele. Fenster werden eingeworfen, und die Tür wird demoliert.

31. DEZEMBER Mit einem feierlichen Schlußakt schließt die Essener Börse.

1935

31. März Auf einer Kundgebung auf dem Werksgelände der Kokerei der Zeche Ernestine greift vor 45 000 Hitlerjungen und BDM-Mädeln Reichsjugendführer Baldur von Schirach die katholischen Jugendverbände scharf an: „Nachdem sie alle Gründe dafür angeführt haben, daß ihre Sonderbündelei notwendig sei, nachdem wir durch unsere Organisation die Unwahrheit ihrer Behauptung nachgewiesen haben, kommen sie jetzt und versuchen, für katholische konfessionell geleitete Jugendorganisationen das Recht besonderer sportlicher Übungen in Anspruch zu nehmen. Ich frage euch, meine Kameraden, was hat denn der Sport mit der Konfession zu tun? Habt ihr schon einmal einen katholischen oder evangelischen Sport gesehen, wißt ihr denn, was eine katholische Bauchwelle ist oder ein evangelischer Klimmzug? Das sind Ausreden und Ausflüchte derjenigen, die immer gegen Deutschland sind. Es geht ihnen nicht um die Religion, es geht ihnen um ihren Posten. Sie behaupten, sie dienen der religiösen Erziehung, aber sie dienen keinem anderen Gott als ihrem Bauch. Sie wollen mit ihrer konfessionellen Jugend das Spiel fortsetzen, was früher einmal das ach so stolze Zentrum gespielt hat, uns sie nennen uns gottlos, weil wir das nicht dulden wollen.
Aber ich meine, meine Mitkämpfer und Mitkämpferinnen, wenn dieses Zentrum so gottgefällig war, wie sie es immer behauptet haben, dann hätte es doch der Allmächtige nicht geduldet, daß der Nationalsozialismus dieses Zentrum kaputtschlug. Scheinbar ist es aber doch so, daß der allmächtige Herr, an den auch wir glauben und zu dem auch wir uns bekennen, nichts mit denen zu tun haben will, die gemeinsam mit marxistischen Volksverrätern einst ihr eigenes Vaterland im Stich ließen und die gemeinsam mit Landesverrätern und verbrecherischen Elementen eine Politik der Willkür, der Brutalität und des Terrors gegen die nationalsozialistische Bewegung betrieben."

1. April Die Folkwangschule, die seit dem 1. April 1932 auf privater Grundlage geführt wurde, wird wieder in städtische Verwaltung übernommen.

1. Mai Im Anschluß an eine illegale Maifeier werden über 20 Sozialdemokraten verhaftet. Nach brutalen Verhören – Franz Voutta stirbt an den Folgen der Mißhandlungen – kommt es zu weiteren Verhaftungen. Die sozialistischen Widerstandskämpfer werden in einem Volksgerichtshofverfahren und in

mehreren Massenprozessen vor dem Oberlandesgericht Hamm abgeurteilt. Damit werden die Widerstandsaktivitäten der SPD lahmgelegt.

11. MAI – 2. JUNI In den Ausstellungshallen wird die Ausstellung „Die Straße“ gezeigt, veranstaltet im Auftrage des Generalinspektors für das deutsche Straßenwesen vom Siedlungsverband Ruhrkohlenbezirk in Gemeinschaft mit der Forschungsgesellschaft für das deutsche Straßenwesen. Mit ihr verbunden sind eine große Automobilschau und eine Sonderschau der Verkehrswacht. Eröffnet wird sie vom Generalinspektor Dr. Ing. Fritz Todt, der die große Bedeutung der neuen Reichsstraßen (Autobahnen) würdigt.

25. MAI Nach siebenmonatiger Bauzeit wird der Neubau der Firma C & A Brenninkmeyer am Kurienplatz eröffnet.

9. JUNI Der Waldthausenpark wird eröffnet und für das Publikum freigegeben.

In den Ausstellungshallen wird vom 29. Juni bis 18. August 1935 die Ausstellung „Mensch und Tier im deutschen Lebensraum“ gezeigt

1. JULI Die Essener Gestapo berichtet, daß die kommunistische Widerstandsorganisation vollständig zerschlagen worden sei und die noch existierenden Kader demoralisiert seien. Mehr als 300 Personen sind bei diesen Verhaftungsaktionen festgenommen worden.

2.–4. AUGUST Die Stadt ist anläßlich des Gautages der NSDAP „ungewöhnlich reich geschmückt, nicht nur mit Fahnen, Girlanden und sonstigem Grünschmuck, sondern auch mit den Hoheitszeichen des Reiches und der Partei, Spruchbändern und anderem bildlichen Schmuck. Insbesondere sah man überall das Abzeichen des Gautages, das von Schlägel und Hammer gekreuzte Schwert in größten und kleinsten Darstellungen bis zur Nadel, die fast jeder Volksgenosse in diesen Tagen trug, in denen Hunderttausende in Essen zusammenströmten." (Chronik 1935, S. 16) Die künstlerische Ausgestaltung des Parteitages war von der Handwerkerschule übernommen worden, die auch die Drucksachen und das Plakat entworfen hat. Zu den Rednern gehören u.a. die Minister Goebbels, Frick und Rust sowie der Reichsorganisationsleiter der NSDAP und Führer der Deutschen Arbeitsfront (DAF), Robert Ley.

Joseph Goebbels spricht auf dem Gauparteitag der NSDAP

OKTOBER Das Statistische Amt berichtet, daß die Fettversorgung schwierig sei. Vor den Butterläden bildeten sich lange Schlangen von Käufern, die auf das begehrte Pfund Butter warten. Zudem seien Schweineschmalz, Öl und Speck knapp. Der Auftrieb von normalerweise 3600 Schweinen sei stark rückläufig und beliefe sich am 14. Oktober auf nur noch 427 Stück.

20. OKTOBER Mit einem vom Verein für Feuerbestattung gestalteten Akt wird das Krematorium auf dem Südwestfriedhof seiner Bestimmung übergeben.

29. OKTOBER Der erste Sonderzug mit jungen Rekruten, die zu ostpreußischen Regimentern eingezogen werden, verläßt den Hauptbahnhof. Die allgemeine Wehrpflicht war durch das Gesetz über den Aufbau der Wehrmacht vom 16. März wieder eingeführt worden, wodurch die Bestimmungen des Versailler Vertrages mißachtet wurden.

1. NOVEMBER Die neun Ortskrankenkassen werden zur Allgemeinen Ortskrankenkasse Essen vereinigt.

DEZEMBER Die Lebenshaltungskosten sind nach den Berechnungen des Statistischen Amt der Stadt von 100 (März 1934) auf 123,4 (Dezember 1935) gestiegen. „Diese verschiedenen Preissteigerungen führten naturgemäß zu einer fühlbaren Minderung des Realeinkommens des Arbeiters und waren geeignet, Mißstimmung in diesen Kreisen zu erzeugen.“ (Chronik 1935, S. 82)

– Entwicklung der arbeitsfähigen Erwerbslosen beim

	Wohlfahrtsamt	Arbeitsamt
Ende 1932	46 899	28 125
Ende 1933	28 935	28 342
Ende 1934	17 706	24 228
Ende 1935	9 774	22 534

1936

10. FEBRUAR Der schwedische Schriftsteller und Weltreisende Sven Hedin hält im Saalbau einen wissenschaftlichen Vortrag über seine letzte Asienreise.

27. MÄRZ In einer eilig einberufenen Reichstagssitzung am 7. März gibt Hitler bekannt, daß die deutsche Wehrmacht ins entmilitarisierte Rheinland einmarschiert sei und daß der Reichstag auf-

gelöst werde. Die „Neuwahl“ wird auf den 29. März festgesetzt und mit großem Propagandaaufwand vorbereitet.
Eine spektakuläre Großveranstaltung mit Hitler als Hauptredner findet am 27. März in der Lokomotivbauhalle von Krupp, der größten Fabrikhalle Deutschlands, statt. Für den Auftritt Hitlers ist die Halle so hergerichtet worden, daß nun mehr als 100 000 Menschen Platz finden. Am Kopfende wird der Unterbau einer Lokomotive mit Rädern und Gestänge plaziert, und der Zylinder der Lokomotive dient als Rednerpult. Die Veranstaltung, die im Rundfunk direkt übertragen wird, eröffnet Propagandaminister Goebbels: „Als der Führer am 16. März 1935 die deutsche Wehrhoheit wieder herstellte, brach auch für Deutschlands Waffenschmiede eine neue Zeit an. Die toten Hallen sind erfüllt mit Leben. Die Arbeiter, die hier Waffen schmieden für deutsche Soldaten und damit mitsorgen für die Sicherheit des Reiches und auch für die Sicherheit ihres Arbeitsplatzes, wissen am besten den großen Entschluß des Führers vom 7. März zu würdigen. Sie erinnern sich noch der Zeit, da sie unter der Drohung fremder Kanonen und Maschinengewehre leben mußten. Sie kennen die Sorge und die Bedrückung, die eine Bevölkerung befällt, wenn eine Provinz schutzlos fremder Willkür preisgegeben ist. Und niemand hat die deutschen Soldaten, unter denen sich auch unsere Arbeitersöhne befinden, in der einst entmilitarisierten Zone freudi-

Hitler in der Lokomotivbauhalle von Krupp

ger begrüßt als diese Werkmänner. Sie erinnern sich noch an den Karsamstag des Jahres 1923, jenes 31. März, an dem 13 Werksangehörige der Kruppbetriebe feindlichem Maschinengewehrfeuer zum Opfer fielen. Ihre Brüder, Väter und Kameraden sind jetzt hier zu Zehntausenden aufmarschiert, um sich feierlich und freudigen Herzens zum Führer zu bekennen."
Um 16 Uhr erscheint Hitler in Begleitung von Gauleiter Terboven, Reichsführer SS Himmler, Reichsorganisationsleiter Ley u.a. Nach der Begrüßung durch Krupp und einer Ansprache des Gauleiters („Und in dieser historischen Stunde, da die ganze Welt auf uns sieht als der Waffenschmiede des Reiches, wie sie einstmals hieß, als der neuen Waffenschmiede für friedlichen Aufbau, den sie nunmehr darstellt, in dieser historischen Stunde, da geloben Ihnen die Millionen deutscher Arbeiter, diese Garde, aus heißestem Herzen: Mein Führer! Ihre deutsche Arbeitergarde, sie stirbt, aber sie ergibt sich nicht!") ergreift Hitler das Wort: „Wenn ich heute in diesem Werke spreche, dann sehe ich vor mir nicht nur die Schmiede der Waffen des Krieges, sondern ebenso die gewaltigste Schmiede der Waffen des Friedens. Was die Welt vielleicht gar nicht weiß, das wissen Sie, die Sie in diesem gewaltigen Betriebe tätig sind: Hier wird gearbeitet für alle Bedürfnisse des Lebens. Hier wird geschaffen für alle Berufe. Hier wird all das erzeugt, was ein Volk braucht, um seine wirtschaftliche Unabhängigkeit und politische Freiheit auf dieser Welt zu sichern. Ich habe mir diese Stätte ausgesucht, weil es, so glaube ich, gar keinen symbolischeren Ort gibt, um zum deutschen Arbeiter zu reden, als eben hier." Seine Rede endet mit dem Appell: „Reißen Sie jetzt Ihre Herzen höher empor! Seien Sie stolz, die Angehörigen der Gemeinschaft eines solchen Volkes zu sein, und bekunden Sie es vor der ganzen Welt. Am 29. März muß sie sehen: Hier spricht nicht ein Mann, sondern hier spricht ein Volk!"

1. April Die Pferde der Posthalterei van Eupen haben im Postdienst ausgedient. Die Paketzustellung erfolgt nur noch mittels Lastkraftwagen.

9. Mai – 1. Juni In den Ausstellungshallen wird die Ausstellung „Das Leben" gezeigt, die in vier Abteilungen gegliedert ist:
1. Das Leben, ein Wunder und Geschenk des Schöpfers,
2. Das Leben, eine Verpflichtung des einzelnen zur Erhaltung und Mehrung seiner Gesundheit,
3. Das Leben, eine Verpflichtung zur Gemeinschaftsarbeit, um die Gesundheit des ganzen Volkes zu erhalten und zu mehren,
4. Förderung der Volksgesundheit durch Arbeitsdienst und Wehrmacht.

Systemspezifisch nimmt die Erb- und Rassenkunde breiten Raum ein.

1. JUNI Die Rechtsauskunftsstelle der Stadt, die minderbemittelten Bürgern unentgeltlich Rechtsauskunft erteilt hat, wird geschlossen, da sie durch die NS-Rechtsbetreuungsstellen überflüssig geworden sei.

5.–7. JUNI Mit einer Großkundgebung auf dem Gaufeld in Bergeborbeck, das erstmals benutzt wird, endet der Kreisparteitag der NSDAP.
Das Gaufeld, 62 300 qm groß, wurde 1935 auf dem Gelände der früheren Eisenhütte Phönix geschaffen. 410 Arbeitslose waren monatelange im Einsatz, um auf dem großen öden Trümmerfeld die großen Betonblöcke und die Berge dicker Hochofenschlacke zu beseitigen. Geschaffen worden ist ein Aufmarschfeld von 27 500 qm Größe mit Führer- und Fahnenwall, das von 28 Meter breiten Rampen umschlossen wird.

16. JULI In einer Feierstunde wird die Ehrengrabstätte von Franz Dinnendahl auf dem Südwestfriedhof in die Obhut der Stadt genommen. Die Gedenkrede hält Prof. Dr. Conrad Matschoß, Direktor des Vereins Deutscher Ingenieure. Folgende Urkunde wird dem Grab beigegeben: „An diesem Ehrenplatz wurden heute die Gebeine des Mechanikus Franz Dinnendahl neu beigesetzt. Als verdienstvoller Sohn der Stadt Essen gebührt ihm dieser Platz, weil er als hervorragender Pionier der deutschen, insbesondere der rheinisch-westfälischen Industrie bekannt ist. Er hat die ersten Wasserhaltungs- und Fördermaschinen im Ruhrgebiet gebaut. ... Franz Dinnendahl ist am 15. August 1775 in der sogenannter Horster Mühle bei Steele an der Ruhr geboren und am 15. August 1826 in Rellinghausen bei Essen gestorben. Nachdem er auf dem schon seit langer Zeit nicht mehr benutzten Friedhof in Rellinghausen 110 Jahre geruht hat, erfolgt heute seine Umbettung in diese Ehrengruft."

28. SEPTEMBER – 10. OKTOBER Die Stadtbücherei zeigt die Ausstellung „Das wehrhafte Deutschland", in der jede „Phase des soldatischen Aufstiegs unserer Nation" seit dem 30jährigen Krieg berücksichtigt wird. In der letzten Abteilung wird eine „Übersicht über die Werke der neuzeitigen Kriegsdichtung und der Wehrwissenschaft" präsentiert.

10. OKTOBER Richard Euringer scheidet aus dem Bibliotheksdienst aus. In einer „Häuslichen Anordnung" vom 9. Oktober hält er Rückschau: „Dreieinhalb Jahre sind verstrichen, wenn ich morgen,

den 10. Oktober, mein Amt als Leiter der Städtischen Büchereien niederlege. Wie ich mich bemüht habe, den Willen des Führers und sein Aufbauprogramm zu meinem Teil in meinem Amt zu verwirklichen, so haben Sie, meine lieben Mitarbeiter, zu Ihrem Teil sich darum bemüht. Ich bin der festen Überzeugung, daß die beste Tat, die wir vollbringen durften, nicht so fast die Umwälzung der Bestände, die Ausmerzung des Volksvergiftenden und die Beschaffung des Volksdienlichen ist, sondern die Kameradschaft, zu der wir in unserer gemeinsamen Arbeit für Volk, Staat und Stadt zusammengewachsen sind."

22. OKTOBER Das neue Haus der Technik im ehemaligen Börsengebäude wird feierlich eröffnet.

8. NOVEMBER Die St. Engelbert-Kirche, deren Entwurf von dem Architekten Dominikus Böhm stammt, wird konsekriert.

9. NOVEMBER Gustav Krupp von Bohlen und Halbach übergibt der Stadt den Halbach-Hammer, der von seinen Vorfahren im Bergischen Land betrieben worden war. Krupp ließ das technische Kulturdenkmal abtragen und im Nachtigallental in der Nähe der Margarethenhöhe wieder aufstellen.

20. NOVEMBER Weil „Herr Gustav Krupp von Bohlen und Halbach 30 Jahre hindurch die Firma Fried. Krupp geleitet hat, darunter 1914 – 1933, mithin 19 Jahre der schwersten Kämpfe und Erschütterungen, ferner Herr Krupp von Bohlen und Halbach in dem wirtschaftlichen Zusammenbruch von 1926 es ablehnte, das Krupp-Werk in eine andere Betriebsgemeinschaft aufgehen zu lassen, im ausdrücklich betonten Sinne des großen Alfred Krupp, schließlich Herr Krupp von Bohlen und Halbach im Jahre 1927 durch den Entschluß, das Borbecker Hütten-Werk und andere Großbauten zu errichten, die Firma Krupp endgültig in Essen festigte", wird er zum Ehrenbürger der Stadt ernannt. Das Ehrenbürgerrecht wird auch an Bertha Krupp von Bohlen und Halbach „als Bewahrerin der großen Überlieferung, als letzte Vertreterin eines ruhmvollen Essener Geschlechtes, als werktätige Förderin der Belange der Stadt" verliehen.

18. DEZEMBER Im Großen Saal der Börse referiert Staatsrat Prof. Dr. Carl Schmitt über „Der Führergedanke als Gestaltungsgrundsatz des nationalsozialistischen Reiches".

– „Auch die Durchführung des Gesetzes zur Verhütung erbkranken Nachwuchses hat das Gesundheitsamt stärker als früher in Anspruch genommen: Im Berichtsjahr wurden 1557 Anzeigen, hauptsächlich von Ärzten, erstattet; zuzüglich 390 aus dem Vorjahre stammenden Anzeigen waren 1974 Anzeigen zu bearbeiten. Von diesen wurden 474 mangels genügender Gründe, 328 aus anderen Gründen nicht weitergegeben, 791 Anträge auf Unfruchtbarmachung gestellt und 648 Unfruchtbarmachungen durchgeführt." (Chronik 1936, S. 116)

1937

14. FEBRUAR Das „Haus der Arbeit", das nach den Plänen des Baurates Schulte-Frohlinde, des Leiters der Bauabteilung der DAF, umgestaltete frühere sogenannte Keramikhaus, wird in einem Festakt durch Reichsorganisationsleiter Dr. Robert Ley seiner Bestimmung übergeben.

21. FEBRUAR Bei der Heldengedenkfeier am Ruhrkämpfer-Ehrenmal in Horst hält Generalleutnant a.D. Oskar von Watter eine Eloge auf Hitler: „Welch ein gewaltiger Wandel! Der Bolschewismus im Innern ist niedergerungen, die Grenzen sind geschützt, die Wehrhoheit ist auch in diesem Teil des Reiches wieder hergestellt, und unsere neue Wehrmacht schirmt Volk und Vaterland. Ein tiefes Gefühl der Dankbarkeit bewegt uns gegen den Führer, der unser deutsches Volk diesen Weg geführt hat!"

4. MÄRZ Die Stadt erwirbt die Abtei zu Werden. Pläne für eine Restaurierung des Gebäudes und für die Öffnung des Parks liegen bereits vor. „Ich bin überzeugt, daß uns die Werdener ungemein dankbar sein werden. In der alten Abtei soll ein Bauwerk wieder Bedeutung erlangen, das die Werdener als Ersatz ansehen mögen für den Stausee, durch den sie sich geschädigt fühlen", so die Auffassung von Reismann-Grone.

4. APRIL In der ehemaligen Villa Albert von Waldthausen wird das „Stadthaus Heimat", das Heimatmuseum, eröffnet. Es soll „ein echtes Volksmuseum unseres Gebietes werden und der ruhrländischen Bevölkerung eine Stätte sein, in der sie über Art und Wesen ihrer Heimat sowie über die beachtlichen Leistungen des ganzen Gebietes unterrichtet wird". Zugleich wird im Hause die Winterhilfswerk-Ehrenhalle übergeben.

6. APRIL Durch den Einzug von zwei Stamm-Batterien des Flak-Regiments 9 in die Unterkünfte in Kray und Kupferdreh wird Essen Garnisonstadt.

30. APRIL Oberbürgermeister Dr. Theodor Reismann-Grone scheidet aus dem Amt. Sein Nachfolger wird Just Dillgardt, von 1933 bis 1934 technischer Beigeordnete in Essen und dann Oberbürgermeister in Duisburg.

30. APRIL Der Kreisleiter der NSDAP Hermann Freytag wird verabschiedet, da er zum Oberbürgermeister der Stadt Duisburg berufen wurde. Als neuer Kreisleiter wird Peter Hütgens eingeführt.

8. JUNI Nach einer Besichtigung des Segeroths setzt der Oberbürgermeister einen Sanierungsausschuß ein, der einen Aufbauplan für den Segeroth entwickeln soll: „Die Umsiedlung wird nicht schematisch erfolgen, so etwa, daß die Inhaber der dem Abbruch verfallenden Wohnungen in die Neubauten eingewiesen werden; auch wirtschaftliche Gesichtspunkte allein sind nicht ausschlaggebend. Die Stadt Essen geht hier bewußt neue Wege: Die trotz asozialer Umwelt Gesundgebliebenen, mithin gegen Großstadtverderbung in besonderem Maße Immunen, sind besonders zu fördern, die für die Randsiedlungen Geeigneten entsprechend anzusetzen, die nicht Besserungsfähigen und die rassisch Minderwertigen abzusondern bezw. auszumerzen."
Während die mit großem Propagandaaufwand angekündigte Sanierung mit dem Bau von 600 neuen Wohnungen nur in Ansätzen realisiert wird, setzen die Planer ihr Sanierungsvorhaben in „rassenhygienischer Hinsicht" konsequent um. Das „Zigeunerviertel" in der Schlenhofstraße wird beseitigt und die Bewohner „anderwärts in ein geschlossenes Lager" überführt.

19. JUNI In der Grillostraße wird eine Gastankstelle zur Belieferung von Motorfahrzeugen mit Treibgas eröffnet.

6. JULI Eine Kommission unter Leitung von Prof. Adolf Ziegler, dem Präsidenten der Reichskammer der bildenden Künste, beschlagnahmt aus den Beständen des Folkwangmuseums für die Ausstellung „Entartete Kunst" in München drei Plastiken und 37 Gemälde (u.a. von Chagall, Heckel, Kirchner, Nolde, Schmidt-Rottluff).
Eine zweite „Säuberungsaktion" findet am 24. August statt. Insgesamt verliert das Museum etwa die Hälfte seines Bestan-

des (145 Gemälde, 12 Plastiken, 260 Zeichnungen und Aquarelle, 350 Blätter Druckgraphik und 26 Mappenwerke, dazu das graphische Werk Emil Noldes, das als Leihgabe des Museumsverein aufbewahrt wurde). Zu den Verlusten gehören Gemälde von Georges Braque, Paul Cézanne, Henri Matisse und Edvard Munch.

27. JULI Der Direktor des Folkwangmuseums, Dr. Graf Claus von Baudissin, wird zum Leiter des Amtes V (Volksbildungswesen) im Reichserziehungsministerium berufen.

26. – 29. AUGUST Karnap begeht mit zahlreichen Veranstaltungen seine 600-Jahr-Feier.

20. SEPTEMBER Die Steinkohlen-Elektrizität Aktiengesellschaft (STEAG) wird ins Handelsregister eingetragen. Ihre Aufgaben sind vor allem Planung, Bau und Betrieb von Steinkohlenkraftwerken.

27. SEPTEMBER Hitler und Mussolini besichtigen die Krupp-Werke. Ein Extrablatt ruft am 26. September die Bevölkerung auf, die Gäste begeistert zu empfangen: „Morgen früh um 7,56 Uhr trifft

Hitler und Mussolini besuchen Essen

der Duce des italienischen Volkes zusammen mit unserem Führer auf dem Hauptbahnhof in Essen zu einer Besichtigung der Kruppwerke ein. Damit wird Essen in die Reihe der wenigen Städte gestellt, die in ihren Mauern ein Ereignis von über-

ragender Bedeutung miterleben dürfen. In der Hauptstadt der Bewegung haben sich zwei Männer die Hände gereicht, die, beide aus der Tiefe ihrer Völker kommend, dem Bolschewismus den unerbittlichen Kampf angesagt und ihre Nationen zu Kraft und Stärke emporgeführt haben.
Mitbürger von Essen!

Hitler und Mussolini besuchen Essen

Zeigt euch dieses hohen Besuches würdig!
Bereitet ihm einen jubelnden Empfang!
Schmückt Häuser und Straßen!
In wenigen Stunden muß die Stadt in ein Flaggenmeer verwandelt sein! ...
Essener Volksgenossen, morgen ist euer Ehrentag! Empfangt die hohen Gäste, wie es sich für die Waffenschmiede des Reiches gebührt!“

28.–29. SEPTEMBER In der Ausstellungshalle V findet der Deutsche Sparkassentag statt. Hauptredner ist der Reichsbankpräsident Dr. Hjalmar Schacht, der über die Finanzpolitik der letzten Jahre referiert. Es bestehe weiterhin die Notwendigkeit zum Sparen, so Schacht, denn für die Finanzierung der Aufrüstung sei Deutschland auf die Sparer angewiesen.

30. SEPTEMBER Der alte Eisenhammer am Deilbach in Kupferdreh wird feierlich der Öffentlichkeit übergeben.

7. NOVEMBER Mit einer öffentlichen Versammlung im Saalbau wird die reichsweit durchgeführte „Woche des deutschen Buches“ abgeschlossen. „Wir haben den Abschluß in Essen gewählt, weil wir vor ganz Deutschland und aller Welt die Verbundenheit der Faust und der Stirn dartun wollten, weil wir die geistige Harmonie aufweisen wollten von Hammer und Buch.“ – so der Präsident der Reichsschrifttumkammer, Hanns Johst.

16. NOVEMBER In der Max-Ring-Kampfbahn am Uhlenkrug findet zum ersten Male eine feierliche Rekrutenvereidigung in Essen statt.

18. DEZEMBER Das siebenstöckige Defaka-Haus (Deutsche Familien Kaufhaus GmbH) an der Lindenallee, für das das Hotel Königshof abgerissen worden ist, wird fertiggestellt.

26. DEZEMBER Die Kunsteisbahn in der Halle 6 im Ausstellungsgelände mit einer Lauffläche von 30:60 Metern wird in Betrieb genommen.

– Durch den Abriß des Krankenhauses der Huyssens-Stiftung und einiger anderer Gebäude an der Huyssenallee konnte der Platz südlich des Hauptbahnhofes, der den Namen „Freiheit“ erhält, völlig neugestaltet werden. Auch wird von der Straßenbahngesellschaft hier ein zentraler Straßenbahnhof errichtet.
– Die Ummauerung des Stadtgartens, der bis dahin des Nachts abgeschlossen wurde, wird niedergelegt.

1938

21. JANUAR Dem stellvertretenden Gauleiter Heinrich Unger wird das Ehrenbürgerrecht verliehen.

28. FEBRUAR Erstmals in der Geschichte des Essener Karnevals übernimmt Prinz Karneval die Macht im Rathaus. Im geschmückten Saal des Rathauses wird er vom Bürgermeister begrüßt, der ihm einen riesigen goldenen Stadtschlüssel als Symbol der Herrschaft überreicht.

26. APRIL – 7. OKTOBER Im stark erweiterten Grugagelände findet die 2. Reichsausstellung des Deutschen Gartenbaus statt. Die Reichsgartenschau ist – laut Chronik – „das nach außen wichtigste, eindrucksvollste und nachhaltigste Ereignis in der Stadt Essen im Jahre 1938“ gewesen. Etwa 2 858 000 Personen besuchen die

Zweite Deutsche Reichsgartenschau in der Gruga

Ausstellung, wobei das schlechte Wetter – an 79 Tagen regnet es – ebenso wie die politische Lage – wegen der außenpolitischen Spannungen fallen zahlreiche Sonderzüge aus – eine größere Besucherzahl vereiteln.

30. APRIL Die Stadt Essen schließt mit dem RWE einen Vertrag mit 40jähriger Laufzeit über die Energieversorgung des Stadtgebietes. Danach übernimmt das RWE für den gesamten Stadtbezirk mit Ausnahme von Kupferdreh die Stromversorgung einschließlich der Verteilung des Stroms an alle Verbraucher, während die Gas- und Wasserversorgung durch die städtischen Werke erfolgt.

14. MAI Der Leiter der Werbegemeinschaft Essen e.V. gibt das neue Werbemotto „Essen, die Einkaufsstadt" bekannt, ein Motto, das zwar einfach, doch dabei sehr einprägsam sei.

14.–21. MAI Mit einer Festwoche feiert Steele seine Erstnennung als Ausstellungsort der Urkunde Ottos I. vom 18. Mai 938. Zur Erinnerung an den Hoftag und an den deutschen Herrscher wird der Hansaplatz in Kaiser-Otto-Platz umbenannt.

14. JUNI Als Ersatz für die im Kriege eingeschmolzene Amtskette überreichen die Ratsherren dem Oberbürgermeister eine neue, von ihnen gestiftete Amtskette, die die Goldschmiedemeisterin Elisabeth Treskow geschaffen hat.

OKTOBER Unternehmen, die im Besitz von Juden sind, werden „arisiert“: die Fa. Burkhardt u. Co übernimmt das Bankhaus Simon Hirschland, und die Firma Gustav Blum geht in die Hände der Firma Loosen u. Co über. Weiterhin werden „arisiert“: Schuhhaus Samson, Wäschegeschäft Herrmanns u. Froitzheim und das Hutgeschäft Geschwister Gutmann.

28./29. OKTOBER Alle staatenlosen und polnischen Juden werden in der Nacht verhaftet und am anderen Tag in Zügen über die polnische Grenze abgeschoben.

30. OKTOBER In Anwesenheit zahlreicher Ehrengäste wird in der Schwarz-Weiß-Kaue auf der Zeche Sälzer-Amalie die erste Lichtbestrahlungsanlage für die Bergleute eingeweiht. Die Bestrahlung soll den durch die Untertagearbeit bedingten Lichtmangel ausgleichen und so zahlreiche Erkrankungen verhüten.

9./10. NOVEMBER „Nach Augenzeugenberichten drangen nachts gegen 1.00 Uhr uniformierte SA- und SS-Männer gewaltsam in die Synagoge an der Steeler Straße ein, zerrten den Rabbiner unter ‚Juda-verrecke’-Rufen aus dem Bett, brachen die Heilige Lade auf und vernichteten die Thora-Rollen. Mit den Zylindern, welche beim Gottesdienst getragen wurden, spielten die Eindringlinge auf der Straße Fußball. Nachdem drei mit Benzin gefüllte Fässer in die Synagoge geschafft und der Inhalt ausgegossen worden war, wurde eine brennende Fackel in das Gebäude geschleudert, welches bald lichterloh brannte. Währenddessen standen Einheiten der Feuerwehr bereit, um einzugreifen für den Fall, daß das Feuer auf andere Gebäude übergreifen sollte. Auf ähnliche Weise wurden das jüdische Jugendheim an der Ruhrallee und die Synagoge in Steele ein Raub der Flammen. Am Morgen begann die Zerstörung des Besitzes der noch ansässigen Juden. Es wurden nicht nur die Geschäfte demoliert und geplündert, sondern auch die Praxisräume jüdischer Ärzte und Rechtsanwälte sowie Wohnungen verwüstet. Dabei waren die betroffenen Juden oft genug Mißhandlungen ausgesetzt. Immerhin war unter den 91 Ermordeten, die auf das Konto dieses Progroms gingen, kein Essener, während in der Zahl von 20 000 Juden, die im Rahmen der Aktion verhaftet und zumeist in ein Konzentrationslager gebracht wurden, an die 700 Essener Bürger jüdischen Glau-

Die Synagoge brennt

bens enthalten waren. Von ihnen kamen viele auf unsägliche Weise um, doch der größte Teil wurde im Februar 1939 entlassen und konnte noch auswandern.“ (Steinberg, S. 171)

1939

17. Juni Mit großem Pomp werden die „Opfer der Bewegung aus dem Gau Essen“ in das Gauehrenmal auf dem Ehrenfriedhof überführt.

Eine NS-Inszenierung: Ehrung für die „Opfer der Bewegung" auf dem Burgplatz

23.–25. JUNI In Essen findet der Gautag der NSDAP statt, der mit der Ausstellung der Nationalsozialistischen Volkswohlfahrt (NSV) „Opfer und Tat an Rhein und Ruhr" im Folkwangmuseum eröffnet wird. Bei der Abschlußkundgebung auf dem Gaufeld spricht vor 50 000 Personen Reichspropagandaminister Joseph Goebbels über die außenpolitische Lage.

13. AUGUST Mit einem Spiel gegen Schalke 04 wird das neue Stadion von Rot-Weiß Essen an der Hafenstraße eingeweiht.

31. AUGUST Die Hauptstelle des Ernährungsamtes, zunächst im Rathaus, dann in der Viktoriaschule am Kurfürstenplatz und später im Deutschlandhaus sowie 14 Nebenstellen nehmen ihre Tätigkeit auf. Die Zahl der Nebenstellen wird recht schnell auf 68 (11. September) erhöht.
Zugleich wird ein Wirtschaftsamt gebildet, das die örtliche Verbrauchsregelung der lebenswichtigen Güter der gewerblichen Wirtschaft (Kohle, Spinnstoffe, Schuhwaren, Treibstoffe etc.) übernimmt.

1. September Die Bevölkerung wird vom Kriegsausbruch durch Extrablätter informiert. Die städtischen Lautsprecher sind dicht umlagert. Die Arbeit ruht weitgehend, man hört die Reichstagsrede Hitlers. „Es war keine jubelnde, überschäumende Begeisterung, die sich da kund tat“, als die Bevölkerung in den Krieg eintritt, sondern vielmehr feste Entschlossenheit. So charakterisiert die Essener Presse die Einstellung der Essener.

3. September Der erste Luftalarm ertönt.

1940

15. März In der Hofterbergschule wird eine Altschuhsammelstelle eingerichtet.

17. März Mit musikalischen und Gesangsvorführungen auf verschiedenen Plätzen der Stadt, während der für das Winterhilfswerk (WHW) gesammelt wird, stehen im Mittelpunkt des „Tages der Wehrmacht“. Eine besondere Attraktion ist das Eintopfessen in der Flakkaserne in Kray, da es Erbsensuppe mit Fleisch ohne Bezugsmarken gibt.

24. April Adolf Hitler ernennt Gauleiter Josef Terboven zum Reichskommissar für die besetzten norwegischen Gebiete.

1. Mai Die Reichsarbeitskammer tagt in Essen. In einer Festveranstaltung in der Lokomotivbau-Halle von Krupp werden die „Goldenen Fahnen“ beim Leistungskampf der Betriebe verliehen. Zu den ausgezeichneten Betrieben gehören die Firma Fried. Krupp AG und die Gewerkschaft Christine in Kupferdreh.

7. August Adolf Hitler gratuliert Gustav Krupp von Bohlen und Halbach persönlich zum 70. Geburtstag und verleiht ihm das „Goldene Ehrenzeichen der NSDAP“. Zu den weiteren Gratulanten zählen Reichswirtschaftsminister Walther Funk, Rudolf Heß und Reichsminister Dr. Fritz Todt, der Krupp als erstem Deutschen das Kriegsverdienstkreuz I. Klasse verleiht.

20. Oktober Im Heimatmuseum wird eine Wanderausstellung des Luftgaues VI „Die Kunst der Front“ eröffnet, in der „künstlerische“ Schöpfungen von Frontsoldaten gezeigt werden. Alle oberen Klassen der Volksschulen müssen die Ausstellung besuchen.

3. NOVEMBER Mit einem Fußballspiel zwischen Schalke 04 und Schwarz-Weiß Essen wird das vergrößerte und verbesserte Stadion von Schwarz-Weiß, die Max-Ring-Kampfbahn am Uhlenkrug, eröffnet.

– „Für die Stimmung und Haltung der Bevölkerung war die Verdunklung mit all ihren Nachteilen naturgemäß nicht förderlich, zumal sie nicht das Maß an Humor mitbringt, über den die stärker rheinische Bevölkerung mehr verfügt. Viel schwerer wirkten aber die seit dem Westfeldzug zahlreichen Alarme auf sie ein. Es darf aber wohl gesagt werden, daß die Essener Bürgerschaft die Schwierigkeiten, die der Krieg mit sich brachte, in dem Gefühle, daß sie unvermeidlich seien und daß die Front ganz andere Lasten zu tragen habe, standhaft trug. Zu diesen Sorgen des täglichen Lebens gehörte für die Hausfrau auch die Schwierigkeit, die rationierten Lebensmittel planmäßig aufzuteilen und die wenigen freien Lebensmittel zu erhalten. Es gehörte zu diesen Sorgen die immer größer werdende Schwierigkeit, freie Waren wie Haushaltsgegenstände zu erhalten, ferner das Fehlen von Waren, selbst wenn man durch Kleiderkarte oder Bezugschein berechtigt war, solche zu kaufen, schließlich das Ansteigen der Preise vieler freien Waren trotz Verschlechterung der Qualität.“ (Chronik 1940, S. 21)

1941

26. FEBRUAR Bei einer Schlagwetterkatastrophe auf Zollverein kommen über 40 Leute ums Leben.

31. MAI Die „Essener Volkszeitung“ und mit ihr der „Essener Lokalanzeiger“ und die „Steeler Zeitung“ müssen ihr Erscheinen einstellen. In der letzten Ausgabe werden die Leser informiert: „Die Kriegswirtschaft erfordert stärkste Konzentration aller Kräfte. Diese Zusammenfassung macht es notwendig, daß unser Blatt mit dem heutigen Tage bis auf weiteres sein Erscheinen einstellt, um Menschen und Material für andere kriegswichtige Zwecke freizumachen.“

OKTOBER 50 junge Mädchen des Arbeitsdienstes werden wegen des Personalmangels als Schaffnerinnen eingesetzt.

11. OKTOBER In den Ausstellungshallen wird die Wehrmachtsausstellung „Feindliche Waffen und Geräte“ eröffnet. Präsentiert werden vor allem die erbeuteten Waffen aus dem Rußlandfeldzug. 165 000 Personen besuchen die Ausstellung, die begleitet wird

Arbeitsmaiden im Einsatz als Schaffnerinnen

von einer Sonderschau der Essener Museen und der Firma Krupp „Wehrhafte Heimat".

27. OKTOBER Die Deportation der Juden aus Essen beginnt. Über 200 Personen werden ins Ghetto von Lodz gebracht. Es folgen noch weitere acht Transporte u.a. nach Auschwitz und Theresienstadt. Kaum jemand von den 1200 Deportierten überlebte.

13. NOVEMBER Beim Zusammentreten der Ratsherren wird der Erwerb von Schloß und Park Borbeck aus dem Besitze des Barons von Fürstenberg gebilligt.

– „Wenn auch die Luftgriffe auf unsere Stadt eine wesentliche Zunahme erfuhren, so sind die Zerstörungen in Essen noch nicht besonders stark. Sie fallen den Besuchern bei der räumlichen Ausdehnung des Stadtgebiets nicht sehr ins Auge. Zwar waren 97 Angriffe zu verzeichnen, doch wurden insgesamt glücklicherweise nur 25 Gebäude vollständig zerstört und 59 schwer beschädigt. ... Das Leben in der Stadt ging seinen gewohnten Gang. Der Krieg beherrschte es zwar, aber allen Einschränkungen und der Verdunkelung zum Trotz, man lebte ganz gut. Theater, Konzerte und Kinovorstellungen hatten sehr guten Besuch aufzuweisen. Arbeit gab es in Fülle; an Geld mangelte es nicht. Infolge der verstärkten Einziehungen der Männer versuchte man in vielen Betrieben, die Lücken durch Frauen auszufüllen, doch waren die Frauen nicht allzusehr geneigt, in die Fabrik zu gehen. Immerhin machte sich die arbeitende Frau in den Vorortzügen und den Straßenbahnen schon recht bemerkbar. ... Die Verdunkelung der Stadt machte in den Abendstunden das Fahren mit der Straßenbahn besonders unangenehm. Fahrgäste und Fahrpersonal waren überreizt und müde. Zusammenstöße und Streitereien waren an der Tagesordnung. ... Die verstärkte feindliche Fliegertätigkeit über Essen und auch die vermehrte Inanspruchnahme der Essener Schulen für militärische und Luftschutzzwecke führten zur Kinderlandverschickung (KLV). ... Ein großer Teil der Eltern stand dem Vorhaben jedoch ablehnend gegenüber, teils, weil man sich von den Kindern nicht trennen wollte, teils auch aus religiösen Bedenken. Immerhin wurden in 1941 rund 8500 Kinder verschickt." (Chronik 1941, S. 15f.)

1942

4. Februar Die Muttermilchsammelstelle wird eingerichtet. Bei der Eröffnung erklärt der Chefarzt der städtischen Kinderklinik, daß die Abgabe der Muttermilch eine helfende Tat sei zum Wohle der schwächlichen Säuglinge. Man hoffe, daß es so gelinge werde, die Säuglingssterblichkeit von 5,8 Prozent zu senken.

12.–19. April Unter dem Motto „Stadt der Arbeit – Kunst unserer Zeit" veranstalten alle städtischen Kulturinstitute eine Kulturwoche, während der am 19. April die Oper „Peer Gynt" von Werner Egk in Anwesenheit des Komponisten aufgeführt wird.

15. April Nach der Beratung mit den Ratsherren, die am 23. März stattgefunden hatte, wird die Eigenbetriebssatzung der Städtischen Werke veröffentlicht.

26. Juni Auf Schacht Fritz des Hoesch-KölnNeuessener Bergwerksvereins ereignet sich ein schweres Grubenunglück, das 45 Menschenleben kostet.

8. Juli Zum ersten Mal seit Kriegsbeginn wird im Waldtheater wieder gespielt, und zwar die Opern „Cavalleria rusticana" und „Bajazzo".

16. SEPTEMBER Das 50jährige Bestehen des Opernhauses wird feierlich begangen. Albert Bittner dirigiert Beethovens „Weihe des Hauses“, das auch bei der Einweihung des Hauses gespielt wurde, und dann die Oper „Fidelio“.

16. SEPTEMBER – 1. NOVEMBER In den Hallen 6 und 7 des Ausstellungsgeländes wird die Parteiausstellung „Das Sowjetparadies“ gezeigt, eine antisowjetische Propagandaschau der NSDAP.

22. NOVEMBER In der Sporthalle an der Gruga wird eine Kunsteisbahn eröffnet.

– Essen erlebt 158 Alarme, davon 28 im Juli und 45 im August. Bei den 26 Angriffen sind nur relativ geringe Zerstörungen zu verzeichnen. Auf den städtischen Friedhöfen werden 299 Opfer der Bombardierungen begraben.
„Bedenklich wurde der Mangel an männlichen Arbeitskräften in allen nicht als kriegsmäßig anerkannten Betrieben. Es war auch nicht möglich, die durch Einziehung der Männer entstandenen Lücken durch Fremdarbeiter auszufüllen, da diese nur der Kriegsindustrie zugewiesen wurden. ... Besonders die Frauen der Eingezogenen zeigten im allgemeinen wenig Neigung, eine Arbeit aufzunehmen, da die Familienunterstützungs-Beiträge ziemlich hoch waren und zum Einkauf der noch zur Verfügung stehenden Güter des täglichen Bedarfs durchaus ausreichten. Es bestand auch noch wenig Anreiz, etwas hinzuzuverdienen, da einerseits die Preise kaum erhöht waren, andrerseits wenig Möglichkeit bestand, das erarbeitete Geld zu angenehmerer Lebensgestaltung anzulegen. So zeigten Kaffeehaus und Kino die größte Anziehungskraft für die unbeschäftigten Frauen.“ Berichtet die Chronik.

1943

5.-6. MÄRZ Essen erlebt seinen ersten Großangriff, bei dem 1130 Spreng-, 122 000 Stabbrand- und 17 000 Phosphorbrandbomben abgeworfen werden. Von Rüttenscheid bis nach Altenessen brennt die Stadt. Etwa 80 000 Menschen werden obdachlos. Ein zweiter Angriff folgt am 12. März. „Die Verwirrung war groß. Zwei schwere Angriffe innerhalb einer Woche hatten weite Teile der Stadt, in Sonderheit die Innenstadt, in Trümmer verwandelt. Viele öffentliche Gebäude und Schulen waren vernichtet oder beschädigt. Der Schulunterricht mußte vorläufig ausfallen. Essen war wie betäubt. Erst allmählich kam Ordnung in das Durcheinander.“ (Chronik 1943, S. 4)

Die Folgen des ersten großen Bombenangriffs auf Essen

9. APRIL Goebbels besucht die Stadt und erklärt in einer Ansprache im Saalbau, daß in absehbarer Zeit die feindlichen Luftangriffe aufhören würden.

17. MAI Britische Bomber zerstören nach Mitternacht die Sperrmauer der Möhnetalsperre. Die gewaltigen Wassermassen rissen alles mit, was im Wege stand. Mehr als 1100 Menschen finden den Tod. 14 Stunden später erreicht die Flutwelle Essen und überschwemmt große Teile von Steele.

26. JUNI Die Fried. Krupp AG kauft die Zechen Wolfsbank und Christian Levin und gliedert sie in die Fried. Krupp Bergwerke Essen ein.

26. JULI Kurz nach Mitternacht werden bei einem weiteren Großangriff Zechen, Industriebetriebe und die Reichsbahn schwer geschädigt. Die Bestände des Heimatmuseums und die wissenschaftliche Bibliothek werden ein Raub der Flammen. Mehr als 500 Tote sind zu beklagen. „Die Stimmung schwankt zwischen Verzweiflung, Stoizismus und einer angequälten Wurschtigkeit, möchte man sagen. Es ist furchtbar, die Dinge zu erleben, das Mühen und Hasten nach so einer grauenvollen Zerstörung zu sehen und zu wissen, daß der nächste Angriff,

Steele nach Sprengung der Staumauer der Möhnetalsperre

der unweigerlich kommen wird, das mühsam Wiederaufgerichtete noch vernichtender zusammenschlägt. ... Das Leben in der Stadt wurde immer trauriger, man möchte auch sagen gespenstiger. Zerstörung wohin man blickte. Abends und nachts vollständige Verdunkelung. Was sich bei Dunkelheit noch auf die Straße wagt, trägt eine Leuchtplakette im Knopfloch, um nicht von anderen Passanten angerannt zu werden. In den Familien steht wohl überall das Luftschutzgepäck bereit, genau aufgeteilt, damit beim ersten Sirenenton der Weg zum Bunker angetreten werden kann, soweit nicht die Familie es vorzieht, schon vorher den Bunker aufzusuchen, um noch einen guten Sitzplatz zu bekommen. Es gibt kaum noch Wohnungen, die nicht unter den Bomben gelitten haben.“ (Chronik 1943, S. 26 u. 27)

28. AUGUST Aus Anlaß des 50jährigen Bestehens wird bei der Straßenbahn ein Betriebsappell abgehalten, und jedes Belegschaftsmitglied erhält ein Jubiläumsgeschenk von 100 RM.

8. SEPTEMBER In einer Feierstunde wird die Gauwirtschaftskammer, die an Stelle der Industrie- und Handelskammer tritt, von ihrem

Präsidenten Dr. Eugen Vögler eröffnet. Die Neuorganisation des Verbandswesens wird vorgenommen, um den Einfluß der NSDAP zu stärken.

12. NOVEMBER „Die Firma Fried. Krupp hat sich als Familienunternehmen in 132 Jahren überragende, in ihrer Art einzige Verdienste um die Wehrkraft des deutschen Volkes erworben." Aus diesem Grunde bestimmt Adolf Hitler durch einen Führererlaß: „I. Der Inhaber des Kruppschen Familienvermögens wird ermächtigt, mit diesem Vermögen ein Familienunternehmen mit besonders geregelter Nachfolge zu errichten. II. Die Errichtung des Familienunternehmens und seine Satzung sind gerichtlich oder notarisch zu beurkunden. Die Satzung bedarf meiner Genehmigung, die durch den Reichsminister und Chef der Reichskanzlei einzuholen ist. III. Der jeweilige Inhaber des Unternehmens führt den Namen Krupp vor seinem Familiennamen."

– Bei der Kinderlandverschickung weigern sich die Eltern weiterhin im starken Maße, ihre Kinder fortzugeben. Auf Anordnung der Gauleitung bleiben deshalb die Schulen geschlossen. Sie hofft, so Druck auf die Eltern ausüben zu können und den anhaltenden Widerstand zu brechen.

1944

8. JANUAR Wolf von Niebelschütz erhält den Literaturpreis der Stadt Essen.

26. MÄRZ Der erste Großangriff des Jahres, bei der etwa 200 000 Bomben abgeworfen werden, kostet mehr als 550 Menschen das Leben.

27. APRIL Der zweite Großangriff stellt alle bisherigen Bombardierungen in den Schatten. Beinahe 300 000 Bomben wurden über der Altstadt, dem Kruppschen Fabrikgelände, über Rüttenscheid, Borbeck und Altenessen abgeworfen. 24 000 Menschen werden obdachlos.

19. AUGUST Mit den Stücken „Die Mitschuldigen" und „Die Geschwister" von Johann Wolfgang von Goethe im Kammermusiksaal des Saalbaus wird die Spielzeit 1944/45 der städtischen Bühnen eröffnet. Es bleibt die einzige Aufführung, da nach den Maßnahmen für den Totalen Kriegseinsatz alle Theater schließen müssen.

27. August Auf den Ruhrstein-Terrassen gibt das Städtische Orchester sein Abschiedskonzert, das mit der „Unvollendeten Sinfonie“ von Schubert ausklingt.

17. September Die letzten in Essen lebenden Juden werden verhaftet.

23. und 25. Oktober Bei zwei Großangriffen verlieren mehr als 1500 Menschen ihr Leben. Getroffen werden sowohl der Süden der Stadt (Stadtwald und Bredeney) als auch der industrielle Norden. Von diesem Tag an reißen die Angriffe bis zum Weihnachtsfest nicht mehr ab. Beinahe täglich heulen die Sirenen, flüchten die Menschen in die Bunker, werden Wohnungen und Industrieanlagen zerstört.

NOVEMBER Für den Oberbürgermeister und die Dezernenten werden Arbeitsräume im Haldenbunker auf der Zeche Ludwig in Rellinghausen eingerichtet.

31. DEZEMBER Bedingt durch den Einzug zum Wehrdienst, durch Evakuierung, Kinderlandverschickung und Fortzug hat sich die Essener Bevölkerung von 672 000 bei Kriegsausbruch über 473 000 (Anfang 1944) auf 375 000 Personen verringert.

Das Leben muß irgendwie weitergehen

1945

11. März Essen erlebt den letzten und zugleich schwersten Bombenangriff des Krieges. 8000 Sprengbomben gehen auf die Stadt nieder, hinterlassen gewaltige Zerstörungen und beinahe 900 Tote. „An diesem Tage ging das Leben der Stadt aus den Fugen", berichtet die Chronik. „Der Angriff hatte den Lebensnerv der Stadt getroffen, wichtige Straßen und mit ihnen Versorgungs- und Transportwege zerrissen und den Zusammenhang der Stadt endgültig zerstört. Der Hauptbahnhof, die Hauptpost, das Opernhaus, der Saalbau, die Gebäude des Ruhrsiedlungsverbandes, der Emschergenossenschaft, des Bergbauvereins, der Gauleitung waren nun schwer beschädigt, in Trümmer gesunken oder ausgebrannt. Die Westfront des Rathauses war abgeschlagen, viele andere städtische Verwaltungsstellen hatten erhebliche Schäden erlitten. ... Das Folkwangmuseum erlebte die endgültige Vernichtung seiner Räume; das Ruhrlandmuseum in der Robert-Schmidt-Straße den Verlust mehrerer Sammlungen. Das Ausstellungsgelände der Gruga wurde durch die Bomben umgepflügt, die Hallen bis auf die große Eisenbetonhalle vernichtet. ... Bisher noch leidlich erhaltene Straßen ... waren streckenweise nur noch formlose Trümmerstätten, die schon so oft schwer geprüften Stadtteile im Umkreis der Kruppschen Fabrik unpassierbare Stein- und Schutthaufen. Erledigt war nun die Kruppsche Fabrik. Nachdem Glut- und Rauchschwaden verschwunden waren, breitete sich ein stundenweites Schrottfeld aus. Der Fuß stapfte über Geröll, verfallene Bauwerke, verbogene, geknickte, verbeulte, geschmolzene, zerwalzte und in phantastischem Gewirr durcheinandergewirbelte Träger, Platten, Schienen, Dächer, Krane und Maschinenteile, der Blick ging unabsehbar über gewesene Hallen, Werkstätten, Gießereien, Rohre, Bleche, Eisen, Stein und Mörtel, alles zu einem grausigen Bilde des Industrietodes verquirlt, über lange Straßen hinweg, die nun auch verschüttet waren. Und in dieses Chaos hinein schlugen vom Rhein her die Granaten der amerikanischen Artillerie. ... Bombenlöcher, Trümmerberge und tiefe Kraterseen machten in vielen Hauptstraßen den Wagenverkehr unmöglich, den Fußgängerverkehr zu beschwerlichen Kletterpartien."

12.–13. März 35 Zwangsarbeiter, die im Polizeigefängnis einsitzen, werden zum Montagsloch gefahren und dort von Gestapo-Leuten erschossen.

25. März Der stellvertretende Gauleiter Fritz Schleßmann erläßt in seiner Funktion als Reichsverteidigungskommissar einen Aufruf zur Räumung Essens: „Der Feind hat auf dem rechten Ufer des Niederrheins Brückenköpfe errichtet. Es muß damit gerechnet werden, daß er unter Einsatz seiner schweren Bomber und schwerster Artilleriewaffen, wenn auch vorübergehend, weiter vorrückt und in unsere Großstädte einrückt. Der Feind wird mit brutaler Härte wieder herausgehauen werden. Kein Mittel wird gescheut werden, unsere niederrheinische Heimat, unsere Städte an Ruhr und Niederrhein, wieder freizukämpfen. In diesem Kampfgebiet dürfen Frauen und Kinder nicht mehr sein. Verpflegung, Wohnung, Brot, Milch, Wasser, Licht usw. werden ausfallen. Lebensmöglichkeiten wird es nicht mehr geben. Die totale Räumung ist daher zwingendes Gebot. ... Väter und Mütter, packt sofort Euer unentbehrliches Gepäck, nehmt Eure Kinder mit, verlaßt Eure Wohnungen und begebt Euch in innerdeutschen Gauen solange in Sicherheit bis unsere Heimat wieder frei ist. Eure Weiterleitung werden die Dienststellen der NSV übernehmen." Der Befehl, der erst am 27. März veröffentlicht wird, stößt auf den Unmut der Bevölkerung, die ihn nicht ausgeführt. Wenige Tage später wird er erneuert: „An die Bevölkerung von Groß-Essen! Die Heeresgruppe hat befohlen, daß unter allen Umständen der Raum von Essen total zu räumen ist, wenn notwendig unter Anwendung von Gewalt." Auch dieser Aufruf findet kein Gehör.

31. März Als erster Stadtteil wird Karnap von den Amerikanern besetzt.

5.–10. April In der Nacht vom 5. zum 6. überschreiten die Amerikaner den Kanal und rücken in Katernberg, Altenessen, Vogelheim und Dellwig ein. In den folgenden Tagen werden Stoppenberg, Kray und Steele besetzt, und am 10. April ziehen die ersten Soldaten in die Innenstadt ein. Am 11. April geht die Stadt Essen offiziell in die Hände der Amerikaner über. In der Stadtchronik ist zu lesen: „Der Übergang der Stadt Essen in fremde Hand hatte wenig Heroisches an sich. So kann es aussehen, wenn im Buch der Geschichte eine Seite umgeschlagen wird, ein neues Kapitel beginnt: wie eine Überblendung im Film. Die gewohnte Ordnung ist verschwunden, zusammenhanglos erlebt man Trümmer, Rauch, Schüsse, unverständliche Stimmen. Leute stehen untätig in Gruppen herum, klettern über sinnlos gewordene Panzersperren, stehlen abhängenden Leitungsdraht, hängen vereinzelt weiße Fahnen heraus. Amerikanische Einzelautos, ‚Jeeps', mit drolligen Aufschriften, Mädchennamen und Heimatklängen, Reihen von grauen, festgefügten Panzer- und Lastwagen mit dem großen weißen Stern der Alliierten kommen vorbei, halten an, fragen nach dem Weg, fahren ruhig weiter, unbehelligt und ohne jemand zu behelligen, Motorräumer werfen ohne ersichtliche Anstrengung deutsche Hindernisse über den Haufen. Schlottrig, aber praktisch gekleidete Soldaten legen unbekümmert elektrische Leitungen über Bäume, Laternenpfähle und Gartenzäune, weisen winkend den Passanten einen anderen Weg an, errichten Wegweiser und Warnungstafel."

11. APRIL Oberbürgermeister Just Dillgardt wird verhaftet. Als neuen Oberbürgermeister setzt die Besatzungsmacht Dr. Dieter Russell ein.

15. APRIL Die alliierten Truppen nehmen Kettwig ein. Zwei Tage später folgen Kettwig vor der Brücke und Werden.

20. APRIL „Ich gehe durch die Straßen. Durch diese Gespenster von Straßen, in denen die Häuser als Stein- und Staublawinen am Boden liegen und die Ruinen in hilfloser Angst erstarrten mitten in dem Augenblick, als der Hammerschlag der Bomben sie zerschlug. Welch menschliche Gebärde ist in diesen klagenden Hauswänden, diesen ineinanderverkrallten Sparren und Gestängen! Essen ist flach, sagen die Leute. Das ist gut beobachtet. Die Stadt ist hinabgesunken. Von der Senkrechten in die Waagerechte. Der Blick geht über die Trümmerwellen ins Weite. Er folgt neuen Perspektiven, er hat keine Fesseln. Über allem steht der Himmel dieses Frühlings 1945. Er ist blau und weiß, und das Blau ist abgründig klar und milde und das Weiß so licht wie der Schaum der Blüten auf den Obstbäumen. Das wandelt in überirdischer Schönheit über Staub und Dreck und Häßlichkeit. Die Erde lebt weiter. Die Bäume blühen über den Trümmern. Was fragt der Baum nach den Wunden der Erde. Das Leben will ans Licht. So halten es auch die Menschen. Sie graben in den Gärten. Wo Mondlandschaften der Trichter sind, graben sie. Der Mensch, voll Haß gegen die Unordnung, ist dabei, die Leere mit Leben zu erfüllen. In kleinen Gärten haben sie Löwenzahn gezogen. Die Blüten der Johannisbeere schweben im Licht. ... Plakate, ‚Ordinances', teilen die Regeln mit, nach denen das Leben der Stadt sich zu richten hat. Die Regeln sind streng. Nicht strenger als die Umstände es fordern. Die Ausgehzeit ist beschränkt von 7 bis 18 Uhr. Das ist früher Abend. Gestern, am 19. April, wurde die Frist auf 20 Uhr ausgedehnt. Das sind 13 Stunden für die Straße. In dieser Zeit hat das öffentliche Leben zu geschehen. Die Schlangen beginnen von 7 Uhr an ihr Tagewerk vor den Läden der Bäcker und Metzger. Bis

Das Anstehen nach Brot

9.30 und 10 Uhr dauert es gewöhnlich, ehe die Läden geöffnet werden. Es gibt wieder Brot.“ (Sabel, Essen, S. 8)

22. April Der stellvertretende Gauleiter und Reichsverteidigungskommissar Fritz Schleßmann wird in Steele, wo er sich versteckt hielt, verhaftet.

24. April Im Einvernehmen mit der Militärregierung gibt das städtische Presseamt zum ersten Male ein Mitteilungsblatt, die „Bekanntmachungen der Stadtverwaltung Essen“, heraus. Obwohl die Ausgabe nur vier kleine Quartseiten umfaßt, reißen die Leute dem Verkäufer das Blatt aus den Händen, da es seit Wochen das erste bedruckte Papier mit Nachrichten aus ihrer Stadt ist.

30. April Die Besatzungsmacht lockert das bisherige Ausgehverbot (18 Uhr abends bis 7 Uhr morgens). Nun muß die Bevölkerung von 21 Uhr bis 5 Uhr 30 in den Häusern bleiben.

Mai In Anlehnung an die Anweisung Nr. 3 der Militärregierung werden alle Angehörige der Stadtverwaltung, die vor dem 30. September 1930 Mitglieder der NSDAP oder einer ihrer Gliederungen waren, entlassen und alle die, die nach diesem Stichtag bis zum 30. Januar 1933 beigetreten waren, suspendiert. In jedem Einzelfall behält sich aber die Militärregierung die Entscheidung vor. Die Bilanz zum 31. Dezember 1947: Man hat 457 Beamte und 345 Angestellte entlassen und 21 bzw. 36 suspendiert; davon werden 370 wieder eingestellt bzw. in den Ruhestand versetzt.

12. Mai Die erste Ausgabe der „Ruhr Zeitung", herausgegeben von der 12. amerikanischen Heeresgruppe für die deutsche Zivilbevölkerung, erscheint. „Die Waffen wurden gestreckt – Deutschland ergab sich bedingungslos – Am 8. Mai 1945 um Mitternacht erscholl der Befehl: Feuer einstellen!" lauten die Schlagzeilen der ersten Seite.

20. Mai Dr. Hugo Rosendahl tritt sein Amt als Oberbürgermeister an. In einem Aufruf wendet er sich am 22. Mai an die Bevölkerung: „Selbst ein Kind des Ruhrgebiets, seit 1933 in Essen ansässig, folge ich als verantwortungsbewußter Verwaltungsbeamter und als ehemaliger Oberbürgermeister der Industriestadt Hamborn und der Provinzialhauptstadt Koblenz in schwerster Stunde diesem Ruf. Wie ein Familienvater die Seinen will ich nach besten Kräften unsere vom Kriege ganz besonders heimgesuchte Stadt betreuen. In der Hoffnung und im Vertrauen darauf, daß alle, die eines guten Willens sind, jeder an seinem Platze, mitarbeiten werden, wollen wir ans Werk gehen. Wiedergutmachung und Wiederaufbau sind das gemeinsame Ziel. Unerläßliche Vorbedingung für die Bewältigung der auf allen Gebieten vor uns liegenden, beinahe unlösbar erscheinenden Aufgaben sind Ruhe und Ordnung, Besonnenheit und Gehorsam. Wenn alle zusammenstehen wie ein Mann, werden wir es, vorwärts und aufwärts schauend, gemeinsam schaffen. Darum: Mit Gott für Heimat und Vaterland."

29. Juni Ein den Oberbürgermeister beratender Bürgerausschuß von 13 Mitgliedern tritt erstmals zusammen.

1. Juli Der innere Postdienst wird wieder eröffnet. Für die britische Zone werden Behördenbriefe, geschäftliche und industrielle Schreiben zugelassen, während im Zivilverkehr nur Postkarten verwendet werden dürfen. Da noch keine Abholung aus den Straßenbriefkästen erfolgt, müssen alle Sendungen an den Postschaltern der einzelnen Postämter abgegeben werden. Erst am 20. Oktober wird der Postverkehr auf alle Besatzungszonen ausgeweitet.

7. Juli Die Essener dürfen nun alle Orte in einer Entfernung von 100 Kilometern Luftlinie ohne Passierschein besuchen.

21. Juli Die Eisenbahndirektion meldet: „Die Inbetriebnahme der Eisenbahnstrecken macht laufend weitere erhebliche Fortschritte. Die Reichsbahn hat die Bedienung des Personen- und Güterverkehrs zwischen den meisten Bahnhöfen innerhalb des

Bezirks der Reichseisenbahndirektion Essen und mit vielen Bahnhöfen der angrenzenden Bezirke wieder aufgenommen."

24. JULI Wegen der Notlage auf dem Wohnungsmarkt wird der Wohnraum rationiert. Jedem Erwachsenen steht höchstens ein Raum zur Verfügung, wobei zwei Kinder unter 12 Jahren wie ein Erwachsener gerechnet werden. Die Stadtverwaltung gibt der Bevölkerung den Ratschlag, die „Zwangseinweisungen des Wohnungsamtes nicht abzuwarten. Wer sich freiwillig beschränkt, indem er schon jetzt obdachlos gewordene Mitbürger aufnimmt, hat noch Gelegenheit, den zukünftigen Mitbewohner auszuwählen. Bei einer Zwangseinweisung wird dies nicht mehr möglich sein."

1. AUGUST Im Waldtheater an der Schillerwiese findet das erste Konzert des städtischen Orchesters statt. Unter der Leitung von Alfred Kunze werden Werke von Beethoven, Brahms, Mozart, Haydn, Rossini, Schubert, Strauß und Offenbach gespielt.

9. AUGUST Alle Erwachsenen werden für 10 Arbeitsstunden zum Schutträumen und zur Beseitigung der Bombentrichter verpflichtet.

11. AUGUST Der Militärkommandant Oberstleutnant Downe ruft die Einwohner des Stadtkreises Essen zur „Winterschlacht" auf: „Ich erwarte, daß es in Essen keinen Unterbeschäftigten gibt. Ich erwarte, daß niemand, weder Mann noch Frau, seine Zeit mit unwichtigen Dingen vergeudet. Ich erwarte, daß jeder sich für das Gemeinwohl und nicht nur für sich selbst einsetzt. Ich erwarte, daß jeder einzelne ohne Murren seine Pflicht tut. Ich erwarte, daß jeder unter Zurückstellung politischen und sonstigen Haders den Blick auf das Ganze der Aufgabe richtet. Ich erwarte, daß jeder frohgemut und starken Herzens ans Werk geht."

13.–18. AUGUST Eine Wohnungszählung ergibt, daß 365 045 Wohnräume zerstört sind (= 54 Prozent des Bestandes vom 1. Januar 1943).

SEPTEMBER Die Essener Nothilfe wird als Winternothilfe ins Leben gerufen. Sie wendet sich „an alle, die guten Willens sind" und möchte „auch den letzten Essener für den Dienst an der Heimat gewinnen": „Laßt uns Not und Elend abwehren und unsere Stadt und alle ihre Einwohner vor dem Schlimmsten bewahren", heißt es in einem Aufruf vom 20. Oktober.

SEPTEMBER Infolge der Potsdamer Beschlüsse werden alle zur Firma Fried. Krupp gehörenden Betriebe stillgelegt. Ausnahmen sind die Werkstatt für Lokomotivbau, da hier die für den Warentransport dringend benötigten Lokomotiven repariert werden können, und die Widia, wo das Hartmetall für die Werkzeugfertigung hergestellt wird.

17. SEPTEMBER Der Unterricht an den Oberstufen der Volksschulen beginnt. Am 2. November folgen die Mittelschulen und die Höheren Schulen.

25. OKTOBER Der Oberbürgermeister erläßt ein Zuzugsverbot: „Die Wohnungsnot in unserer Stadt wird von Tag zu Tag größer. Zehntausende warten auf Wohnungszuteilung. Um im kommenden Winter eine Katastrophe zu vermeiden, ist die Stadt Essen mit Genehmigung der Militärregierung zu einem ‚Brennpunkt der Wohnungsknappheit' erklärt worden. Jeder Zuzug nach Essen ist untersagt, außer für Personen, die dazu von der Militärregierung ermächtigt worden sind. ... Wer ohne Genehmigung nach hier verzieht, erhält weder Lebensmittelkarten noch Unterkunft."

5. NOVEMBER Im Stadtgarten Steele referiert Wolf von Niebelschütz über Jakob Burckhardt.

10. NOVEMBER Unter dem Vorsitz von Dr. Heinrich Steffensmeier wird das Zentrum wiedergegründet.

16. NOVEMBER Die Militärregierung übernimmt die Kontrolle über die Firma Fried. Krupp und das Eigentum der Familie. Oberst Douglas Fowles, der eingesetzte Verwalter, teilt den Prokuristen und Abteilungsleitern mit: „Da draußen, meine Herren, wird nie wieder ein Schornstein rauchen. Wo einmal das Gußstahlwerk stand, werden Gras und Kraut wachsen. Die britische Militärregierung hat beschlossen, mit Krupp für alle Zeit Schluß zu machen."

23. NOVEMBER In der Zeitschrift „Spectator" (London) berichtet Samuel Carr: „Nach Hiroshima und Nagasaki muß Essen die am stärksten bombenbeschädigte Stadt ihrer Größe in der Welt sein. Als vor etwa einem halben Jahr die Alliierten dort einzogen, hatte sie alles Aussehen verloren, als ob sie jemals eine Stadt gewesen wäre. Kein Haus sah mehr aus, als ob es bewohnbar wäre, keine Straße war für eine wesentliche Strecke begehbar, und selbstverständlich funktionierte keine öffentli-

che Einrichtung mehr. Die Zerstörung ist heute noch genau so stark wie vorher, aber die Straßen haben etwas von ihrer gespenstigen Unaufgeräumtheit verloren; es gibt elektrischen Strom und manchmal Wasser, und gelegentlich fahren verbeulte Trümmer von Straßenbahnen durch die Ruinen. Erstaunlicher aber als diese äußeren Veränderungen ist das Wiederaufleben des Kulturlebens der Stadt. Trotz unvorstellbarer Schwierigkeiten gibt es nun wieder ein städtisches Sinfonieorchester, eine städtische Oper und eine städtische Schauspieltruppe, die erlaubte („legitimate") Stücke spielt, und sie alle bringen erstklassige Darbietungen. Die Aufführung der Klassiker der Musik, der Oper und der dramatischen Dichtung in einer so zerstörten Stadt wie Essen ist an sich schon eine bemerkenswerte Leistung; sie bedeutet zum mindesten den ersten bedeutungsvollen Schritt in der Richtung auf ein eigenes neues Leben."

25. NOVEMBER In der Elisenschänke findet die erste Delegiertenkonferenz der SPD statt. Der kommissarische Vorsitzende Wilhelm Nieswandt erklärt, „daß mit dem Jahre 1945 ein ganz neuer Abschnitt beginne und wir nicht an 1932 anknüpfen können, denn das Gebilde des Deutschen Staates ist vernichtet. Wir stehen am Ausgangspunkt einer Neugestaltung, das [sic!] von Grund auf allen Erfahrungen entsprechend neu konstruiert werden muß. Was von den Nazis gebaut wurde, kann nicht gebraucht werden."

28. NOVEMBER Im Landgericht Essen werden in feierlicher Form die Richter und Staatsanwälte durch die Militärregierung vereidigt, und das Landgericht Essen sowie die Amtsgerichte Essen, Essen-Borbeck, Essen-Steele und Essen-Werden nehmen ihre Tätigkeit auf.

24. DEZEMBER Der Oberbürgermeister übermittelt die herzlichsten Weihnachts- und Neujahrswünsche an alle Mitbürger: „Wenn auch der zweite Weltkrieg, der das Abendland an den Rand des Unterganges gebracht hat, mit seinen unmittelbaren Schrecken schon beinahe dreiviertel Jahr hinter uns liegt, so lasten doch die Folgen des furchtbaren Geschehens noch schwer auf unserem Vaterlande. Die Sorge um das tägliche Brot, um Kleidung, Wohnung und Heizung steht bei allen Völkern Europas vor allen anderen Problemen im Vordergrund. Düstere Wintertage liegen noch vor uns und müssen überwunden werden. Aber schon leuchtet ein Licht, und wir alle schreiten aus der Finsternis diesem Licht entgegen. – Weihnachten, das Wiegenfest der Christenheit, erfüllt uns mit starker Hoffnung und Lebens-

freude. Auf der Grundlage unerschütterlichen Gottvertrauens treten wir mit der wiederaufsteigenden Sonne in das neue Jahr ein, das uns, wenn wir auch weiterhin wie in den hinter uns liegenden neun Monaten einmütig zusammenstehen, zwar langsam, aber doch sicher besseren Lebensbedingungen entgegenführen wird. ... Das Jahr 1946 wird uns nach den Aufräumungsarbeiten des laufenden Jahres, den Wiederaufbau auch in politischer Beziehung auf demokratischer Grundlage einleitend, einer wirklichen Völkerversöhnung und einem wahren Frieden näherbringen."

– Bewegung der Einwohnerzahl 1945:

März	289 778
Juni	326 146
September	445 952
Dezember	483 107

1946

– „Während zahlenmäßig die Gesamtbevölkerung der Stadt Essen fast wieder den alten Stand erreichte, entvölkerten sich ganze Stadtteile, besonders die Innenstadt, und ergab in dem Maße, wie die Enttrümmerung fortschritt, kilometerweit das Bild einer toten Stadt. Teile der Altstadt, des Ostviertels, der fabriknahen Viertel von Essen-West, nehmen das Aussehen einer gespenstigen Gräberstadt an." „Noch war der Essener Hauptbahnhof eine kaum aufgeräumte wüste Ruine, die den ständig anschwellenden Strom der Reisenden kaum durchschleusen konnte, war die Straßenbahn ein reines Glücksspiel. Die einst so gewerbereiche Viehofer Straße fiel aus, die Limbecker Straße, einst eine der lebhaftesten Einkaufsstraßen Europas, war noch unpassierbar und unter Trümmerbergen begraben. Im Rathaus rieselte von oben her der Regen und von den Wänden der Kalk herab, seine West- und Nordfronten deckten hohe Böschungen von Schutt und Trümmern. Das Deutschlandhaus war eine finstere und in einigen Abschnitten nur unter Lebensgefahr zu begehende fast fensterlose Höhle." (Chronik 1946, S. 1 u. 22)

27. JANUAR Im Lichtspieltheater „Atrium" an der Kettwiger Straße wird in einer Feierstunde die Wiedergründung der Essener SPD vollzogen. Ein alter Genosse übergibt Karl Bergmann die über die NS-Zeit gerettete alte Parteifahne.
Die offizielle Gründungsversammlung der CDU findet im Saal des Steeler Stadtgartens statt, auf der Johannes Albers

und Hans Spiecker reden. Bereits im Juli 1945 hat sich ein erster Aktivenkreis gebildet, der sich regelmäßig getroffen und der auch Kontakte zu den sich bildenden Landesverbänden der Partei angeknüpft hat.
Am gleichen Tag hält auch die KPD ihre erste öffentliche Versammlung ab. Auf dem Burgplatz spricht Heinz Renner.

29. JANUAR Als erste Lehrerbildungsanstalt in der britischen Zone wird die katholische Pädagogische Akademie in Kupferdreh mit einer Feierstunde im Steeler Stadtgartensaal eröffnet.

6. FEBRUAR Im festlich geschmückten Rathaus Kray konstituiert sich der ernannte Rat der Stadt (sechs Frauen und 54 Männer). Von ihnen gehörten 23 zur CDU, 17 zur SPD, 17 zur KPD, 2 zur Zentrumspartei und einer zur FDP. In der Sitzung wird Dr. Hugo Rosendahl zum ersten Oberstadtdirektor Essens bestimmt, während Heinz Renner (KPD) zum Oberbürgermeister ernannt wird. Dazu erklärt der Stadtkommandant Oberst Kennedy: „Herr Renner ist von der Militärregierung ernannt worden, weil er von den politischen Parteien in Essen den Schwung gezeigt hat, den die Militärregierung wünscht, damit Essen wieder an seinen früheren Platz zurückgebracht wird. Soweit es die Militärregierung angeht, wird seine politische Anschauung dabei nicht mitspielen [sic!]. Wenn Ihnen diese Bestimmung nicht gefällt, dann können Sie es bei den Wahlen ... entsprechend ändern."
In seiner Einführungsrede führt Renner u.a. aus: „Ich bin mir der großen Verantwortung voll bewußt, die ich in dieser Stunde übernehme. Unsere Vaterstadt Essen, die am stärksten durch den Krieg gelitten hat und trotzdem heute die volkreichste Stadt des Ruhrgebietes ist, galt bisher bei allen Völkern als die Waffenschmiede des deutschen Imperialismus. Durch unser Wirken soll sie im Westen Deutschlands zum Symbol des Aufbauwillens und der ehrlichen Friedensbereitschaft des deutschen Volkes werden. ... Der Aufbau Deutschlands ist ohne unsere verantwortliche Mitarbeit undenkbar, denn Essen, das wirtschaftliche Zentrum an der Ruhr, ist eine deutsche Stadt und muß es bleiben! Doch Essen ist nicht nur eine deutsche Stadt, Essen ist eine Arbeiterstadt. Und darum erfüllt es mich mit besonderem Stolz, daß ich, ein Vertreter der Arbeiterklasse, als Mitglied der Kommunistischen Partei Deutschlands, an so wichtiger Stelle am Aufbauwerk arbeiten darf. Der Wunsch der Alliierten, daß das deutsche Volk selbst die Verantwortung für die Schaffung demokratischer Einrichtungen tragen soll, deckt sich mit unserem Willen, das administrative, wirtschaftliche und kulturelle Leben unserer Stadt von allen

reaktionären, nazistischen und militaristischen Elementen zu säubern. Ich begrüße es, daß mein Amtsantritt in einem Augenblick erfolgt, in dem die britische Regierung eine Anordnung erlassen hat, die die Reinigung der Verwaltung und der Wirtschaft von aktiven Nazis und Kriegsverbrechern in die Hände des deutschen Volkes legt. ... Es ist notwendig, daß wir bei der Neugestaltung die Struktur und den Charakter unserer Essener Wirtschaft verändern. An die Stelle des vordem unsere Stadt beherrschenden Mammutbetriebes Krupp, der Generationen hindurch vorzugsweise Kriegsmaterial erzeugte, müssen jetzt Produktionsstätten treten, die ausschließlich Güter für den Friedensbedarf herstellen, das heißt, daß unser größtes Augenmerk auf die Heranziehung verarbeitender Industrien gerichtet sein muß.
Auf diese Weise wird es möglich sein, den Stamm der ehemaligen – so hoch qualifizierten – Krupp-Arbeiter zu erhalten, der durch die Einstellung der Rüstungsindustrie aus dem Arbeitsprozeß herausgeworfen wurde. ... Ich bin überzeugt, daß auch in unserer Vaterstadt Essen die demokratischen Kräfte stark genug sind, die Überreste der fluchwürdigen Hitlerzeit auszurotten. Herr Oberst Kennedy, lassen Sie diesen demokratischen Kräften und mir freie Hand, und Essen wird in kürzester Zeit die vorbildliche Stadt Westdeutschlands sein, deren Bevölkerung durch ehrliche Arbeit ihren Willen zur Wiedergutmachung und zum Frieden beweisen wird. So wird auch unser Essen seinen Anteil leisten am friedlichen Wiederaufbau unseres neuen demokratischen, antifaschistischen Deutschlands!“
Nachdem Oberstadtdirektor Dr. Rosendahl den Verwaltungsbericht erstattet hat, sprechen die Vertreter der Fraktionen. Für die CDU betont Heinrich Strunk: „Wir sind nach Jahren unwürdiger Führung und Vergewaltigung wieder freier geworden, und für den Freien ist die Scham über das Geschehene gewaltiger Auftrieb zur Aufbauarbeit. ... Wir Vertreter der Christlich Demokratischen Union sind bei dem Aufbauwillen an unserer Heimatstadt, die in erster Linie eine wirtschaftliche Aufgabe ist, durch kein wirtschaftspolitisches Dogma belastet. Unbefangen werden wir jeder Situation und jeder Aufgabe gegenüber treten. Unser soziales Verantwortungsgefühl vor dem Volksganzen wird der Maßstab unserer Entscheidungen sein. Wir werden immer auf der Seite des Fortschritts und der Gerechtigkeit stehen. Die Gerechtigkeit wird uns auch 1946 in allen personellen Fragen und Entscheidungen leiten müssen. Wir hoffen, uns in dieser Haltung in der vor uns liegenden schweren Zeit mit den anderen demokratischen Kräften unserer Vaterstadt zu finden. Das bedeutet nicht, daß wir auf die

besonderen Anliegen, zu denen uns unser christliches Gewissen verpflichtet, irgendwie Verzicht leisten."
Wilhelm Nieswandt (SPD) erinnert in seiner Rede daran, daß Sozialdemokraten schon einmal 1918 politische Verantwortung übernommen hätten und daß es ihnen schlecht entlohnt worden wäre. Er erinnert aber auch an den 26. Mai 1933, als die SPD-Fraktion aus der Sitzung herausgeschlagen worden war, ohne daß Protest laut geworden wäre. Dennoch sei man bereit zum Mitarbeiten. „Vornehmste Aufgabe neben der Ernährung wird der Wohnungsbau sein. Um das Volk immer wieder an das zu erinnern, was war, werden wir gegebenenfalls einen Antrag beibringen, daß an alle diese Baustellen das Schild kommt: Daß wir hier bauen, verdanken wir dem Führer. Denn nur wenn der Mensch immer wieder daran erinnert wird, was war, wird er zu den Dingen positiv Stellung nehmen und zu verhindern versuchen, daß sich derartiges wiederholt. Unser aller Wunsch ist, daß die Stadt Essen, wenn sie wieder aufgebaut werden sollte, nicht irgendwelchen Scharlatanen ausgeliefert wird."
Für die Liberalen spricht Dr. Victor Niemeyer: „Es türmt sich vor uns auf ein steiler Berg von einer fast unübersehbaren Fülle von Aufgaben. ... Sollen wir diesen Aufgaben zaghaft gegenüber stehen? Nein, mit glühendem Optimismus, mit dem festen Glauben an die Zukunft unseres Vaterlandes und unserer geliebten Vaterstadt Essen!"

7. FEBRUAR Für die Kleinkinderspeisung des Schwedischen Roten Kreuzes werden 80 Ausgabestellen eingerichtet. Bis zum 29. Juni werden 1 247 338 Essensportionen ausgegeben. Das Hilfswerk wird als Schulkinderspeisung weitergeführt. Ab dem 2. Oktober erhalten 14 000 amtsärztlich ausgewählte Kinder ein Essen. Weitere Unterstützungsaktionen waren die Schweizer Spende und die Kleinkinderspeisung des irischen Volkes.

8. - 9. FEBRUAR Oberhalb der Zweigertbrücke bricht der Damm der Emscher und überschwemmt weite Teile von Karnap. Mehr als 3000 Einwohner werden obdachlos. Die Beseitigung der Schäden wird dadurch erschwert, daß das Emscherwasser stark mit Schlamm, Teer und Chemikalien verschmutzt ist.

10. MÄRZ Die Demontage des Kruppschen Hüttenwerks Borbeck, das den Krieg unversehrt überstanden hat, wird zugunsten der Sowjetunion angeordnet. Die 15 000-Tonnen Schmiedepresse, die seit dem Frühjahr 1929 in Betrieb ist, erhält Jugoslawien.

14. März Die evangelische pädagogische Akademie in Kettwig wird feierlich eröffnet.

17. März Anläßlich der Senkung der Lebensmittelrationen veröffentlichen die „Essener Mitteilungen“ einen Aufruf des Stadtkommandanten Kennedy „An die Bevölkerung Essens!“: „Ich lege daher der Bevölkerung von Essen nahe, die Dinge ruhig zu nehmen und die Zukunft nicht zu schwarz zu sehen; denn, falls es zu Unruhen kommt, werden wir dabei nur ein Resultat erzielen: es wird viel Schaden angerichtet werden für nichts und wieder nichts. So wie ich in der Vergangenheit gehandelt habe, werde ich auch in der Zukunft bestrebt sein zu handeln, d.h. alles, was in meiner Macht steht, für die Bevölkerung Essens zu tun. Der beste Rat, den ich Ihnen geben kann, ist: den Gürtel enger schnallen und es mit Fassung tragen.“

27. März Dr. Gustav Heinemann (CDU) wird einstimmig zum Bürgermeister gewählt.

27. März Die Stadtvertretung streicht Adolf Hitler, Hermann Göring, Heinrich Unger, Bertha und Gustav Krupp von Bohlen und Halbach aus der Liste der Ehrenbürger.

27. März Die Altendorfer Straße vom Limbecker Platz bis zur Helenenstraße wird in Ernst-Thälmann-Straße umbenannt. Am 19. Oktober 1950 wird diese Benennung wieder rückgängig gemacht

30. März Im Grugahof tritt der Gründungsparteitag der FDP zusammen. Die erste Großversammlung der Freidemokraten findet am 7. April in den „Atrium-Lichtspielen“ statt, auf der Franz Blücher, Vorsitzender der Essener FDP, und Wilhelm Heile reden.

5.–8. April Bei der Abstimmung über die Einrichtung von öffentlichen konfessionellen Schulen stimmen 29 889 Stimmberechtigte (= 72,9 %) für die konfessionellen Volksschulen.

7. April In der Gaststätte „Bredeneyer Krone“ findet die feierliche Gründungsversammlung der IG Metall, Ortsverwaltung Essen statt. Redner sind der spätere DGB-Vorsitzende Hans Böckler (SPD), Oberbürgermeister Heinz Renner (KPD) und Heinrich Strunk (CDU). Zum ersten Bevollmächtigten wird Hermann Klewer gewählt.

24. APRIL Das Haus der Technik nimmt seine Vortragstätigkeit wieder auf. Den Eröffnungsvortrag hält Professor Dr. Ing. O. Flachsbart über „Abendländische Kultur und Technik".

1. MAI Eine Schulerhebung erbringt folgenden Ergebnisse:

	Schulen	Klassen	Schüler	Lehrkräfte
Volksschulen	118	1 054	55 350	823
Hilfs- u. Sonderschulen	21	54	1 406	48
Mittelschulen	5	88	3 039	114
Höhere Schulen	15	228	7 966	306

8. MAI Die Folkwangschule für Tanz, Musik und Sprechen nimmt nach der Genehmigung der Militärregierung ihren Unterrichtsbetrieb wieder auf.

13. JULI Die erste Ausgabe der NRZ (Neue Ruhr Zeitung) erscheint. Im Leitartikel ist zu lesen: „... eine bestimmte Zeitung heimisch zu machen in einem großen Verbreitungsgebiet als eine schwer zu entbehrende Informationsquelle für den Mann auf der Straße und als einen Leitfaden durch eine chaotische Zeit für alle, die am Wiederaufbau ihrer Heimat und ihres Vaterlandes helfen wollen, das ist eine Aufgabe, die schwerer zu bewältigen ist, besonders, wenn man darüber hinaus noch die Müden, Verzweifelten und Lauen zur Teilnahme an dem Aufbauwerk wachrütteln will."

20. JULI Auf einer Großkundgebung des Sozialistischen Versammlungskomitees sprechen Otto Grotewohl und Wilhelm Pieck erstmals in der britischen Zone. Sie plädieren für den Zusammenschluß der Arbeiterparteien.

11. AUGUST Auf dem Burgplatz spricht in einer Großkundgebung der SPD Dr. Kurt Schumacher. Am gleichen Ort redet am 24. August Konrad Adenauer.

19. AUGUST Da nicht genügend Glühbirnen für die Beleuchtung der Straßenbahnen vorhanden sind, wird der fahrplanmäßige Einsatz der Wagen eingeschränkt. Er erfolgt nunmehr erst mit Beginn der Tageshelle und endet mit Einbruch der Dunkelheit.

24. AUGUST Mit einer Präsentation der etwa 20 bedeutendsten Gemälde im Schloß Hugenpoet beginnt das Folkwangmuseum seine Ausstellungstätigkeit.

„Einheitskundgebung" mit Pieck und Grotewohl

13. Oktober Nach einem recht verwickelten Wahlverfahren wird der Stadtrat nach dem Krieg gewählt. Während nach dem Prozentsatz der Stimmen die CDU mit 38,9 % nur knapp vor der SPD (34,2 %) liegt, hat sie dennoch mit 30 von 54 Mandaten die absolute Mehrheit inne (SPD: 19 Mandate). Das Wahlsystem benachteiligt besonders die kleineren Parteien. KPD (12,1 %) und Zentrum (11,2 %) erhalten nur 2 Mandate, die FDP (3,6 %) schickt einen Vertreter in den Stadtrat.

20. Oktober In einer Feierstunde wird die Volkshochschule wiedereröffnet.

30. Oktober Das Stadtparlament tritt zum ersten Mal zusammen und wählt Dr. Gustav Heinemann zum Oberbürgermeister. Zu seinem Stellvertreter wird am 21. November Josef Aust (CDU) gewählt.
Im Namen aller Fraktionen würdigt Heinrich Strunk (CDU) die Tätigkeit des Oberbürgermeisters Renner: „Die Zeit Ihrer Amtsführung war kurz, aber inhaltsvoll und wird von nachhaltiger Wirksamkeit sein. Neben den großen Tagesnöten der Ernährung und des Wohnens, denen Sie immer wieder viel Tatkraft haben widmen müssen, war Ihr Interesse ganz besonders

Kurt Schumacher spricht

CDU-Kundgebung mit Konrad Adenauer

der demokratischen Neuordnung unserer Stadtverwaltung gewidmet. Dieses Interesse bezog sich nicht auf bestimmten Personenwechsel, sondern auf die grundsätzliche Regel der Zuständigkeiten. Essen ist unter Ihrer Initiative beispielgebend mit seiner neuen Stadtverfassung und der Einschaltung der Gemeindevertreter in die städtische Verwaltungsarbeit geworden. ... Es hat kaum einen Zweig der Stadtverwaltung gegeben, in den Sie als alter Kommunalpolitiker und stadtkundiger Bürger nicht wirksam eingegriffen hätten. Daß das Ergebnis Ihrer Mühe in vielen Fällen nicht den Zielen und Erwartungen entsprochen hat, liegt nicht an Ihnen, sondern an den Umständen. Die Folgen dieses Krieges auch nur einigermaßen zu überwinden, wird noch viele harte Arbeit und Entbehrung kosten. Was zu tun möglich war, ist Ihrerseits im Verlaufe Ihrer kurzen Amtsführung zweifellos geschehen. Allen, die Sie bei dieser Arbeit im ernannten Gemeinderat, besonders im Exekutivausschuß, miterlebt haben, ist es darum herzliches Bedürfnis, Ihnen Dank zu sagen."

– Eine Umfrage der Essener Nothilfe ergibt, daß von den befragten 50 000 Schulkindern 24,2 Prozent kein einziges Paar Schuhe, 18,1 Prozent keinen Wintermantel und 21,4 Prozent keine Winterkleidung besaßen. Über die Hälfte der Kinder besitzt kein eigenes Bett.

– Tageskalorien für den erwachsenen Normalverbraucher 1946:

Januar	1489
März	957
Mai	997
Juli	947
September	1382
November	1290

1947

– „Stellten sich die Jahre 1945 und 1946 für den rückschauenden Blick als die Zeit des Zusammenbruchs und des Abbröckelns dar, als das natürliche Ergebnis eines bis zum Äußersten vorangetriebenen verlorenen Krieges, so führte das Jahr 1947 die Dinge in ihre letzten Konsequenzen hinein, in einen Zustand, den man wohl kaum anders als mit dem Ausdruck Atomisierung bezeichnen kann. Auf politischem, wirtschaftlichem, sozialem und vor allem moralischem Gebiete war ein fast völliger Zerfall aller bisherigen Bindungen eingetreten,... Die Ernährungslage offenbarte aber auch den Zustand der öffentlichen und der privaten Moral. Es wurde als selbstverständlich angesehen, daß Gesetze und Verordnungen umgangen wurden, daß jeder sorgte, trotz des Verbotes auf eigene Faust zu etwas zu kommen. Es galt als eine weiter nicht mehr verwunderliche Sache, wenn Behörden, einzelne Angestellte und auch die Polizei oder etwa die Eisenbahn als Gesamtbehörde oder in einzelnen Vertretern an Durchstechereien, Schiebungen und Beutezügen als Mittäter, Nutznießer oder Hehler beteiligt sein sollten. ... Der einzelne Anständige, der sich nicht beteiligte, galt in der allgemeinen Verwirrung aller Begriffe als der Dumme. Rücksichtnahme auf ein Allgemeininteresse, Bürgersinn oder Verantwortungsgefühl schwanden immer mehr dahin." (Chronik 1947, S. 1f.)

JANUAR Eine Kältewelle bricht über Deutschland herein. „Das Ruhrgebiet traf die Kälte ohne ausreichende Ernährung und ohne Kohlen zum Hausbrand. Man konnte es nicht verstehen, daß in einem Lande, das der Mittelpunkt der intensivsten Kohlenförderung Mitteleuropas gewesen war, nicht genügend Kohlen zur Heizung der Stubenöfen da sein sollten. Aber tatsächlich blieben infolge eines völligen Versagens des Verteilungssystems die Kohlenlieferungen aus, und die nun notwendigen drastischen Notsparmaßnahmen drohten das gesamte Leben der britischen Zone zum Erliegen zu bringen. Die Einschränkung in der Zufuhr von elektrischem Strom mußte zeitweilig auf das ganze Ruhrgebiet, auch auf die Stadt Essen, ausgedehnt werden. Eine einheitliche Regelung war bald nicht mehr möglich. Da genügender Frostschutz fehlte, versagten die Kraftwerke, und umfangreiche Abschaltungen waren nötig, um wenigstens Bergbaubetriebe, Krankenhäuser, die Wasserversorgung und den Verkehr notdürftig beliefern zu können. Das Becken des Stadthafens war zugefroren, auch streckenweit der Rhein-Herne-Kanal. Überall war die Schiffahrt lahmgelegt, die Stromversorgung erschwert, die Wasserleitung zugefroren, die Bahn auf Teilverkehr angewiesen. Krankenhäuser konnten nicht operieren, Ärzte keine Sprechstunde halten, Büros nicht arbeiten. Das Bett war für viele die einzige einigermaßen warme Zuflucht." (Chronik 1947, S. 4)

15. JANUAR Der Rat verabschiedet einstimmig folgende Resolution: „Der Rat der Stadt Essen appelliert im Hinblick auf den völligen Zusammenbruch der Versorgung der Essener Bevölkerung noch einmal mit größtem Nachdruck an alle verantwortlichen Stellen. Nackter Hunger, Wohnungselend, Kälte und Regen zehren die letzten physischen Kräfte der Menschen auf. Hoffnungslosigkeit, Verzweiflung und Kriminalität werden immer größer. Wichtigste Betriebe und Behörden können nicht mehr

ordnungsmäßig arbeiten. Unsere eigenen Möglichkeiten der Hilfe sind nahezu erschöpft. Wir wissen, daß unser Elend durch den vom nationalsozialistischen Regime bis zur Selbstvernichtung fortgeführten Krieg verursacht und durch mannigfache Fehler im Neuaufbau vertieft worden ist, an denen auch die Militärregierung ihren erheblichen Anteil trägt. Unser arbeitsgewohntes Volk ist gewillt, sich selbst aus dem Elend herauszuarbeiten. Um aber einen Ausgangspunkt für diese Selbsthilfe zu gewinnen, fordern wir die zeitweilige, restlose Einstellung des Kohlen- und Stromexports, damit Verkehrs- und lebenswichtige Betriebe (wie Bäckereien), Behörden und Versorgungseinrichtungen weitergeführt und Hausbrand gegeben werden können. Wir fordern weiter eine Bevorratung mit Lebensmitteln, um die immer wiederkehrenden Stockungen in den Zufuhren zu überbrücken. Wir fordern Treibstoff, damit wir die uns zugeteilten wenigen Verbrauchsgüter überhaupt heranschaffen können. Wir fordern die Wiederherstellung deutscher Verwaltungen in allen Zweigen unter parlamentarischer Kontrolle, damit endlich klare Verantwortungen eintreten und eine zielbewußte Führung der Verwaltung beginnen kann. Als verantwortlicher Vertreter der Essener Bevölkerung erheben wir warnend und fordernd unsere Stimme. Es geht jetzt um die Existenz unseres Volkes."

16. JANUAR Das Punktsystem für die Bergleute tritt in Kraft. Um zu einer Produktionssteigerung zu kommen, sollen die Arbeitnehmer im Kohlenbergbau bevorzugt mit Butter, Kaffee, Speck, Schnaps, Schokolade, Zigaretten und Kleidung beliefert werden. Dafür werden jedem Bergmann Punkte gutgeschrieben, die sich aber bei Fehlschichten reduzieren. Das Punktsystem bleibt bis zum 30. September 1948 gültig.

3. FEBRUAR Vor dem Rathaus demonstrieren die Belegschaften vieler Betriebe und Zechen gegen die Mißstände bei der Lebensmittelversorgung. Um die Mittagszeit legt die Belegschaft der Krupp-Werke die Arbeit nieder, und 15 000 Arbeiter und Angestellte ziehen durch die Innenstadt zum Glückaufhaus, dem Sitz der Militärregierung.

3. APRIL 300 000 Bergleute legen aus Protest gegen die Ernährungslage für 24 Stunden die Arbeit nieder.

20. APRIL Bei der ersten Landtagswahl wird die SPD zur stärksten Partei. Mit 31,9 Prozent der Stimmen liegt sie vor der CDU (27,6 %). Relativ erfolgreich sind KPD (19,8 %) und das Zentrum (15,8 %). Abgeschlagen mit 4,9 Prozent landet die FDP

Protestkundgebung der Krupp-Arbeiter

auf dem 5. Platz. Von den sieben Direktmandaten gewinnt die SPD fünf: Karl Bergmann, Maria Berns, Dr. Walther Eiardt, Wilhelm Nieswandt und Wilhelm Pawlik. Lediglich in den Südkreisen setzen sich die Kandidaten der CDU, Dr. Gustav Heinemann und Dr. Hans Toussaint durch. Über die Landesliste rücken in den Landtag ein: Für die KPD Willi Agatz, Ludwig Becker und Heinz Renner; für das Zentrum Heinrich Petersburs und Dr. Heinrich Steffensmeier sowie für die FDP Franz Blücher.

MAI Die Versorgungslage erreicht ihren absoluten Tiefstand. Zugeteilt werden lediglich 893 Tageskalorien.

15. JULI Der Rat beschließt einstimmig eine Entschließung gegen den Befehl der Militärregierung vom 19. Juni über die Zerstörung von 23 Werkshallen der ehemaligen Firma Krupp: „Der Rat der Stadt Essen, seine Parteien und die gesamte Bevölkerung bitten um eine Revision des Zerstörungsbefehls für die ehemalige Firma Krupp. Der Rat erkennt an, daß die reinen Rüstungswerke zerstört werden müssen. Er hält es aber für seine Pflicht, den Fortbestand aller Betriebsstätten mit Nachdruck zu verteidigen, die die Grundlage für eine notwendige Frie-

densfertigung bieten. Die Stadt Essen als volkreichste Stadt des Landes Nordrhein-Westfalen und zweitgrößte Stadt der britischen Besatzungszone benötigt auch in Zukunft neben der Kohle eine Eisen- und Stahlindustrie. Die in diesem Bereich früher und heute beschäftigten Menschen, die einen großen Erfahrungsschatz für die Qualitätsarbeit besitzen, können nur in der Eisen- und Stahlindustrie beschäftigt werden, da sie zu einem überwiegenden Teil nicht mehr umschulungs- oder umsiedlungsfähig sind. ... Rat und Parteien sind bereit, positive Garantien für die Verhinderung jeder Rüstungsproduktion zu geben. Sie sind nicht daran interessiert, den Krupp-Konzern zu erhalten. Sie erstreben vielmehr, den Konzernkomplex in selbständige Einzelunternehmen aufzuteilen, unter Beteiligung des Landes und der Stadt. Bei dem Neuaufbau der Stadt sollen Straßenzüge das bisherige große Werksgelände durchschneiden, damit von vornherein das Zusammenwachsen eines neuen Werkskomplex verhindert wird. Eine Zerstörung der friedlicher Fertigung dienenden Betriebsstätten würde nach der Fülle von Zerstörungen in der Stadt Essen als wirtschaftlicher Widersinn erscheinen, da zur Sicherung der Existenz der Bewohner für

die Zukunft eine neue Ansiedlung kleiner und mittlerer Unternehmungen angestrebt werden muß. Für lange Jahre jedoch würde die Durchführung des Zerstörungsbefehls zur Entstehung eines großen Elendsgebietes in der Stadt Essen führen, für das die Alliierten sich der Mitverantwortung nicht entziehen könnten. Rat und Parteien der Stadt Essen würden sich nicht imstande sehen, nach vollständiger Durchführung des Zerstörungsbefehls das Leben ihrer Bewohner weiter sicherzustellen."

18. JULI Im Handelshof wird die Lesehalle „Die Brücke" eröffnet.

19. OKTOBER Die Folkwangschule feiert ihr 20jähriges Bestehen. In der Festansprache teilt der Vertreter des Kultusministers mit, daß dem Direktor Anton Hardörfer und den Lehrern Fritz Peter und Ernst Kaller eine Titularprofessur verliehen werde.

– „Der schwarze Markt hatte seine eigene Preisbehörde. Die Preise stiegen und fielen für einzelne Artikel mit umgekehrt proportionalem Verhältnis zu dem Umfang des amtlichen Auf-

Der Schwarzmarkt auf der Kastanienallee

rufs. Bei Brotknappheit stieg der Preis eines Brotes von 25,- auf 40,- RM, bei ausreichendem Aufruf fiel er auf 15,- RM zurück. Butter war schon einmal auf 150,- RM abgesunken. Als im August 1947 die große Fettknappheit begann, kletterten die Butterpreise auf 240,- RM. Einigermaßen stabil waren die Zigarettenpreise. Sie betrugen 3,- bis 4,- RM für deutsche Zigaretten, 6,- bis 7,- RM für amerikanische, sogenannte Amis. Diese Stabilität machte die Zigarette zu einer Art von festem Währungsersatz. Ein Röllchen Nähgarn kostete 40,- RM, ein Feuerstein 4,-, Zigarettenpapier 5,-, Seife Stück 15,-, Süßstoff 20,-, eine Flasche Bergmannsschnaps 180,-, eine Flasche Wein 60,-, 1 Pfund Bohnenkaffee 450,-, 1 Paar Straßenschuhe 600,-, 1 Herrenanzug 2500,-, 1 Tonne Kohlen 500,-, 1 t Koks 800,- RM. Alle diese Dinge konnten wirklich im schwarzen Handel, auf der Straße, an den bekannten Stellen oder durch mannigfache unauffällige Vermittlung erstanden werden. Die Organisation der Schwarzhändler, die auf eine Art kameradschaftlicher gegenseitiger Unterstützung aufgebaut war, gab eine gewisse Gewähr dafür, daß der Käufer in der Qualität nicht betrogen wurde.“ (Chronik 1947, S. 268f.)

1948

9. Januar In den Essener Betrieben – mit Ausnahme des Bergbaus – legen die Belegschaftsmitglieder für fünf Stunden die Arbeit nieder. Auf einer Protestversammlung auf dem Burgplatz warnt der DGB-Ortsvorsitzende Wilhelm Pawlik vor der Ablehnung der Arbeiterforderungen nach einer besseren Lebensmittelversorgung: „Es dürfte sonst der Zeitpunkt eintreten, an dem die Gewerkschafter nicht mehr so diszipliniert wie heute auf dem Burgplatz antreten. Die Gewerkschaftsmitglieder haben Einsicht und Vertrauen bewiesen. Man soll sie nicht als Schwäche der Gewerkschaften auslegen und dem einzelnen Arbeiter nicht zu viel zumuten. Es könnte sonst sein, daß die Massen der hungernden Menschen über ihre Gewerkschaft hinweggehen. Was dann passiert, wage ich hier nicht anzudeuten.“

3. April „Krise konzentriert sich auf Berlin“ lautet der Aufmacher der ersten Ausgabe der „Westdeutschen Allgemeinen Zeitung“ (WAZ).

11. April Auf einer Kundgebung „Die Ruhr ruft Europa“ im Büglerzirkus führt Oberbürgermeister Heinemann aus: „Die Ruhr ruft aus der Bedrängnis ihrer mannigfachen Not. Sie ruft aus ihrer Bereitschaft zum europäischen Wiederaufbau. Dieses

Gebiet ist eine Werkstatt von gewaltigem Ausmaß. Ihre Produktivität oder ihr Darniederliegen ist deutsches und europäisches Schicksal zugleich. Wir können es nicht fassen, was sich beispielsweise um das Hüttenwerk hier in Essen abspielt. Seine Demontage begann 1946 und wird bis Ende 1949 dauern. 35 000 t Mauerwerk sind niederzulegen, um an seine eigentlichen Teile heranzukommen. Über 6000 Güterwaggons sollen seine Bestandteile davonfahren, während Kohle seit Jahren auf den Halden liegenbleibt. Kabel, Gas- und Wasserleitungen werden tief aus der Erde herausgegraben, während Kriegsschäden an Straßen und Kanalisationen noch nicht behoben sind. Das Zerschneiden seiner Ausrüstung frißt monatlich 250 000 Kilowatt Strom, während produktive Arbeitsstätten oft genug abgeschaltet werden. Die Verpackung braucht u.a. 6000 cbm Holz, während Schulkinder ohne Schulhefte und Arbeiterwohnungen ohne Türen und Fenster bleiben. Rund 1800 Arbeiter sind allein für diese Demontage gebunden, während wichtige Instandsetzungen aus Mangel an Arbeitskräften unterbleiben. ... Das ist ein Hinweis, warum es in Europa an der schaffenden Macht des Ruhrgebietes mangelt."

20. JUNI Am Tage der Währungsreform erhält jeder Westdeutsche 40 Deutsche Mark (DM). Das Altgeld ist bis zum 26. Juni abzuliefern und verfällt einer Abwertung von 10 : 1. In Essen werden an 844 Zahlstellen 21 850 000 DM ausgegeben.

Ausgabe des neuen Geldes

Ansturm der Hausfrauen

21. JUNI Am Montag überraschen die Geschäfte und Kaufhäuser mit einem großen Angebot. Es gibt mit einem Mal alles zu kaufen, Haushaltswaren ebenso wie Textilien, Obst ebenso wie Gemüse. „Doch die glänzende Fassade war trügerisch. Die Anzahl der Käufer stand trotz der sich drängenden Fülle der ‚Sehleute' in keinem Verhältnis zum Angebot, und auf der andern Seite genügte der Gesamtvorrat nicht den Ansprüchen eines seit Jahren ausgehungerten Volkes, das nun ohne viel Rücksicht auf die Schrecken eines geldlosen Monatsendes drauflos kaufte. So trat dann sehr rasch eine empfindliche Teuerung ein, gegen die auch die Aufforderung an den Käufer zur Zurückhaltung nicht viel fruchtete." So die städtische Chronik.

31. JULI Im „Krupp-Prozeß" (Fall X) verkündet das Internationale Militärgericht in Nürnberg das Urteil. Alfried Krupp von Bohlen und Halbach wird zu 12 Jahren Gefängnis verurteilt, und sein gesamtes Vermögen wird zugunsten des Alliierten Kontrollrats eingezogen. Die mitangeklagten Krupp-Direktoren erhalten Freiheitsstrafen bis zu 12 Jahren.

1. OKTOBER Nachdem das Essener Münster zum Historischen Monument Nr. 4 (nach dem Kölner Dom, dem Aachener Münster und dem St. Viktors-Dom in Xanten) erklärt worden war, bildet sich ein Verein für die Erhaltung des Essener Münsters e.V. (Münsterbauverein), der ein Mitteilungsblatt „Das Münster am Hellweg" herausgibt.

12. OKTOBER Auf einer von der CDU organisierten Veranstaltung im Zirkus Bügler kommt es zur Diskussion zwischen Professor Ludwig Erhard, dem Direktor der Verwaltung für Wirtschaft in Frankfurt, der seine Politik der freien Marktwirtschaft vorstellt, und Wilhelm Nieswandt, dem Essener SPD-Vorsitzenden, der für eine stärkere Planung plädiert und eine Berücksichtigung der sozialen Belange fordert.

17. OKTOBER Bei den Gemeindewahlen überrundet die SPD mit 35,1 Prozent die CDU, die 30,7 Prozent erhält. Drittstärkste Partei wird das Zentrum (15,4 %) vor der KPD (10,4 %), während FDP (4,5 %) und Radikal-Soziale Freiheitspartei (3,9 %) an der 5-Prozent-Hürde scheitern. Daraus ergibt sich folgende Sitzverteilung: SPD – 19, CDU – 17, Zentrum – 8 und KPD 6 Sitze.

8. NOVEMBER Bei der Wahl des Oberbürgermeisters erhalten die beiden Kandidaten Dr. Gustav Heinemann und Wilhelm Nieswandt jeweils 25 Stimmen. Da kein neuer Oberbürgermeister gewählt werden konnte, verbleibt Dr. Heinemann weiterhin im Amt.

12. NOVEMBER Aus Protest gegen die Wirtschaftspolitik ruht bei einem eintägigen Generalstreik auf den Zechen, in den Fabriken, handwerklichen Betrieben und Geschäften die Arbeit.

DEZEMBER Die Werdener Ruhrbrücke ist wieder befahrbar.

1949

2. MÄRZ Die Wahl des Oberbürgermeisters endet abermals unentschieden (25 : 25 Stimmen).

14. AUGUST Bei der ersten Bundestagswahl wird die SPD mit 34,3 Prozent stärkste Partei vor der CDU (28,4 %). Es folgen das Zentrum mit 13,8 und die KPD mit 11,1 Prozent, während die FDP 6,8 Prozent erhält.
Die Direktmandate erobern Karl Bergmann (SPD), Erwin Lange (SPD) und Jakob Kaiser (CDU), während Helene Weber (CDU), Willi Agatz (KPD) und Heinz Renner (KPD) über die Landesliste in den Bundestag einziehen.

17. OKTOBER Die Stadt Essen und das Land Nordrhein-Westfalen gründen die Industrieförderungs-Gesellschaft, deren Aufgabe es sein soll, neue Industriebetriebe nach Essen zu holen. Als Ansiedlungsterrain stehen das Gelände von Krupp und Grundstücke am Stadthafen zur Verfügung.

19. OKTOBER Die Wahl eines neuen Oberbürgermeisters ergibt wiederum Stimmengleichheit (25 : 25) für die Vorschläge Dr. Hans Toussaint (CDU) und Wilhelm Nieswandt (SPD).

30. NOVEMBER Egon Viettas Mysterienspiel „Monte Cassino“ wird in der Inszenierung von Gustav Rudolf Sellner im Steeler Jugendheim uraufgeführt. Das Bühnenbild schuf Willi Baumeister.

4. DEZEMBER Da die Oberbürgermeisterwahlen im Rat stets unentschieden ausgegangen sind, wird aufgrund eines speziellen Landesgesetzes der Oberbürgermeister direkt von der Bevölkerung ge-

wählt. Dr. Hans Toussaint (CDU) erhält bei der Urwahl 115 416 Stimmen, während Wilhelm Nieswandt nur 54 551 Stimmen auf sich vereinigen kann.

– Die Industrie- und Handelskammer berichtet: „In Essen haben alle bedeutenden [Waren]Häuser während des ganzen Jahres an der Wiederherstellung ihrer ehemaligen Verkaufsräume gearbeitet. Verschiedene Firmen haben ihre Gebäude wieder auf den alten Grundstücken in repräsentativer Form aufgebaut. Insbesondere hat die Limbecker Straße dadurch, daß sich ein Teil der früher dort ansässigen Firmen wieder angesiedelt hat und andere Firmen ihre Verkaufsräume erheblich erweitert haben, einen bemerkenswerten Auftrieb bekommen. Die Frequenz auf der Limbecker Straße erinnert bereits wieder an die Friedenszeit. So hat sich in diesem Jahre das Verkaufszentrum, das in den letzten Jahren zwischen dem Hauptbahnhof und dem Rathaus in der Kettwiger Straße lag, bis zum Limbecker Platz erweitert. Dennoch hat die Kettwiger von ihrer Anziehungskraft nichts eingebüßt. Durch die Errichtung neuer Laden-Straßen im II. Hagen und in der Hachestraße sind im übrigen die bestehenden Verkaufszentren in recht glücklicher Weise bereichert worden."

1950

26. Januar Bei ihrer ersten Deutschlandreise nach dem Krieg begeistern die Wiener Symphoniker unter der Leitung von Herbert von Karajan die Essener. Gespielt werden Werke von Weber, Schumann und Tschaikowsky.

17. Februar Das Non-Stop-Kino „Bali" im Hauptbahnhof wird mit dem Film „Der Wildschütz von Tirol" eröffnet. Das Kino ist von morgens 9 Uhr bis 1 Uhr nachts geöffnet, und man kann jederzeit hineingehen.

19. Februar Mit der Geburt von Wolfgang Witte erreicht die Stadt zum zweiten Mal die Einwohnerzahl von 600 000. Oberbürgermeister Dr. Toussaint überreicht den Eltern ein Sparkassenbuch über 500 DM.

1. März Im Steeler Jugendheim inszeniert Gustav Rudolf Sellner die deutsche Erstaufführung von „Bernada Albas Haus" von Frederico Garcia Lorca.

16. März Eine Essener Delegation trägt Bundeskanzler Konrad Adenauer die Nöte der Stadt vor. Einen Tag zuvor hatte der Rat der Stadt einstimmig eine Resolution verabschiedet, in der eine Sonderaktion für Essen gefordert wird: „Der Rat der Stadt hat mit Besorgnis davon Kenntnis genommen, daß die Geschäftsleitung der ehemaligen Firma Krupp von der zuständigen englischen Dienststelle aufgefordert worden ist, noch im Monat März 1000 und die weiterbeschäftigten 4500 Demontagearbeiter bis zum August des Jahres zu entlassen. Die Stadt Essen hat jetzt bereits mehr Arbeitslose als irgendeine andere Stadt im Ruhrgebiet. Diese Arbeitslosigkeit ist in erster Linie eine Folge der auf dem Gelände der ehemaligen Firma Krupp betriebenen totalen Demontage. Krupp beschäftigte vor dem Kriege 55 000, zur Zeit nur noch 12 000 Menschen. Die auf dem ehemaligen Kruppgelände bisher angesiedelten Nachfolgebetriebe konnten nur in geringer Zahl Arbeiter der ehemaligen Kruppbetriebe aufnehmen. ... Der Rat erwartet daher, daß insbesondere die Bundesregierung durch eine Sonderaktion für die Stadt Essen die erforderlichen Mittel zur Verfügung stellt. Auch auf die Bereitstellung weiterer Mittel für Investitions- und Anlaufkredite für neue Industriebetriebe muß gedrängt werden. Der Rat der Stadt sieht sich ohne eine durchgreifende Hilfe der Bundes- und der Landesregierung nicht imstande, die Lebensgrundlage für die Stadt Essen in den nächsten Monaten und Jahren ausreichend zu sichern."

23. März Die „Lichtburg", das damals modernste Filmtheater in Deutschland, wird in Anwesenheit zahlreicher Ehrengäste feierlich eröffnet. Das repräsentative Gebäude für Film, Artistik und auch für Kongresse soll neben der Oper der zweite kulturelle Mittelpunkt der Stadt werden. „Jeder Besucher dieses Lichtspielhauses wird feststellen, daß nach jeder Richtung hin etwas Formvollendetes geschaffen wurde", lobt Oberbürgermeister Dr. Toussaint die architektonische Leistung von Dr.-Ing. Börnke und Architekt Bucerius. Auch Willi Först ist voll des Lobes: „Es ist das schönste Theater, das ich kenne."

25. März Im Saalbau Maas in Werden wird die Oper „Karl V." von Ernst Krenek erstmals in Deutschland aufgeführt.

18. April 4461 Jungen und 4182 Mädchen werden eingeschult. Wegen der großen Raumnot werden sie in zwei Schichten unterrichtet, dennoch entfallen 52 Schüler auf eine Lehrperson.

13. Mai Bei den Städtischen Krankenanstalten kann eine Eiserne Lunge eingesetzt werden. Es ist die erste in der Stadt.

18. Juni Bei der Landtagswahl liegt die CDU mit 34,6 Prozent ganz knapp vor der SPD (34,5 %). Stimmenverluste haben Zentrum (9,4 %) und KPD (7,6 %) hinzunehmen, während die FDP (8,3 %) dazugewinnt.
In den Landtag ziehen direkt ein für die CDU Josef Aust, Josef Beckmann, Dr. Hans Toussaint und Hans Spiecker, für die SPD Maria Berns, Wilhelm Nieswandt und Hugo Schaub. Über die Landesliste erhalten Dr. Ernst Achenbach (FDP) und Heinrich Peterburs (Zentrum) ein Mandat für das Landesparlament.

28. Juni Nach elf Jahren Bauzeit wird die Kettwiger Ruhrbrücke vom Bürgermeister, Dr. Heinrich Berns, für den Verkehr freigegeben, wodurch sich der Weg von Essen nach Düsseldorf verkürzt.

19. Juli Wegen Freiheitsberaubung in Tateinheit mit gefährlicher Körperverletzung wird der ehemalige Essener Kreisleiter der NSDAP, Hermann Freytag, vom Essener Schwurgericht zu einem Jahr und drei Monaten Gefängnis verurteilt.

2.–6. August Mit den deutschen Amateurboxmeisterschaften wird die Arena des Boxclubs Dubois am Schloß Borbeck, die 30 000 Zuschauern Platz bietet, eröffnet.

Vorkämpfe bei den Deutschen Amateurboxmeisterschaften in der Dubois-Arena

9. AUGUST Hellmuth Greinert, Ministerialdirigent im Finanzministerium, wird zum neuen Oberstadtdirektor gewählt. Er tritt sein Amt am 1. September an.

11. AUGUST Die Konsumgenossenschaft eröffnet an der Altendorfer Straße den ersten Selbstbedienungsladen in Essen.

23.–27. AUGUST Unter dem Motto „Rettet den Menschen" steht der Evangelische Kirchentag, der in Anwesenheit des Bundespräsidenten und des Bundeskanzlers, mehrerer Minister und Ministerpräsidenten im Saalbau feierlich eröffnet wird. Seinen Abschluß findet der Kirchentag in einer großen Kundgebung von 150 000 Menschen im neuen Stadion. Der Kirchentag wird begleitet von zahlreichen Veranstaltungen, Dichterlesungen (u.a. Rudolf Alexander Schröder, Hans Egon Holthusen, Albrecht Goes) und Konzerten (Uraufführung des Oratoriums „Dein Reich komme" von Johannes Driessler).
Der Rat der Evangelischen Kirche gibt auch eine Erklärung zur Wiederaufrüstung ab, in der es u.a. heißt: „Einer Remilitarisierung Deutschlands können wir das Wort nicht reden, we-

Evangelischer Kirchentag – Festgottesdienst im Waldtheater

risierung Deutschlands können wir das Wort nicht reden, weder was den Westen, noch was den Osten anlangt. Die Pflicht der Kirche kann es immer nur sein, die schwer gerüsteten Mächte der Welt wieder und wieder zu bitten, dem heillosen Wettrüsten ein Ende zu machen und friedliche Wege zur Lösung der politischen Probleme zu suchen. In jedem Fall aber muß derjenige, der um seines christlichen Gewissens willen den Dienst mit der Waffe verweigert, die Freiheit haben, sein Gewissen unverletzt zu erhalten."

28. OKTOBER Nach 10jähriger Bauzeit wird der Kettwiger Stausee seiner Bestimmung übergeben. Der Vorsitzende des Ruhrverbandes und des Ruhrtalsperrenvereins, Essens ehemaliger Oberstadtdirektor, Dr. Rosendahl, erinnert in seiner Festansprache auch an die französischen Kriegsgefangenen, die beim Bau des Stausees eingesetzt worden waren.

14. NOVEMBER In Anwesenheit des Ministerpräsidenten Karl Arnold und zahlreicher Minister wird der im Kriege zerstörte Saalbau wieder eröffnet. In einer kurzen Ansprache dankt Oberbürgermeister Dr. Toussaint allen am Bau Beteiligten und führt weiter aus: „Die vielfältige Geschichte dieses Saals verpflichtet. Gerade eine arbeitsame Bevölkerung hat eine Stätte der Erholung und Kultur wohl verdient. Möge der Bau als Zeichen des guten Geistes die Bewohner Essens stets zur Eintracht und zum Frieden anspornen." Zum Abschluß der Veranstaltung wird Beethovens Neunte Symphonie aufgeführt. „Das Konzert war ein glanzvolles Ereignis, das in Beifall und Ehrungen seine verdiente Würdigung fand." – so die NRZ.

23. NOVEMBER Nobelpreisträger Prof. Dr. Werner Heisenberg, Direktor des Max-Planck-Instituts für Physik in Göttingen, referiert bei der Wirtschafts- und Verwaltungsakademie vor überfülltem Haus über das Thema „Die technischen Anwendungen der Atomphysik im Frieden".

DEZEMBER Die Polizei trägt anstatt der Holzknüttel wieder Gummiknüppel. „Sie sind auf jeden Fall besser als die Holzknüttel, splittern nicht und sind darum auch nur eine einmalige Ausgabe." – so der Kommentar des Essener Polizeichefs.

2. DEZEMBER Das von Kurt Jooss neugegründete Folkwang-Tanztheater-Studio stellt sich in der Aula der Werdener Abtei erstmals der Öffentlichkeit vor.

3. DEZEMBER Erstmals nach 12 Jahren erstrahlt die Innenstadt wieder in festlicher Weihnachtsbeleuchtung. Zugleich wird die 28 Meter lange Leuchtschrift über dem Handelshof „Essen die Einkaufsstadt“ in Betrieb genommen.

29. DEZEMBER Mit Richard Wagners „Die Meistersinger“ wird das Opernhaus wieder eröffnet. Oberbürgermeister Dr. Toussaint sagt zur Einweihung: „In der Stadtvertretung wurde angesichts der Ruinen und der Not lange und ernst um den Gedanken gerungen, ob wir es wagen könnten, dieses Haus wiederherzustellen. Wir haben aber geglaubt, in dieser Großstadt eine kulturelle Verpflichtung erfüllen zu müssen und nicht kleineren Geistes sein zu dürfen als die Familie Grillo und die Bürgerschaft der Kleinstadt Essen, die vor nun schon zwei Menschenaltern diese Verpflichtung erkannten.“

1951

17. JANUAR Die Urabstimmung zur Mitbestimmung im Bergbau („Kamerad! Bist Du für die Zuerkennung des vollen Mitbestimmungsrechtes an Arbeitnehmer und Gewerkschaften im Sinne der Forderung des Deutschen Gewerkschaftsbundes? Gibst Du dem Hauptvorstand der Industriegewerkschaft Bergbau die Vollmacht, notfalls alle ihm geeignet erscheinenden Kampfmittel zur Durchsetzung dieser Forderung zu treffen?“) beginnt. Auf den Essener Schachtanlagen und Verwaltungen geben von 56 662 Stimmberechtigten 50 261 ihr Votum ab, davon stimmen 46 493 Bergleute mit Ja.

31. JANUAR Der amerikanische Hohe Kommissar John McCloy und der Oberkommandierende der amerikanischen Streitkräfte in Europa, General Handy, verfügen im Rahmen einer allgemeinen Amnestie die Freilassung von Alfried Krupp von Bohlen und Halbach und von acht Krupp-Direktoren aus der Haftanstalt Landsberg. Zugleich wird die Konfiskation des Vermögens aufgehoben.

28. FEBRUAR Eine heftige Debatte entzündet sich im Rat der Stadt über die Filme „Die Sünderin“, in dem Hildegard Knef in einer kurzen Szene nackt zu sehen ist, und „Unsterbliche Geliebte“ von Veit Harlan, dem Regisseur des antisemitischen Propagandafilms „Jud Süß“. Bei 26 Stimmenthaltungen beauftragt der Rat mit 11 Ja- gegen 9 Nein-Stimmen den Oberbürgermeister, den Essener Filmtheaterbesitzern nahezulegen, den Harlan-Film nicht aufzuführen.

4. APRIL Die Mevissenschule (Kirchschule) in Altenessen wird als erster Schulneubau nach dem Kriege ihrer Bestimmung übergeben.

31. MAI Die neue Konzertorgel des Saalbaus, erbaut von der Firma Johannes Klais, Bonn, wird der Stadt übergeben. Die Disposition der Orgel mit 6300 Pfeifen entwarf Prof. Ernst Kaller.

22.–23. JUNI Ein außerordentlicher Bundeskongreß des Deutschen Gewerkschaftsbundes (DGB) findet im Saalbau statt.

6. JULI Mit dem Film „Es geschah um Mitternacht" eröffnet das Freilichtkino Margarethenhöhe in der ehemaligen Brandsmühle im Mühlbachtal.

1. SEPTEMBER Als erster Jazz-Club der Stadt gründet sich der Hot Club Essen.

7. SEPTEMBER Der Busbahnhof Porscheplatz, auf dem stündlich 36 Busse abgefertigt werden können, wird für den Verkehr freigegeben.

9. SEPTEMBER Mitglieder der verbotenen Freien Deutschen Jugend (FDJ) stören das Schützenfest auf dem Holleplatz, indem sie vor und im Festzelt Flugblätter verteilen. Als die Polizei eingreift, kommt es zu Schlägereien. Mehrere Demonstranten werden festgenommen.

Das Autorennen um den Grugapreis

22.–23. SEPTEMBER Im Saalbau veranstaltet die Gemeinschaft der katholischen Männer Deutschlands eine Sozialtagung. Hauptredner ist der Bundeskanzler Dr. Konrad Adenauer.

22.–23. SEPTEMBER Die Gruga ist Ort eines motorsportlichen Großereignisses, das annähernd 100 000 Zuschauer anzieht.

1. OKTOBER Das vom Allbau errichtete „Haus der berufstätigen Frau“ wird bezogen. Das achtstöckige Gebäude enthält 174 Kleinstwohnungen mit eigener Kochnische und eigenem WC, Zimmertelefon und Zentralheizung und vielen anderen Bequemlichkeiten.

19. NOVEMBER Die Gaslehrküche der Städtischen Werke wird eröffnet. Sie „war für viele brennend neugierige Essener Hausfrauen das ‚Sesam öffne dich‘ zu einem Zauberreich, das vom ultraviolett strahlenden ‚Infra-Baby‘ bis zum Stilgasherd alles enthält, was eine Frau sich für ihr ‚Reich’ erträumt.“ (NRZ). Im Mittelpunkt des Interesse steht das sechs Kilogramm schwere Infra-Baby, das nicht nur in vier Minuten ein Steak grillt, sondern auch Rheumakranken heilende Wärme spendet.

5. DEZEMBER Bei einem Grubenbrand auf der Schachtanlage Mathias Stinnes 1/2/5 verlieren zehn Bergleute ihr Leben.

14. DEZEMBER Mit einer Inszenierung von Molieres „Der eingebildete Kranke“ erlebt der Sitzungssaal im Gebäude des Deutschen Kohlenverkaufs seine Premiere als Theatersaal.

23. DEZEMBER Im 7. Nachkriegsspiel besiegt die deutsche Fußball-Nationalmannschaft im ausverkauften Stadion Uhlenkrug Luxemburg mit 4:1.

1952

11. FEBRUAR Die Altenessener Bergwerks-AG wird mit einem Grundkapital von 90 Millionen Mark gegründet. Zu ihr gehören u.a. die Schachtanlagen Emil-Emscher und Fritz-Heinrich.

22. FEBRUAR Am Geburtstage George Washingtons, des ersten Präsidenten der Vereinigten Staaten, wird im Beisein zahlreicher Ehrengäste das Amerikahaus eröffnet, ein „Symbol der freien Welt“, so Ministerpräsident Karl Arnold bei der Begrüßung. Das von Prof. Hermann Gehring entworfene

Die Eröffnung des Amerikahauses

Haus, das auch eine Bibliothek enthält, kann für Veranstaltungen aller Art genutzt werden (Ausstellungen, Vorträge, Konferenzen, Konzerte etc.).

23. März Die Klinik für innere Medizin der Städtischen Krankenanstalten wird wieder eröffnet. Sie kann 200 Patienten aufnehmen, und sie ist mit modernsten Einrichtungen ausgestattet. U.a. besitzt die Klinik ein physikalisches Kältelabor, das erstmals in Deutschland eingerichtet wurde.

24. März Helmut Zacharias, Bully Buhlan, Gerhard Wendland, Peter Frankenfeld sowie Friedel Hensch und die Syprys sind die Stars bei einem großen bunten Abend im Saalbau.

April Das Denkmal Alfred Krupps, das 1945 von seinem Marmorsockel vor der Marktkirche gestürzt wurde und bei den Kruppschen Baubetrieben versteckt lag, wird am neuen Ort, vor der Erlöserkirche, wieder aufgestellt.

9. Mai Eine festliche Ratssitzung im Saalbau bildet den Auftakt zur 1100-Jahr-Feier Essens. Den Festvortrag hält Professor Dr. Paul Hübinger von der Universität Münster. Zugleich erscheint die erste geschlossene Darstellung der Essener Geschichte, verfaßt vom Stadtarchivar Robert Jahn.

10. MAI „Wie ein Phönix aus Schutt und Asche ist das Blumen- und Pflanzenparadies in der Stadt der rastlosen Arbeit wiedererstanden", sagt Bundeslandwirtschaftsminister Heinrich Lübke bei der Wiedereröffnung der mit großem finanziellen Aufwand umgestalteten Gruga, die während des Krieges unter der Bombardierung arg gelitten hatte. Sie sei nicht die Vollendung, wohl aber die Krönung des Wiederaufbaus und zugleich ein „Symbol für das Aufblühen der Stadt".

11. MAI Schwere Zusammenstöße zwischen demonstrierenden Angehörigen der verbotenen FDJ – die Polizei spricht von 30 000, andere Beobachter von etwa 10 000 – und den Ordnungskräften vor den Toren der Gruga kosten einen Toten und mehrere Verletzte. Die Unruhen beginnen in den Morgenstunden

Heinrich Lübke in der Gruga

und dauern bis in die Nachtstunden an. Gegen 70 Demonstranten wird Haftbefehl wegen Aufruhr und Landfriedensbruch erlassen. Da zudem der Tatbestand der Staatsgefährdung gegeben ist, wird das Verfahren von der Staatsanwaltschaft des Oberlandesgerichts Hamm bearbeitet.

23. Mai 22 000 Arbeiter, Angestellte und Beamte protestieren auf dem Wiener Platz gegen den von der Regierung eingebrachten Entwurf des Betriebsverfassungsgesetzes. Wilhelm Pawlik, erster Vorsitzender der Gewerkschaft Handel, Banken und Versicherungen, erinnert in seiner Rede an die Versprechungen der Regierung und fordert eine umfassende Mitbestimmung sowie eine gerechte Verteilung des Sozialprodukts.

25. Mai 5000 Jugendliche demonstrieren auf dem Gerlingplatz gegen den Generalvertrag.

13. Juni Die neuerbaute Altenhof-Kapelle wird von Berthold von Bohlen und Halbach feierlich übergeben. Die Familie Krupp hat den Wiederaufbau aus eigenen Mitteln finanziert aus Dankbarkeit für die Freilassung Alfried Krupps aus der Gefängnishaft.

26. Juli Die Strandbäder an der Ruhr und am Baldeneysee werden wegen der starken Verbreitung von Kinderlähmung geschlossen.

31. Juli Die Bergwerks-Gewerkschaften Victoria Mathias, Graf Beust und Friedrich Ernestine werden zur Gewerkschaft des Steinkohlenbergwerks Victoria Mathias zusammengeschlossen.

8. September Das Hotel Handelshof mit 163 Betten wird wiedereröffnet. Der Gast kann wählen zwischen Einbettzimmern zu 6,50 bis 7,50 DM (ohne Bad), Einbettzimmern zu 9,50 bis 10,50 DM (mit Bad), Doppelzimmern zu 14 bis 18 DM und zwei Apartments zu 35 DM wählen.

28. September Mit einem Pontifikalamt, das der Erzbischof von Köln, Kardinal Dr. Frings, zelebriert, wird das Essener Münster wiedereingeweiht. Im Mittelpunkt der sich anschließenden Feier steht der Festvortrag von Prof. Dr. Lützler „Die kunstgeschichtliche Bedeutung der Münsterkirche und ihrer Schätze“. Der Festtag endet mit der Uraufführung eines Mysterienspiels „Der heilige Altfried“ von Richard Brodnicke im Saalbau.

13. OKTOBER Das neue Schulgebäude des Staatlichen Burggymnasiums wird in einem Festakt eingeweiht, bei dem Kultusministerin Christine Teusch die Schlüssel entgegennimmt. Zu den Redner gehört auch Vizekanzler Franz Blücher, selbst ein ehemaliger Schüler des Burggymnasiums, der es als vornehmste Aufgabe der Schule ansieht, dem Geist des Nihilismus zu begegnen und eine neue Welt des sittlichen Glaubens zu schaffen.

30. OKTOBER Die Marktkirche wird in Anwesenheit zahlreicher Ehrengäste eingeweiht. In seiner Predigt betont Oberkirchenrat Beckmann, daß dieser Tag nicht nur ein Tag des Dankes und der Freude sei, sondern auch ein Tag der Besinnung, denn die kleine Kirche sei inmitten der Riesenbauten der modernen Großstadt gebaut worden, um das Wort Gottes zu verkünden.

16. NOVEMBER In einer Feierstunde wird auf dem Holsterhauser Platz vor der Melanchthonkirche ein 10 Meter hohes Metallkreuz als Ehrenmal enthüllt, das dem Gedenken der am 25. Oktober 1944 im Bunker am Holsterhauser Platz ums Leben gekommenen Mitbürger gewidmet ist.

18. NOVEMBER Der „Bürgerblock“ aus CDU, FDP und Zentrum wählt Dr. Hans Toussaint mit 34 Stimmen zum Oberbürgermeister. Sein Gegenkandidat Wilhelm Nieswandt (SPD) erhält 30 Stimmen. Zum 1. bzw. 2. Bürgermeister werden Rudolf Kohlhoff (Zentrum) und Paul Jaeger (FDP) gewählt.

25. DEZEMBER In Deutschland beginnt das Fernsehzeitalter. Erste Impressionen gibt die WAZ wider: „Gestern um Punkt 15.39 Uhr sah ich, wie Fritz Boller, FC St. Pauli, einen bombigen Elfmeter ins Hamborner Tor jagte. Im selben Augenblick, da am Sportplatz Millerntor in Hamburg der Ball im Netz zappelte, war ich auf der Freiheit in Essen. Das ist also das Fernsehen. Wir standen zu vierzig oder fünfzig an den beiden Schaufenstern. Keiner blickte auf die feudalen Großsuper-Radios, auf die elektrischen Mokkamühlen und Rasierapparate. Die waren momentan Nebensache. Achtzig oder hundert Augenpaare hingen an einer 30 mal 20 Zentimeter großen Scheibe, dem Fernsehschirm. Er war das Ereignis des Tages, der Magnet an der feiertagsstillen Straße. ... Papas hoben ihre Jüngsten auf die Schulter, Muttis reckten sich trotz Stöckelabsatz. Man sprach auch über die Preiszettel, die an den Fernsehapparaten, ganz nahe am Schirm, baumelten. Der eine Apparat kostet 1150 DM, der andere – er gab die Spielszenen klarer wieder – 1450 DM. Alle am Schaufenster spürten: wir erlebten den Beginn eines neuen Abschnitts unserer technischen Fortentwicklung.“

1953

2. März Die ersten Mieter beziehen das unter der Leitung des Architekten Wilhelm Eggeling errichtete Allianz-Hochhaus.

3. März In einer kleinen Feierstunde eröffnet der französische Generalkonsul das französische Kulturzentrum an der Schützenbahn 75.

4. März Im Gebäude der Hohen Kommission der USA in Mehlem bei Bonn wird das Krupp-Abkommen unterzeichnet, in dem Alfried Krupp sich verpflichtet, seinen Montanbesitz zu verkaufen. Dafür erhält er eine Entschädigung von 300 Millionen Mark. Zudem darf er seinen Aktienbesitz aus Maschinenbau, Schiffsbau und Handel behalten.
Die Geschäftsleitung kommentiert den Entflechtungsplan: „Der durch alliierte Anordnung heute in Kraft gesetzte Entflechtungsplan für die Firma Fried. Krupp zerschneidet wirtschaftliche Zusammenhänge, die in Jahrzehnten gewachsen sind. Damit sind unvermeidlich schwere Schäden für die Firma, für die von ihr abgetrennten Unternehmungen und für die deutsche Volkswirtschaft insgesamt verbunden. Angesichts dieser Umstände wird man kaum erwarten, daß wir den Entflechtungsplan begrüßen. Auf der anderen Seite wird durch das Inkrafttreten des Planes ein auf die Dauer unerträglicher Zustand wirtschaftlicher Ungewißheit und Lähmung beendet. Die Firmenleitung verbindet damit die Hoffnung, daß die vorhandenen Arbeitsplätze gesichert werden und daß die alte Kruppsche Tradition technischen, wirtschaftlichen Fortschritts sich nach der Aufhebung der Kontrollen wieder auswirken kann."

7. März „Für soziale Gerechtigkeit und Fortschritt!" „Für Völkerverständigung!" und „Für Frieden und Freiheit!" – diese Wünsche äußert, bekräftigt durch drei Hammerschläge, Albin Karl vom DGB-Bundesvorstand bei der Grundsteinlegung des Gewerkschaftshauses am Porscheplatz.

7. März Die Oper „Lulu" von Alban Berg nach Motiven von Frank Wedekind erlebt ihre deutsche Erstaufführung. Franz Feldens, der Musikkritiker der „NRZ", urteilt: „Wenn diese Oper der Typ des heutigen und zukünftigen deutschen Musiktheaters sein sollte, würden wir dafür plädieren, die Opernhäuser zu schließen, denn für dieses sexualpathologische Werk mit atonaler Musik gibt es kein Publikum, dem diese be-

drückende und beklemmende Angelegenheit zusagen könnte. Am wenigsten kann man davon sprechen, daß mit dieser Aufführung eine Schlacht für ein zukunftsträchtiges Werk geschlagen worden sei.“ Dagegen ist die überregionale und die ausländische Kritik begeistert. Es gibt im Juli Gastspiele beim Holland-Festival, die von Radio Paris und BBC London übertragen werden.

12. März Alfried Krupp übernimmt wieder die Geschäftsleitung bei den Krupp-Werken.

24. März In einer Sonderkundgebung des Deutschen Evangelischen Kirchentages im Saalbau appelliert der Bundespräsident Prof. Theodor Heuss, den Flüchtlingen aus der Sowjetzone verstärkt zu helfen. Er schließt seine Rede mit den Worten: „Mehr als durch die Kraft der Waffen wird auch der Friede in der Welt gesichert sein durch den Sieg der Liebe über die Not. Diese Liebe kennt keine staatlichen Grenzen. Sie lebt aus der christlichen Botschaft, aus dem christlichen Gewissen und erwartet aus eurem Herzen den Widerhall.“

1. Mai Mit Siegen über Jahn Regensburg (5:0), VfL Osnabrück (2:0), Hamburger SV (6:1) und den SV Waldhof Mannheim (3:2) hat sich Rot-Weiß Essen für das deutsche Fußball-Pokalendspiel im Düsseldorfer Rheinstadion qualifiziert. Der Gegner Alemania Aachen wird durch Tore von Penny Islacker und Helmut Rahn mit 2:1 besiegt. Schütze des Gegentores: Jupp Derwall.

10. Mai In der Villa Hügel wird die erste Kunstausstellung eröffnet. Damit ist das Haus, das zuvor nur wenige haben betreten können, der Öffentlichkeit allgemein zugänglich. Zur Ausstellungseröffnung spricht Berthold von Bohlen und Halbach: „Sie können sich denken, daß mich manche Gedanken bewegen in diesem Augenblick, da das Haus meiner Mutter, das mir und meinen Geschwistern das Elternhaus darstellte, in dem wir aufgewachsen sind und unsere ersten Schritte ins Leben taten, einem großen Publikum geöffnet wird. Vier Generationen der Familie Krupp haben hier gewirkt und gelebt. Als das Haus Anfang der 70er Jahre des vergangenen Jahrhunderts gebaut wurde, waren die Voraussetzungen ganz andere als heute. ... Mit den Augen des vergangenen Jahrhunderts gesehen, wurde der Herr eines solchen Hauses bewundert und beneidet, denn er konnte hier ein Gastgeber sein in einem Rahmen, wie er sonst wohl nur bei fürstlichen Höfen zu finden war. Das Haus war weniger gedacht für die Bequemlichkeit und das Fa-

milienleben. Der Zweck war doch der, die Gastfreundschaft im größten Rahmen zu pflegen. Mein Urgroßvater Alfred Krupp, der damals ein großes industrielles Reich aufgebaut hatte, mußte und wollte Gastgeber sein für Kaiser, Könige, führende Politiker und Wirtschaftler der ganzen Welt; wer nach Deutschland kam, sollte auch nach Essen zu Krupp kommen und sollte Gast bei Krupp sein. ... Nun stehen wir am Beginn einer neuen Periode und sind auf dem Wege, für den Hügel eine neue, erfüllende Aufgabe zu finden, für die das Haus alle Voraussetzungen mitbringt. ... Möge aus diesem Hause ein kultureller Mittelpunkt und ein Ausstrahlungsgebiet werden für die fleißige Stadt Essen und ihre Umgebung sowie für das ganze Ruhrgebiet."

13. MAI Vor 1500 Ehrengästen – unter ihnen Bundesminister Jakob Kaiser, Ministerpräsident Karl Arnold, Kultusministerin Christine Teusch – wird das vom Regierungsbaumeister a.D. Alfred Pegels neugestaltete „Haus der Technik" feierlich eröffnet.

13. MAI Hunderte von begeisterten Wildwest-Fans und Scharen von jungen Mädchen drängen sich beim Besuch von Gary Cooper vor der „Lichtburg".

16. MAI Ein „Freudentag für Essen" sei – so Oberbürgermeister Dr. Toussaint – die Freigabe der Hans-Böckler-Straße. Die Straße

Hans-Böckler-Straße

sei „aus unguten Überlegungen“ heraus geboren worden. „Doch welch ein Wandel, aus der 1945 erlassenen Anordnung der Militärregierung, das gesamte Kruppgelände aufzuteilen, ist nun diese Straße geworden, ein Zeugnis dafür, daß Essen nicht zerschlagen wurde, sondern lebt und für den Frieden wiederaufbaut!“

29. MAI Das Wandfresko des Malers Gerhard Eisenblätter im Burggymnasium erhitzt die Gemüter. Weil Schüler unbekleidet dargestellt sind, läßt der Direktor das Wandgemälde mit einem schwarzen Vorhang verhüllen. Im August wird der Streit durch eine Überarbeitung des Freskos geschlichtet. Ein Schüler erhält eine Pergamentrolle in die Hand gedrückt, der andere ein Buch, so daß die Blößen bedeckt sind.

31. MAI Der Rat beschließt, die Patenschaft für Hindenburg zu übernehmen. In der Urkunde heißt es: „Mit der Übernahme der Patenschaft will die Stadt Essen ihre Verbundenheit mit den zur Aufgabe ihrer Heimat gezwungenen Bürgern Hindenburgs bekunden. Sie will aber auch dazu beitragen, das Bewußtsein der kulturellen und wirtschaftlichen Bedeutung des deutschen Ostens wachzuhalten.“

4.–6. JUNI Die Akademie für Sprache und Dichtung tagt in der Villa Hügel. In zwei öffentlichen Veranstaltungen referieren Gerhard Storz („Wonach sollen wir uns richten?“) und Rudolf Hagelstange („Was können die Dichter stiften?“).

6.–7. JUNI Der erste Bundesparteitag der Gesamtdeutschen Volkspartei (GVP) endet mit einem Appell an die Westmächte und an die Sowjetunion, eine Volksabstimmung über die Wiedervereinigung in allen vier Besatzungszonen zuzulassen.

23. JUNI Zum Gedenken der Opfer, die in Ost-Berlin und anderen Städten der Sowjetzone im Kampf für die Freiheit gefallen sind, ruft der DGB zu einer Arbeitsruhe von 15 bis 15.05 Uhr auf.

23. JUNI Die Hauptstelle für das Grubenrettungswesen im Ruhrkohlenbezirk in Kray wird offiziell ihrer Bestimmung übergeben, nachdem die Ausbildungstätigkeit bereits am 6. Oktober 1952 aufgenommen wurde. Im Zentrum steht das „Bergwerk hinter Glas“, eine naturgetreu nachgebildete Übungsstrecke von 474 Meter Länge, bei der die Übungsleiter jeden Schritt ihrer Schüler beobachten können.

24.–29. JUNI Der Verband der gemischten Chöre veranstaltet das „Fest der deutschen Chormusik“.

30. JUNI Auf einer Kundgebung der nordrhein-westfälischen Wirtschaft in der Gruga sprechen Bundeskanzler Konrad Adenauer und Wirtschaftsminister Ludwig Erhard.

4. JULI Am Ruhrschnellweg eröffnet die Rheinisch-Westfälische Getränkeindustrie GmbH das neue Pepsi-Cola-Werk. Die automatische Getränkeabfüllmaschine besitzt eine Leistung von 18 000 Flaschen in der Stunde.

8. JULI Auf Anordnung des Oberbundesanwalts beschlagnahmen Kriminalbeamte die Druckmaschinen des kommunistischen NVZ-Verlages in der Maxstraße und in der Kleinen Kronen Straße.

AUGUST Die mechanischen Stellwerke am Hauptbahnhof werden durch ein modernes Gleisbildstellwerk ersetzt.

AUGUST Die Polizei erhält ihren ersten „lang ersehnten“ Wasserwerfer.

12. AUGUST Die Harlem Globetrotters geben ein Gastspiel in der Dubois-Arena.

6. SEPTEMBER Bei der Bundestagswahl ist die CDU mit 42,6 % der Zweitstimmen stärkste Partei. Sie gewinnt auch zwei der drei Direktmandate – IHK-Geschäftsführer Walter Kühlthau im Wahlkreis I und Bundesminister Jakob Kaiser im Wahlkreis III. Die SPD erhält 38,9 %. Für sie zieht Karl Bergmann, Geschäftsführer der IG Bergbau, direkt in den Bundestag ein. Abgeschlagen sind die anderen Parteien: FDP – 5,5 %; KPD – 3,9 %; GVP – 3,6 % und Zentrum 3,3 %. Über die Landeslisten gelangen ins Bundesparlament Franz Blücher (FDP), Erwin Lange (SPD), Margarete Rudoll (SPD), Heinrich Scheppmann (CDU) und Helene Weber (CDU).

28. SEPTEMBER Die ersten Heimkehrer aus russischer Kriegsgefangenschaft treffen um 20 Uhr am Hauptbahnhof ein. Beim offiziellen Empfang der Stadt erhält jeder eine Starthilfe von 1000 DM, eine Flasche Weinbrand und eine Kiste Zigarren.

Zeche Mathias Stinnes

16. OKTOBER Der Zentralförderschacht von Mathias Stinnes nimmt den Betrieb auf. Er ist mit der stärksten Fördermaschine der Welt von 10 000 PS ausgestattet, die eine Nutzlast von 15 Tonnen mit einer Geschwindigkeit von 20 m/sec aus 1430 Meter Tiefe heben kann. Der Förderturm hat eine Höhe von 73 Metern.

1. NOVEMBER Berthold Beitz wird Generalbevollmächtigter von Alfried Krupp von Bohlen und Halbach.

13. NOVEMBER Mit zwei Einaktern von Tennessee Williams („Porträt einer Madonna“ und „Die letzte goldene Uhr“) in deutscher Erstaufführung eröffnen die Städtischen Bühnen ihr Studio auf der Probebühne des Theaters.

21. NOVEMBER José Ortega y Gasset spricht in der Villa Hügel über „Das Rätsel der Technik“. Am folgenden Tag besichtigt er die WIDIA-Fabrik.

1. DEZEMBER Carl Orff ist zu Gast bei der Pädagogischen Akademie in Kupferdreh, bei der sich ein Arbeitskreis mit dem „Orff-Schulwerk in der Musikausbildung künftiger Lehrer“ beschäftigt.

Am Abend liest Orff vor begeistertem Publikum aus seinen Werken „Atutuli“ und „Die Bernauerin“. „Lesen kann man das eigentlich nicht nennen, gestalten ist auch nicht der richtige Ausdruck. Carl Orff lebt in und mit seinem Werk. Da werden die Figuren und Geschehnisse unerhört lebendig, das ganze Szenarium erscheint vor dem geistigen Auge des Zuhörers, man hört und sieht gleichsam ‚Ein-Mann-Theater', dargestellt mit einer an Mitteln schier unwahrscheinlich reichen Könnerschaft.“ – so der Berichterstatter der NRZ.

12. DEZEMBER Im Rahmen einer deutsch-französischen Wohltätigkeitsveranstaltung zeigen vor 800 geladenen Gästen, unter ihnen der französische Botschafter Francois-Poncet, in der Villa Hügel acht Starmannequins 175 erlesene Modelle der Herbst- und Winterkollektion des Hauses Christian Dior.

Modenschau des Hauses Dior in der Villa Hügel

1954

16. JANUAR Mit dem Wunsch, daß die neu erbaute Zweigertbrücke nicht wieder ein Opfer sinnloser Zerstörung werden möge, zer-

schneidet Bürgermeister Rudolf Kohlhoff das blaugelbe Band und gibt das Bauwerk für den Verkehr frei. Die 140 Meter lange Brücke über Rhein-Herne-Kanal und Emscher hat 1,5 Millionen DM gekostet.

31. JANUAR Die Oper „Der Gefangene" des italienischen Komponisten Luigi Dallapiccola wird von Gustav König und Hans Hartleb erstaufgeführt. Es war „nicht nur eine Demonstration der musikalischen Moderne – insbesondere der frei verwendeten Zwölftontechnik -, sondern in erster Linie eine Anklage jener Brutalitäten, die in Arbeits- und Konzentrationslagern und Gefängnissen beiderseits der sowjetisch-deutschen Demarkationslinie von 1939 zum Alltag der Diktaturen gehörte" (Waidelich II, S. 228).

5. FEBRUAR „Die Wahl dieser Stadt zwischen Fördertürmen und Hochöfen kennzeichnet bereits die Bedeutung, die der Sozialgerichtsbarkeit für den arbeitenden Menschen unseres Landes zukommen wird", konstatiert der nordrhein-westfälische Minister für Arbeit, Soziales und Wiederaufbau, Dr. Otto Schmidt, beim Festakt anläßlich der Errichtung des Landessozialgerichtes. Mit dieser Berufungsinstanz für die fünf Sozialgerichte ist die Sozialgerichtsbarkeit im Lande auf allen Stufen wiedereingeführt worden.

9. FEBRUAR Erstmals im Ruhrgebiet wird auf dem Wetterschacht Barbara der Zeche Amalie, mit dessen Abteufe am 1. November 1952 begonnen worden war, eine Teufe von 1215 Metern erreicht.

13. FEBRUAR „Innozenz und Franziskus" von Reinhold Schneider wird uraufgeführt. Zu den Gästen der Premiere gehören u.a. Bundespräsident Theodor Heuss, Ministerpräsident Karl Arnold und der Schriftsteller Werner Bergengruen, ein enger Freund Schneiders.

21. MÄRZ Jakob Geprägs, der als 66jähriger Invalide von 67 Mark Rente lebt, gewinnt im Toto 738 115,75 Mark.

2. APRIL Im bis auf den letzten Platz gefüllten Saalbau wird bei einem Schönheitswettbewerb, moderiert von Peter Frankenfeld, das Fotomodell Erika Kleve-Feuerstein aus Langenberg zur „Miß Nordrhein-Westfalen" gewählt.

28. APRIL Die Akademie der Wissenschaften und Literatur tagt in der Villa Hügel. Auf dem Programm stehen zwei Referate. Zuerst behandelt Professor Dr. Pascual Jordan das Thema „Zufall und

Bestimmung", danach spricht Dr. Frank Thieß über die „Diktatur der Phrase".

1. Mai Die Großkundgebung des Deutschen Gewerkschaftsbundes auf dem Burgplatz mit dem Ministerpräsidenten Karl Arnold als Hauptredner wird von einigen Kommunisten durch Pfeifkonzerte und Sprechchöre gestört.

10. Mai Yehudi Menuhin gastiert mit Werken von Brahms und Beethoven.

16. Mai Das Alfred-Krupp-Denkmal, das kurz vor Kriegsende auf dem Ostfeld von Bomben gefällt wurde, wird unweit des alten Standortes neu errichtet.

16. Mai Die vom Kulturkreis des Bundesverbandes der Deutschen Industrie organisierte Ausstellung „gewebt – geformt" in der Villa Hügel wird feierlich eröffnet. Zugleich gibt Dr. Hermann Reusch, Vorsitzender des Kulturkreises, bekannt, daß man im Kleinen Haus der Villa Hügel unter dem Namen „Industrieform" ein Zentrum schaffen wolle, das die Aufgabe habe, eine Überblick über die Bemühungen der Industrie auf dem Gebiete der Formgestaltung zu vermitteln.

17. Mai Der Bundesverband der Deutschen Industrie tagt im Saalbau. Zu den Rednern der Tagung gehören u.a. Ludwig Erhard und Karl Arnold.

31. Mai Das neue Gewerkschaftshaus wird seiner Bestimmung übergeben.

5. Juni Das Ballett „Die schlafende Prinzessin" von Hans Werner Henze, eine Überarbeitung von Tschaikowskis „Dornröschen" wird unter der Regie von Alfredo Bortoluzzi uraufgeführt. Dem Kritiker der NRZ gefällt die Überarbeitung in keiner Weise: „Man darf sich angesichts dieser ‚Verhenzung' nicht an einstige glanzvolle Wiedergabe des ‚Dornröschen' erinnern, wenn man den Vorwurf kaum gerechtfertigter Willkür vermeiden möchte."

19. Juni Auf dem Hauptbahnhof wird in einem Festakt der erste Strommast für die Elektrifizierung der Bundesbahnstrecke Düsseldorf – Hamm errichtet. Er ist einer von 135 000 benötigten. Die Elektrifizierung leite einen neuen Anschnitt in der Entwicklung des Industriegebietes ein, erklärt Ministerpräsi-

dent Arnold. „Ich sehe hierin eine unerläßliche Ergänzung des Wiederaufbaus unserer Fabriken, unserer Heimstätten und unserer gesamten Wirtschaft, ohne die unsere Arbeit nur Stückwerk bleiben kann.“

27. JUNI Bei der Landtagswahl erringt die SPD einen überraschend deutlichen Sieg. Sie liegt mit 42,2 % weit vor der CDU (32,8 %). Die anderen Parteien erhalten: FDP – 9 %; Zentrum – 7,4 %; KPD – 5,8 %. Als Direktkandidaten werden in den Landtag gewählt: von der SPD Maria Berns (Wahlkreis 62 Borbeck-Karnap), Ernst Bessel (61 West), Wilhelm Nieswandt (60 Altstadt-Altenessen) und Hugo Schaub (63 Katernberg-Kray); von der CDU Josef Aust (64 Steele-Huttrop), Hans Spiecker (66 Werden-Kupferdreh) und Dr. Hans Toussaint (65 Rüttenscheid). Über diese Liste erhalten Ernst Achenbach (FDP), Aenne Gehling (CDU), Dr. Heinz Lange (FDP) und Heinrich Peterburs (Zentrum) ein Mandat.

28. JUNI Die „Essener Allgemeine Zeitung“, die der Verlag W. Girardet herausgibt, stellt ihr Erscheinen ein.

4. JULI Der Essener Fußballnationalspieler Helmut Rahn schießt im Berner Wankdorf-Stadion das 3:2 gegen Ungarn, und die deutsche Nationalelf wird Fußballweltmeister. Kommentar des zweifachen Torschützen: „So ist das im Fußball: drauf mit dem Fuß und dann hinein mit dem Ball, wenn die Chance da ist. Ich wußte beide Male, daß der Ball im Netz landen würde.“

21. JULI Das von dem Düsseldorfer Architekten W. Holtgreve geplante BBC-Gebäude ist fertiggestellt. Das Haus beherbergt die Verkaufs- und technischen Abteilungen von Brown, Boveri & Cie.

3. SEPTEMBER Der 6. Internationale Kongreß für frühmittelalterliche Forschung, an dem 100 Wissenschaftler aus 16 Ländern teilnehmen, befaßt sich mit der ottonischen Kunst, für die Essen hervorragende architektonische und bildnerische Beispiele besitzt.

18. SEPTEMBER Bei der Eröffnung der Deutschen Bergbau-Ausstellung, an der 400 Firmen teilnehmen, erklärt Wirtschaftsminister Erhard: „Es ist ganz sicher richtig, daß die Kohle immer das starke Element unserer Volkswirtschaft sein wird. Aber ich glaube, es ist doch nicht so, als ob die Kohle und nicht nur die Kohlenwirtschaft in sich heiliggesprochen werden könnte, als

ob dort der Wettbewerbsgedanke nicht fruktifiziert werden dürfte. Es werden auch bei der Kohle in der Zukunft alle Anstrengungen vonnöten sein, um sich im Wettbewerb auf dem inneren Felde, aber auch gegen die Bedrängnisse und Bedrohungen von außen erfolgreich zur Wehr zu setzen.“ Die Ausstellung, die am 3. Oktober geschlossen wird, besuchen mehr als 300 000 Personen.

29. SEPTEMBER Die Süddeutsche Eisenbahn-AG gibt ihre Tätigkeit in Süddeutschland auf und beschränkt sich allein auf den Essener Raum. Deshalb ändert sie auch ihren Namen in Essener Verkehrs-AG um.

31. OKTOBER Die Bronzefigur des Friedrich-Alfred-Krupp-Denkmals, die den Bombenangriff 1943 unzerstört überstanden hat, wird auf dem Gelände der Kruppschen Krankenanstalten am Altenhof aufgestellt.

NOVEMBER Die Gräber auf dem Friedhof an der Freiheit, der dem Bau des Ruhrschnellwegs weichen muß, werden umgebettet. Die Grabdenkmäler und Mausoleen werden vorsichtig abgetragen und vielfach auf neuen Grabstellen wieder aufgestellt. Der Friedhof, auf dem etwa 150 Jahre Bestattungen stattfanden, war auch der Friedhof für die Honoratioren der Stadt. Die Angehörigen der Familien von Waldthausen, Grillo, Huyssen, Schulz, Knaudt, Baedeker haben hier ebenso ihre letzte Ruhestätte gefunden wie die Bürgermeister Theodor Wilhelm Varnhorst, Konrad Heinrich Kopstadt, Gustav Hache und Erich Zweigert. Einen eigenen Familienfriedhof, der vom übrigen Teil abgrenzt war, besaß die Familie Krupp.

7. NOVEMBER In West, Holsterhausen und in der Innenstadt protestieren Kommunisten gegen den KPD-Prozeß. Da der Polizeipräsident Demonstrationen und Umzüge verboten hat, greift die Polizei ein. Sie treibt die Demonstranten auseinander und verhaftet die Wortführer.

9. NOVEMBER Die deutsche Erstaufführung von William Saroyans „Sam Egos Haus“ in der Inszenierung von Heinz Dietrich Kenter ist das bedeutendste Ereignis der Spielzeit 1954/55.

10. NOVEMBER Das Haus am Kettwiger Tor wird seiner Bestimmung übergeben.

11. NOVEMBER Kaiser Haile Selassie von Äthiopien besucht die Stadt und die Villa Hügel. Zu Mittag speist er im „Essener Hof“: Kängeruhschwanzsuppe mit altem Sherry; Hühnerbrüstchen auf Ananas überbacken mit Spargel; Haselnuß-Eisbombe mit warmer Johannisbeertunke, Ingwer-Stäbchen.

3. DEZEMBER Im Steeler Stadtgarten wird die Plastik „Odysseus“ von Professor Franz Guntermann, gegossen bei den Essener Eisenwerken, feierlich enthüllt. Sie soll an die Heimatvertriebenen und die Kriegsgefangenen erinnern, die ebenso wie Odysseus lange in der Fremde umherirrten bzw. dort ausharren mußten.

4. DEZEMBER Das Ruhrland- und Heimatmuseum wird im Hause Bismarckstraße 62, der ehemaligen Knaudtschen Villa, wiedereröffnet. In 13 Ausstellungsräumen wird die Biologie, die Geologie, die Vor- und Frühgeschichte sowie die Ortsgeschichte präsentiert.

13. DEZEMBER Mit der Fertigstellung des 3. Bauabschnitts, Säle und Räume über der Garderobenhalle, ist der Aufbau des Städtischen Saalbaues beendet.

1955

22. JANUAR Dem Aufruf zum Proteststreik gegen die mitbestimmungsfeindlichen Äußerungen des Generaldirektors Dr. Hermann Reusch wird auf allen Zechen geschlossen Folge geleistet.

13. FEBRUAR Auf einer SPD-Versammlung in den Ausstellungshallen der Gruga, die unter dem Motto „Nicht Waffen – sondern Verhandlungen sichern die Wiedervereinigung in Frieden und Freiheit!“ steht, fordert der Vorsitzende der SPD, Erich Ollenhauer, die Bundesregierung auf, das Verhandlungsangebot der sowjetischen Regierung anzunehmen: „Wenn nur zehn Prozent Chance als Aussicht auf Erfolg bei Verhandlungen über die deutsche Einheit besteht, dann ist es unsere Pflicht, diese Chance auszunutzen.“

MÄRZ Auf Einladung des Essener Germanistenverbandes liest Heinrich Böll aus seinen Werken „Haus ohne Hüter“ und „Irisches Tagebuch“.

2. APRIL Auf der Rüttenscheider Straße wird die erste Fußgängerampel eingerichtet. Da diese sich sehr bewährt hat, werden in

der Folgezeit an wichtigen Übergängen weitere Ampeln aufgestellt.

4. April In der Ausstellungshalle beginnen die 33. Deutschen Amateur-Boxmeisterschaften. In seinem Grußwort betont der Oberbürgermeister die Verbundenheit Essens mit dem Boxsport: „Essen stand Pate bei der im Jahre 1949 vollzogenen Neugründung des Verbandes, und auch bei den ersten Meisterschaften dieser neuen Spitzenorganisation der Amateurboxer im Jahre 1950. Ich freue mich, daß durch die Austragung der diesjährigen Meisterschaften in Essen das gute Verhältnis zu unserer Stadt erneut deutlich zum Ausdruck kommt. Die Bevölkerung unserer Stadt ist dem Sport in seinen mannigfachen Formen aufgeschlossen, und es kann mit Recht hervorgehoben werden, daß besonders der Boxsport in Essen durch seine teilweise sehr großzügigen Sportanlagen eine allen Wünschen entgegenkommende Heimstätte und einen begeisterten Anhängerkreis gefunden hat. Der Boxsport erfordert Mut, Entschlossenheit und als wichtigste Voraussetzung einen gesunden Körper. Ich möchte daher wünschen, daß die diesjährigen Amateur-Boxmeisterschaften die Bevölkerung des Reviers und unserer Stadt ansprechen und unsere Jugend zu einer gesunden körperlichen Ertüchtigung anspornen."

1. Mai Erstmals findet die traditionelle Maifeier auf dem Porscheplatz statt. Mehr als 10 000 Teilnehmer hören die Rede von Georg Leber, in deren Mittelpunkt die Verkürzung der Arbeitszeit steht.

9. Mai Der Verschmelzungsverträge zwischen der Mannesmann AG und der Essener Steinkohlenbergwerke AG werden unterzeichnet.

4. Juni Im Folkwangmuseum wird eine Ausstellung mit Werken von Christian Rohlfs eröffnet.

8. Juni Das Kuratorium des Vereins Villa Hügel e.V. tritt unter seinem Präsidenten Tilo Freiherr von Wilmowsky zu seiner ersten Sitzung zusammen. Der Verein hat laut Satzung den Zweck, „die Villa Hügel zu einem in seiner Bedeutung über die Grenzen von Essen hinausreichenden Kulturzentrum im Ruhrgebiet auszugestalten, das der Allgemeinheit dient. Diesem Zweck soll der Verein durch wissenschaftliche und künstlerische Veranstaltungen aller Art erfüllen."

13. JUNI Das von Professor Hoffmann geschaffene Tiegelstahlwerker-Denkmal am Krupp-Turmhaus, das bereits 1936 in Auftrag gegeben worden war, wird von Alfried Krupp eingeweiht. Es ist 22 Meter lang und wiegt neun Tonnen. „Der Krieg hat uns ein Denkmal genommen, das uns allen heilig war, das Stammhaus. Es stand nur wenige Meter neben dem neuen Denkmal, das nun an seiner Stelle an die Vergangenheit, an unsere Vorfahren und ihr Werk erinnern soll“, betont Alfried Krupp.

25. JUNI Um das Dauerparken zu unterbinden und dadurch die knappe Parkfläche in der Innenstadt besser auszunutzen, werden in der Kettwiger Straße 30 Parkuhren aufgestellt. Weitere folgen 1956 im Bankenviertel, in der Hachestraße und vor dem Handelshof.

Die Ruhe vor dem Sturm – Essen erwartet die Helden von Rot-Weiß

26. JUNI Vor 80 000 Besuchern gewinnt Rot-Weiß Essen im Hannoveraner Niedersachsenstadion die deutsche Fußballmeisterschaft. Der Gegner 1. FC Kaiserslautern wird durch ein Kopfballtor von Penny Islacker in der 85. Minute mit 4:3 besiegt.
Am nächsten Tag wird die Mannschaft von ihren Anhängern begeistert empfangen: „Tränen standen den Rot-Weißen in den Augen, als sie aus dem Bahnhof traten. Das hatten sie nicht erwartet. Der Vorplatz war von einer Menschenmenge überflutet. Die Bergmannskapelle konnte nicht mehr durchdringen. Der Jubelschrei der Massen übertönte alles. Nur mit Mühe

konnten sie in ihre Wagen kommen. Die Menschen drohten die Fahrzeuge zu stürmen. Ihr Triumphzug durch Essen begann. ... Penny Islacker bekam immer einen kleinen Sonderbeifall, sofern dies bei dem Begeisterungssturm überhaupt möglich war. Als er am Saalbau, gestützt auf zwei Sanitäter, aus dem Wagen stieg, da wurde der Jubel zum Orkan. Der dreifache Torschütze aber, der sonst so eiskalt die Chancen wahrnimmt, hatte feuchte Augen. ... Es war eine glückliche Fahrt für sie. Sie strahlten sich alle an. Sie waren wieder zu Hause – und sie waren Meister. Fritz Herkenrath, August Gottschalk, Berni Termath, Röhrig, Islacker, Jähnisch, Köchling, Jahnel, Wewers, Grewer, Rahn, Schaffner, Vordenbäumen und Trainer Szepan ließen die ‚Viktoria' von Hand zu Hand gehen. ... An der Ecke Zinkstraße warteten vier Spielmannszüge auf ‚ihren' Verein. Aber auch sie vermochten die Freudenrufe und Gratulationschöre der begeisterten Bergeborbecker nicht zu überstimmen. ‚Bravo, August! Penny, Penny!' rief es aus der wogenden Menge. Die Väter hatten ihre Sprößlinge auf dem Arm, Frauen mit Einkaufsnetzen rissen begeistert die Hände hoch, und aus den wartenden Straßenbahnen strömten die von der Arbeit Kommenden. Gestern verstand man, warum die Begeisterung über die Strenge schlug. Und selbst die Polizei setzte ihre freundlichste Miene auf, trotz schwersten Dienstes."

17. JULI Im ersten Frauen-Fußballspiel in Essen besiegt der SC Gruga den 1. FC M. Gladbach vor 3000 Zuschauern mit 6:2 Toren.

26. JULI Ein westdeutscher Rabbiner kritisiert die Stadt, daß sie sich nicht um die alte Synagoge kümmere. Die hochragende Ruine sei „ein eindrucksvolles Symbol der Trägheit der Herzen und Hirne".

1. SEPTEMBER Die Innenstadt wird generell für Pferdefuhrwerke gesperrt, weil diese den Verkehr zu stark behindern.

1. OKTOBER Hasso Huber inszeniert die deutsche Erstaufführung der Komödie „Sabrina" von Samuel Taylor. In der Titelrolle glänzt Brigitte Lebaan.

5. OKTOBER Das Haus Industrieform in der Villa Hügel wird von Ministerpräsident Karl Arnold eröffnet. Im Kleinen Haus werden formschöne und zeitgemäße Industrieerzeugnisse – vom Porzellangeschirr über Küchengeräte bis hin zu Industriebauten – präsentiert.

10. Oktober Aus Protest gegen die Erhöhung der Milchpreise ruft der DGB zu einem Milchboykott auf.

20. Oktober Auf Einladung des Tatkreises Kunst an der Ruhr liest Gottfried Benn im Hotel Kaiserhof. Hannsferdinand Döbler hat die Szene festgehalten: „Nach der Begrüßung tauchte er hinter dem Podium auf, ein alter Herr mit nüchterner Stimme, das Raunen erstarb, er las Prosa, er gab sich milde, funkelnde Sätze, metallne Skelette; ... Ich wandte vorsichtig den Blick zur Seite, aufgeschlagene Gesichter, entzückt, gelangweilt, er bot Tiefgefrorenes, Fürst-Pückler-Eis, sehr interessant, versöhnlicher als erwartet, er räusperte sich, der Lautsprecher knisterte, er war zu weit vom Mikrofon entfernt, die Stimme murmelte über die ersten Reihen hinweg: Was ist das Fleisch / Aus Rosen und aus Dornen / Was ist die Brust / Aus Falten und aus Samt. – es ist unerträglich hell im Saal – Und was das Haar, die Achseln, die verworrenen – neben dem Podium stehen Chrysanthemen – Niemand weiß, wo sich die Keime nähren / Niemand, ob die Krone einmal blüht / Halten, Harren, sich gewähren Dunkeln, Altern, Apréslude. Gemäßigter Beifall rauscht auf, der Dichter verbeugt sich, schaltet die Leselampe aus, verläßt das Podium, das Publikum erhebt sich und drängt durch die Stuhlreihen zur Garderobe.“

3. November Die neue Humboldtschule an der Berne-/Varnhorststraße, entworfen von den Architekten Wilhelm Eggeling und Franz Allerkamp, wird ihrem Bestimmungszweck übergeben.

4. November Das autobahnähnlich ausgebaute Teilstück Essen-Kray – Wattenscheid des Ruhrschnellweges wird für den Verkehr freigegeben. „Der Landespfleger des Siedlungsverbandes hat sich die Aufgabe gestellt, den Landschaftsraum, den die Straße durchquert, planvoll auszugestalten. Der Ruhrschnellweg soll gewissermaßen die breite Schaugasse des Reviers sein. Der Strom der Autofahrer, der ihn benutzt, soll von Bildern begleitet werden, die anzusehen sich lohnt: schöne und dem Wesen des Ruhrgebiets gemäße Bilder. Die Industrielandschaft wird man selbstverständlich nicht verstecken, sondern ihre Wirkung im Raum noch steigern. Etwa dadurch, daß man durch lebendiges Grün Rahmen schafft, die den Blick auf sie dort öffnen, wo sie sich am eindrucksvollsten zeigt. Es ist auch daran gedacht, in der Nähe von Auffahrten zum Ruhrschnellweg an Punkten, an denen sich ein besonders fesselndes Industriepanorama darbietet, Parkplätze für die beschauliche Rast der Autofahrer anzulegen.“ (NRZ)

4. NOVEMBER Im Bergarbeiterwohnheim in Frillendorf diskutiert Inge Meysel mit Jungbergleuten über das Stück „Die Heiratsvermittlerin" von Thornton Wilder.

8. NOVEMBER Beim Treffen alter Essener Familien trägt der Oberbürgermeister erstmals seine neue Amtskette, eine schmale, schlichte Bandkette, versehen mit dem Wappen der Stadt. Gefertigt wurde die Kette von der Goldschmiedemeisterin Elisabeth Treskow.

11. NOVEMBER Das zwölfstöckige Hochhaus am Gildenplatz, ein Stahlbetonskelettbau, damals das höchste Haus Essens, entworfen von den Architekten Hans und Wilhelm Eggeling, wird seiner Bestimmung übergeben.

16. NOVEMBER Zur Aufführung seines Films „Wenn der Vater mit dem Sohne" in der „Lichtburg" weilt Heinz Rühmann erstmals seit langer Zeit wieder in seiner Heimatstadt. „Wie hat Essen sich verändert", ist sein erster Kommentar im Gespräch mit Karl Sabel von der WAZ. „‚Eben sah ich das Haus am Kettwiger Tor. Und vorn, an der Ecke bei den niederen Läden, hat mein Geburtshaus gestanden, das altmodische Hotel Stemme, in dem mein Vater wirtschaftete; später übernahm er den Handelshof.' Das sei alles anders. Und was das Kino wohl mache, mitten in der Kettwiger, wie hieß es doch, ach ja, das Decla? Da sei er doch vor 17 Jahren vor der Leinwand erschienen, mit Leni Marenbach. Das Kino, mußten wir ihm sagen, gebe es nicht mehr, dort stehe das große Kettwiger-Tor-Haus. ... ‚Übrigens, was macht meine alte Penne, die Humboldtschule?' ‚Sie werden staunen, ein ganz neues Haus.' ‚Ach ja, die lange Zeit. Ist mittlerweile viel passiert. Man kommt in die Jahre.' "

4. DEZEMBER In Anwesenheit von Professor Carl Orff findet die Premiere seiner Oper „Antigonae" statt.

4. DEZEMBER Die wiederaufgebaute, von Dominikus Böhm geschaffene St. Engelbert-Kirche wird durch Kardinal Frings konsekriert. „Ich kenne kaum eine so moderne Kirche, die die Größe und Majestät, aber auch die Güte Gottes so bezeichnend darstellt und zugleich der Andacht dient", so das Urteil des Kardinals.

17. DEZEMBER Unter der Regie von Alfredo Bortoluzzi werden die Ballettstücke „Alagoana" und „Kontraste" von Bernd Alois Zimmermann uraufgeführt.

24. DEZEMBER „Essen erhebt den Anspruch, Metropole des rheinisch-westfälischen Industriegebiets zu sein. Doch genügt es, diesen Anspruch allein durch die Arbeit zu begründen? Gewiß, Essen hat eine Bühne. Sie ist ein Mittelpunkt unseres kulturellen Lebens – bietet aber jeweils nur 800 von 700 000 Einwohnern die Möglichkeit, am Theaterleben unserer Stadt teilzunehmen. ... Das Verhältnis zwischen Platzzahl und Einwohnerzahl, zwischen Fähigkeiten und Möglichkeiten unserer Bühne ist denkbar ungünstig. Es ist das ungünstigste im ganzen Revier. Und wenn Essen als meistzerstörte Stadt zunächst auch noch andere Aufgaben zu erfüllen hat – jetzt ist es endlich an der Zeit, auch ein neues Theater zu bauen! Wir brauchen ein ‚Großes Haus'! Wir brauchen eine Stätte, an der wir unsere Jugend mit den uns liebgewordenen Werken und dem Schaffen der Dichter unserer Zeit vertraut machen können. ... An alle, die das Gefühl für die kulturellen Werte noch nicht verloren haben, ergeht die Bitte, sich je nach Vermögen an dieser Selbsthilfe der Bürgerschaft zu beteiligen. ... Alle Bürger, Firmen, Gesellschaften, Organisationen und Körperschaften des öffentlichen Rechts können Mitglied der Gesellschaft werden und so das Ihre dazu beitragen, daß Essen nicht nur in der Arbeit, sondern auch im Reich der Kunst eine führende Stellung einnimmt. Helfen Sie mit!" Mit diesem Aufruf bittet die Gesellschaft zur Förderung des Theaterneubaues um Spenden.

1956

15. JANUAR Günther Fleckenstein inszeniert als deutsche Erstaufführung Gabriel Marcels „Ein Mann Gottes".

16. JANUAR „Wegen kommunistischer Unterwanderung" wird der Ortsausschuß der IG Bau, Steine, Erden aufgelöst.

18. JANUAR Das neu errichtete Landgericht am Haumannplatz wird feierlich seiner Bestimmung übergeben. In dem 400 Räume großen Justizgebäude arbeiten 126 Richter sowie 41 Oberstaatsanwälte und Staatsanwälte.

7. FEBRUAR Der Neubau der Stadtbücherei an der Hindenburgstraße wird durch den Kultusminister Werner Schütz feierlich eröffnet. Der Buchbestand beläuft sich auf 250 000 Bände, hinzu kommen noch 100 000 Bände der Wissenschaftlichen Bibliothek, 20 000 in der Volks- und Jugendbücherei sowie 13 000 Bände in der Musikbücherei. Die Leihgebühr beträgt 5 bzw. 10 Pfennige pro Buch.

6. März Ein 1,40 Meter hoher Bronzeengel, eine Arbeit von Professor Ewald Mataré, ziert den Giebel der Schatzkammer der Essener Münsterkirche. Von Mataré stammen auch die Bronzetür und das Balkongitter.

17. April Der Bundesminister für Atomenergie, Dr. Franz Josef Strauß, referiert auf Einladung der Industrie- und Handelskammer über „Aktuelle Fragen der Atomenergiepolitik". Strauß betont, daß es eine Lebensfrage für das deutsche Volk sei, ob es gelinge, sich bei der Atomwissenschaft und -technik „in der vordersten Linie der Nationen zu behaupten". Staat und Industrie müßten engstens kooperieren, um so die deutsche Konkurrenzfähigkeit auf den Atomweltmärkten zu sichern.

27. April Die Oberbetriebsleitung West, die für die Bundesbahndirektionen Essen, Köln, Wuppertal, Münster, Hannover und Hamburg zuständig ist, nimmt ihre Arbeit im Neubau an der Lessingstraße auf. Die Oberbetriebsleitung war 1943 kriegsbedingt nach Koblenz und dann nach Bielefeld verlegt worden.

28. April Die Folkwangschule führt in der Aula der Werdener Abtei Bert Brechts Stück „Der kaukasische Kreidekreis" auf. Allerdings hat Hannes Loges das Buch stark entpolitisiert, indem er das Vorspiel und „manche tendenziöse Stelle" strich, „so daß nun allein die menschliche Tragödie wieder sichtbar wurde".

2. Mai Die Annnahmestelle für Freiwillige, die sich zur Bundeswehr melden, wird eröffnet.

17. Mai Die Ausstellung „Werdendes Abendland an Rhein und Ruhr" in der Villa Hügel wird eröffnet. Zu den Gästen der Eröffnungsfeier gehören Bundesminister Dr. Gerhard Schröder, der Ministerpräsident von Nordrhein-Westfalen, Fritz Steinhoff, ebenso wie der ägyptische Staatsminister Oberst Anwar el Sadat.

29. Mai Unter dem Motto „Freundschaft umspanne die Welt" wird der Frauentag der Sozialistischen Internationalen Frauenbewegung gefeiert. Als Hauptrednerin spricht Käthe Strobel, die die Wehrpolitik der Bundesregierung verdammt.

21.–23. Juni Die 9. Hauptversammlung des Deutschen Städtetages, an der 900 Kommunalpolitiker aus 134 kreisfreien und 262 kreisangehörigen Städten teilnehmen, wird vom Regierenden Bürger meister von Berlin, Professor Dr. Otto Suhr, eröffnet. Im Mittelpunkt der Diskussionen stehen „Die sozialen Aufgaben der Gemeinden“.

26. JULI Mit der Geburt von Angelika Gerzen erreicht Essen die Einwohnerzahl von 700 000. Der Oberbürgermeister überreicht der Mutter einen Strauß Blumen, drei Flaschen Rotwein, eine Mappe mit Aquarellen und ein Sparbuch über 700 Mark.

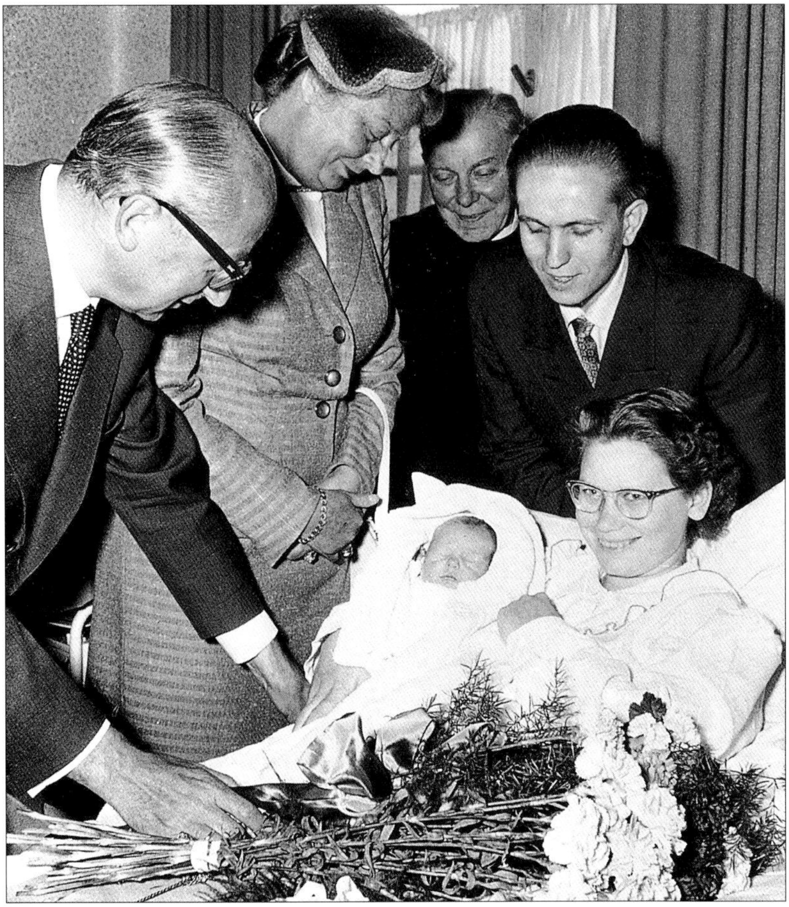

Oberbürgermeister Dr. Hans Toussaint und die glückliche Familie Gerzen

8. AUGUST Mit seinem 100. internationalen Spiel gegen Racing Straßburg wird die neue Tribüne und die Flutlichtanlage im Stadion an der Hafenstraße in Betrieb genommen. Rot-Weiß Essen, das das Spiel mit 4:0 gewinnt, hat damit als erster Fußballverein eine Flutlichtanlage errichtet.

17. AUGUST Aufgrund des Verbotes der KPD durch das Bundesverfassungsgericht besetzt die Polizei die Parteibüros in der Maxstraße und in der Kleinen Kronenstraße und beschlagnahmt nach einer Hausdurchsuchung die Parteiakten.

1.–23. SEPTEMBER In acht Hallen der Gruga und auf dem Freigelände findet die Internationale Polizei-Ausstellung statt, an der sich 19 Staaten beteiligen. Die Ausstellung soll ein Bild von der Polizeiarbeit vermitteln, die Polizei will aber auch beweisen, „daß ihre Haltung dem demokratischen Staat entspricht", so der Innenminister Hubert Biernat.

16. SEPTEMBER Die neue Schauspielsaison wird mit der Uraufführung von Paul Claudels „Der Ruhetag" eröffnet.

19. SEPTEMBER Der technische Überwachungsverein (TÜV) hat sein neues Haus an der Ecke Kurfürsten- und Steubenstraße bezogen. Die etwa 250 Ingenieure sind nicht nur mit der Überprüfung der Kraftfahrzeuge und der Überwachung der Kraft- und Wärmeindustrie des Ruhrgebiets beschäftigt, sondern sie nehmen auch Forschungsaufgaben in den unterschiedlichsten Bereichen (Automation, Atomtechnik, Staubmessung etc.) wahr.

23. SEPTEMBER Das erste Länderspiel im Damen-Fußball zwischen der Niederlande und Deutschland im Mathias-Stinnes-Stadion in Karnap gewinnt die deutsche Nationalelf mit 2:1. Erfolgreiche Torschützin ist die Essenerin Lotti Beckmann.

28. OKTOBER Bei der Gemeindewahl erringt die SPD erstmals mit 51,1 Prozent die absolute Mehrheit weit vor der CDU (38,4 %) und der FDP (6,3 %). Das Zentrum scheitert mit 3,3 Prozent an der Fünf Prozent Hürde.
Nach dem grandiosen Erfolg geben Vorstand und Fraktion der SPD folgende Erklärung ab: „Die Essener Bevölkerung hat die Ein-Mann-Politik auf Grund der bitteren Erfahrungen der Vorzeit, die noch durch Trümmer ihren Ausdruck finden, abgelehnt. Die SPD wird alles daransetzen, um die strukturelle Sicherung der Lebensgrundlagen aller Essener Bürger weiter zu festigen, wie es immer ihr Ziel war. Wir werden darüber hinaus unser besonderes Augenmerk denen widmen, die wir auch bisher als die sozial Schwachen unter uns bezeichnet haben. Wir denken da auch an diejenigen, die jung verheiratet sind und sooft die Frage stellten: Wann bekommen wir endlich eine Wohnung? ... Nicht zuletzt wollen wir uns auch beim Land durch unseren bestehenden Einfluß und durch politi-

schen Kampf gegen die Bundesregierung dafür einsetzen, daß sich die Lebensgrundlagen der Gemeinden verbessern. Dann kann der Wiederaufbau auf allen Gebieten – neben dem Wohnungsbau denken wir dabei an Schulen, Straßen, Kinderspielplätze und Erholungsanlagen – ausgeweitet werden. ... Wir danken der Essener Bevölkerung für die bewiesene Reife und ihr Vertrauen und versichern, daß wir dieses Vertrauen nicht enttäuschen werden."

3.–4. NOVEMBER Im Essener Saalbau tagt der Westdeutsche Autorentag. Die Jahresversammlung steht unter dem Thema „Das große Unbehagen der Schriftsteller". Der 1. Vorsitzende, Willi Schäferdiek, beklagt die soziale Notlage der Autoren und fordert eine Verbesserung der Honorare, die Einführung eines Normalvertrages für Buchveröffentlichungen sowie eine grundlegende Reform der Besteuerung schriftstellerischer Tätigkeit.

5. NOVEMBER Wegen des Einmarsches russischer Truppen nach Ungarn wehen auf allen öffentlichen Gebäuden als Zeichen der Trauer die Flaggen auf Halbmast. Die Jugendverbände der Stadt reagieren auf die Ereignisse mit einem Aufruf: „Selten haben Geschehnisse der Weltpolitik die Jugend so beeindruckt wie die Ereignisse in Ungarn und am Suez. In der Schule, an der Werkbank, im Büro und auch in der Familie gehen die Gespräche fast ausschließlich um die kriegerischen Überfälle der letzten Tage. Wer kann es der Jugend verdenken, daß sie von der Haltung maßgeblicher Politiker enttäuscht ist und fast den Glauben daran verlieren könnte, daß Gerechtigkeit und nicht Gewalt siegt! Die Gedanken der Jugend gehen insbesondere zu den jungen ungarischen Freiheitskämpfern, die trotz Wissen um die Übermacht ihrer Unterdrücker ihr Leben für die Freiheit opferten. Möge es den verantwortungsbewußten Staatsmännern gelingen, weiteres Blutvergießen in Ungarn und am Suez zu verhindern."

8. NOVEMBER Mit den Stimmen der SPD und der FDP bei Enthaltung der CDU wird Wilhelm Nieswandt zum neuen Oberbürgermeister gewählt. Seine Stellvertreter sind Werner Lipa (SPD) und Paul Jaeger (FDP).

10. NOVEMBER „An alle Mitbürger! Immer noch ist Deutschland geteilt, leben Millionen Deutsche in Unfreiheit. Die vornehmste Pflicht aller in der Bundesrepublik lebenden Deutschen ist heute – mehr denn je –, die Verbindung zu unseren Landsleuten nicht abreißen zu lassen und die Wiedervereinigung mit ihnen auf allen Gebieten des politischen, sozialen und kulturellen Lebens

friedlich vorzubereiten.“ Mit diesen Worten beginnt der Aufruf zur Gründung eines Ortskuratoriums „Unteilbares Deutschland“ am 18. November. Unterzeichnet ist er von allen Parteien und ihren Jugendorganisationen, den Gewerkschaften und den wirtschaftlichen Verbänden.

13. DEZEMBER Auf Einladung der Ruhr-Kammerspiele liest das Schauspieler Hardy Krüger aus Werken von Heinrich Böll.

19. DEZEMBER Der Apostolische Nuntius in Deutschland, Erzbischof Dr. Aloysius Muench, und der Ministerpräsident von Nordrhein-Westfalen, Fritz Steinhoff, unterzeichnen in der Apostolischen Nuntiatur in Bad Godesberg den Staatsvertrag über die Errichtung des Bistums Essen. Zu dem Bistum gehören die Städte Bochum, Bottrop, Duisburg, Essen, Gelsenkirchen, Gladbeck, Lüdenscheid, Mülheim, Oberhausen, Wattenscheid sowie die Landkreise Altena und Ennepe.
Der Austausch der Ratifikationsurkunden, nachdem der Landtag dem Vertrage zugestimmt hat, erfolgt am 26. Februar 1957. Essen wird damit offiziell Bischofssitz.

1957

4. MÄRZ Essen steht Kopf. Der erste Karnevalszug nach 18 Jahren lockt 400 000 begeisterte Besucher an.

10. APRIL Im Centre Culturel Francais spricht Gabriel Marcel über das zeitgenössische französische Theater, dessen Repräsentanten Anouilh, Camus und Sartre seien. Überragt werden sie von Paul Claudel, für Marcel der bedeutendste zeitgenössische Dramatiker. Sorgen machen aber die Nachwuchsautoren, die entwurzelt, heimatlos und vom totalen Nihilismus besessen seien.

10.–12. APRIL Anläßlich der Eröffnung der Deutschen Versuchsanstalt für Luftfahrt auf dem Essen-Mülheimer Flughafen findet im Saalbau die Jahrestagung der Wissenschaftlichen Gesellschaft für Luftfahrt statt, an der mehr als 1000 Forscher, Techniker, Flieger und Politiker teilnehmen.

29. APRIL In 20 Stadtbezirken beginnen die Impfungen gegen Kinderlähmung. Weil nicht genügend Impfserum vorhanden ist, können nur die Kinder der Jahrgänge 1954 und 1955 geimpft werden.

1. Mai „Wiedervereinigung ohne Gewalt – aber bald“ lautet das Motto der Mai-Kundgebung, zu der mehr als 10 000 Personen auf dem Burgplatz zusammenkommen. Der Hauptredner Karl Bergmann, M.d.B., wendet sich auch gegen weitere Atombombenversuche und billigt den Aufruf der deutschen Atomwissenschaftler.

15. Mai Durch eine Unvorsichtigkeit im Schmiedewerk Gewerkschaft Christine fließen ca. 1000 Liter Altöl in den Baldeneysee, der auf einer Fläche von 80 000 Quadratmetern verseucht wird. Der Wassersport muß ebenso wie das Baden verboten werden. Wegen des Fischsterbens hat der Fischereiverein Anzeige erstattet.

1. Juni Um 11.41 Uhr fährt auf dem Bahnsteig 4 des Hauptbahnhofes der erste elektrische Zug auf der Fahrt von Hamm nach Düsseldorf ein, begrüßt nicht nur von zahlreichen Schaulustigen, sondern auch von einer städtischen Delegation. „Ein großer Schritt vorwärts ist in der Geschichte des Ruhrreviers getan worden“, so die etwas pathetischen Worte des Bundesverkehrsministers Seebohm bei der Begrüßung.
Ab dem 2. Juni verkehren dann regelmäßig 18 elektrische Triebwagen modernster Bauart (ET 30), die 228 Sitzplätze haben, so daß die Zugfolge im 20-Minuten-Takt in der Hauptverkehrszeit erfolgen kann.

1.–3. Juni „Mehr Bibliotheken, mehr Bücher, mehr Bibliothekare. Finger weg vom Etat! Keine Kürzungen!“ fordert Dr. Carl Jansen bei der Eröffnung des Kongresses des Vereins Deutscher Volksbibliothekare, der von 750 Teilnehmern besucht wird.

29. Juni – 1. September Der erste Bauabschnitt des neuen Folkwangmuseums wird mit einer großen Nolde-Ausstellung eröffnet.

30. Juni Im Gartensaal der Villa Hügel gastieren der Sitar-Virtuose Ravi Shankar, der Tabla-Spieler Chatur Lal und der Tanpura-Spieler Nodu C. Mullick.

13. August Die neue Forschungsanstalt der Fried. Krupp AG wird eröffnet.

September Essen ist im Wahlkampffieber. Eine Veranstaltung jagt die andere. Zu den prominentesten Rednern gehören Konrad Adenauer und Franz Josef Strauß, Erich Ollenhauer und Herbert Wehner. Im Mittelpunkt der Reden steht die Wiederver-

Der erste elektrische Zug trifft auf dem Bahnhof ein

einigung, der Aufbau der Bundeswehr sowie die wirtschaftliche Entwicklung.

„Wenn ihr nicht wollt, daß man euch um die Früchte eurer Arbeit betrügt und das, was ihr geschaffen habt, wieder einmal in Rauch und Trümmern aufgeht – dann entzieht der jetzigen Regierung die Macht und übertragt sie denen, die Garant für Sicherheit, Frieden und soziale Gerechtigkeit in allen Volksschichten sind und vor allem Garant dafür sind, daß Deutschland nicht länger zweigeteilt bleibt: Wagt keine Wehr-Experimente mit der CDU, sondern wählt den Frieden und die Freiheit mit der SPD!“ (Herbert Wehner)

1. September Auf dem Kurienplatz wird der erste öffentliche Münzfernsprecher aufgestellt, der an das Selbstwählfernnetz angeschlossen ist.

8. September Die St. Andreas-Kirche, die wegen ihrer Rundformen zu den eigenwilligsten Kirchenbauten der Stadt gehört, geschaffen vom Architekten Professor Rudolf Schwarz, wird vom Weihbischof Cleven konsekriert.

15. SEPTEMBER Bei der Bundestagswahl bleibt die CDU mit 48 Prozent der Stimmen stärkste Partei in Essen. Die SPD erhält 43 und die FDP 5,4 Prozent. Als Direktkandidaten ziehen in den Bundestag ein: Karl Bergmann von der SPD, der Alt-Oberbürgermeister Dr. Hans Toussaint und der Wuppertaler Stadtkämmerer Walter Kühlthau von der CDU. Ein Mandat haben auch Ernst Achenbach (FDP), Erwin Lange (SPD), Margarete Rudoll (SPD), Heinrich Scheppmann (CDU) und Helene Weber (CDU).

21. SEPTEMBER Bertha Krupp erliegt einem Herzschlag. Das Beileidsschreiben der Stadt würdigt sie als „eine hervorragende Bürgerin" Essens: „Es ist nicht möglich, aller Verdienste und Wohltaten der Entschlafenen zu gedenken. Beispielhaft war ihre Fürsorge für die Alten. Ihre besondere Anteilnahme an der Entwicklung der Stadt Essen kam in zahlreichen Stiftungen und Schenkungen zum Ausdruck. Sie ist ihrer Aufgabe, dem Gemeinwohl zu dienen, stets treu geblieben, obwohl ihr das Schicksal manches persönliche Leid auferlegt hat."

23. SEPTEMBER Oberstadtdirektor Dr. Hellmuth Greinert, der in den Vorstand des RWEs wechselt, wird verabschiedet. Zu seinem Nachfolger wählt der Rat am 30. Oktober den bisherigen Stadtdirektor Dr. Friedrich Wolff.

24. SEPTEMBER Während im Saalbau Hermann Prey, begleitet von Günther Weißenborn, „Die Winterreise" von Schubert interpretiert, gastiert in der „Lichtburg" die Schlagerparade mit Ralf Bendix, Margot Hielscher, Fred Bertelsmann und vielen anderen.

27.–29. SEPTEMBER Der Kirchentag der Rheinischen Landeskirche wird mit einem Gottesdienst auf dem Burgplatz eröffnet. In den Diskussionsforen werden die Themen „Kirche – Predigt und Gemeinde", „Familie – Kind ohne Kindheit" und „Wirtschaft – Strukturwandel der industriellen Gesellschaft" behandelt.

1. OKTOBER Bei der Stadtverwaltung wird die 45-Stunden-Woche eingeführt. D.h. an jedem zweiten Samstag haben die städtischen Bediensteten frei.

9. OKTOBER Mit einem Vortrag von Professor Dr. Alexander Rüstow über „Technik, Wirtschaft und Mensch" wird das neues Semester der Verwaltungs- und Wirtschafts-Akademie eröffnet. Unter Hinweis auf den russischen Satelliten, der am 4. Oktober in

den Weltraum geschossen wurde, fordert Rüstow den „freien Westen“ auf, sich aufzuraffen und unter Anstrengung aller Kräfte den russischen Vorsprung aufzuholen, um so den ungeheuren Prestigeverlust, den Amerika und der Westen in aller Welt und vor allem in den Ostblockstaaten erlitten habe, wieder wettzumachen.

16. OKTOBER In der Villa Hügel wird die Van-Gogh-Ausstellung eröffnet. Sie ist zwei Monate zu sehen und wird von mehr als 80 000 Personen besucht.

23. OKTOBER Als deutsche Erstaufführung inszeniert Intendant Dr. Karl Bauer das Schauspiel „Das Geheimnis“ von Graham Greene in der Humboldt-Aula. Der Theaterkritiker Grischa Barfuß urteilt über das „konfessionell gebundene Glaubensstück“: „Es ist leicht einzusehen, daß ein solches Stück – dem es ausschließlich darauf ankommen muß, seinen Glauben dialogisiert zu bekennen – andere als theatralische Ziele anvisiert. Das Untheatralische aber auf die Bühne gebracht, wirkt konstruiert und wie mit Gewalt zu einem guten oder schlechten Ende gebracht.“

4. NOVEMBER Das Modern Jazz Quartett mit John Lewis, Milt Jackson, Percy Heath und Conny Kay, die am Abend im Saalbau gastieren, werden vom Oberbürgermeister im Rathaus empfangen.

DEZEMBER Über 800 Bergleute der Schachtanlage Joachim unterstützen mit einer Unterschriftenaktion den Appell Albert Schweitzers und der 18 deutschen Atomwissenschaftler gegen die Atom-Aufrüstung.

1958

1. JANUAR In Anwesenheit von vielen geistlichen Würdenträgern und zahlreichen Politikern wird Bischof Dr. Franz Hengsbach als erster Ruhrbischof inthronisiert. Zunächst richtet der Erzbischof von Köln, Kardinal Frings, ein Abschiedswort an die Gläubigen: „Ich müßte ein schlechter Bischof sein, wenn es mir nicht nahe gehen sollte, daß ein großes Stück meiner Diözese von meinem Sprengel abgetrennt werden soll, ein Stück zudem, auf das wir besonders stolz waren und das wir oft als eine Zierde der Erzdiözese bezeichnet haben. Wurden doch gerade in Essen bessere statistische Zahlen in betreff des reli-

giösen Lebens erzielt als in den anderen Großstädten der Diözese; hatte sich doch gerade hier eine besondere und besonders wertvolle Form der Seelsorge entwickelt, im Geiste des klarblickenden, energisch zupackenden, selbstlos priesterlichen Pastorierens; gingen doch von hier aus wertvolle Anregungen in das ganze sozial-caritative Wirken unserer Verbände aus. ... Wir gratulieren von Herzen der Stadt Essen, daß ihr jahrzehntelanger Wunsch, Bischofssitz zu werden, nunmehr erfüllt ist. Wir gratulieren dem altehrwürdigen Essener Münster, daß es zur Würde einer Kathedralkirche erhoben ist. Wir gratulieren dem neuen Bistum, daß es einen Bischof erhält, der bereits eine große Erfahrung in der Verwaltung des Bischofsamtes besitzt und dessen Name in ganz Deutschland einen hellen Klang besitzt." Nach der Eröffnungsansprache von Kar-

Inthronisierung von Dr. Franz Hengsbach als Bischof von Essen

dinal Frings werden die Ernennungs- und Gründungsdokumente verlesen. Mit der darauffolgenden Übergabe der Dokumente und des Bischofstabes an Dr. Hengsbach ist die Gründung des Bistums offiziell vollzogen. In seiner Festpredigt bittet der Bischof um Unterstützung und gute Zusammenarbeit, denn er wisse um die schicksalsschweren Fragen in seinem Bistum.
Im Anschluß an den Festakt spricht der Bischof zu den wartenden Gläubigen: „In dieser geschichtlichen Stunde hat das altersgraue Münster einen neuen Glanz erhalten. Der neue Bischof ist in Essen vor Ort gegangen. Die Mauern des Münsters waren zu eng, um alle Gläubigen aufnehmen zu können. Aber mein Herz steht allen weit offen."

12. JANUAR Eugene ONeills „Trauer muß Elektra tragen" in der Inszenierung von Erwin Piscator hat Premiere. „Endlich wieder ein Abend in Essen, der Gewicht hat", jubelt die NRZ.

24. JANUAR Auf dem Pastoratsberg in Werden wird die neue Jugendherberge eröffnet, die 170 Personen Platz bietet.

4. FEBRUAR Mit dem Einzug von 200 Bundeswehrsoldaten in die Kupferdreher Kasernen wird Essen wieder Garnisonsstadt.

19. FEBRUAR Annähernd 200 Künstler (Maler, Bildhauer, Architekten, Schriftsteller, Schauspieler) wohnen einem feierlichen Pontifikalamt bei und erhalten von Bischof Dr. Hengsbach das Aschenkreuz.

22. FEBRUAR Nach 25 Jahren müssen erstmalig wieder Feierschichten eingelegt werden. Betroffen sind die Zechen Katharina, Dahlhauser Tiefbau und Rosenblumendelle/Wiesche. Die Stim mung unter den betroffenen Bergleuten ist schlecht, denn die Feierschicht bedeutet einen Verdienstausfall von 25 - 30 DM. „Man müßte drüber lachen, wenn es nicht so traurig wäre - mitten im Winter eine Flaute im Kohlenabsatz!" schimpft ein Bergmann.

6. MÄRZ Das neue Kepa-Kaufhaus auf der Kettwiger Straße wird eröffnet.

7. MÄRZ Auf einer Veranstaltung der Deutschen Friedensgesellschaft protestieren Dr. Gustav Heinemann und Dr. Günther Anders gegen Atombombenversuche. Sie plädieren für ein Ende des Rüstungswettlaufs. „Washington und Moskau müs-

sen sich, wenn sie leben wollen, um eine radikale friedliche Lösung bemühen", so Heinemann.

22. MÄRZ Das Signal erklang, der Förderkorb kommt zu Tage und zwei Bergleute steigen aus. Ein Hauer säubert Bergassessor Hansen die Schuhe („Dir zur Ehre, uns zum Nutzen, will ich Dir die Schuhe putzen."), worauf dieser das Glas hebt und mit den zwei Kumpels anstößt. Mit einem kräftigen Glückauf wird die Zeremonie beendet, mit der der neue Schacht der Zeche Fritz Heinrich, der seit dem 2. Januar abgeteuft wird, auf den Namen Hansen-Schacht getauft wurde. Pate ist der Bergassessor a.D. Helmut Hansen, Aufsichtsratsvorsitzender der Altenessener Bergwerks-Gesellschaft.

23. MÄRZ Zwischen 20.31 und 20.34 Uhr ist der Sputnik II am Abendhimmel zu sehen.

18. APRIL In der ersten Protestversammlung „Kampf dem Atomtod" wendet sich der Schriftsteller Stefan Andres in einer leidenschaftlichen Rede gegen den Beschluß des Bundestages, auf deutschem Boden Atomraketenbasen zu schaffen.

27. APRIL Maurice Béjart und sein Pariser Ballett-Ensemble gastieren im Opernhaus. Die zweieinhalbstündige Vorstellung wird zu einem bedeutenden Erfolg für die Gäste, und der Applaus steigert sich zum Schluß zur Ovation.

1. MAI Ganz im Zeichen des Protestes gegen die Atomrüstung steht die Mai-Kundgebung des DGB.

16. MAI Dr. Hermann Kohlhase, Minister für Wirtschaft und Verkehr, eröffnet den ersten Essener Jugendverkehrsgarten an der Grillostraße.

1. JUNI In den Grugahallen eröffnet die SPD den Landtagswahlkampf. Als Redner treten Carlo Schmid und der Ministerpräsident Fritz Steinhoff auf.

5. JUNI Das Mailänder Teatro piccolo gastiert im Opernhaus mit der Goldoni-Komödie „Diener zweier Herren", in der Inszenierung von Giorgio Strehler.

7. JUNI Wahlkampfauftakt der CDU mit prominenten Rednern. Bundeskanzler Konrad Adenauer beschuldigt die SPD, mit der Aktion „Kampf dem Atomtod" alle Mittel psychologischen

*Der Jugendverkehrskindergarten
an der Grillostraße*

Terrors anzuwenden, um blinde Angst zu erzeugen, während Bundestagspräsident Eugen Gerstenmaier den Sozialdemokraten vorwirft, sie betrieben eine permanente Unterwühlung der Widerstandskraft und des Widerstandswillen des deutschen Volks zur Verteidigung seiner Freiheit.

20. JUNI Vor 200 Untersuchungs- und Strafgefangenen gibt die Pianistin Elly Ney ein Konzert in der Kapelle der Essener Strafanstalt.

4. JULI Das neue Hauptbad an der Steeler Straße, das der Architekt P. F. Schneider geplant hat, wird feierlich eröffnet.

6. JULI Bei der Landtagswahl erzielt die SPD 48, die CDU 44,3 und die FDP 5,2 Prozent. Direktmandate erringen von der SPD Maria Berns (Wahlkreis 62 – Borbeck, Dellwig, Karnap), Ernst Bessel (61 – West), Wilhelm Nieswandt (60 – Altstadt, Altenessen, Stoppenberg) und Hugo Schaub (63 – Kray, Frillendorf, Katernberg), während von der CDU Josef Beckmann (65 – Rüttenscheid, Haarzopf, Bergerhausen), Aenne Gehling (64 – Steele, Huttrop) und Hans Spiecker (66 – Rellinghauscn, Brcdcny, Wcrdcn, Hcisingcn, Kupfcrdrch) crfolgreich sind.

12. JULI Die Leiterin einer höheren Mädchenschule appelliert in einem Rundschreiben an die Eltern, daß die Mädchen nicht zu elegant zur Schule kommen sollten, da dies den kameradschaftlichen Geist zerstöre. Ebenso sieht sie es nicht gerne, wenn Mädchen in Hosen zum Unterricht erscheinen.

29. AUGUST In der Grünanlage vor dem Hauptbahnhof wird von den Essener Friedensverbänden eine Mahnwache errichtet. Überlebensgroße Plakate („Keine Experimente – auch nicht mit Atombomben"; „Denkt an Hiroshima") verdeutlichen das Anliegen der Beteiligten, zu denen nicht nur namhafte Persönlichkeiten sondern auch viele Bergleute gehören.

31. AUGUST Die Heilig-Geist-Kirche in Katernberg, die Gottfried Böhm entworfen hat, wird eingeweiht. Sie „gehört aufgrund ihrer konstruktiven Lösung zu den interessantesten Bauten der 50er Jahre und stellt eines der wichtigsten Beispiele moderner Architektur in dieser Zeit dar". (Bestand, S. 67)

1. SEPTEMBER „Eine Symphonie in Stahl, Glas und Beton." Die Architekten Ernst Friedrich Brockmann und Gerd Lichtenhahn überreichen dem Beigeordneten Spies, Geschäftsführer der Gemeinnützigen Ausstellungsgesellschaft, den Schlüssel für die Grugahalle. Sie faßt bei Kongressen 8300 Personen und bietet bei Sportveranstaltungen 5300 Besuchern Platz auf den Tribünen.
Die feierliche Eröffnung findet dann mit der Veranstaltung „Für Olympia" statt. Kurt Brumme kommentiert das bunte Programm mit zahlreichen Gästen, das durch eine Rede des Präsidenten des deutschen Sportbundes, Willi Daume, eingeleitet wird.

3. SEPTEMBER Die B 224, die Hans-Böckler-Straße, ist nach achtjähriger Bauzeit vollendet und wird für den Verkehr freigegeben. Das bedeutet eine Entlastung der Innenstadt und eine schnellere Anbindung an die Autobahn und an den Hafen.

3. SEPTEMBER Die Stadtbücherei eröffnet ihre Leseterrasse, die wohl einzigartig in Deutschland ist. Es ist eine Oase, ausgestattet mit bunten Tisch und Bänken. Pergolas spenden Schatten, und am Goldfischteich steht eine Skulptur des Bildhauers Adolf Wamper.

Der „Schmetterling aus Beton" –
die Grugahalle

13. SEPTEMBER „Auf die Dauer kann auf die deutsche und europäische Steinkohle nicht verzichtet werden", erklärt Staatsminister a.D. Franz Blücher bei der Eröffnung der Deutschen Bergbau-Ausstellung. Sie ist mit 530 ausstellenden Firmen die bisher größte Fachschau ihrer Art und zugleich ein „augenfälliger Beweis für den starken Willen des gesamten Bergbaus zum technischen Fortschritt" (Bergassessor a.D. E. Schrödter).

16. SEPTEMBER In Anwesenheit von Wirtschaftsminister Ludwig Erhard, der die Festrede hält, wird das von Professor Heinrich Bartmann entworfene Gebäude der Industrie- und Handelskammer er-

öffnet. Alle Ansprachen beschäftigen sich mit der Kohlenkrise. Erhard macht zwar den Vertretern der Kohle Mut: „Sie können beruhigt sein! Ich bin davon überzeugt, daß die Kohle immer ihren Absatz findet!“, doch er will nicht den Forderungen des Bergbaus entsprechen. Die gegenwärtige Krise könne nicht geheilt werden, wenn man sage: Verfeuert mehr Kohle!.

18. SEPTEMBER Die EVAG stellt der Öffentlichkeit ihren neuen Gelenkwagenbus vor, der 41 gepolsterte Sitzplätze und 124 Stehplätze hat. Als besondere Neuigkeit wird der „Halt“-Knopf an der Mittelstange gelobt, den der Fahrgast drückt, wenn er aussteigen will. Schimpfen darüber, daß der Busfahrer einfach an der Haltestelle vorbeigefahren ist, gebe es zukünftig nicht mehr.

19. SEPTEMBER Bei den Glaswerken Ruhr in Karnap wird die Fertigstellung des 250 000 000 Glasbechers mit Sicherheitsrand (SIRA-Becher) gefeiert.

21. SEPTEMBER „Philemon und Baukis“ von Leopold Ahlsen hat Premiere mit Tilla Durieux und Alfred Hansen in den Titelrollen.

26. SEPTEMBER Im Saalbau Steele spricht der Nobelpreisträger Linus Pauling zum Thema „Wir sind bedroht“. Die Veranstaltung wird geleitet von Martin Niemöller und der Professorin Dr. Renate Riemeck.

27. SEPTEMBER Die neue Forschungsanstalt des Steinkohlenbergbauvereins wird eingeweiht.

3. OKTOBER Im umgebauten Eickhaus an der Kettwiger Straße eröffnet die Firma Peek & Cloppenburg ihr neues Geschäft.

3.–7. OKTOBER Mehr als 1200 Physiker aus der ganzen Welt nehmen an der Tagung des Verbandes der deutschen physikalischen Gesellschaften teil.

12. OKTOBER Mit einer umfassenden, repräsentativen Ausstellung der „Brücke“-Künstler Kirchner, Heckel, Schmidt-Rottluff, Pechstein, Mueller und Nolde, die bis zum 14. Dezember zu sehen ist, wird der zweite Bauabschnitt des Folkwangmuseums eröffnet. „Man darf dem Architekten, Bauassessor Horst Loy, der seine Pläne nach einem Ideenentwurf von Baudirektor Kreutzberger und Stadtarchitekten Hösterey entwickelte, und der auf alle Wünsche des Museumsdirektors Dr. Heinz Köhn einging, gratulieren. ... Das Gebäude fügt sich

von Rasenflächen und Baumgruppen umgeben vorzüglich dem städtischen Gesamtbild ein, und wenn der dritte Bauabschnitt, das zweistöckige Vortrags- und Verwaltungsgebäude, fertig sein wird, dann wird Essen von sich sagen können: Hier ist ein Beispiel für den modernen Museumsbau gegeben worden. Keine ‚Ehrenhalle', die viel Platz wegnimmt, ohne dem eigentlichen Ausstellungszweck nutzbar gemacht zu werden, empfängt den Betrachter. Also gibt es auch kein Pathos und kein ‚ehrfürchtiges Erschauern'. Wohl aber strahlt der ganze Bau jene Abgeschlossenheit aus, ohne die eine Begegnung mit dem Kunstwerk nun einmal nicht möglich ist." (NRZ)

Der Innenhof des Folkwangmuseums

28. OKTOBER Bei einem Konzert von Bill Haley werden, alarmiert durch Zwischenfälle in Berlin und Hamburg, über 200 Polizisten einschließlich einer Hunde- und Reiterstaffel eingesetzt. Als nach Abschluß des Konzerts die begeisterten Zuschauer eine Zugabe verlangen, reagiert die Polizei, indem sie, den Gummiknüppel im Ärmel, die Grugahalle räumt. Der Musikkritiker der NRZ kommentiert: „Die randalierenden Kinder und Jugendli-

chen sind nur die Wirkung. Das Übel liegt bei Bill Haley and his Comets, bei der stupiden Musik und bei der bewußt provozierend aufgebauten Schau. ... Was erwartet man eigentlich von den Jugendlichen, wenn sich auf der Bühne halbwegs erwachsene Männer wälzen, dazu ihre Instrumente strapazieren? Sollen sie andächtig lauschen, stillsitzen. Wie sollen sie auf eine ‚Musik' reagieren, die aus dreidimensionalen Verstärkern brutal und aufpeitschend losbricht. Und immer gleich ist. Ein Stück wie das andere. ... Bill Haley und seinen Gladiatoren sei bescheinigt, daß sie ihr Handwerk verstehen. Sie können eine Schau aufziehen. Aber es fällt schwer, für ihren Klamauk das Wort ‚Musik' zu schreiben, für diesen brutalen Rhythmus, der mit simplen Harmonien und Melodien bestückt, der nichts weiter ist, als ein musikalischer Nullwert!"

3. NOVEMBER Die Eisbahn in der Grugahalle wird für die begeisterten Eisläufer und -läuferinnen freigegeben.

9. NOVEMBER In einer Protestversammlung in der „Lichtburg" warnt der Vorsitzende der IG Bergbau, Heinrich Gutermuth, die Regierung: Die Gewerkschaft ist „auch keine Feuerspritze, wenn das Ruhrgebiet brennt!" Zur Lösung der Krise verlangt die IG Bergbau den sofortigen Stopp aller Kohleneinfuhren und die Bildung eines Energiewirtschaftsrates. Um Vollbeschäftigung zu erreichen, müsse die Fünf-Tage-Woche eingeführt werden.

25. NOVEMBER „Das Wort *Ruhr* hat sowohl mythischen Beiklang wie den Unterton begrifflicher Sprödigkeit. Gedankenverbindungen lösen sich aus, wenn der Name dieses kleinen Flusses fällt, der aus lieblichen sauerländischen Tälern kommt: Krupp – Essen – Kanonen – Bergleute – Macht. Da unten, da oben, da im Westen – sagen die Deutschen – da riecht es nach Ruß und Geld, nach Hütte und Kohlenstaub, nach den Abgasen der Kokereien, den Dämpfen der Chemie – und es riecht nach Macht. Denn Stahl und Kohle sind Macht. Aber es riecht dort vor allem nach Menschen, nach Jugend, Barbarei und Unverdorbenheit." Die Texte von Heinrich Böll in dem Buch „Im Ruhrgebiet" lösen bei Oberbürgermeister Nieswandt ebenso heftige Kritik aus wie die Fotografien von Chargesheimer: „Gewiß, was Chargesheimer im Bild festhielt, ist ein Teil der Wirklichkeit. Sonst sah er nichts? Kein lebendiges Aufstreben der jungen Städte, keine pflegliche Behütung der alten Kulturstätten? Keinen der unzähligen Parks, kein Stückchen der bedeutenden Kunstwerke, die dieser Raum birgt, nichts von seinem regen kulturellen Lebens? Kein Hauch fing er ein vom landschaftlichen Reiz des Ruhrtales, keinen Eindruck von den weiten

Wäldern des niederbergischen Landes. Es erscheint kaum glaublich. ... Wir haben festgestellt, was Chargesheimer nicht sah. Was aber sah er? Trostlose Landschaften, grauenerregende Wohnhöhlen, finstere, schmutzige Siedlungen der Vorkriegszeit und der Gründerjahre, Trümmerhaufen, Verkommenheit, verzerrte Gesichter der Arbeiter, Menschen nur als Masse auftretend: und das alles großartig fotografiert. Ist das die Wirklichkeit? Nein, es ist ein untypischer entstellender Ausschnitt. Alles liegt da, wie unter schweren Giftmassen erstickend. In diesem Land wird es, sagten Chargesheimer Bilder die Wahrheit, nie Tag. ... Die Ruhrgebietsstädte, und dies gilt auch für die Stadt Essen, sind es gründlich leid, von Außenseitern in einer Weise dargestellt zu werden, die nicht einmal mit der Realität der Gründerjahre übereinstimmt, geschweige denn mit der Gegenwart. Wir haben nicht die Absicht, derartige Veröffentlichungen unwidersprochen zu akzeptieren, besonders nicht, wenn wir glauben, leider eine deutliche Tendenz erkennen zu müssen.“

DEZEMBER In einem Aufruf wendet sich der Oberbürgermeister an alle Jungen und Mädchen der Stadt: „Unter dem Motto ‚Jugend beschenkt Jugend‘ hat das Kuratorium Unteilbares Deutschland alle Jugendlichen in der Bundesrepublik aufgerufen, in Handarbeits- und Bastelstunden Geschenke anzufertigen, die an Gleichaltrige in Mittel- und Ostdeutschland versandt werden sollen. Diesem Aufruf schließe ich mich von ganzem Herzen an und bitte die Jugend in unserer Stadt, durch selbstgefertigte Geschenke den Mädeln und Jungen im anderen Teil unseres zerrissenen Vaterlandes eine Freude zu bereiten in ihrem sonst so trostlosen und eintönigen Alltag. Wir wollen ihnen damit zeigen, daß wir uns mit ihnen nach wie vor eng verbunden fühlen und daß wir alle sehnsüchtig auf den Tag warten, an dem wir in einem vereinten Deutschland gemeinsam leben und das Weihnachtsfest zusammen feiern können.“

1. DEZEMBER Das Kriegerdenkmal für die Gefallenen der Kriege 1864/66 und 1870/71, das am 2. September 1891, am Sedanstag, enthüllt worden ist, wird vom Kopstadtplatz auf das Gelände des ehemaligen Friedhof am Viehofer Tor versetzt. Das Denkmal, entworfen vom Bildhauer Ernst Segers, zeigt einen tödlich getroffenen, von einem Soldaten gehaltenen Offizier, der diesem die Fahne weiterreicht.

6. DEZEMBER In der Nordpassage an der Rottstraße eröffnet Wai Chow Yüen das erste chinesische Restaurant der Stadt.

1959

5. JANUAR Helmut Käutner beginnt mit den Vorbereitungen für die Außenaufnahmen zu seinem Film „Der Rest ist Schweigen". „Ich liebe diese Stadt. Nirgendwo gibt es eine so glückliche Verbindung von Technik und Natur – das ist genau die Kulisse, die ich für meinen Film brauche!"

12. FEBRUAR Bei einem Ballettabend des Choreographen Marcel Luipart wird Günter Grass Stück „Stoffreste" (Musik: Aribert Reimann) uraufgeführt.

8. MÄRZ Mit einer Festrede von Heinrich Böll wird die „Woche der Brüderlichkeit", gestaltet von der Gesellschaft für christlich-jüdische Zusammenarbeit, eröffnet.

16.–25. MÄRZ Für die Aktion „Macht das Tor auf!" engagieren sich die Vertreter der Parteien, der Unternehmen, der Vereinigungen und Verbände, indem sie Abzeichen mit dem Brandenburger Tor verkaufen. Ziel der Aktion ist nach den Worten des Oberbürgermeisters Nieswandt: „Das Ausland soll aufmerksam gemacht werden, daß Wiedervereinigung ein Anliegen des ganzen Volkes ist!"

23. MÄRZ „So möchte ich wünschen, daß der Geist des Glaubens lebendig und fruchtbar werde aus der Zeit, die einmal am Beginn unseres Münsters gestanden hat", mit diesen Worten eröffnet

Namhafte Bürger sammeln für die Aktion „Macht das Tor auf!"

Bischof Hengsbach die Schatzkammer des Münsters. Der Münsterschatz wird erstmals in seiner Gesamtheit der Öffentlichkeit gezeigt.

23. März Bundesminister Hermann Lindrath, Präsident des Internationalen Comitees zur Verteidigung der christlichen Kultur, eröffnet in der Realschule an der Hofterbergstraße die Wanderausstellung „Vier Jahrzehnte Kommunismus".

18.–19. April Bei den Essener Jazz-Tagen 1959 spielen und singen vor 7000 begeisterten Zuhörern u.a. Ella Fitzgerald, Stan Getz, Oscar Peterson, Kenny Clark, Rolf Kühn und Albert Mangelsdorff.

24. April Das Kaufhaus Althoff am Limbecker Platz ist endgültig fertiggestellt.

26. April Das Trauerspiel „Goldhaupt" von Paul Claudel wird von Erich Schumacher uraufgeführt. Die Kritik ist nicht sehr begeistert. „Mehr als eine Zumutung" ist die Rezension in der „Stuttgarter Zeitung" überschrieben.

14. Mai In der Villa Hügel wird die Ausstellung „5000 Jahre Kunst aus Indien" eröffnet.

13.–27. Juni Mit der Schreinerhebung in der Abteikirche und der Eröffnung der Liudger-Ausstellung in der ehemaligen Abtei beginnen die Liudger-Festwochen anläßlich des 1150. Todestages des Gründers der Abtei Werden. Am Sonntag werden in einer großen Reliquienprozession, an der 15 Bischöfe und sieben Äbte teilnehmen, die Gebeine durch die Straßen der Stadt getragen.

25. Juni „Die Brücke", das anglo-amerikanische Kulturinstitut, übergibt in einer Feierstunde seine Buchbestände von 10 000 Exemplaren der Stadtbücherei, da es am 18. Juli seine Pforten schließt.

Juli In der Folkwangschule finden die Europäisch-amerikanischen Sommerkurse für zeitgenössischen Bühnentanz statt, die erstmals von Kurt Jooss als Internationaler Tänzer-Kongreß organisiert werden. Zu den Lehrenden gehört auch der Ballettmeister der Metropolitan Opera, Alfredo Corvino.

JULI Nach zweijähriger Bauzeit wird in der Rennanlage Rhein-Ruhr in Borbeck der erste Rennofen in Betrieb genommen. Mit der Fertigstellung des sechsten Ofens im November 1960 ist der Ausbau beendet.

31. JULI Wegen der seit dem Frühjahr andauernden Trockenheit wird der Wasserverbrauch eingeschränkt. Durch Verordnung ist es bei Strafandrohung untersagt, Autos zu waschen, Straßen und Rasenflächen zu besprengen, private Schwimmbecken zu füllen und Ziergärten zu berieseln.

5. AUGUST Eine von 3000 Bergleuten besuchte Funktionärskonferenz der IG Bergbau, die in der Grugahalle tagt, stellt ein Acht-Punkte-Programm auf: Stillegungen von Schachtanlagen dürfen nur planmäßig und langfristig erfolgen. Es muß gesichert sein, daß die freiwerdenden Arbeiter einen neuen Arbeitsplatz erhalten. Durch Ansiedlung neuer Industrien sollen Arbeitsplätze geschaffen werden. Ausscheidenden Bergleuten ist ein Übergangsgeld zu gewähren. Der Verdienstausfall von Zwangsfeierschichten soll ersetzt werden. Die Altersgrenze in der knappschaftlichen Rentenversicherung ist von 55 auf 50 Jahre für Untertagearbeiter herabzusetzen. Wer nicht mehr vermittelbar, aber älter als 50 Jahre ist, soll alle Rechte der Invalidenversicherung erhalten. Wer länger als 15 Jahre im Bergbau beschäftigt war, soll auch als Nicht-Bergmann weiterhin Deputatkohle bekommen.

6. AUGUST In Begleitung von Bergassessor Bamberg fährt Bischof Dr. Franz Hengsbach auf Zollverein 3/10 zu seiner ersten Grubenfahrt ein.

18. AUGUST Im Ideenwettbewerb für den Theaterneubau wird der 1. Preis dem finnischen Architekten Alvar Aalto zuerkannt. Sein Entwurf zeichnet sich durch asymmetrische, aber dennoch harmonische Linienführung aus und hebt sich deutlich ab von dem geläufigen Stils der sachlichen, kubusförmigen Form. „Das ist wirklich ein Opernhaus mit aller Lyrik, die dazu gehört", lobt der Vorsitzende des Preisgerichts, Professor Hebebrand, den Aalto-Plan.
Zu Bauausführung erklärt Oberbürgermeister Nieswandt: „In Essen wird kein Theater gebaut allein um des Theaterbaus, der Repräsentation willen. Dazu ist die Zeit zu ernst und der Bau zu teuer. Ein Theaterneubau im Herzen des Ruhrgebiets muß von anderen Ideen getragen werden. Denn für den Menschen hier muß das Theater Aussage und nicht nur Spiel bedeuten!"

12. SEPTEMBER 17 000 Bergleute, ausgestattet mit schwarzen Fahnen und Spruchbändern, protestieren auf dem Burgplatz. „Millionen Schaffende verfolgen das Drama, das sich zur Zeit im Revier abspielt", sagt das Vorstandsmitglied der IG Bergbau, Heinrich Wallbruch. „Bisher ist nichts Entscheidendes für den Bergbau getan worden. Trotz aller Versprechungen. Die Bergarbeiter sind nicht bereit, für eine Politik zu büßen, für die sie nicht verantwortlich sind. Diese Kundgebung soll der letzte Appell an die Bundesregierung, an die Landesregierung sein."

19. SEPTEMBER Um einmal mehr die Verbundenheit mit Berlin zu bekunden, wird in einer Feierstunde die Plastik „Berliner Bär" von dem Essener Bildhauer Herbert Lungwitz der Öffentlichkeit übergeben.

20. SEPTEMBER Die Oper „Die Ermordung Cäsars" von Giselher Klebe wird in Anwesenheit des Komponisten uraufgeführt.

22. SEPTEMBER Der Minister für Atom- und Wasserwirtschaft Balke eröffnet die Ausstellung „Atom und Wasser", die bis zum 18. Oktober in der Gruga zu sehen ist. Im Mittelpunkt der Präsentation stehen neben Filter- und Meßgeräten die Modelle von Atomreaktoren.

Die neue Synagoge

21. Oktober Die neue Synagoge wird durch den Landesrabbiner Dr. Salomonowicz geweiht. In seiner Predigt sagt er: „Wir hatten Vertrauen – aber wir wurden enttäuscht. Doch heute ist für uns trotz bitterer Erinnerungen ein ungemein glücklicher Tag, an dem es uns, die wir der Vernichtung entronnen sind, vergönnt ist, eine neue Synagoge zu weihen. Selbstverständlich stehen wir hier nicht mehr mit dem gleichen Vertrauen und der gleichen Seelenstärke. Doch wir sind dankbar und bringen das, was das Wertvollste ist im Menschen, der Bundesregierung entgegen. Das ist unsere feste Überzeugung, daß in diesem Lande nie wieder eine Synagoge durch Menschenhand frevlerisch zerstört wird.“

Die Synagoge und das Gemeindezentrum, gebaut von den Architekten Dieter Knoblauch und Heinz Heise, stehen an der gleichen Stelle wie das frühere jüdische Jugendheim. Die Betonplastik an der Straßenfront schuf der Düsseldorfer Bildhauer Dieter Kerchner.

31. Oktober Die St. Antonius-Kirche wird geweiht. Die von Rudolf Schwarz gebaute Kirche ist „für den Kirchenbau der 50er Jahre bemerkenswert, weil Formen und Konstruktionsweisen der modernen Fabrikarchitektur auf die Bauaufgabe ‚Kirche‘ übertragen wurden. Der turmlose, streng kubisch gehaltene Bau mit hell gestrichenem, engmaschigem Betonstrebewerk, Ziegelausfachungen und unregelmäßig in die Fachungen eingesetzten kleinen Fenstern bildet einen wichtigen städtebaulichen Bezugspunkt.“ (Bestand, S. 63) Georg Meistermann schuf die Glasfenster der Kirche.

15. November Die neue Bahnhofshalle ist fertiggestellt.

21. November Art Blakey and the Jazz Messengers spielen in der „Lichtburg“. Es ist das „jazzmusikalische Ereignis des Jahres 1959. Weder Ellington noch das Modern Jazz Quartett, die vielbesungenen internationalen Essener Jazz Tage boten nichts – klammert man Peterson und Ella aus -, was die Spontaneität dieser Musik erreichen könnte.“ (NRZ)

30. November Der Bücherbus der Bücherei, ausgestattet mit etwa 3000 Büchern, macht seine erste Tour. Ziel ist Frintrop, wo er für zwei Stunden von 14 bis 16 Uhr steht.

27. Dezember ETB Schwarz-Weiß Essen wird durch einen 5:2 Sieg über Borussia Neunkirchen Deutscher Fußball-Pokalsieger.

1960

1. JANUAR Das Essener Domkapitel wird gegründet. Zum ersten Domprobst ernannte Bischof Dr. Hengsbach den Prälaten Professor Aloys Reiermann.

8. JANUAR Präses Dr. Beckmann weiht das neue Predigerseminar der evangelischen Kirche im Rheinland an der Bergerhauser Straße ein.

18. JANUAR „Ich gestehe, daß ich davon erschüttert bin, die lange, lange Liste der Rathäuser, die in der Hand der SPD sind, zu erfahren. Meine lieben Freunde von Nordrhein-Westfalen, das muß anders werden." Diese Worte gibt Bundeskanzler Konrad Adenauer den Delegierten mit auf den Weg. Mit der Veranstaltung im Städtischen Saalbau, bei der zahlreiche Bundes- und Landesminister anwesend sind, eröffnet die CDU den Kommunalwahlkampf.

19. JANUAR Josef Martin Bauer, Autor des Romans „So weit die Füße tragen", liest in der Werdener Jugendhalle aus seinen Werken.

23. JANUAR Jacques Piccard und der amerikanische Marine-Offizier Don Walsh dringen mit einer von Krupp hergestellten Tiefsee-Tauchkugel als erste Menschen bei der Insel Guam im Pazifischen Ozean bis zum tiefsten Meeresgrund in 11 521 Meter Tiefe vor.

26. JANUAR Auf den städtischen Bühnen hat Bert Brechts „Schweyk im Zweiten Weltkrieg" Premiere. Die Kritik ist von der Aufführung (Regisseur: Harry Buckwitz; Bühnenbild: Teo Otto; Titeldarsteller: Hans Ernst Jäger) begeistert: „Essen hatte einen großen Abend, wie seit Jahren nicht."

27. JANUAR Im Folkwangmuseum wird die Sammlung Thyssen-Bornemisza mit 110 Bildern präsentiert.

16. FEBRUAR In Dortmund beginnt der Prozeß gegen sechs ehemalige Gesellschafter und Geschäftsführer der „Neuen Volkszeitung" und des „Volksechos", die in Essen verlegt werden. Ihnen wird Geheimbündelei und Staatsgefährdung vorgeworfen, denn die Verlage seien, obwohl sie als neutrale GmbHs firmieren, in Wirklichkeit von der KPD finanziert und auch geleitet worden.

Hilde Plaschke startet das erste Essener Sechs-Tage-Rennen

18. FEBRUAR Das Forschungsinstitut für Luftreinhaltung Essen e.V. wird gegründet.

18. FEBRUAR Die Essener Sängerin Hilde Plaschke gibt den Startschuß für das erste Sechs-Tage-Rennen in der Grugahalle.

26. FEBRUAR „Mouvements“, das von Wolfgang Fortner geschriebene Konzert für Klavier und Orchester, erlebt seine szenische Uraufführung (Libretto: Otto Herbst).

2.–3. APRIL Bei den 2. Essener Jazz-Tagen spielen u.a. das Michael Naura-Quintett, das Dave Brubeck-Quartett mit Paul Desmond, Coleman Hawkins, die Quincy Jones-Band und Stephane Grappelly.

23. APRIL Bei Schulbeginn fehlen an den Essener Volksschulen 230 Lehrkräfte.

30. APRIL „Willy Brandt in Essen! Noch nie haben die Grugahallen-Kassen einen solchen Ansturm erlebt. Die Menschen standen vor der Halle, warteten auf den Regierenden Bürgermeister von Berlin. Sie drängten durch die Eingänge in den Saal, sie begrüßten Willy Brandt mit einem Beifall, den man den nüchternen Essenern nicht zugetraut hätte. Sie hörten seine 45-Minuten-Rede am Vorabend des 1. Mai und hingen in Trauben um seinen Tisch, um ein Autogramm zu erwischen", so der Berichterstatter der NRZ.

Im Anschluß an die Veranstaltung trägt sich Brandt in das Stahlbuch der Stadt ein, begrüßt vom Oberbürgermeister: „Schon lange haben wir den Wunsch, den Mann, der in Berlin an erster Stelle steht, einmal unter uns zu sehen. Das Revier, in dessen Mitte die Stadt Essen liegt und dessen Grenzen rund zehn Millionen Menschen umfassen, hat Berlin oft mit Bewunderung betrachtet. Was können wir heute abend Besseres tun, als Ihnen zu versichern: Dieses Revier steht weiterhin hinter Ihrer Stadt."

30. APRIL „Die Eingeschlossenen" von Jean-Paul Sartre, inszeniert von Erwin Piscator, hat Premiere. Die Hauptrolle spielt Dieter Borsche.

5. MAI Vertreter von Städten und Gemeinden des westlichen Ruhrgebiets, von Gewerkschaften und von Verbänden protestieren gegen den Ausbau des Düsseldorfer Flughafens.

8. MAI Mit Beginn des Sommerfahrplans gilt allgemeines Rauchverbot in den Bussen und Straßenbahnen der EVAG. Bei einer Befragung der Fahrgäste hatten sich 67 Prozent für ein Verbot ausgesprochen.

27. MAI Die Fertigstellung des letzten Bauabschnitts feiert das Folkwangmuseum mit zwei Ausstellungen. Zum einen wird die Dauerausstellung der Bilder aus eigenem Besitz erstmals präsentiert, zum anderen entsandten „Dem wiedereröffneten Museum Folkwang zum Gruße" Galerien und Sammler 70 kostbare Leihgaben.

1. JUNI Der Dellwiger Bürger- und Verkehrsverein protestiert beim Oberbürgermeister gegen die Abgas- und Staubbelästigung der neuen Rennanlage Rhein-Ruhr.

2. JUNI Das neue Lebensmittelzentrallager der Karstadt AG an der Westendstraße, aus dem 78 Filialen mit Lebensmittel versorgt werden, wird seiner Bestimmung übergeben.

21. JUNI Essen hat seine erste Mini-Golf-Anlage. Sie wurde vor dem Parkhaus Hügel am Baldeneysee errichtet.

24. JUNI „Diese Stadt hat noch kein neues Rathaus, sie hat kein neues Opernhaus – aber diese Stadt darf stolz darauf sein, Schulbauten errichtet zu haben, die keinen Luxus präsentieren, in denen sich aber diejenigen wohl fühlen werden, die einmal die Verantwortung im Staat zu übernehmen haben", sagt der Oberbürgermeister bei der Einweihung der Bildungsanstalt für Frauenberufe am Holsterhauser Platz.

JULI „Durch die Tore der Essener Eisenwerke gehen zu Schichtbeginn seit Tagen nicht nur Männer. 35 Frauen in Arbeitskleidung stehen neben den männlichen Kollegen in den Werkhallen. Metallhilfsarbeiter heißt ihre Berufsbezeichnung. Sie füllen Arbeitsplätze aus, an denen bisher noch nie Frauen standen. Arbeitsplätze, die leer blieben, wenn die Eisenwerke auf männliche Kräfte warten würden. Das Unternehmen ist damit als erstes dem Rat des Essener Arbeitsamtes gefolgt: Stellt Frauen ein! ... Bergbau, Baugewerbe und Metallindustrie melden nahezu 4000 offene Stellen. Weder in Essen noch im Lande Nordrhein-Westfalen sind die fehlenden Arbeiter zu haben. Der Rettungsanker – außer den Frauen – heißt: Ausländer. Italien, Griechenland und Spanien sollen die Lücken in Essens Gruben, auf den Baugerüsten und in den Schmiedehallen füllen." (NRZ)

8. JULI Die Zeitschrift „Der Ruhrbote" wird verboten und ihr Herausgeber verhaftet „wegen Fortführung der verbotenen KP".

16. JULI Im Folkwangmuseum wird eine Ausstellung mit Plastiken und Zeichnungen von Henry Moore eröffnet. Gezeigt werden 56 Plastiken und 61 Zeichnungen.

15. AUGUST Das Arbeitsamt zieht vom Flachsmarkt in den Neubau an der Schillerstraße um.

9. SEPTEMBER Die Glasfenster, die Alfred Manessier für die Krypta des Münsters geschaffen hat, werden eingesetzt. Zu seinem Werk führt Manessier aus: „Ich wollte ein Mysterium schaffen und gleichzeitig den Keller-Eindruck verhindern."

10.–16. SEPTEMBER In einem 20 000 Sitzplätze fassenden Zelt in der Arena des Ruhrstadions predigt der amerikanisch Pfarrer Billy Graham. Obwohl Graham kein Deutsch spricht und seine

Predigt deshalb übersetzt werden muß, sind die Anwesenden von seinen Worten ergriffen.

19. SEPTEMBER Eine über der Stadt liegende Dunstwolke verdunkelt den Himmel derart, daß bereits nachmittags um 16.30 Uhr fast völlige Dunkelheit herrscht.

20. SEPTEMBER Auf Einladung der Gesellschaft für christlich-jüdische Zusammenarbeit liest Max Brod aus seinen Lebenserinnerungen. Er berichtet vom alten Prag, von seinen Freundschaften und natürlich von Franz Kafka, so daß der Brod-Abend zugleich ein Kafka-Abend ist.

26.–29. SEPTEMBER Der 38. Deutsche Archivtag tagt im Saalbau. Aus diesem Anlaß werden in der Schatzkammer des Münsters die päpstlichen Bullen und Breven ausgestellt, die bei der Gründung des Bistums erlassen worden sind, und das Folkwangmuseum zeigt Dokumente zur Wirtschaftsgeschichte des Ruhrgebiets.

29. SEPTEMBER Im „Rütli-Theater" wird ein Fernsehfilm „E ... 605" von Jürgen Roland aus der Serie „Stahlnetz" uraufgeführt, in dem die Geschichte der Schäfer-Bande und des größten Banküberfalls in Essen der Nachkriegszeit erzählt wird.

18. OKTOBER Im Hörsaal des Hauses der Technik rezitiert Klaus Kinski Francois Villon und Jean-Arthur Rimbaud, Friedrich Schiller und Kurt Tucholsky. Die Kritiker sind irritiert: „Sein Vortrag leugnet jeden traditionellen Deklamationsstil. Er hemmt und beschleunigt scheinbar willkürlich das Tempo, reiht oft atemlos Vers an Vers und Satz an Satz, zerstört Phrasierung, Rhythmus und Interpunktion, flüstert, krächzt, stöhnt, schreit, brüllt, schluchzt und weint – eine riesige Skala von Ausdrucksmitteln. Mit bestürzender Intensität, mit leisen und zarten, grellen und grausamen Tönen, begleitet von beschwörenden Gebärden, dringt er auf seine Zuhörer ein, steigert sich in einem fiebrigen Rausch, packt zu, reißt mit und erschüttert."

20. OKTOBER Das Fernheizwerk an der Hans-Böckler-Straße, das erste in Essen, nimmt seine Arbeit auf. Betrieben wird es mit Koks oder Kohle. Die ersten Abnehmer der Fernwärme sind die Hochhäuser von Rheinstahl und RWE.

2. NOVEMBER Die Soldaten des 10. Royal Signal Regiments verlassen die Krayer Kasernen, die nun vom Fernmeldebataillon 71 belegt werden.

2.–3. November Zur Begründung einer Städtefreundschaft ist eine Delegation aus der finnischen Stadt Tampere zu Gast in Essen.

9. November Professor Auguste Piccard und sein Sohn Jacques tragen im Haus der Technik die Ergebnisse ihrer Höhen- und Tiefseeforschungen vor.

1961

3. Januar Das 100 000. Fernsehgerät wird angemeldet. Die Zahl der Geräte hat sich seit dem Juni 1958 (43 000) mehr als verdoppelt, und nun ist beinahe jede zweite Familie mit einem Fernseher ausgestattet.

16. Januar Im Rahmen der Ausstellung „Hans Richter – 40 Jahre Rollenbilder" im Folkwangmuseum spricht Richter über die Entstehung seiner abstrakten Filme.

27. Januar Paul Hindemith dirigiert beim 6. Sinfoniekonzert der Stadt eigene Werke und die 8. Sinfonie von Bruckner.

31. Januar Mit der offiziellen Übergabe der Realschule für Jungen in Borbeck am Schloßpark wird ein besonderes Jubiläum gefeiert – es ist der 50. Schulneubau nach Kriegsende, der fertiggestellt wurde. Essen ist damit die Stadt in Nordrhein-Westfalen, die am meisten für die Schulen getan hat.

3. Februar Mit einem Konzert in der Grugahalle beginnt Louis Armstrong seine Deutschlandtournee.

16. Februar Mit dem Spruch „Nun zuerst dem Werk zum Preise eine gute Wannenreise. Glück und Segen ihrem Lauf – Wanne M: Glückauf!" entzündet Max Schmeling bei den Glaswerken Ruhr die modernisierte Schmelzwanne M.

22. Februar Der frühere SS-Obersturmbannführer Alfred Rapp, der unter falschen Namen in Essen lebte, wird verhaftet. Die Staatsanwaltschaft beschuldigt ihn, für die Ermordung von 1500 Juden und Zigeunern in Smolensk verantwortlich gewesen zu sein. Das Urteil wird nach Voruntersuchung und sechsmonatiger Verhandlung am 29. März 1965 verkündet. Rapp wird zu lebenslanger Zuchthausstrafe verurteilt.

23. FEBRUAR Auf dem Hansen-Schacht der Zeche Fritz-Heinrich in Altenessen wird die Kohlenförderung aufgenommen. Der Namenspatron, Helmut Hansen, Vorstandsmitglied der Hoesch AG, vollzieht die Einweihung an seinem 65. Geburtstag. Der Schacht ist 889 Meter tief und hat eine Förderleistung von täglich 3000 Tonnen, die mit Einbau der zweiten Fördermaschine verdoppelt werden soll.

19. MÄRZ Bei der Kommunalwahl bleibt die SPD mit 48,9 Prozent der Stimmen (33 Sitze im Stadtparlament) zwar stärkste Partei, doch sie verliert ihre absolute Mehrheit. Die CDU gewinnt mit 43,7 Prozent zwei Sitze hinzu, während sich die FDP leicht auf 7,1 Prozent verbessert.

28. MÄRZ Die Parteien einigen sich, daß die SPD als stärkste Partei auch den Oberbürgermeister stellen soll. Der 1. und 2. Bürgermeister wird von der CDU bzw. FDP gestellt. „Wir sind nicht gewählt worden, um parteipolitischen Streit um jeden Preis zu führen. Das Wohl und die Interessen der Stadt stehen für uns über allem. Deshalb streben wir in der Frage der Repräsentanz der Stadt eine Lösung an, die uns als der zweitstärksten Partei der Stadt gerecht wird“, erklärt Dr. Hans Toussaint.

5. APRIL Der neue Rat wählt in seiner ersten Sitzung Wilhelm Nieswandt mit 51 Ja-Stimmen bei 15 Enthaltungen wiederum zum Oberbürgermeister. Als 1. Bürgermeister wird seitens der CDU Fritz Scheve vorgeschlagen. Für ihn votieren 46 Ratsmitglieder. Als der 2. Bürgermeister zu wählen ist, erklärt der Ratsherr Heinrich Verdong für die CDU: „Meine Fraktion nimmt an der Abstimmung nicht teil.“ So ergibt sich bei der Wahl dieses Bild: 37 Stimmen für Dr. Anton Pauly, 29 Enthaltungen. Die NRZ kommentiert das Verhalten der CDU: „Die CDU wollte ganz einfach damit dem Bürgermeister Pauly die Quittung dafür geben, daß er es ihrer – zweifellos fälschlichen – Meinung nach allein gewesen war, der die Kombination CDU mit FDP gegen die SPD zu Fall gebracht hatte. In unserer Kindheit pflegten wir zu sagen: Rache ist Blutwurst!“

14.–15. APRIL Auch die 3. Essener Jazz-Tage sind wiederum ein Erfolg für den Veranstalter. Mehr als 12 000 Besucher jubeln den Musikern, unter ihnen Thelonious Monk und Roland Kirk, zu. Dennoch finden die Jazz-Tage keine Fortsetzung mehr, was nicht nur Helmuth de Haas bedauerte: „Da gab es in der gelungenen Grugahalle ein wohl durchaus nicht ganz billiges, aber höchst publikumswirksames Jazzfestival, das Essens Ruf und Publizität erstaunlich rasch vermehrte: Jugend kam aus allen Städten des Ruhrgebiets, aus Frankfurt, München, Berlin – auf den Parkplätzen nachzulesen; Essen wurde Reizmilieu, Klimazone, das Pflänzchen Kultur reckte sich mächtig. Aber man ließ dieses Festival laufen. Man focht nicht darum. Man begriff nicht, daß eine Großstadt von heute, um produktive Stimmung zu erzeugen, massiv sein muß auf modernem Feld. Nun kurven Handballspieler in der Halle, es tagt ein Kongreß, Eisläufer laufen, Cinerama ist möglich – aber die wellenschlagende Intensität eines Jazzfestivals wird auch von Sechstagerennen nicht erreicht."

16. April Bischof Dr. Franz Hengsbach legt den Grundstein für das Kloster der Karmeliterinnen, das direkt neben der alten Stiftskirche in Stoppenberg gebaut wird. In seinen Schlußworten sagt der Bischof: „Dieses Kloster soll ein Zeichen sein; ein Zeichen für die Kraft und Beständigkeit des Glaubens in unserer Zeit. Eine Stätte der Ruhe und Einkehr, besonders wichtig in einer Industriegesellschaft, in der die Menschen in der Hast des Alltagslebens allzu leicht die Bedeutung echter Besinnung vergessen."

20. April „Herbert von Karajan ist ein Magier des Orchesters, ein Dirigent mit Herz und Verstand, bei dem Perfektion zur Selbstverständlichkeit wurde." Das Urteil fällt Franz Feldens nach dem Konzert der Berliner Philharmoniker mit Werken von Brahms, Beethoven und Bartok.

1. Mai Zur traditionellen Mai-Kundgebung kommen mehr als 15 000 Besucher. Auf den Transparenten ist zu lesen: „Ausbildung an Atomwaffen – Ausbildung zum Massenmord"; „Statt atomare Bewaffnung mehr Lohn für Kumpel"; „Öffentlicher Dienst – Stiefkind des Wirtschaftswunders". Heinrich Gutermuth, Vorsitzender der IG Bergbau, wendet sich in seiner Ansprache auch den Notstandsgesetzen zu, die er ablehnt, da sie indirekt die Freiheit der Gewerkschaften bedrohten: „Wir brauchen kein Gesetz, wenn unsere Gruben brennen, wenn die Werke in Gefahr sind. ... Die Gewerkschaften werden immer im vordersten Graben kämpfen. Sie wehren sich gegen jeden Terror und gegen jede Diktatur!"

9. Juni Die Folkwangschule feiert mit einer Ausstellung im Folkwangmuseum ihr 50jähriges Bestehen. Im Vorwort zum Ausstellungskatalog schreibt der Direktor der Folkwangschule

Die Maifeier 1961

für Gestaltung, Professor Hermann Schardt: „Institute wie die Folkwangschule für Gestaltung sehen ihre Aufgabe in der Bildung der Schaukraft und der Erziehung zum Formerlebnis, um junge Menschen auf das eigene Schaffen von gut gestalteten Gegenständen und Bildern vorzubereiten. Auf dem Wege zu diesem Ziel gilt es zunächst, in ihnen die Ehrfurcht vor allem Gewordenen in der Natur, in allen Kulturen der Geschichte zu wecken und sie zu einer leidenschaftlichen Anteilnahme am Leben der Gegenwart mit ihren gesteigerten Möglichkeiten zu führen. ... Die Hinführung zum Wesen der harmonischen Gestaltform – ganz gleich auf welchem Gebiet – ist die wichtigste Aufgabe; sie ist nicht zu trennen von der Persönlichkeitsbildung der Studierenden. Denn nur verantwortungsbewußte Menschen, die ihre Umwelt mit wachem Geist und offenen Sinnen erleben und die inneren Gesetze der Gestalt erkennen, können gute Form neu schaffen. Der Unterricht entwickelt daher mit der handwerklichen Fertigkeit zugleich die geistige Fähigkeit, die an den Zweck, das Material und die Arbeitstechnik gebundenen Einzelforderungen der Arbeit in einer Gestalteinheit zusammenzufassen."

19. JUNI Pater Leppich spricht vor Tausenden von Zuhörern auf dem Rüttenscheider Markt.

6.–7. JULI Fragen der Energiepolitik und der Energiewirtschaft stehen auf der Tagesordnung des Gewerkschaftstages der IG Bergbau, der im Saalbau tagt. Vor allem fordert die Gewerkschaft ein einheitliches Unternehmen für den Ruhrbergbau und eine Beschränkung der Heizölimporte, da das Heizöl, das zu extrem niedrigen Preisen eingeführt wird, immer mehr die Steinkohle verdrängt.

10. JULI Bundeskanzler Dr. Konrad Adenauer eröffnet den Wahlkampf in Essen auf einer Frauenkundgebung der CDU.

5. SEPTEMBER Auf einer Wahlkampfveranstaltung der FDP im Saalbau spricht der Bundesvorsitzende Erich Mende. Auch er kritisiert den Bundeskanzler, daß er erst so spät nach Berlin gefahren sei.

11. SEPTEMBER Auf dem Frohnhauser Markt versammeln sich 30 000, um Willy Brandt, den Kanzlerkandidaten der SPD, zu hören.

13. SEPTEMBER Um 12 Uhr wird auf der Kokerei Zollverein der erste Koks „gedrückt". Die Anlage, die 183 Millionen Mark gekostet hat, ist die modernste in Europa. Sie erzeugt im Jahr mehr als 1,8 Millionen Tonnen Koks, 800 Millionen Kubikmeter Gas, 80 000 Tonnen Rohteer sowie Ammoniumsulfat, Benzol und Schwefelsäure.

17. SEPTEMBER Bei der Bundestagswahl kann die SPD mit 45 Prozent der Stimmen die CDU (42,5 %), die einen Verlust von 5,5 Prozentpunkten hinnehmen muß, übertreffen. Auch die FDP gewinnt hinzu und kommt auf 9,2 Prozent.
Wie 1957 ziehen Karl Bergmann (SPD) und Dr. Hans Toussaint (CDU) direkt in den Bundestag ein. Im Wahlkreis 89 (Essen Nord-West) kann Erwin Lange (SPD) das Direktmandat der CDU abgewinnen. Über die Landeslisten erhalten Dr. Albrecht Aschoff (FDP), Dr. Arnold Popke (CDU), Margarete Rudoll (SPD), Heinrich Scheppmann (CDU) und Dr. Helene Weber (CDU) ein Mandat.

18. September Das Alfred Krupp-Denkmal wird wieder auf seinen alten Standort vor dem Rathaus, an der Westseite der Marktkirche, aufgestellt.

21. September Die neue Kokerei Zollverein löst wegen ihrer Emission den Protest der Anwohner aus. Heinrich Grünwald, Bürgerschaftsvorsitzender, klagt: „Die modernste Kokereianlage der Welt versagt auf dem Gebiet der Reinhaltung der Luft vollständig. Wer sich den Vorgang des Drückens und des Füllens der Öfen einmal ansieht, der ist erschüttert, wieviel Staub, Dreck, Qualm und Giftgase einfach in die Luft gepumpt werden. Ganz zu schweigen vom penetranten Schwefelgeruch, der bis in die Wohnungen der Menschen eindringt.“ Für Kokereichef Hürter, der betont, daß man für die Reinhaltung der Luft mehr getan habe als gesetzlich erforderlich sei, sind die Probleme normale Schwierigkeiten der ersten Betriebsphase. Die Anlage müsse erst richtig eingestellt werden, dann würde auch die Emission auf ein Minimum beschränkt werden.

24. September Am „Tag der Heimat“ im nur mäßig besetzten Saalbau sagt Oberbürgermeister Nieswandt in seinem Grußwort: „Berlin, du bist nicht allein! Die Ruhr steht an deiner Seite. Und wir werden das Recht und die Freiheit mit friedlichen Mitteln erkämpfen, um den Frieden der Welt zu erhalten.“

1. Oktober Die Berliner Akademie der Künste, Abteilung bildende Kunst tagt unter der Leitung von Martin Heidegger in der Villa Hügel.

3. Oktober Unter der Rufnummer 2 40 20 ist die neu errichtete Telefonseelsorge zu erreichen.

4. Oktober Mit einem Konzert der Capella Coloniensis in der Erlöserkirche beginnt das 37. Deutsche Bachfest.

24. Oktober Das zwei Kilometer lange Teilstück des Ruhrschnellwegs zwischen Pape- und Keplerstraße, das 20 Millionen Mark gekostet hat, wird für den Verkehr freigegeben.

25. Oktober Der Rat verabschiedet die Satzung zur Stiftung eines Ehrenringes, der an Stelle des früheren Ehrenbürgerrechts verliehen werden soll.

17. November Alfried Krupp von Bohlen und Halbach erhält als erster Bürger den Ehrenring der Stadt Essen verliehen. Die Urkunde hat folgenden Wortlaut: „Alfried Krupp von Bohlen und Hal-

bach hat sich durch eine beispielhafte Wiederaufbauleistung seines Unternehmens, durch eine fortschrittliche Sozialarbeit, durch eine großzügige Förderung des kulturellen Lebens und durch sein vorbildliches persönliches Auftreten im In- und Ausland um die Gesamtentwicklung und das Ansehen der Stadt Essen nach dem Zweiten Weltkrieg besonders verdient gemacht. Durch diese Verleihung sollen auch alle Mitarbeiter geehrt werden, die Alfried Krupp von Bohlen und Halbach mit Rat und Tat unermüdlich zur Seite standen."

20. NOVEMBER Mehr als 2000 Ehrengäste nehmen an dem Festakt zum 150jährigen Bestehen der Firma Fried. Krupp teil. Die Festrede hält Altbundespräsident Professor Theodor Heuss, während Oberbürgermeister Nieswandt das Verhältnis der Firma zur Stadt beschreibt: „Die Stadt Essen und Krupp, das sind zwei Namen, die nahezu in der gesamten Welt in einem Atemzug genannt werden, schicksalhaft sind die Beziehungen zwischen beiden, eng verknüpft durch die Menschen, die Essener Bürger sind. Diese Essener Bürger gehören zu einem großen Teile zur engeren Kruppschen Gemeinschaft. ... Es war in erster Linie eine Folge des Aufstiegs der Firma, daß Essen in der zweiten Hälfte des vergangenen Jahrhunderts sehr rasch zur

Die Verleihung des Ehrenrings an Alfried Krupp von Bohlen und Halbach

Großstadt aufstieg. Die Fabrik setzte in vielen Lebensbereichen das Maß, nach dem sich die Stadt ausrichtete. ... Wie das Schicksal für Menschen dieser Stadt mit dem der Firma Krupp verbunden blieb, wurde durch den Krieg und die Nachkriegsmaßnahmen wieder besonders deutlich. Mit der Firma Krupp verlor die Stadt das Kernstück der Industriewirtschaft. Dieser Ausfall der Krupp-Werke führte dazu, daß in den Jahren 1950/51, als die wirtschaftliche Gesundung in anderen Städten bereits in vollem Gange war, Essen den Höhepunkt seiner Arbeitslosigkeit erreichte. In diesen Jahren der gemeinsamen Not zeigte sich einmal mehr, wie gut die Zusammenarbeit zwischen der Stadt und dem Unternehmen war. Es waren Krupp-Arbeiter, die nicht an ihrem Platz arbeiten konnten auf Grund der Verhältnisse, die über uns hereingebrochen waren, die mit dazu beitrugen, das Kanal- und Kabelnetz, das vollkommen zerrissen und zerstört war, wiederherzustellen. Durch die Freigabe fabrikeigener Grundstücke war es möglich, neue Betriebe im Krupp-Gelände anzusiedeln und damit die Wirtschaftsgrundlage der Stadt Essen zu erweitern. Auch die Verlagerung des Schwergewichts innerhalb der Firma auf Verarbeitung und Fertigwarenherstellung hat einen, für Essen lebensnotwendigen, Strukturwandel unterstützt. Anerkennung gebührt aber auch den vielfältigen Leistungen der Firma auf sozialem und kulturellem Gebiet. Ob wir an die Förderung des Wohnungsbaues, den Ausbau der Kruppschen Krankenanstalten oder an die vorbildliche Altersversorgung denken, überall zeigt sich die gleiche soziale Einstellung, die dem Unternehmen während der gesamten 150 Jahre seines Bestehens zu eigen war. Hier möchte ich aber auch an die Freigabe der Villa Hügel für die Öffentlichkeit und ihren Ausbau zu einer Kulturstätte erinnern. Wir erkennen auch in dieser Maßnahme die Verpflichtung, die Familie und Firma stets gegenüber der Allgemeinheit empfunden haben. Eineinhalb Jahrhundert besteht die Firma Krupp in Essen, eine kurze Zeit, gemessen an der mehr als elfhundertjährigen Geschichte dieser Stadt. Aber es ist die entscheidende Zeit, in der Essen das geworden ist, was es heute darstellt.“

24. NOVEMBER In die umgestaltete alte Synagoge zieht das „Haus Industrieform“, das sein Domizil im Kleinen Haus der Villa Hügel aufgeben mußte.

28. NOVEMBER Das Rheinstahlhaus wird der Öffentlichkeit vorgestellt. Das 22geschossige Gebäude ist nicht nur das erste Hochhaus Essens, sondern auch das erste des Ruhrgebiets. Auf eine feierli-

che Eröffnung hat der Vorstand aufgrund der Zeitumstände verzichtet. Statt dessen stellt er 100 000 Mark für soziale Zwecke in Berlin zur Verfügung.

13. DEZEMBER „Die Bevölkerung des Ruhrgebiets hat in immer stärkerem Maße unter der Verunreinigung der Luft zu leiden. In weiten Gebieten des Reviers ist die Grenze des Zumutbaren längst überschritten. In den nördlichen Wohnbezirken der Stadt Essen sind die schädigenden Einwirkungen der verunreinigten Luft inzwischen so stark geworden, daß die Gesundheit der Bevölkerung ernstlich gefährdet ist.“ Wegen „dieser für die Gesundheit der Bevölkerung bedrohlichen Lage“ fordert der Rat vom Bund und vom Land, „durch geeignete Maßnahmen für eine schnelle Verbesserung dieser Verhältnisse zu sorgen und jede gesundheitsgefährdende Verschmutzung und Vergiftung der Luft zu unterbinden. ... Der Rat der Stadt Essen verkennt nicht, daß die Durchführung ausreichender Schutzmaßnahmen mit erheblichen Kosten für einen Teil der Industrie verbunden ist. Er hält aber diese Aufwendungen mit Rücksicht auf die drohenden Gesundheitsschäden für unbedingt erforderlich und auch für tragbar.“

15. DEZEMBER Als erstes Verwaltungsgebäude nach dem Kriege wird das Gesundheitsamt an der Bernestraße eröffnet, das der Architekt Schneider entworfen hat.

1962

JANUAR Die Ungarin Antonia von Sikorski ist die erste Frau im Städtischen Orchester. Sie gehört der Gruppe der ersten Geigen an.

31. JANUAR „Bürger, wehrt Euch, die Luftverpestung bedroht Euer Leben!“ ist auf Plakaten und Flugblättern zu lesen, mit denen zur Gründung der Interessengemeinschaft gegen Luftverschmutzungsschäden e.V. aufgerufen wird.

1. FEBRUAR Der erste Fußgängertunnel mit Rolltreppen wird am Limbecker Platz eröffnet.

24. FEBRUAR Jean-Louis Barrault inszeniert zum ersten Mal an einer deutschen Bühne. Zur Aufführung gelangt „Das Buch des Christoph Columbus“ von Paul Claudel. Seine Wahl begründet Barrault: „Claudel war sofort wie ein Vater für mich, als ich, der 27jährige, dem 69jährigen im Jahre 1937 zum ersten Male begegnete. Zugleich fühlten wir uns merkwürdigerweise wie

zwei gleichaltrige Jünglinge von 18, wie zwei Liebende, wie zwei Kameraden, die sich schon lange kannten, bevor sie sich trafen. Daß ich mein erstes Regiegastspiel im Ausland auf deutschem Boden gebe, mag man als Dank betrachten für die Unterstützung, die Claudel von jeher durch die deutschen Intellektuellen erfahren hat." Die Aufführung wird zu einem großen Erfolg. „Mit erhobenen Händen selbst dem Ensemble applaudierend, so betrat Barrault mitten im enthusiastischen Schlußbeifall die Szene, als Sieger. Viel, sehr viel hatte man erwartet. Dennoch übertraf die Faszination seines totalen Theaters auch die kühnste Vorstellungskraft. ... Was hier geschah, wird noch lange nachwirken in allen, die vor und auf der Bühne dabei waren, mit Recht glücklich über einen unvergleichlichen Theaterabend", jubelt die NRZ.

19. März Maria Callas begeistert mit Arien von Massenet, Bizet, Verdi und Rossini das Publikum. Die Zuhörer danken mit einem viertelstündigen Beifall.

26. März Bischof Dr. Franz Hengsbach übergibt das neue Priesterseminar St. Ludgerus am Todestag des Namenspatrons seiner Bestimmung. Die Segnung des von dem Architekten Fritz Schaller entworfenen Gebäudekomplexes nimmt der Paderborner Erzbischof Dr. Lorenz Jaeger vor. Im Anschluß daran zelebriert der Kölner Erzbischof Josef Kardinal Frings die erste Heilige Messe zum heiligen Ludgerus nach dem Formular, das der Papst 1959 zur 1150-Jahr-Feier eigens genehmigt hatte.

9. April Kardinal August Bea spricht im Saalbau zum Thema „Konzil und Einheit der Christen". Bea betont, daß nicht an eine Vereinigung der Kirchen zu denken sei, aber man müsse versuchen, zu einer geistigen Einheit zu gelangen.

Juni In der Stadt fehlen Kindergarten- und Hortplätze. Nur jedes vierte Kind zwischen drei und sechs Jahren findet Aufnahme in einem der 106 Kindergärten. Ebenso groß ist der Mangel an Hortplätzen. In den 39 Horten gibt es nur für jedes 50. Volksschulkind einen Platz.

17. Juni Auf Einladung des Ortskuratoriums Unteilbares Deutschland spricht Herbert Wehner (SPD) im Saalbau. Er warnt davor, sich mit der Gewaltherrschaft abzufinden: „Unsere Aufgabe aber ist es, die Brutalität dieser Gewaltherrschaft allen vor Augen zu führen. Denn erst dann haben die Machthaber drüben ihren Zweck erreicht, wenn es ihnen gelingt, die Menschen im

anderen Teil Deutschlands gleichgültig und stumpf zu machen.“

29. JUNI Auf dem Kurienplatz findet eine Großkundgebung der SPD mit Willy Brandt und dem Spitzenkandidaten für die Landtagswahl Heinz Kühn statt.

29. JUNI Auf dem Gildenplatz werden erstmals nach Kriegsende Soldaten des Luftwaffen-Abwehr-Bataillons 41 öffentlich vereidigt.

4. JULI Kultusminister Werner Schütz gibt den Beschluß des Landeskabinetts bekannt, daß die Abteilung für Musik, Tanz, Schauspiel und Sprechen an der Folkwangschule zur Hochschule erhoben wird. Zugleich sollen die Städtischen Krankenanstalten als Universitäts-Klinikum eingerichtet werden. Oberstadtdirektor Dr. Wolff kommentiert den Beschluß: „Es hat lange gedauert, bis wir mit unseren relativ bescheidenen Anträgen zum Zuge gekommen sind. Nun haben wir ein gewisses Gefühl der Befriedigung. Nicht alle Probleme sind bereits gelöst, aber ich glaube, wir sollten dem Kultusminister und der Regierung dankbar dafür sein, daß sie diese Entschlüsse gefaßt hat.“

8. JULI Bei der Landtagswahl baut die SPD ihre Spitzenposition aus und erhält 51 Prozent der Stimmen. Verluste müssen sowohl CDU (von 44,3 auf 40,9 %) als auch FDP (von 7,1 auf 4,4 %) hinnehmen. Direkt gewählt werden von der SPD Ernst Bessel (Wahlkreis 61 – Altendorf, Frohnhausen, Schönebeck), Dr. Fritz Kassmann (62 – Frintrop, Dellwig, Borbeck, Karnap), Fritz Kinnigkeit (63 – Kray, Frillendorf, Katernberg), Wilhelm Nieswandt (60 – Altstadt, Altenessen, Stoppenberg) und Heinrich Strathmann (64 – Südviertel, Huttrop, Steele) sowie Josef Beckmann (65 – Rüttenscheid, Bergerhausen, Haarzopf) und Gustav Müller (66 – Rellinghausen, Bredeney, Werden, Heisingen, Kupferdreh) von der CDU. Maria Berns (SPD) rückt über die Liste in den Landtag ein.

19.–23. JULI „In den volkskulturellen Lebensäußerungen bis weit in den religiösen Bereich hinein müssen unsere Chöre der Sauerteig sein in der Pflege und Erhaltung des Guten und Edlen, die im Zeitalter des Egoismus und der Vermassung allenthalben zu kurz kommen und gern mißachtet werden. Wer singt, läßt seine Seele schwingen, wer in der Gemeinschaft singt, kann kein Egoist sein. Wer im Chor singt, unterwirft sich der Disziplin und ordnet sich der Gemeinschaft unter. Mögen wir alle uns immer vor Augen halten, daß die Grundlage unseres Singens die Liebe ist: Die Liebe zum Höchsten, die Liebe zum Nächsten und die Liebe zur Heimat.“ Mit diesen Worten eröffnet Dr. Willi Engels, Präsident des Deutschen Sängerbundes, das 15. Deutsche Sängerbundfest, bei dem mehr als 150 000 Sänger 103 Chorkonzerte geben. Höhepunkt der Veranstaltung ist der Festzug durch die Stadt mit 51 Festwagen, 24 Musikkapellen und 6000 Fahnenträgern.

Schlußkundgebung des 15. Deutschen Sängerbundfestes auf der Festwiese

1. AUGUST Im Gebäude des ehemaligen E-Werkes der Zeche Vogelsang in Steele-Horst wird die erste vollautomatische Pommes-frites-Fabrik der Bundesrepublik in Betrieb genommen.

13. AUGUST Die EVAG setzt auf der Linie 6 die erste Einmann-Straßenbahn, d.h. die schaffnerlose Straßenbahn, ein.

16. AUGUST Am Vorabend der Weltfestspiele der Kanuten werden die neuerbauten Anlagen der Regattastrecke am Baldeneysee ihrer Bestimmungen übergeben.

1.–28. September — Die Internationale Liga für Menschenrechte, Sektion Berlin zeigt in der Ausstellungshalle acht der Gruga die Ausstellung „Die Vergangenheit mahnt“ mit Bildern und Dokumenten zur Geschichte der Juden und zu ihrer Verfolgung im Dritten Reich.

3.–8. September — In der Grugahalle tagt der 7. ordentliche Gewerkschaftstag der IG Metall.

14. September — Im Museum Folkwang wird eine Ausstellung mit Werken von Ernst Wilhelm Nay eröffnet.

1. Oktober — Dr. Otto Steinert, Leiter der photographischen Abteilung der Folkwangschule, erhält den Kulturpreis 1962 der Deutschen Gesellschaft für Photographie.

2. November — Der Neubau der Kruppschen Konsumanstalt am Limbecker Platz wird feierlich eröffnet. Das Gebäude hat keine Fenster und wird daher vollklimatisch belüftet.

7. November — Auf Einladung des Kulturrings der Essener Jugend liest Uwe Johnson aus seinem Roman „Das dritte Buch über Achim“.

31. Dezember — Die Ruhr-Kammerspiele im Handelshof schließen, da für 1963 kein städtischer Zuschuß gewährt wird.

1963

8. Januar — In der Hövelschule wird der erste Lehrgang für Aushilfslehrer, 22 Frauen und zwei Männer, eröffnet. Weil landesweit über 5000 Lehrkräfte fehlen, werden nun in einjährigen Lehrgängen Aushilfskräfte geschult, die über pädagogische Fähigkeiten verfügen.

13. Januar — Aufgrund der lang anhaltenden Kälte ist der Baldeneysee zugefroren. Viele Essener nutzen die seltene Gelegenheit zu einem Sonntagsspaziergang auf dem Eis bei strahlendem Sonnenschein.

14. Januar — Der russische Schriftsteller Jewgenij Jewtuschenko besucht bei seinem Aufenthalt in Essen das Folkwangmuseum und die Lehrwerkstatt der Firma Krupp. Am Abend wird er vom Krupp-Generalbevollmächtigten Berthold Beitz empfangen.

20. Februar Rudi Altig und Hennes Junkermann gewinnen das 4. Essener Sechstagerennen mit knappem Vorsprung vor Rik van Steenbergen und Peter Post.

27. Februar Der Rat billigt einen Vertrag mit dem RWE über die Müllverbrennung, der eine Laufzeit bis ins Jahr 2002 hat. Danach baut das RWE eine Müllverbrennungsanlage in Karnap, die den Hausmüll der Stadt aufnehmen soll.

5. März Im Amerikahaus spricht Theodor W. Adorno über das Thema „Deutsche und amerikanische Kultur – sind sie vergleichbar?".

14. März Der Rat bestätigt den bisherigen Oberbürgermeister Nieswandt und den 1. Bürgermeister Scheve in ihren Ämtern. Bei der Wahl des 2. Bürgermeisters kommt es zu einer Überraschung, denn nicht der von der FDP vorgeschlagene Amtsinhaber Dr. Pauly, sondern sein Parteifreund Konrad Steiler erhält mit 21 zu 18 bei 22 Enthaltungen die Mehrheit. Dr. Pauly führt seine Niederlage zurück auf sein Verhalten bei der letzten Oberbürgermeisterwahl: „Damals habe ich gesagt: Wir wollen keinen geknobelten Oberbürgermeister, und damals habe ich meine Stimme deshalb Nieswandt gegeben. Der seitdem aufgespeicherte Groll ist nun zum Durchbruch gekommen."

23. März An den Städtischen Bühnen wird das Ballett „Rasch war die Zeit" von Marie Luise Kaschnitz und Aleida Montijn uraufgeführt.

1. April Die englische Schule im Haus Hohe Buchen 2 wird geschlossen, da nur noch wenige englische Soldatenfamilien in Essen und Umgebung wohnen.

Mai Beim Straßenverkehrsamt wird das 100 000. Kraftfahrzeug angemeldet. Blättert man zurück, so wird die rapide Entwicklung der letzten Jahre deutlich:

1907	–	95
1914	–	664
1930	–	3 511
1937	–	17 422
1948	–	10 293
1953	–	31 744
1958	–	56 457

2. MAI Mit einem Festgottesdienst in der Marktkirche erinnern die evangelischen Gemeinden an den Tag, an dem vor 400 Jahren erstmals das Abendmahl in beiderlei Gestalt dargereicht wurde. In seiner Festansprache betont Oberkirchenrat Stöver, daß diese Veranstaltung keine Siegesfeier sei, sondern eine Stunde der Buße, und er bezieht bei seinem Rückblick auch die NS-Zeit mit ein: „Wir alle sind tief hinein verstrickt in die Blutschuld von damals; gewiß die Gemeinden in Essen waren zur Stelle, sich mit der Tat zu bewähren. Aber die Synagoge ist auch in dieser Stadt zuerst in Brand gesteckt worden, ehe unsere Kirchen in Flammen aufgingen."

9. MAI Mit einem Festakt wird die Folkwangschule für Musik, Theater und Tanz in den Rang einer Hochschule erhoben. „Wenn wir jetzt eine Hochschule in Essen haben, so ist das nicht nur ein Zeugnis für das, was eine Gemeinschaft tun kann, sondern weit mehr – ein unentpflichtbarer Auftrag für die Zukunft. Wir entlassen diese Schule von einem Meilenstein auf einen neuen Weg. Sie möge ihren Beitrag zur Heilung unserer Zeit leisten." – so der Kultusminister Professor Paul Mikat.

1. JUNI Die Kokerei Helene wird stillgelegt.

7. JUNI John Cage und David Tudor gastieren im Amerikahaus. Franz Feldens ist gar nicht begeistert: „Musikfreunde, die auf traditionelle Musik eingeschworen sind, aber auch Freunde neuer Musik, werden das, was der amerikanische Komponist John Cage und der amerikanische Pianist David Tudor an zwei Flügeln mit elektronischen Apparaturen vorführten, nicht als Musik anerkennen. Das Experimentieren mit Klängen und Geräuschen ist an sich keine unnütze Sache; doch ist es etwas anderes, wenn die Ergebnisse als Kompositionen angeboten werden. Sie waren kaum geeignet, mehr als kurze Zeit zu interessieren. ... Man könnte diese sporadischen Geräusche mit dem Lärm in einem kleinen Walzwerk vergleichen, nur daß es dort interessanter zugeht. ... Mit Musik hat das nichts zu tun, und wer gekommen war, Musik zu hören, kam nicht auf seine Kosten. Er sah zwei ernsthafte Mechaniker, die sich mit Schaltungen beschäftigten und die Flügel auf ungewohnte Weise bedienten, ..."

25. JUNI Der Hauptausschuß des Rates beschließt, für die Innenstadt einen Sperrbezirk für Dirnen einzuführen.

11. JULI Das neuerbaute Grugabad (Architekt Gerd Lichtenhahn) ist erstmals mit Wasser gefüllt.

14. JULI Mit dem „Tag der Jugend“ wird das Grugastadion eingeweiht.

15.–21. JULI „Der Stadt Essen ist es eine Ehre und uns alle erfüllt es mit echter Freude und viel Stolz, daß das alle fünf Jahre stattfindende Deutsche Turnfest nunmehr zum erstenmal im Herzen des Ruhrreviers ausgetragen wird. ... Wir freuen uns, Tausende und Zehntausende turn- und sportbegeisterter Frauen und Männer, Gästen aus dem In- und Ausland, die es in die Feststadt führen wird, unsere Heimat zeigen zu dürfen mit all ihren landschaftlichen Reizen, ihren kulturellen und geschichtlichen Besonderheiten und der eindrucksvollen Macht einer nüchternen Industrielandschaft. ... So werden sich Menschen aus allen Teilen der Bundesrepublik und aus dem Ausland hier in Essen während der Festtage ein buntes Stelldichein geben. Nur unseren Brüdern und Schwestern in Mitteldeutschland hat das herrschende Zonensystem den Weg zum Deutschen Turnfest 1963 durch Mauern und Stacheldraht versperrt und ihnen die Möglichkeit genommen, auf diese Weise mit uns ein Bekenntnis zur Einheit und Freiheit unseres Vaterlandes abzugeben. Wir glauben aber, daß der Gedanke von Einheit und Brüderlichkeit, der hier in Essen ausstrahlen wird, Mauern und Stacheldraht überwindet und die Hoffnung und das Vertrauen der Deutschen jenseits des Eisernen Vorhanges bestärkt.“
Mit diesen Worten begrüßt die Stadt Essen die Teilnehmer und Besucher des 22. Deutschen Turnfestes, das eine Woche lang das Geschehen in der Stadt beherrscht und das mit einem Festumzug von 40 000 Turnern und einer Abschlußkundgebung auf der Festwiese an der Norbertstraße endet. In seiner Abschiedsrede bedankt sich Franz Klemm, Oberturnwart des Deutschen Turnerbundes, bei allen Helfern: „Die Essener haben das Deutsche Turnfest nicht nur mit Liebe und Fleiß, sondern auch mit Herzblut vorbereitet. Die Herzlichkeit und Aufgeschlossenheit der Essener Menschen ist wundervoll und einmalig. Essen hat sein Versprechen, eine glänzende Feststadt zu sein, hundertprozentig gehalten.“

1. SEPTEMBER Mit dem Bau der Ruhrtalbrücke bei Mintard wird begonnen.

4. SEPTEMBER Der Rat stimmt dem Vertrag mit dem Land Nordrhein-Westfalen über die Verwendung der Städtischen Krankenanstalten als zweites Klinikum der Universität Münster zu.

4.–7. SEPTEMBER Mit einem Vortrag von Professor Dr. Gerhard Storz „Das Verhältnis des Laien zum Kunstschaffen der Gegenwart“ beginnt das UNESCO-Seminar „Öffentlichkeitsarbeit der Museen“ im Folkwangmuseum.

6. SEPTEMBER Die erste Bowlingbahn in Essen wird an der Viehofer Straße durch den Bürgermeister Konrad Steiler und die deutsche Bowling-Meisterin Inge Meckermann eröffnet.

5. OKTOBER Ein Gedenkstein für den Nobelpreisträger Carl von Ossietzky und für die politischen Mithäftlinge, den die Essener Gewerkschaftsjugend gestiftet hat, wird in einer Feierstunde auf dem Friedhof des ehemaligen Konzentrationslagers Esterwegen enthüllt.

2. NOVEMBER Im Folkwangmuseum wird eine große Ausstellung mit Werken von Erich Heckel eröffnet.

4. NOVEMBER „Es ist in stolzer Tag für die Stadt“, sagt Oberbürgermeister Nieswandt beim feierlichen Gründungsakt des Klinikums Essen, das von Kultusminister Professor Dr. Paul Mikat eröffnet wird. Erster Dekan des Klinikums ist Professor Dr. Walter Müller.

8. NOVEMBER Im Haus der Industrie- und Handelskammer eröffnet der Intendant des WDR, Klaus von Bismarck, ein Studio, dessen Leitung Rolf Buttler übernimmt.

3. DEZEMBER Der Ältestenrat beschließt, den Gildenplatz zum Gedenken an den ermordeten amerikanischen Präsidenten in Kennedyplatz umzubenennen. Der Beschluß wird am 17. Dezember vom Rat bestätigt.

4. DEZEMBER Kultusminister Professor Dr. Paul Mikat eröffnet das neue Ruhrland- und Heimatmuseum.

12. DEZEMBER Mit einem Festakt wird die Landesanstalt für Immissions- und Bodennutzungsschutz gegründet. Ihre Hauptaufgabe sei es, so Ministerpräsident Dr. Franz Meyers, Lösungen bei der Beseitigung giftiger Abgase aus der Kohle- und Heizölverbrennung und bei der Entgiftung der Autoabgase und des Smogs zu finden.

17. DEZEMBER Der Rat beschließt, das alte Rathaus an die Wertheim GmbH zu verkaufen. Der Vertrag über den Verkauf – Ver-

kaufspreis: 15 Millionen DM – wird am 14. Februar 1964 vor dem Amtsgericht unterzeichnet.

Das alte Rathaus

18. DEZEMBER Die Jury im Bauwettbewerb für das neue Rathaus spricht den ersten Platz dem Entwurf des Architekten Theodor Seifert zu. Er sieht zwei große Rathaustürme zu beiden Seiten eines Ratstrakts vor und eine Überbrückung des Porscheplatzes mit einer großen Platte. Das Preisgericht begründet seine Entscheidung: „Der Entwurf macht den Bauteil des Rates, in dem die politischen Entscheidungen fallen, zum Mittelpunkt der Gesamtanlage, bezieht ihn auch optisch in das Leben im Stadtkern ein und läßt die Verwaltungsräume als zugehörige, aber nebengeordnete Bestandteile in zurückhaltender Weise in Erscheinung treten, auch wenn diese Teile Hochhausformen angenommen haben.“ Diese Pläne von Seifert werden nicht realisiert.

1964

9. JANUAR Das Jugendzentrum Essen wird feierlich eröffnet.

12. JANUAR – 8. MÄRZ Das Museum Folkwang zeigt eine umfassende Werkschau des Malers Karl Schmidt-Rottluff.

16. FEBRUAR Im Opernhaus wird das umstrittene Stück „Der Stellvertreter“ aufgeführt. Proteste bleiben weitgehend aus, wohl weil der Text gegenüber der Buchausgabe sehr entschärft worden war. Nur einige Jugendliche verteilen die „Neue Bildpost“ mit dem Aufmacher: „Achtung! Katholiken, aufwachen! Attentat Hochhuths in Essen und Bochum!“

23. FEBRUAR Bischof Dr. Hengsbach kündigt in einer Predigt vor 400 Abiturientinnen und Abiturienten an, daß an der Münsterkirche ein Gedenkstein für den Papst Pius XII. errichtet werde als eine „öffentliche Genugtuung für den verleumdeten, toten, wehrlosen Papst“. Zu der Hochhuth-Aufführung des Theaters sagt der Bischof: „Wir können das wegen der Machtlosigkeit der Kirche nicht verhindern, vielmehr nur aus tiefstem Herzen bedauern und als eine Schändung seines Andenkens zurückweisen.“
Die Gedenktafel mit der Inschrift „Dem Gründer des Bistums Essen – Dem Freund des deutschen Volkes – Dem Anwalt von Gerechtigkeit und Frieden“ wird am 18. September enthüllt.

1. MÄRZ Die Werdener Feintuchwerke stellen ihre Produktion ein.

APRIL Bischof Dr. Hengsbach wendet sich vor den Bezirkssekretären der Katholischen Arbeiterbewegung scharf gegen den Film „Das Schweigen“ von Ingmar Bergman. Er warne vor dieser Darstellung obszöner Perversion und widerlicher Pornographien und hoffe auf die Unterstützung aller, die sich ein sauberes Empfinden bewahrt hätten.

16. APRIL Das bischöfliche Generalvikariat bezieht sein neues Gebäude Zwölfling 12/16.

22. APRIL Der Bau der U-Bahn beginnt. Auf dem Parkplatz zwischen den Gebäuden Gagfah und Ferrostaal wird der erste Bauzaun aufgestellt. Hier wird auch ein 22 Meter tiefer Förderschacht abgeteuft, von dem ein kleiner Stollen vorangetrieben werden soll.

23. APRIL Jugendliche und Studenten demonstrieren in der Innenstadt gegen die Rassendiskriminierung. Anlaß für die Demonstration ist der Hinauswurf von zwei Afrikanern aus einer Essener Gaststätte.

24. APRIL Der Beigeordnete Dr. Karlheinz Rewoldt wird mit den Stimmen der SPD zum neuen Oberstadtdirektor gewählt. Die CDU erhebt bei der Aufsichtsbehörde Einspruch gegen die Wahl, weil ihre Rechte nicht genügend berücksichtigt

worden seien. Aus diesem Grunde muß der Wahlvorgang wiederholt werden. Am 11. Juni wird dann Dr. Rewoldt nach hitziger Ratsdebatte endgültig zum Oberstadtdirektor gewählt.

11. Mai Bundesbahnpräsident Harres eröffnet die neue Empfangshalle des Hauptbahnhofes mit der Ladenstraße. Harres verdeutlicht die Schwierigkeiten, die beim Umbau eines Bahnhofes zu bewältigen seien. „Alle Arbeiten mußten bei vollem Betrieb gemacht werden, während 60 000 Menschen täglich durch die Sperren gehen und 870 Züge – in Spitzenzeiten – innerhalb von 24 Stunden ein- und ausfahren. Hinzu kommen noch 300 Rangierfahrten täglich."

14. Juni Das Moskauer Bolschoi-Ballett gastiert in der Grugahalle. Es sei eher ein künstlerisches Ereignis mit gesellschaftlicher Verpflichtung, aber keineswegs eine tänzerische Sensation gewesen, urteilt der Kritiker der NRZ.

15. Juni Das Grugabad wird offiziell eröffnet. Für 15 Millionen Mark wurde eines der schönsten Freibäder Deutschlands gebaut. Wenige Tage später, am 21. Juni, wird auch das Wellenbad in Betrieb genommen. Der Ansturm auf das Bad ist gewaltig. Am letzten Juni-Wochenende kommen mehr als 18 000 Personen, für die nicht genügend Platz vorhanden ist, so daß das Bad für einige Zeit geschlossen werden muß.

Das Grugabad

29. Juni Das Amerikahaus schließt seine Pforten; die Bücherei, die die Stadt übernimmt, wird ausgelagert.

10. Juli Zum Auftakt der Berliner Wochen wird der Limbecker Platz in Berliner Platz umgetauft. Mit dieser Umbenennung wolle die Stadt ihre Verbundenheit mit der geteilten Stadt bekräftigen, sagt Oberbürgermeister Nieswandt. Die Dankesrede hält der Bürgermeister Heinrich Albertz in Vertretung des erkrankten Regierenden Bürgermeisters. Bereits zuvor war die Steinplastik „Der Berliner Bär“ vom Grugapark zum Berliner Platz versetzt worden.

5. August Zu Ehren des langjährigen Vorsitzenden von Rot-Weiß Essen, der am 23. März 1963 verstarb, erhält das Stadion an der Hafenstraße den Namen „Georg-Melches-Stadion“. Zur Eröffnung spielt Rot-Weiß Essen gegen den 1. FC Köln. Das Vorspiel bestreitet die Essener Meistermannschaft des Jahres 1955 gegen die Kölner Altherren-Mannschaft.

September Die Stadt steht im Zeichen des Kommunalwahlkampfes. Die SPD sagt „Ja zu Essens Zukunft“: „Wir Essener haben immer gewußt, was wir wollten. Wir wollten aus einer Industriestadt eine moderne Großstadt machen. Wir wollten unsere Position als Metropole des Ruhrgebiets ausbauen und dafür sorgen, daß der Name Essen als ein Gütezeichen in alle Welt getragen wird. Wir haben alle gemeinsam auf den Trümmern eine Stadt aufgebaut. Es ist eine gute, eine schöne, eine liebenswerte Stadt geworden. Unser nächstes Ziel ist es, die menschliche Großstadt zu vollenden.

Wir müssen dafür sorgen, daß niemand mehr das Wort Krise in den Mund nimmt, wenn vom Ruhrgebiet die Rede ist. Wir müssen dafür sorgen, daß sich auch kommende Generationen in unserer Vaterstadt zu Hause fühlen. Wer die ersten harten Jahre der Gründung eines Hausstandes hinter sich hat, der denkt nicht mehr nur an den Kochtopf, sondern auch an schöne Möbel, Bücher, Bilder und Blumen, vielleicht auch an ein eigenes Haus mit Garten. Wir haben Wohnungen, Schulen und Straßen gebaut und werden noch mehr bauen. Wir bauen aber auch das, was manche Kritiker für überflüssig halten: die neue GRUGA, das neue GRUGA-Bad, das neue Rathaus und die neue Oper.“

Die CDU weist auf die Schulden der Stadt hin und malt das Schreckgespenst von Gebührenerhöhungen an die Wand: „Und wie konnte es soweit kommen? Weil die SPD mit den Steuergeldern und Darlehen nicht richtig gewirtschaftet hat. Und trotzdem verspricht die SPD auch ein neues Rathaus von 80 Mill. DM, ein Opernhaus von 53 Mill. DM und vieles mehr. Woher will die SPD das Geld nehmen? Will sie uns noch weiter verschulden? Das ist leichtfertig und unverantwort-

lich! Wollen Sie, daß die Stadt Essen zum Wohle der Bürger künftig besser und vernünftiger geführt wird, dann wählen Sie am 27. September CDU."
Dagegen behaupten die Liberalen: „Nur mit einer starken FDP kann die Demokratie in unserer Stadt gerettet werden. CDU und SPD fordern aus machtpolitischen Gründen das Zweiparteiensystem. Das lehnt die FDP aus staatspolitischer Verantwortung ab. Es ist ein kurzer Weg vom Zweiparteiensystem zur Einparteiherrschaft und Ein-Mann-Diktatur. Absolute Mehrheit bedeutet die Alleinherrschaft einer Partei. Allein schon deshalb bedarf es in den Gemeinden einer eigenständigen und starken dritten Partei. Die FDP setzt sich für das Wohl aller ein und vertritt keine Sonderinteressen. Ihre Kandidaten kommen aus allen Schichten und Kreisen unseres Volkes. Je stärker die FDP, um so besser!"

17. SEPTEMBER Bei der Welturaufführung des Karl May-Filmes „Winnetou II" in der „Lichtburg" werden die Hauptdarsteller Lex Barker, Pierre Brice, Klaus Kinski und Karin Dor von mehr als 1000 begeisterten Fans jubelnd empfangen.

27. SEPTEMBER Bei der Kommunalwahl erringt die SPD mit 52,7 Prozent die absolute Mehrheit, während die CDU 42,5 Prozent erhält. Mit 4,75 Prozent scheitert die FDP an der Fünf-Prozent-Hürde und ist nicht mehr im Rat vertreten. Von den 33 Direktmandaten fallen 23 an die SPD und 10 an die CDU.

8. OKTOBER In der ersten Ratssitzung nach der Wahl wird Oberbürgermeister Nieswandt wiedergewählt.
Auf Antrag der SPD wird nur ein Bürgermeister gewählt. Sieger der Abstimmung ist Horst Katzor (SPD).

9. OKTOBER Bundestagspräsident Dr. Eugen Gerstenmaier unternimmt in Begleitung des Vorsitzenden der IG Bergbau, Walter Arendt, auf der Schachtanlage Mathias Stinnes 1/2/5 seine erste Grubenfahrt. Zugleich wirbt er für die August-Schmidt-Stiftung, die die Aus- und Fortbildung der Kinder tödlich verunglückter Bergleute unterstützt, und bittet um Spenden.

10. OKTOBER Helmholtz- und Humboldtschule feiern ihr 100jähriges Bestehen. Als Festredner hat jede Schule einen ehemaligen Schüler gewinnen können. Während in der Aula der Helmholtzschule der Film- und Theaterregisseur Helmut Käutner eine „Ansprache an meine alte Penne" hält, referiert Professor Dr. Hans Besters (Freiburg) über „Höhere Schule und Universität".

20.–24. OKTOBER Mit dem Vortrag „Friedrich Schiller – Erbe und Aufgabe“ eröffnet Professor Dr. Benno von Wiese den Deutschen Germanistentag.

25. OKTOBER Josef Aust, Bürgermeister a.D., enthüllt auf dem Hedwig-Dransfeld-Platz einen Gedenkstein zur Erinnerung an die Politiker und Gewerkschafter Dr. Heinrich Hirtsiefer, Christian Kloft und Heinrich Strunk.

27. OKTOBER Das alte Rathaus ist geräumt. Oberbürgermeister, Oberstadtdirektor und Stadtdirektor sind ins Amerikahaus umgezogen.

Abbruchstimmung

10. NOVEMBER Angesichts der Krise im Ruhrbergbau faßt der Rat einstimmig folgende Resolution: „Durch die in den letzten Tagen bekanntgewordenen Anträge auf Zechenstillegungen werden im besonderen unsere Stadt Essen und ihre Bürger betroffen. Hierzu ist festzustellen, daß der Bergmann nach dem Zusammenbruch

im Jahre 1945 bei einem übergroßen Bedarf an Energie große Opfer für die Gesamtheit erbracht und damit eine wichtige Voraussetzung für den schnellen wirtschaftlichen Wiederaufbau der Bundesrepublik geschaffen hat. Der Bergbau konnte die Preise nicht bestimmen und auch keine ausreichende Vorsorge für zukünftige konjunkturelle Schwankungen treffen. Zechenstillegungen, die nicht aus echter Rationalisierung vorgenommen werden, bedeuten eine Einschränkung der Förderkapazität und damit einen Verlust an Volksvermögen. Neben dem Ausfall der einheimischen Bodenschätze, dem Niedergang eines wichtigen Wirtschaftszweiges, dem Verlust von Arbeitsplätzen für viele Arbeitnehmer des Bergbaues entsteht eine Unsicherheit auf dem Gebiete der Energieversorgung. Diese Unsicherheit wird in hohem Maße preislich von anderen, nämlich ausländischen Energiequellen, ausgenutzt werden.

Es ist daher notwendig:

- daß sofort Maßnahmen eingeleitet werden, damit die bestehenden Wettbewerbsverzerrungen aufgehoben werden;
- daß sofort Maßnahmen zur Erhaltung der einheimischen Energie eingeleitet werden, damit durch vorausschauendes Handeln eine weitere Schädigung der deutschen Volkswirtschaft vermieden wird;
- daß sofort Maßnahmen eingeleitet werden, die dem Bergmann den Arbeitsplatz sichern.

Der Rat der Stadt Essen erwartet von den Bergwerksgesellschaften, von Land und Bund, daß alle Maßnahmen getroffen werden, die geeignet sind, zur Meisterung der schwierigen Situationen für die Stadt Essen beizutragen und für die Betroffenen soziale Härten zu vermeiden.

Insbesondere ist sicherzustellen:

- daß freigestellte Arbeitnehmer einen angemessenen Arbeitsplatz erhalten;
- daß das Wohnrecht gesichert bleibt;
- daß Maßnahmen getroffen werden, die eine Minderung sozialrechtlicher Ansprüche ausschließen.

Der Rat der Stadt Essen stellt fest, daß durch Zechenstillegungen die Wirtschaftskraft und damit die Steuerkraft der Stadt Essen erheblich geschwächt werden. Falls es zu Zechenstillegungen kommt, erwartet der Rat der Stadt von Land und Bund, aber auch von den Bergwerksgesellschaften, daß alles getan wird, um die Bestrebungen der Stadt zur Verbesserung der Wirtschaftsstruktur zu unterstützen."

9. DEZEMBER Mit einem Festakt wird der Neubau der Pädagogischen Hochschule Essen seiner Bestimmung übergeben.

1965

– „Essen bedeutet Kontrast: einerseits hügelschöne, wälderreiche Südflur, Regattasommer und Parkgefühl, andererseits industrieschwerer Norden, trist und tapfer, ruhrmythische Ecke, nicht sonderlich schön und zur Stunde auch kaum zu verbessern; einerseits Kunststadt, den Musen offen, Experimentierfeld für die Moderne, andererseits noch von den großen Künstlern gemieden, langsam erst bahnt sich das Rendezvous an zwischen Hephaistos und Aphrodite; einerseits Energiezentrum Europas, anderseits viele Gaskandelaber und bei Nebel über dem Ruhrtal diese nicht endenwollende, unsichere Heimfahrt; einerseits groß im Entwurf, anderseits haftend an kleinlicher Sorge. Kontraste en masse und ein vorgegebener Spielraum für Konzentration, für Gesellschaft durch Dichte, für Anziehungskraft durch zentrale Lage. ...
Es ist an der Zeit, Essen als Ruhrmetropole zu sich selbst zu ermutigen, sie zu befreien von dem Engel der Schwermut, sie abzulösen von der Erinnerung an Bürgerkrieg, Bombennächte und zwei Demontagen. Essen hat Kontinente versorgt, versorgt mit Schienen und nahtlosen Rädern, mit Brücken und stählernen Türmen. Essen hat Jahrhundertfeiern hinter sich und eine höchst gefährliche Geduld – jetzt erst hat diese Stadt im Kern des Ruhrgebiets den Bau vierbahniger Straßen energisch betrieben, erst jetzt hat sie sich abgeschwungen aus der Epoche der Kopfsteinpflaster und der Ära des Übergangs. Erst jetzt hat sich Essen wirklich nach außen geöffnet.“ Die Beschreibung Essens von Helmuth de Haas, veröffentlicht im Essener Merian-Heft, endet: „Fehlt noch das Gedicht, fehlt der Roman, fehlt der Film, der diese Stadt und diese Landschaft als selbstverständliche Heimat begreift und ihr, erkennbar für lesende Europäer, Lorbeer auf die Dunstglocke heftet. Das ist nicht denkbar ohne Zorn, nicht denkbar ohne Schmerz, nicht denkbar ohne Liebe.“

9. JANUAR Armand Gatti ist zu Gast bei der deutschen Erstaufführung seines Stücks „Die zweite Existenz des Lagers Tatenberg“.

11. MÄRZ Auf dem Grugagelände werden die Großplastiken „Die Stehende“ von Henry Moore und „Jungfrau Finnland“ von Väinö Aaltonen aufgestellt.

30. MÄRZ Die „Kampagne für Abrüstung“ demonstriert auf der Kettwiger Straße gegen den Vietnam-Krieg.

2.–3. APRIL Bundeskanzler Professor Ludwig Erhard besucht die Stadt und trägt sich ins Stahlbuch ein. Bei Gesprächen mit dem

Oberbürgermeister werden die Auswirkungen der Bergbaukrise und die Ansiedlung von neuen Industrien besprochen.

7. April Günter Grass besucht Essener Buchhandlungen und liest am Abend im total überfüllten Jugendzentrum.

11. April Bischof Dr. Hengsbach weiht das Kloster der Karmeliterinnen in Stoppenberg und verschließt die Eingangstür. Für zehn Nonnen beginnt damit ein Leben in völliger Abgeschiedenheit, denn nach den Regeln des Ordens müssen sie jeden Kontakt zur Außenwelt meiden.

21. April Das neunstöckige, vom Essener Architekten Wolfgang Müller-Zantop entworfene „Haus der evangelischen Kirche" wird feierlich seiner Bestimmung übergeben. „In der Bestimmung dieses Bauwerks kommt zum Ausdruck, daß die evangelische Kirche in Essen in einer anders gewordenen Welt nicht unbeweglich an starrer Überlieferung festzuhalten gedenkt, sondern mit allem Ernst entschlossen ist, ihre Arbeitsweise und ihre Dienste den Erfordernissen des modernen Lebens in dieser Metropole des Industriegebiets an der Ruhr anzupassen", heißt es in der Grundsteinlegungs-Urkunde.

29. April – 17. Oktober „Höhepunkt des Jahres 1965 ist in Essen die Bundesgartenschau. Sie soll und – so hoffen wir – wird eine Darstellung deutscher Gartenkultur und eine beispielhafte Leistungsschau aller Bereiche des deutschen Gartenbaues sein. Sie dürfte außerdem aufgrund ihrer Anlage und Konzeption richtungsweisend für die Neuordnung und Verbesserung der Infrastruktur einer dicht besiedelten Industriestadt und damit für Essen ein weiterer Schritt auf dem Wege zur sozialen Großstadt sein, in der es sich zu leben lohnt." – So das offizielle Geleitwort der Stadt zur feierlichen Eröffnung der Bundesgartenschau, die der Bundespräsident Heinrich Lübke vornimmt. Die ersten Kommentare fallen positiv aus. Hans G. Kösters lobt in der NRZ: „Auf diese Bundesgartenschau können wir stolz sein. Essen ist seit gestern im Gespräch. Nicht als Einkaufsstadt oder Stadt der Kohle. Seit gestern spricht man auch von der Stadt der Blumen. ... Die Gruga fand ihre Bewunderer schon in den ersten Stunden – trotz des Regens. Auswärtige Besucher hoben vor allem die Verbindung von Erholung, Spiel und Sport hervor – eine Grundidee, die auch dem Bundespräsidenten gefiel. Die Stimmen der Kritik scheinen verstummt. Niemand sprach mehr in jüngster Vergangenheit davon, es wäre besser gewesen, die Gruga bescheidener auszustatten. Vielleicht sind die Stimmen noch da, aber dann sind sie vom

Chor der Bewunderer übertönt. Der Mann, der manchen Sturm um die Gruga durchgestanden, Oberbürgermeister Wilhelm Nieswandt, sah an diesem Tag ein Zukunftskonzept bestätigt, von dem er glaubt, daß es die Stadt Schritt um Schritt weiterbringt. Er hat es oft gesagt: ‚Für die Menschen an der Ruhr muß es mehr Freizeitstätten geben. Wir arbeiten unter härteren Bedingungen als an vielen anderen Orten – und darum schaffen wir Anlagen wie die Gruga, in denen sich die Bevölkerung erholen kann.‘ Die Reden des Oberbürgermeisters mögen in ihrer Länge manchmal nicht vorauszuberechnen sein, aber was er über die Entwicklung dieser Stadt sagte in den vergangenen Jahren, über das Zukunftsbild, all diese Voraussagen sind eingetroffen. Und auch der erste Erfolg der Bun-

Tulpenblüte in der Gruga

desgartenschau Essen hat ihm wieder recht gegeben. Man mag zu ihm stehen, wie man will, in den wichtigsten Lebensfragen dieser Stadt hat er nie enttäuscht.“

2.–9. MAI Das Internationale Theaterinstitut tagt in Essen. Thema des Kongresses, an dem mehr als 350 Theaterfachleute aus aller Welt teilnehmen, ist „Die Berufsausbildung des Schauspielers“.

25. MAI Auf der Festveranstaltung des Deutschen Hausfrauen-Bundes zum 50jährigen Bestehen in der Grugahalle hält die Bundesgesundheitsministerin Dr. Elisabeth Schwarzkopf den Festvortrag über die „Hausfrau als Gesundheitsministerin der Familie".

9. JUNI Durch das Gesetz über die Errichtung von Pädagogischen Hochschulen im Lande Nordrhein-Westfalen werden Pädagogische Hochschulen in Dortmund, Köln und Münster eingerichtet. Die bisherigen Hochschulen (u.a. Duisburg-Kettwig und Essen) verlieren ihre Selbständigkeit und werden in Abteilungen umgewandelt.

16. JUNI Die Fußgängerzone Kettwiger Straße wird eröffnet.

1. JULI Die Wohnraumbewirtschaftung wird aufgehoben. Essen ist damit „weißer Kreis". D.h. die Mieten für Altbauwohnungen werden freigegeben. Es kommt zu zahlreichen Mieterhöhungen.

1. JULI Etwa 1000 Studenten des Klinikums, der Pädagogischen Hochschule und der Ingenieurschule demonstrieren auf dem Rüttenscheider Marktplatz für eine bessere Bildungspolitik.

8. JULI Die erste vollausgebaute Gemeinschaftsschule Steele-Freisenbruch wird der Öffentlichkeit übergeben. Es ist der 75. Schulneubau seit Kriegsende.

11. JULI Die wieder hergestellte Luciuskirche in Werden, die im 10. Jahrhundert gebaut wurde und die nach der Säkularisation in ein Wohnhaus umgewandelt worden war, wird neu geweiht.

14. JULI Bei der Eröffnung des Abschnitts West 1 lobt der Oberbürgermeister den neugebauten Ruhrschnellweg als „epochemachendes Bauwerk". „Die Stadt kann stolz sein auf ihre Pionierarbeit."

31. JULI Auf der Schachtanlage Helene, die 1870 abgeteuft wurde, wird die Förderung eingestellt. „Helene war berühmt und bekannt wegen ihrer reichen Vorräte", sagt der Direktor Hans-Reinhard Kukuk, als die letzten Kohlenwagen aus dem Korb rumpeln. „Es ist bitter für den Bergmann, wenn er sich von seinem alten Pütt trennen muß."

14. AUGUST Mit einer Großveranstaltung der CDU in der Grugahalle, auf der der Bundeskanzler Professor Ludwig Erhard spricht, beginnt der Bundestagswahlkampf in Essen. Als prominente

Redner treten auf: Professor Carlo Schmid, Willy Brandt, Walter Arendt von der SPD, Konrad Adenauer, Kurt Georg Kiesinger von der CDU und Wolfgang Mischnick, Hildegard Hamm-Brücher von der FDP.

17. AUGUST Nach der Kanonisation des Bischofs Altfrid durch die Ritenkongregation in Rom wird erstmals das Fest des Heiligen in einer eigenen Meßfeier begangen.

1. SEPTEMBER Auf der Zeche Carl Funke wird die vollautomatische Förderung in Betrieb genommen.

7. SEPTEMBER Beim „Collegium politicum“ der Alfred-Krupp-Schule diskutieren Johannes Rau (SPD), Ewald Schlierkamp (CDU) und Konrad Steiler (FDP) über „Bildung und Schule“.

10. SEPTEMBER Die Firma W. Girardet. Graphische Betriebe und Verlag feiert in einem Festakt ihr 100jähriges Bestehen. Aus diesem Anlaß stiftet die Familie Girardet dem Folkwangmuseum das Gemälde „Susanna im Bade“ von Lovis Corinth.

12. SEPTEMBER „Der härteste Beat der Welt brachte sie außer Rand und Band: Als die Rolling Stones auf die Bühne der Gruga-Halle traten und ihre Gitarren aufheulen ließen, war kein Halten mehr. Die Teenager sprangen über Tische und Bänke, schrien sich die Kehlen heiser und stampften sich die Füße wund.“ (NRZ) Vor der Halle kommt es zu gewaltsamen Auseinandersetzungen zwischen der Polizei und enttäuschten Fans, die keine Karte für das Konzert bekommen haben.

19. SEPTEMBER Erstmals bei einer Bundestagswahl gewinnt die SPD in Essen die absolute Mehrheit (51,5 %), während die CDU (39,7 %) und die FDP (6,2 %) an Stimmen einbüßen. Ihre Direktmandate können sowohl Karl Bergmann und Erwin Lange von der SPD wie auch Dr. Hans Toussaint von der CDU verteidigen. Über die Landeslisten ziehen weiterhin in den Bundestag: Dr. Gustav Heinemann und Margarete Rudoll, beide SPD, und Dr. Ernst Achenbach, FDP.
Mit dem Wahlausgang sind alle Politiker zufrieden. Dr. Toussaint: „Die CDU hatte es in diesem Wahlkampf besonders schwer. Wir haben für zwei Entscheidungen der Bundesregierung um Verständnis werben müssen. Das waren die Zechenstillegungen und der Weiße Kreis. Es kommt hinzu, daß die SPD das Ruhrgebiet zu einem besonderen Gebiet gestempelt hatte und daß Herr Brandt dreimal in Essen war.“

Mick Jagger und die Rolling Stones in action

19. OKTOBER „Die Ermittlung" von Peter Weiss, ein Oratorium in elf Gesängen (Musik: Luigi Nono), das die Massenmorde in Auschwitz behandelt, wird am gleichen Abend in Essen, Berlin, Köln und München uraufgeführt. Das Stück findet starke Anteilnahme und lautlose Aufmerksamkeit. „Schweigend, ohne Beifall, verließen die Zuschauer das Theater; und auch in den Gängen und Vorräumen blieb es lange Zeit bemerkenswert still; der Eindruck war ohne Zweifel stark und nachhaltig." (Die Welt).

19. NOVEMBER Das Living Theatre, New York gastiert im Opernhaus mit dem Stück „The Brig" von Kenneth H. Brown. „Eigentlich ein Unstück, das mit dem Theater nach allgemeingültigem Begriff kaum noch etwas zu tun hat", so die Meinung des Kritikers der NRZ.

30. NOVEMBER Auf Victoria Mathias wird die Förderung eingestellt. „Wir arbeiten schon heute nicht mehr", sagt der Direktor Mönning der Presse. „Betriebsschaden. Niemand fuhr ein, nur ein paar

Handwerker. Offiziell legen wir heute still. Der letzte Kohlenwagen? Den gibts bei uns nicht. Wir sterben still – wie ein wundgeschossenes Stück Wild."

1966

27. FEBRUAR Das Stück „Der Richter von London" von Tankred Dorst, dem die Komödie „Das Fest der Schuster" von Thomas Dekker zugrundeliegt, wird im Opernhaus uraufgeführt. Die Kritik ist von dem Stück wenig begeistert, so daß sich der Autor zu einer Überarbeitung entschließt.

22. MÄRZ Erstmals in der Nachkriegszeit wird der Rat durch den Auszug der CDU-Fraktion beschlußunfähig gemacht. Anlaß für diese Aktion ist die nach Auffassung der CDU völlig unzureichende Information über den Stand und die Finanzierung der Deubau-Siedlung Bergmannsfeld.

28. MÄRZ Der letzte Kohlenwagen verläßt um 9.55 Uhr den Schacht II der Zeche Langenbrahm. Nach 194 Jahren Kohlenförderung wird die älteste Zeche Essens stillgelegt. Die Empfindungen der Bergleute hält die NRZ fest: „Mit Wäschebündeln, Aktentaschen, Kartons kommen die Männer aus der Kaue. Sie haben die Spinde ausgeräumt, ihre Habseligkeiten zusammengepackt: Arbeitskleidung, Handtücher, Stiefel, Seife. Die Grubenlampe, der Selbstretter, der Helm – das blieb zurück, Zecheneigentum. Glückauf!, Lebewohl!, Machs gut! – so grüßen sie ihren Kameraden in der Markenkontrolle, werfen die Blechmarke mit der Schichtnummer in den Behälter, tippen stumm an die Schirmmütze. Einige blicken verstohlen, fast schüchtern, damit es der Nachbar nicht merkt, zurück durch den Regenschleier in die Nacht: Langenbrahm – Lebewohl!"

9. APRIL Die Kampagne für Abrüstung organisiert am Vorabend der Ostermärsche in der Grugahalle eine Protestveranstaltung gegen Atomwaffen, den Vietnamkrieg und gegen die Notstandsgesetze. Mitwirkende sind u.a. Joan Baez, Franz Josef Degenhardt, Dieter Süverkrüp, Albert Mangelsdorff und Wolfgang Neuss.

10.–11. APRIL Der sogenannte Ostermarsch zieht durch das Ruhrgebiet. Gegen eine Teilnahme haben sich die Essener Jungsozialisten gewandt: „Ostern wird die Kampagne für Abrüstung, genannt Ostermarschbewegung, von Duisburg bis Dortmund wieder durchs Ruhrgebiet marschieren. Neben den Kameramännern und Reportern des sowjetzonalen Fernsehens werden sie Parolen wie ‚Den Frieden sichern', ‚Vietnam den Vietnamesen' oder ‚Gegen Atomwaffen' begleiten. Hier sind Kommunisten am Werk. Der Ostermarsch wird von ihnen organisiert und gesteuert. Diese Drahtzieher versuchen, den guten Willen und die ehrbaren Absichten mancher Teilnehmer zu mißbrauchen. Unter dem Deckmantel der Friedensliebe betreiben sie Wühlarbeit. Als ob nicht jeder aufrechte Deutsche Frieden und Freiheit will. Wer ist schon für Krieg? Wenn der Ostermarsch von lauteren Absichten getragen wäre, warum dann kein Marsch entlang der Zonengrenze oder entlang der Schandmauer? Warum keine Demonstration gegen sowjetzonale Brudermörder? Warum keine Parole ‚Deutschland den Deutschen'? Darum bitten die Jungsozialisten die Essener Jugend: Laßt Euch nicht mißbrauchen!"

1. Mai Die traditionelle Mai-Kundgebung der Gewerkschaften findet erstmals im Gruga-Stadion statt. Der Vorsitzende der IG Metall, Otto Brenner, kritisiert die Regierung für ihre Versäumnisse in der Energiepolitik und spricht sich eindeutig gegen die Notstandsgesetze aus: „Wer solche Pläne ausheckt, der ist zwar ein perfekter Bürokrat – aber von Demokratie hat er keinen Schimmer. Wer die Demokratie sichern will, der darf sie nicht demontieren."

2. Mai Das katholische Gymnasium am Stoppenberg, eine der ersten Tagesschulen der Bundesrepublik, wird in einem Festakt offiziell eröffnet.

13. Mai Das Kaufhaus Wertheim, das auf dem Platz des alten Rathauses gebaut wurde, wird eröffnet.

13.–18. Mai Im Saalbau tagt der 69. Deutsche Ärztetag. Bei den Abschlußberatungen verabschieden die Ärzte eine Resolution, in der sie die Bundesregierung auffordern, die Untersuchung der Kleinkinder bis zum 4. Lebensjahr gesetzlich zu verankern.

18. Mai Zu Tumulten kommt es bei einer Veranstaltung der Nationaldemokratischen Partei Deutschlands (NPD) im Schloß Borbeck. Der Redner Adolf von Thadden wird von Zwischenrufen und Dauerklatschen gestört.

20. Mai Mit dem Fahrplanwechsel werden die Dampflokomotiven auf der Strecke Essen – Kettwig – Düsseldorf durch moderne Die-

selloks ersetzt. Das Zeitalter der Dampfloks in Essen ist endgültig zu Ende.

22. MAI Schwarze Fahnen wehen auf dem Katernberger Markt, als 2500 Bergleute gegen die Feierschichten protestieren. Walter Arendt übt scharfe Kritik an den Unternehmensleitungen und bereitet die Bergarbeiter auf Kampfmaßnahmen vor.

22. MAI Weil sie von Tanzveranstaltungen wegen ihrer Hautfarbe ausgeschlossen werden, organisieren die ausländischen Studenten am Klinikum eine eigene Tanzparty im Jugendzentrum, zu der sie auch die deutschen Kommilitonen und Kommilitoninnen eingeladen hatten. Der Erfolg blieb aus. Gegenüber der Presse erklären die Studenten, Essen sei eben keine Universitätsstadt, damit müsse man sich abfinden. Aber vielleicht werde das Verhältnis doch noch im Laufe der Zeit besser.

5. JUNI Die CDU eröffnet den Landtagswahlkampf mit einer Großveranstaltung in der Grugahalle. Neben Bundeskanzler Professor Erhard und dem Spitzenkandidaten, Ministerpräsident Franz Meyers, sprechen Konrad Grundmann, Vorsitzender des CDU-Landesverbandes Rheinland, und Josef Hermann Dufhues.

7. JUNI Rolf Dieter Brinkmann liest im Jugendzentrum aus seinem Gedichtband „Musikbox“ und den Prosatext „Raupenbahn“.

15. JUNI Der Rat debattiert über den Auftrag an die Verwaltung, Pläne für den Rathausneubau anzufertigen. Während die SPD den Neubau als „Notwendigkeit“ ansieht, spricht sich die CDU dagegen aus: „Wo nehmen Sie den Mut her, dieses Rathaus zu bauen, wenn Sie die Zeichen der Zeit erkennen?“ fragt der CDU-Fraktionsvorsitzende Fritz Scheve.

21. JUNI Jürgen Bartsch, der Kirmesmörder, wird festgenommen.

25. JUNI Die Beatles in Essen – die WAZ berichtet: „Die Beatles kommen! Die Nerven erleben einen Härtetest, als in grünen Anzügen und zitronengelben Hemden Ihre Majestät Beatles lässig, wie unbeteiligt, auf die Bühne schlendern. Ringo, Paul, John, George tönt es aus verzückten Gesichtern. Für ihre Topstars haben sich die Fans gar wie ein Mann von ihren Sitzen erhoben. Und dann legen die vier aus Liverpool los. ... Nach 25 Minuten verlassen die Beatles die Bühne wieder – ohne Zugabe. Die Fans jedoch sind – bis auf wenige Ausnahmen – mit dem

Gebotenen zufrieden. Ohne weiteren Protest verlassen sie die Halle. Was sie bei anderen Konzertveranstaltungen stürmisch verlangen, mögen sie den Göttern ihres Beathimmels nicht abfordern: ein oder zwei Liedchen mehr als geplant dafür, daß so viele so begeistert waren. Noch wildere Verzückung, noch mehr Begeisterung bei der zweiten Beatles-Vorstellung: die Halle scheint unter dem Höllenlärm der Fans einzustürzen, als die Pilzköpfe auf die Bühne schlendern. Die Jugendlichen springen auf die Stühle, drängen sich wie eine Woge nach vorn, werden aber von den Saalwächtern und Polizisten in Schach gehalten."

26. JUNI Großer Jubel rund um das Georg-Melches-Stadion. Rot-Weiß Essen steigt in die Bundesliga auf, kann sich aber nur für eine Spielzeit in der höchsten Fußballklasse halten. In den folgenden Jahren wechseln Auf- und Abstieg einander ab, so daß dem Club das Etikett „Fahrstuhlmannschaft" angeheftet wird.

29. JUNI Im Landtagswahlkampf besuchen Willy Brandt und der Spitzenkandidat der SPD, Heinz Kühn, den Essener Norden.

10. JULI Die Landtagswahl endet mit einem großen Erfolg der SPD, die 57,2 Prozent der Stimmen erhält; weit abgeschlagen die CDU mit 36,7 Prozent, während sich die FDP (5,9) leicht verbessert hat. Von den sieben Wahlkreisen gewinnt die SPD sechs, so daß in den Landtag direkt einziehen: Ernst Bessel, Fritz Kinnigkeit, Friedrich Marquardt, Wilhelm Nieswandt, Dr. Dieter Posser und Heinrich Strathmann. Den siebten Wahlkreis verteidigt Heinrich Schürmann (CDU) mit knappen Vorsprung vor Antje Huber (SPD).

15. JULI Die Zeche Friedrich Joachim in Schonnebeck stellt die Förderung ein.

27. JULI Der Bebauungsplan Steele-Altstadt (I. Stufe) wird bei vier Nein-Stimmen und zwei Enthaltungen beschlossen.

12. AUGUST Die Stadt kauft für insgesamt 16 Millionen Mark das Zechengrundstück Friedrich Ernestine und das Gelände Nünninghof, die für neue Industrien hergerichtet werden sollen.

27. AUGUST In ihrem ersten Bundesligaspiel an der Hafenstraße besiegt Rot-Weiß Essen Schalke 04 mit 4:1.

SEPTEMBER Die Autofahrer sind begeistert über die fallenden Benzinpreise. Die freien Tankstellen verkaufen den Liter für 45 Pfennige.

2. SEPTEMBER Die Diskothek „First Saloon" wird eröffnet. Sie entstand anstelle des Varietés „Casanova", das im 37. Jahr seines Bestehens die Pforten schließen muß, da es nicht mehr rentabel ist. „Die Generation, die solche Häuser gefüllt hat, sitzt vor dem Fernsehschirm", erklärt der Besitzer Karl Heidergott.

27.–30. SEPTEMBER Im Saalbau tagt der 46. Deutsche Juristentag.

30. SEPTEMBER Mit der Schließung der Zeche Amalie endet der Kruppsche Bergbau in Essen.

1. OKTOBER Im Gewerkschaftshaus am Porscheplatz wird im Auftrage der Arbeiterwohlfahrt eine Beratungsstelle für türkische Arbeitnehmer eingerichtet.

1./2. OKTOBER Der alte jüdische Friedhof am Pastoratsberg in Werden ist von Unbekannten geschändet worden. Mehr als 20 Grabsteine wurden umgeworfen.

Der letzte Wagen verläßt Zeche Amalie

6. Oktober Der letzte Ofen der Kokerei Wolfsbank in Borbeck, die seit 1904 Koks produziert hat, wird ausgedrückt.

11. Oktober Mehr als 3000 Schüler und Schülerinnen protestieren in der Innenstadt gegen die von der EVAG geplante Preisanhebung für Schülerwochenkarten. Die Demonstranten blockieren zeitweise die Gleise und hindern die Bahnen an der Weiterfahrt.

12. Oktober Der Rat beschließt die Satzung über die Verleihung der Ehrenplakette der Stadt Essen an verdiente Bürger.

25. Oktober Krupp übergibt die erste Europalok E 410-001 an die Deutsche Bundesbahn.

27. Oktober Martin Walser liest aus seinem neuen Werk „Das Einhorn“.

4. November Der Rat dankt der Firma Krupp für die Schenkung von 85 000 Bänden aus der aufgelösten Kruppschen Bücherhalle.

8. November Die Ehrenplakette der Stadt wird erstmals verliehen. Ausgezeichnet werden Oberbürgermeister Wilhelm Nieswandt für seine zehnjährige Amtszeit sowie Amalie Bertram-Schneider, Margarete Steube, Wilhelm Fingerhut, Werner Lipa, Fritz Scheve, Gustav Streich, Dr. Hans Toussaint und Heinrich Verdong, die seit zwanzig Jahren dem Rat angehören, für ihre ehrenamtliche Tätigkeit.

22. November Auf Einladung des Kulturrings Essener Jugend liest Siegfried Lenz aus seinen Werken.

30. November Der Rat verabschiedet einstimmig eine Entschließung, die eine bessere Zusammenarbeit der Nahverkehrsbetriebe des Ruhrgebiets fordert: „Die Situation der Nahverkehrsunternehmen im Ruhrgebiet erfordert entscheidende Maßnahmen. Die Unternehmen sind aus eigener Kraft nicht in der Lage, attraktive Verkehrsbedingungen bei günstigen Tarifen zu bieten. Der Rat der Stadt Essen begrüßt es deshalb, daß die Geschäftsführer der öffentlichen Nahverkehrsunternehmen des Ruhrgebiets ihre Bereitschaft erklärt haben, in Zusammenarbeit mit dem Siedlungsverband geeignete Maßnahmen zur Koordinierung zu ergreifen. Die Stadt Essen ist bereit, auf ihre Kompetenzen der Essener Verkehrs-AG gegenüber im Interesse eines größeren Verbundes der Verkehrsunternehmen des Ruhrgebiets zu verzichten, um dadurch einen größtmöglichen Rationalisierungseffekt zu erreichen und die Straßenbahntarife so

günstig wie möglich zu gestalten. Der Rat der Stadt Essen erwartet vom Lande NRW, daß es dem öffentlichen Nahverkehr im Ruhrgebiet im Rahmen seiner gesetzgeberischen Maßnahmen die notwendige finanzielle Unterstützung gewährt."

3. DEZEMBER „Die Nacht der Puppen" von Fernando Arrabal wird erstaufgeführt.

5. DEZEMBER Die B 288, die heutige A 52, zwischen Essen und dem Breitscheider Kreuz wird für den Verkehr freigegeben. Die Straße hat etwa 100 Millionen Mark gekostet, wobei ein Großteil die 1800 Meter lange und 60 Meter hohe Ruhrbrücke bei Mintard, die größte und schwerste Stahlbrücke des Rheinlands, verschlungen hat. Traurige Berühmtheit erlangt das Bauwerk als Deutschlands Selbstmörderbrücke Nr. 1. Von ihr springen bis zum März 1983 69 Personen in den Tod.

1967

10. JANUAR Die Grundstücksbörse Ruhr e.V. wird gegründet. Hier soll frei gewordenes Industriegelände angeboten werden, um so neue Industriebetriebe an die Ruhr zu holen.

4. FEBRUAR Die Bezirkskonferenz der IG Bergbau und Energie verabschiedet eine Entschließung zur Lage des Bergbaus: „Mit Sorge verfolgen wir die ständig steigenden Arbeitslosenzahlen. Die durchzuführenden und geplanten, jedoch leider noch nicht einmal bekannten Stillegungen führen zu einer bedrohlichen Situation für das Ruhrgebiet. Unsicherheit, ja Angst um die Zukunft begleiten die Bergarbeiter und Bergbauangestellten. Sich stetig vermehrende Änderungskündigungen mit der Folge des Lohndrucks – offen den Bergleuten als Folge der veränderten Arbeitsmarktlage vorgetragen – verstärken diese Angst und Unsicherheit, ... Die Bezirkskonferenz begrüßt die Initiative des Vorstandes der IGBE mit dem Ziel der Einheitsgesellschaft, um nicht nur eine wirtschaftlich vernünftigere Organisationsform im Steinkohlenbergbau zu erhalten, sondern auch wieder Vertrauen der Bergleute in die Sicherheit ihrer Arbeitsplätze zu schaffen. Die Teilnehmer der Konferenz halten es für unbedingt notwendig, die Stillegungsprämie vorerst zu streichen, damit nicht weiterer Anreiz für planlose Stillegungen geschaffen wird. Planlose Stillegungen und Feierschichten sind keine Lösung der Energieprobleme. Sie sind Zeichen einer allseits bekannten Unternehmerwirtschaft, die das Prädikat ‚sozial' nicht verdient."

8. FEBRUAR Mit dem Saalbau Maas wird ein geschichtsträchtiger Ort abgerissen. Hier fand die Gerichtsverhandlung gegen Gustav Krupp von Bohlen und Halbach und das Direktorium der Firma statt, und hier führten nach dem Zweiten Weltkrieg die Essener Bühnen ihre Opern auf.

31. MÄRZ Mehr als tausend Besucher hat die Podiumsdiskussion im Haus der Kirche zum Thema „Was geht der Krieg in Vietnam die Christen an?“.

APRIL Die Spareinlagen haben bei der Stadtsparkasse die Milliardengrenze überschritten. Die Entwicklung verlief besonders in den letzten Jahren rasant, denn 1954 lagen die Einlagen erst bei 100 und 1961 bei 500 Millionen Mark.

1. APRIL Auf der 50. Jubilarfeier der Fried. Krupp gibt Alfried Krupp von Bohlen und Halbach seinen Entschluß bekannt, „die Firma über eine Stiftung, die Ausdruck der dem Gemeinwohl verpflichteten Tradition des Hauses Krupp sein soll, in eine Kapitalgesellschaft umzuwandeln. Diesen Weg zu gehen ermöglichte mein Sohn Arndt durch seinen Erbverzicht.“

29. APRIL Mehr als 200 Griechen protestieren gegen den Militärputsch in ihrer Heimat. Mit Plakaten und Spruchbändern ziehen sie vom Hauptbahnhof über den Viehofer Platz zum Kennedyplatz, wo die Abschlußkundgebung stattfindet.

5. JUNI Mehr als 1000 Menschen, vor allem Jugendliche, demonstrieren in einen Schweigemarsch durch die Innenstadt für den Frieden im Nahen Osten. Auf der abschließenden Kundgebung spricht Landesjustizminister Dr. Josef Neuberger: „Ihr seid heute zusammengekommen, um durch Wort und Tat mitzuhelfen, ein kleines Land mit zweieinhalb Millionen Einwohnern vor der physischen Vernichtung zu bewahren. Und ihr seid gekommen, um nicht nur Israel das Gefühl zu geben, daß dieses kleine Land von der westlichen Welt nicht verlassen ist, sondern auch, um auf allen Gebieten zu helfen.“

6. JUNI Mit einem Schweigemarsch protestieren Studenten gegen das Vorgehen der Berliner Polizei beim Besuch des Schahs von Persien. Bei der Demonstration in Berlin war der Student Benno Ohnesorg erschossen worden. Auf den mitgeführten Plakaten ist zu lesen: „In Berlin wird nicht nur an der Mauer ge-

schossen“, „Berliner Polizei probt den Notstand“, „Wer einmal schießt, dem traut man nicht“.

17.–18. JUNI Mehr als 120 000 Personen nehmen am 7. Deutschlandtag der Heimkehrer teil, der unter dem Motto „Baut Brücken zueinander“ steht.

23. JUNI Das Klinikum Essen, das bisher zur Universität Münster gehörte, wird der Ruhruniversität Bochum angegliedert.

30. JUNI Die Schachtanlage Zollverein 4/11 wird stillgelegt.

28. AUGUST Prügeleien, ein riesiges Polizeiaufgebote, Hunderte von aufgebrachten Menschen, explodierende Tränengas- und Stinkbomben, Morddrohungen gegen den Geschäftsinhaber – all das sind die Begleiterscheinungen einer Werbeaktion eines Rundfunkhändlers auf der Rüttenscheider Straße, der Fernsehgeräte für einen Pfennig verkauft.

7.–8. SEPTEMBER Große Aufregung beim Jugendamt und bei der Polizei. Hippies veranstalten auf dem Kennedyplatz ein Love-in und feiern im Jugendzentrum eine große Blumen-Party. Doch wie der Reporter der NRZ beobachtet, verläuft alles ganz harmlos: „Statt Marihuana rauchten die braven Hippies Zigaretten, statt Wermut und Whisky tranken sie Tee und Limonade, und Liebe wurde nur auf Plakaten zur Schau gestellt. Süße Kirschkuchen wurden an Stelle der berüchtigten gelben Rauschgiftpillen verteilt. Und auf die Reise wurden zwei männliche Hippies geschickt, als der Limonadenvorrat alle war und Nachschub besorgt werden mußte.“ Die Polizei sieht die Veranstaltung mit Wohlwollen. „Richtig anständige junge Leute, beim nächsten Mal dürfen meine Kinder auch mitmachen“, urteilt ein Polizist.

4. OKTOBER Jugendliche demonstrieren in der Innenstadt gegen den Springer-Konzern und fordern die Enteignung des Verlegers.

5. OKTOBER Als erste Stadt in Nordrhein-Westfalen eröffnet Essen ein U-Bahn-Teilstück. Das 600 Meter lange Stück hat eine Haltestelle (Saalbau) und führt vom Bahnhof aus unter der Huyssenallee Richtung Rüttenscheid. Der Kabarettist Dieter Hildebrandt witzelte: „Die schnellste U-Bahn der Welt. Kaum ist man drin, ist man auch schon wieder draußen.“

12. OKTOBER Auf Einladung der Evangelischen Studentengemeinde spricht der Rechtsanwalt Horst Mahler über die Ereignisse

in Berlin während des Schah-Besuches. Das Plakat des Grafikstudenten Gerulf Morgenstern, das zu dieser Veranstaltung einlädt, löst heftige Reaktionen aus. Es ist in schwarz-rot-gold gehalten und stellt den Kopf eines jungen Mannes dar, der zwischen zwei Kommißstiefeln zertreten wird. SPD und CDU sehen darin eine Diffamierung der gesamten Polizei.

16. OKTOBER In der Siedlung Bergmannsfeld feiert die Neue Heimat Richtfest für 1600 Wohnungen. Bundeswohnungsbauminister Dr. Lauritz Lauritzen bezeichnet das 100-Millionen-Projekt als „einen entscheidenden Beitrag zur Lösung des Wohnungsproblems".

30. OKTOBER Im Jugendzentrum liest Günter Grass aus seinen Werken.

16. NOVEMBER Jean Genet besucht die Proben seines Stücks „Die Wände", das am 19. November Premiere hat. Viele Besucher sind vom Inhalt des Stücks so schockiert, daß sie die Aufführung verlassen.

19. NOVEMBER Die Gedenkfeier am Ehrenmal des Südwestfriedhofes wird von einer kleinen Gruppe Studenten gestört, die mit Hakenkreuz- und Totenkopf-Plakaten gegen die „kulthafte Verehrung der Toten mit Soldaten und Gewehren" protestieren.

2. DEZEMBER Mehr als 5000 Menschen ziehen in einem zwei Kilometer langen Protestmarsch gegen die Notstandsgesetze von der Gruga in die Innenstadt.

Die Eröffnung des ersten U-Bahn-Abschnitts

1968

1. JANUAR Günter Kaußen übernimmt 3881 Krupp-Wohnungen. In der Folgezeit verstärken sich die Proteste gegen Kaußen, da er die Miete erhöht, ohne – nach Aussage der Mieter – etwas für die Renovierung der Wohnungen zu tun.

2. JANUAR Mit der Eintragung ins Handelsregister wird die Einzelfirma Fried. Krupp in die Kapitalgesellschaft Fried. Krupp GmbH umgewandelt. Die Alfried-Krupp-von-Bohlen-und-Halbach-Stiftung ist alleinige Gesellschafterin. Vorsitzender des Stiftungskuratoriums ist Berthold Beitz.

15. JANUAR Die Essener Bankinstitute bieten ihren Kunden eine neue Zahlungsmöglichkeit: die Scheckkarte.

1. FEBRUAR Der Arbeitskreis Essener höherer Schüler fordert eine Reform des Oberstufenunterrichts, der Sexualerziehung und der Schülermitbestimmung.

4. FEBRUAR In der Aula der Maschinenbauschule spricht und diskutiert Rudi Dutschke vor mehr als 1400 Zuhörern über „Autoritäre Strukturen in Gesellschaft und Wirtschaft".

5. MÄRZ Das Burggymnasium verweist einen Oberprimaner von der Schule, weil er dort seine Schrift „Die sexuelle Revolution der Schüler" verteilt hatte. Die Elternschaft ist vom Inhalt der Schrift entsetzt.

17. MÄRZ Die Festrede zur Eröffnung der Woche der Brüderlichkeit hält Bischof Dr. Hengsbach. Sein Thema: „Pflüget einen neuen Acker ...!" Die gemeinsame Verantwortung von Christen und Juden in dieser Welt. Während der Ansprache springen vier Demonstranten auf die Bühne und entrollen ein Transparent mit der Aufschrift: „Exzellenz – Wir fordern Ihre Stellungnahme zur Gemeinschaftsschule".

MÄRZ Die Komödie „Fink und Fliederbusch" von Arthur Schnitzler erlebt ihre deutsche Erstaufführung. Die Inszenierung von Claus Leininger wird als „ein wenig belanglos" (Hans Schwab-Felisch in der FAZ) eingeschätzt.

29. MÄRZ Auf der Borbecker Zinkhütte ist der letzte Ofen gelöscht.

30. MÄRZ Die Zeche Heinrich in Überruhr stellt die Förderung ein.

12.–15. April Nach dem Attentat auf Rudi Dutschke belagern Demonstranten das Essener Springerhaus und versuchen mit Sitzstreiks und Straßenblockaden die Auslieferung der Zeitungen zu verhindern. In den folgenden Tagen wiederholen sich die Demonstrationen und weiten sich auf die Innenstadt aus. Durch Sitzstreiks wird zeitweise der Verkehr behindert. Mehrere Personen werden festgenommen.

25. April Für ein besseres Akademiegesetz und für ein besseres Mitspracherecht demonstrieren Studenten in einem Schweigemarsch durch die Innenstadt. Mit dieser Aktion beginnen die Studenten der Ingenieurschulen ihren unbefristeten Vorlesungsboykott.

12. Mai Die Lieder von Mikis Theodorakis stehen im Mittelpunkt einer Großveranstaltung der Aktionsgemeinschaft für die Demokratie in Griechenland, die unter der Schirmherrschaft des Ministerpräsidenten Heinz Kühn in der Grugahalle stattfindet. Zu den Interpretinnen gehören u.a. Maria Farantouri und Melina Mercouri.

13. Mai Gewerkschafter und Studenten demonstrieren vor und während einer NPD-Kundgebung im Saalbau. Es kommt zu Schlägereien, mehrere Verletzte sind zu beklagen.

22. Mai Mit einer Sonderfahrt nach Ratingen-Ost wird die S-Bahn-Linie Essen – Düsseldorf über Werden und Kettwig eröffnet, die ab dem 26. Mai regelmäßig verkehrt.

18. Juni Mit dem Film „Überfall“, eine Darstellung des englischen Postraubes, eröffnet das erste Autokino des Ruhrgebiets in Borbeck.

18. Juni Die Studenten der Ingenieurschulen beschließen mit großer Mehrheit den Prüfungsboykott. Nur das letzte Semester will zur Prüfung erscheinen. Nach der Abstimmung ziehen mehrere Hundert Studenten zum Verwaltungsgebäude auf dem Kennedyplatz, um dem Oberbürgermeister ihre Ansichten kundzutun. Als sie von Verwaltungsbeamten abgewiesen werden, stürmen die Studenten das Haus und hissen eine Fahne mit der Aufschrift „SPD – nie wieder“.

20. Juni Der 100 000. Telefonanschluß wird in Essen-Steele-Freisenbruch in Betrieb genommen.

27. JUNI In Anwesenheit von Bundespostminister Dr. Werner Dollinger wird das neue Postscheckamt – es war seinerzeit das höchste Haus in Essen – seiner Bestimmung übergeben.

JULI Der Kurienplatz wird umgestaltet. Jetzt beleben sechs Springbrunnen die Fläche der Wasserbecken.

18. JULI Die 1000. Sendung des WDR-Mittagsmagazins wird aus der Gruga übertragen. Als Gäste kann der Moderator Helmut Prinz den Fraktionsvorsitzenden der SPD, Johannes Rau, und den Vorsitzenden des CDU-Landespräsidums, Josef Hermann Dufhues, begrüßen. Weitere Gesprächspartner sind die Chefredakteure der NRZ (Jens Feddersen) und der WAZ (Siegfried Maruhn).

AUGUST Luchino Visconti dreht einige Szenen seines Films „Götterdämmerung“ in Katernberg.

Protestaktion auf dem Deutschen Katholikentag

AUGUST Das Gymnasium in Borbeck hat seine Hausordnung geändert. Die Schülerinnen und Schüler der Oberstufe dürfen nun – die Einwilligung der Eltern vorausgesetzt – den Schulhof verlassen, ohne Aufsicht in den Pausen in den Klassen bleiben, und sie dürfen auf einem bestimmten Teil des Schulhofes rauchen.

22. August Gegen den Einmarsch der Truppen des Warschauer Paktes in die CSSR protestieren mehr als 3000 Menschen in der Innenstadt.

4.–8. September Unter dem Motto „Mitten in der Welt“ steht der 82. Deutsche Katholikentag, der von Dr. Bernhard Vogel eröffnet wird. Die Eröffnungsveranstaltung wird durch die katholische außerparlamentarische Opposition mit Zwischenrufen und Sprechchören („Der Heilige Geist ist längst verraten von den Kirchenbürokraten“) gestört, doch Bischof Dr. Hengsbach nimmt es gelassen. Seine Reaktion: „Wenn Sie nicht nur links sind, sondern auch wirklich fromm – herzlich willkommen!“

14. September In Anwesenheit zahlreicher Ehrengäste – unter ihnen Außenminister Willy Brandt – wird das neue Pressehaus der NRZ eingeweiht.

22. September Jean Launay inszeniert die deutsche Erstaufführung von Luigi Pirandellos „Liola“ mit Manfred Zapatka in der Hauptrolle.

25.–29. September Über 30 000 Besucher zählen die Internationalen Essener Song-Tage, bei denen u.a. Frank Zappa mit seiner Gruppe Mothers of Invention auftrat. Die Veranstaltung ruft scharfe Kritik bei der CDU und beim Katholikenausschuß hervor. Es sei zu „orgienhaften und chaotischen Ausschreitungen“ (CDU) gekommen. Wegen der „Exzesse“ wird Strafanzeige gestellt, und man fordert die Entlassung des Stadtjugendpflegers.

25. Oktober Der von Professor Hermann Gehrig entworfene Neubau der Dresdner Bank wird feierlich eingeweiht.

30. Oktober Den Festvortrag zur Reformationsfeier hält Bundesjustizminister Dr. Gustav Heinemann.

27. November Die Ruhrkohle AG wird gegründet. Sitz der neuen Gesellschaft ist Essen.

1969

17. Januar Im Gemeindesaal der Kreuzeskirche liest Peter Handke aus seinem Buch „Die Innenwelt der Außenwelt der Innenwelt“.

10. Februar In einer Protestversammlung der nordrhein-westfälischen Handwerker gegen die Lohnfortzahlung im Krankheitsfall im Saalbau kommt es zu Tumulten und wüsten Beschimpfungen („Wenn wir Adolf Hitler noch hätten, gäb's so etwas nicht!"). Als der Essener SPD-Abgeordnete Erwin Lange das Wort ergreifen will, wird er niedergeschrieen.

24. Februar Die Ruhrkohle AG wird in das Handelsregister beim Amtsgericht Essen eingetragen.

5. März Dr. Gustav Heinemann wird zum Bundespräsidenten gewählt. Am nächsten Tag empfangen ihn die Essener: „Dicht an dicht standen die Menschen, drängten sich in den Vorgarten vor dem Heinemann-Haus, besetzten Baumäste, hingen in den Hausfenstern. Die Wagentüren ließen sich kaum öffnen, nur mit Mühe bahnten sich Dr. Heinemann, Frau Hilde und Sohn Peter eine schmale Gasse zum Hauseingang. Hei-Hei-Heinemann klangen die Sprechchöre auf, die Polizeikapelle spielte ‚Glück auf, der Steiger kommt'. ... Familie Heinemann hatte glücklich das Hausinnere erreicht, zeigte sich kurz am Fenster im Hochparterre. Hurra-Rufe – und der Ruf Licht aus (er galt den Fernsehscheinwerfern) -, Präsident und Gattin zogen sich zurück. Die Sprechchöre wollten nicht enden. Nur kurze Zeit blieben deshalb Oberbürgermeister Nieswandt und Oberstadtdirektor Dr. Rewoldt zum offiziellen Stadtglückwunsch, unterstrichen durch einen Strauß in den Stadtfarben: gelbe Tulpen, blaue Iris. Dann endlich zeigte sich Familie Heinemann auf dem Balkon: Die Hochrufe und Sprechchöre beantwortete Dr. Heinemann mit Siegergeste: beide Arme hoch erhoben." (NRZ)

2. April Die neue Schweine- und Kälberschlachtanlage, Kernstück des Schlachthofes, wird durch den Oberbürgermeister eingeweiht. Die moderne Anlage auf einer Gesamtfläche von 5000 qm erreicht eine Schlachtleistung von 2000 Schweinen und 200 Kälbern pro Tag.

12.–13. April Mit einer öffentlichen Kundgebung in der Grugahalle endet der 1. Bundesparteitag der Deutschen Kommunistischen Partei (DKP).

13. April 20 Demonstranten, die sich gewaltsam Zugang zur Humboldtaula verschafft hatten, stören die Premiere des Stücks „Davor" von Günter Grass durch Zwischenrufe, Krach und Musik.

18. APRIL Der Grundstein für die Aluminiumhütte Essen, der „modernsten und schönsten Aluminiumhütte der Welt", so der Aufsichtsratsvorsitzende der Leichtmetall-Gesellschaft m.b.H., Dr. Paul Müller, wird gelegt.

27. APRIL Mit einem Umzug und einem Volksfest wird die 1100-Jahr-Feier von Borbeck eröffnet.

1. MAI Die traditionelle Mai-Feier findet erstmals im Saale statt. Die Festrede hält Leonhard Mahlein, 1. Vorsitzender der IG Druck und Papier. Im Rahmenprogramm rezitiert Günter Lamprecht aus den Werken von Bert Brecht und Erich Kästner, und es singen Hein und Oss.

6. MAI Im Saalbau findet eine „Underground-Show" statt. Mitwirkende sind u.a. Peter Weibel und Valie Export sowie die Musikgruppe Amon Düül. Die Veranstaltung ist nicht jugendfrei, da eine Schlagzeugerin „oben ohne" spielt.

Ein Raum der Ausstellung „Verborgene Strukturen". Im Vordergrund ein Werk von Beuys

9. MAI – 22. JUNI Im Folkwangmuseum ist die Ausstellung „Verborgene Strukturen“ zu sehen, ein Überblick über das aktuelle Kunstschaffen.

25. MAI Beim Ostpreußen-Bundestag in den Grugahallen werden Proteste gegen SPD und FDP laut, während die Aktionen rechtsradikaler Organisationen hingenommen werden. Oberbürgermeister Nieswandt warnt deshalb in seinem Grußwort: „Hüten Sie sich vor den Wölfen im Schafsfell!“

JUNI Der Berufswunsch Nummer 1 der 686 Gymnasiasten, die die Reifeprüfung bestanden haben, ist der Lehrerberuf (162 Nennungen), erst an zweiter Stelle folgt der Arzt (51).

12. JUNI Der Einakter „Lux in tenebris“ (Licht im Dunkel) von Bert Brecht wird in der Inszenierung von Dieter Dorn im Opernhaus uraufgeführt.

8. JULI Mit einem Wahlkongreß im Saalbau, auf dem das Wahlprogramm verabschiedet wurde, eröffnet die CDU den Bundestagswahlkampf.

21. AUGUST Die Hauptverwaltung der Karstadt AG an der Mielesheide wird nach zweijähriger Bauzeit bezogen. Zum Gebäudekomplex, entworfen von dem Architekten Walter Brune, gehört auch das Hauptlager für Textilien und Hartwaren.

24. AUGUST Mit einer vierstündigen Veranstaltung läuten die Sozialdemokraten die Schlußphase des Bundestagswahlkampfes ein. Hauptredner sind Willy Brandt, Karl Schiller, Helmut Schmidt und Herbert Wehner.

29. AUGUST Dem Bundespräsidenten Dr. Gustav Heinemann wird der Ehrenring der Stadt Essen verliehen.

2. SEPTEMBER Die Auftritte von Bundesfinanzminister Dr. Franz Josef Strauß werden begleitet von Protesten. Bei einer Veranstaltung des Haus- und Grundeigentümervereins versammeln sich etwa 600 Demonstranten vor dem Saalbau. Als Steine und Flaschen geworfen werden, läßt die Polizei den Vorplatz räumen.
Die Rede in einer Kundgebung der CDU-Frauenvereinigung am 10. September in der Grugahalle wird durch Zwischenrufe und Klatschen gestört. Es werden Flugblätter und Stinkbomben geworfen. Als die Demonstranten von Ordnern aus der Halle entfernt werden sollen, kommt es zu handfesten Auseinandersetzungen.

5. SEPTEMBER Im ganzen Bundesgebiet finden „wilde Streiks“ in der Eisen- und Stahlindustrie statt. In Essen legen 400 Arbeiter der Widia-Fabrik die Arbeit nieder. Sie fordern eine Erhöhung des Stundenlohnes von 30 Pfennigen. Eine 8prozentige Lohnerhöhung verlangen die Arbeiter der Krupp Industriebau und Maschinenfabrik, die am 9. September für drei Stunden streiken.

7. SEPTEMBER Als letzte der Bundestagsparteien veranstaltet die FDP einen Wahlkongreß in der Grugahalle, bei dem Walter Scheel, Hans Dietrich Genscher, Willi Weyer und Siegfried Zoglmann als Redner auftreten.

20. SEPTEMBER Im Lärm von 3000 Demonstranten geht die Rede des NPD-Vorsitzenden Adolf von Thadden auf dem Ribbeckplatz unter. Der Redner wird von 800 Polizisten vor den Protestierenden geschützt, die Steine, Stinkbomben, faules Obst und auch Pechfackeln werfen. Daraufhin läßt die Polizei unter Einsatz von Wasserwerfern den Platz räumen.

23. SEPTEMBER Mit der Ehrenplakette der Stadt werden ausgezeichnet: Walter Forstmann, Gründer der Pestalozzidörfer, Professor Dr. Carl Hundhausen, Organisator der internationalen Kunstausstellungen in der Villa Hügel, Ernst Henke, Mitbegründer und langjähriger Vorsitzender des Folkwang-Museumsvereins, Otto Mähler, Leiter des Leibniz-Gymnasiums, Professor Dr. Walter Müller, ärztlicher Direktor der Städtischen Krankenanstalten, und Pfarrer Albert Schmidt. Posthum wird der Journalist Heinrich May geehrt, der sich um das Kulturleben verdient gemacht hat.

28. SEPTEMBER Die SPD geht aus der Bundestagswahl in Essen als klarer Sieger mit 55,3 Prozent hervor. Die CDU erringt 36,4 und die FDP 4,7 Prozent. Erstmals fallen auch alle drei Direktmandate an die SPD, für die Karl Bergmann, Antje Huber und Erwin Lange in den Bundestag einziehen.

30. SEPTEMBER Das Hotel „Essener Hof“ schließt seine Pforten. Es wurde von Krupp an Quelle verkauft und muß einem neuen Kaufhaus weichen.

1. OKTOBER Auf der Zeche Poertingssiepen/Carl Funke wird in einer Betriebsabteilung die Kohle mittels Wasserkanonen abgebaut.

2. OKTOBER Als 100. Schulneubau nach dem Kriege wird das Mädchengymnasium in Borbeck offiziell eingeweiht.

10.–12. Oktober In der Grugahalle findet ein Pop & Blues Festival statt. Höhepunkt der Veranstaltung ist der Auftritt der Musikgruppe Pink Floyd.

13. Oktober An den Gemeinschaftsgrundschulen Carl-Funke-Schule, Heisingen, Waldlene, Margarethenhöhe und Hövelschule, Altenessen wird versuchsweise die Fünf-Tage-Woche eingeführt.

18. Oktober Der Kommunalwahlkampf beginnt. „Mit Horst Katzor für ein modernes Essen“ lautet die Parole der SPD, während die CDU, die angetreten ist, die absolute Mehrheit der SPD zu brechen, mit dem Spruch „Das Beste für uns alle“ wirbt.

1. November „Endlich wieder einmal ein Ereignis von überregionaler Bedeutung in Essen“, jubelt die NRZ über die Aufführung von Martin Walsers „Eiche und Angora“. Regie führt Georges Wilson.

8. November Zwei Einakter des Japaners Shuji Terayama „Marie im Pelz“ und „Unsere Zeit reitet auf dem Rücken eines Zirkuselefanten“ erleben in der Inszenierung des Autors im Studio-Theater ihre deutsche Erstaufführung. Ein Skandal lag in der Luft, doch er bleibt trotz dreier nackter Männer auf der Szene aus.

9. November Bei der Kommunalwahl baut die SPD ihre absolute Mehrheit leicht aus (53,4 gegenüber 52,7 %) und gewinnt ein Ratsmandat hinzu. Die CDU rutscht von 42,5 auf 40,3 Prozent ab, während die FDP abermals mit 4,8 Prozent den Einzug in den Stadtrat verfehlt.

20. November Das Kabinett beschließt, daß im Raum Essen/Mülheim eine neue Universität/Gesamthochschule errichtet werden soll.

26. November Horst Katzor wird einstimmig zum Oberbürgermeister gewählt. Seine Vertreter sind Fritz Scheve (CDU) und Berta Möller-Dostali (SPD).

15. Dezember Um noch mehr Leser zu bekommen, verzichtet die Stadtbücherei auf den Leihgroschen. Alle Bücher können nun kostenlos ausgeliehen werden.

18. Dezember Schüler des Burg- und des Carl-Humann-Gymnasiums ziehen durch die Innenstadt und protestieren gegen den akuten Lehrermangel und gegen die bedrückende Raumnot. „Wir brauchen keine Starfighter, sondern Universitäten!“ und „Lehrer und Schüler – Stiefkinder der Wohlstandsgesellschaft“ ist auf den Plakaten zu lesen.

21./22. DEZEMBER Unbekannte brechen in die Ludgeruskirche ein, steigen in die Krypta und brechen dort den Ludgerus-Schrein auf.

1970

1. JANUAR Essen hat einen neuen Stadtteil. Altendorf (Ruhr) – jetzt Burgaltendorf – wird eingemeindet.

23. JANUAR Wilhelm Nieswandt erhält den Ehrenring der Stadt Essen. In der Urkunde heißt es: „Die Auszeichnung gilt einem Mann, der sich beispielgebend für die demokratische kommunale Selbstverwaltung eingesetzt hat. Dies bezeugen seine konsequente Haltung gegenüber der Diktatur des Hitler-Regimes und sein entschiedenes Eintreten für die Lebensinteressen der Essener Bevölkerung unmittelbar nach dem Zusammenbruch im Jahre 1945. Als Vorsitzender der SPD-Ratsfraktion und als Oberbürgermeister dieser Stadt hat Wilhelm Nieswandt mit großer Energie und Beharrlichkeit wirkungsvoll zur Neugestaltung des modernen Essens beigetragen."

1. FEBRUAR Im Essener Hotel „Kaiserhof" werden die Verträge über das bis dahin größte deutsch-sowjetische Geschäft unterzeichnet. Die Mannesmannröhren-Werke liefern der Sowjetunion 1,2 Millionen Tonnen Großröhren, während diese der Bundesrepublik innerhalb von 20 Jahren 52 Milliarden Kubikmeter Erdgas liefert. Vertragspartner auf deutscher Seite ist dafür die Ruhrgas AG.

6. MÄRZ Das Altfrid-Denkmal, das der Münchener Bildhauer Ludwig Deller geschaffen hat, wird feierlich enthüllt.

18. APRIL – 10. MAI Im Folkwangmuseum sind die Werke von Don Judd ausgestellt.

8. MAI Im sogenannten Essener KZ-Prozeß, der am 17. November 1967 begann und bei dem auch Werner von Braun als Zeuge aufgetreten ist, werden die angeklagten SS-Führer wegen der Beihilfe zum Mord an Häftlingen des Konzentrationslagers Dora-Mittelbau bei Nordhausen, wo die V-Waffen hergestellt wurden, zu langjährigen Freiheitsstrafen verurteilt.

24. MAI Im Vogelheimer Jugendhof stellen erstmals fünf Mitglieder der Werkstatt Literatur der Arbeitswelt, die seit Januar exi-

stiert, ihre Werke vor. Zu ihnen gehört auch Richard Limpert, Kokereiarbeiter auf Schacht Emil.

6. JUNI Zu gewaltsamen Auseinandersetzungen kommt es bei einer Wahlkampfveranstaltung mit Dr. Rainer Barzel auf dem Kennedyplatz. Der Redner wird mit Kartoffeln und Tomaten beworfen und seine Rede durch Pfeifkonzerte gestört. Die Polizei, die Wasserwerfer und eine Reiterstaffel einsetzt, nimmt 18 Demonstranten vorläufig fest.

8. JUNI Im Rahmen einer Tagung des Deutschen Bühnenvereins spielt das Münchener „antitheater" unter der Leitung von Rainer Werner Faßbinder die Neufassung des Schauspiels „Die Verbrecher" von Ferdinand Bruckner.

14. JUNI Bei der Landtagswahl büßt die SPD Stimmen ein, behält aber ihre absolute Mehrheit (54,2 %). Die CDU gewinnt leicht dazu (38,2 %), während die FDP stabil bleibt (5,3 %). Zufrieden sind alle Parteien, die einen, weil sie wieder sechs Direktmandate geholt haben, die anderen, weil sie leichte Gewinne zu verzeichnen haben. In den Landtag ziehen direkt ein: Ernst Bessel (Wahlkreis 64), Franz Busch (66), Friedrich Marquardt (65), Kurt Nowack (63), Dr. Dieter Posser (68) und Heinrich Strathmann von der SPD und Heinrich Schürmann (69) von der CDU. Über die Landesliste erhalten Dr. Wilfried Heimes und Alfons Klein (beide CDU) ein Mandat.

10. JULI Dr. Hans Toussaint wird der Ehrenring der Stadt Essen verliehen.

1. SEPTEMBER Schüler und Studenten, Lehrlinge und Praktikanten können kostenlos mit den öffentlichen Verkehrsmitteln zu ihren Ausbildungsplätzen fahren.

12. SEPTEMBER Der „Tag der Heimat" im Saalbau steht unter dem Motto „25 Jahre Vertreibung – Wer Gewalt anerkennt, verliert den Frieden". Der Bund der Vertriebenen kritisiert besonders den deutsch-sowjetischen Vertrag. „Dieser Vertrag geht weiter als die Kapitulation von 1945", polemisiert Professor Gause unter dem Beifall der Zuhörer.

25. SEPTEMBER „Dies ist ein Tag, über den sich alle Menschen im Ruhrgebiet freuen. Die lange Zeit der Belästigungen ist nun vorbei. Von nun an ist der Schleichweg tot, jetzt haben wir den Ruhrschnellweg", jubelt Oberbürgermeister Horst Katzor, als der Autobahntunnel als letztes Teilstück des Ruhrschnellweges er-

öffnet wird. Bundespräsident Dr. Heinemann ist persönlich erschienen, obwohl normalerweise der Verkehrsminister Straßen freigibt. „Aber ich bin und bleibe Essener und deshalb berührt mich das, was in der Stadt passiert, immer ganz besonders.“
Die 11,6 Kilometer lange kreuzungsfreie Strecke, an der 14 Jahre lang gearbeitet wurde, verschlang 299 Millionen Mark an Baukosten, die zum größten Teil von der Stadt aufgebracht wurden.
In den nächsten Tagen wird der Tunnel das siebente Weltwunder für die Autofahrer des Reviers, die unbedingt das neue Bauwerk studieren wollen, weshalb sie nach der Tunneldurchfahrt abfahren und wenden.

Die Eröffnung des Ruhrschnellweg-Autobahntunnels

15. OKTOBER Im Grafik-Studio des Folkwangmuseums wird eine Gerhard-Richter-Ausstellung eröffnet.

29. OKTOBER Das neue Quelle-Kaufhaus am Limbecker Platz öffnet seine Pforten. Der Andrang ist derart riesig, daß das Kaufhaus zeitweise wegen Überfüllung geschlossen werden muß.

29. OKTOBER Wissenschaftsminister Johannes Rau eröffnet das Erste Deutsche Plakatmuseum im Haus Industrieform (Alte Synagoge). In einer Sonderausstellung werden aus dem Fundus von über 15000 Plakaten 300 besonders wertvolle gezeigt.

3. November Das Klinikum verleiht Dr. Hans Littmann, dem langjährigen Leiter der medizinisch-optischen Abteilung der Carl-Zeiss-Werke, wegen seiner Entwicklung von diagnostischen und therapeutischen Apparaten für die Augenmedizin die Ehrendoktorwürde. Es ist die erste Ehrenpromotion am Klinikum.

14.–18. November Auf dem Kennedyplatz ist die Raumkapsel Apollo 10 zu besichtigen.

17. November Ohne offizielle Feier wird die neue 600 Meter lange Ruhrbrücke zwischen Heisingen und Kupferdreh für den Verkehr freigegeben.

5. Dezember Der von der NPD und der Aktion „Widerstand“ organisierte Autokorso gegen die Ostverträge wird von Gegendemonstranten am Gervinusplatz in Frohnhausen gestoppt. Es kommt zu schweren Auseinandersetzung, als die Fahrer rücksichtslos in die Straßenblockierer hineinfahren. Plakate werden von den Autos abgerissen, Scheiben eingeschlagen, und es gibt Blechschäden, als Autos aufeinanderauffahren.

12. Dezember Die Rockoper „Profitgeier“ von Floh de Cologne wird im Jugendzentrum uraufgeführt.

15. Dezember Das erste Berufsförderungszentrum der Bundesrepublik an der Altenessener Straße wird seiner Bestimmung übergeben. Hier können etwa 450 Personen auf zukunftsträchtige Berufe umgeschult werden.

16. Dezember Mit der Ehrenplakette der Stadt werden Willi Gotthold Saeger, langjähriger Vorsitzender der Essener Werbegemeinschaft, Elisabeth Spinn und Dr. Gotthard Freiherr von Falkenhausen, die beide dem Rat der Stadt mehr als 20 Jahre angehörten, ausgezeichnet.

22. Dezember Ein 4,5 Kilometer langes Teilstück des Emscherschnellweges zwischen der Essener Straße in Bottrop und der Gladbecker Straße in Essen wird für den Verkehr freigegeben.

1971

19. Januar Auf der Aluminiumhütte der Leichtmetallgesellschaft (LMG) in Borbeck wird das erste Aluminium produziert, das Ober-

bürgermeister Horst Katzor persönlich von der Elektrolyse in die Gießerei fährt. Seine Freude, daß Essen jetzt auch eine „Stadt des silbernen Metalls" sei, ist groß, denn dies sei ein Zeichen für die allmähliche Überwindung der Strukturkrise.

28. JANUAR Auf ministerielle Empfehlung hin haben die Studenten der Folkwangschule für Gestaltung ihren Streik abgebrochen, der sich gegen den Direktor der Schule, Professor Hermann Schardt, gerichtet hat. Ihm werfen die Studenten vor, er habe die „innere Strukturveränderung" der Schule vernachlässigt. Nur weil die Sperrung der Studienförderung und die Aberkennung des Semesters drohen, geben die Studenten ihren Boykott auf.

25. FEBRUAR Das Deutsch-Französische Kulturinstitut in der Zweigertstraße wird eröffnet.

21. MÄRZ „Wir wollen keine Festreden und keine Feierlichkeit. Wir wollen den Gedanken der Brüderlichkeit eindringlich machen. Und das darf sich nicht auf eine Woche beschränken, sondern muß 52 Wochen lang gelebt werden." Mit diesen Worten eröffnet Dr. Paul Foucar die „Woche der Brüderlichkeit". Die Festrede hält der israelische Botschafter Eliashiv Ben Horin zum Thema „Menschenrecht für alle Völker und Rassen".

8. APRIL In der Inszenierung von Hans Neuenfels (Bühnenbild: Wilfried Minks) erlebt das Stück „Die Versicherung" von Peter Weiss seine Uraufführung. „Weiss zeigt ... die Explosion der bürgerlichen Weltordnung. Zerstörungslust, entfesselte Triebe, Gewalttätigkeit, Gier, die die Angst überdeckt – es scheint, als konnte Weiss sich nicht satt sehen an der Fäulnis", so die ZEIT.
Die Aufführungen gefallen einigen Zuschauern nicht, die das Theater erbost nach den Pausen verlassen. Angesichts der Proteste („Zumutung", „Schweinerei", „Pornographie") nimmt die Theaterleitung das Stück aus dem Abonnement.

25. APRIL Mit einer Rede des Oberbürgermeisters („hoher Festtag für die Stadt"), vier 75-Liter-Fässern Freibier, mit Musik und Liedern wird das Haus der Erwachsenenbildung (VHS) an der Hollestraße, entworfen von der Architektengemeinschaft Wilhelm Seidensticker/Heinz Budde, nach zweijähriger Bauzeit offiziell seiner Bestimmung übergeben.

13. JUNI Jungsozialisten öffnen den Zaun zum Gelände des Etuf am

Baldeneysee und besetzen den Uferweg. Mit ihrer „Aktion freies Ufer“ wollen sie die allgemeine Zugänglichkeit der Wege erreichen.

Das Haus der Erwachsenbildung (VHS) an der Hollestraße

19.–20. JUNI Im Opernhaus gastiert das Königliche Dramatische Theater Stockholm mit Strindbergs „Traumspiel“, inszeniert von Ingmar Bergman.

24. JUNI Junge Franzosen unter der Führung von Beate Klarsfeld dringen in das Büro des FDP-Bundestagsabgeordneten Dr. Ernst Achenbach ein, den sie als „Aktivist der Judendeportation aus Frankreich“ und als „Komplize der SS“ bezeichnen. Sie verteilen Flugblätter und rufen: „Achenbach – Nazi!“, bis sie von der Polizei verhaftet werden.

29. JUNI Die Reste des Hallo-Turmes, des Wahrzeichens von Stoppenberg, werden gesprengt.

30. JUNI Der Aufsichtsrat der Ruhrkohle AG beschließt, die Zechen Katharina, Mathias Stinnes, Emil-Emscher/Fritz-Heinrich und Poertingssiepen/Carl Funke zu schließen. Die „Ruhr-Nachrichten“ kommentieren: „Das Auslaufen des Essener Bergbaus bis auf die Zeche Zollverein ist mit weniger Unruhe aufgenommen worden als die erste Stillegungswelle. Ein Grund dafür war, daß die Betriebsräte der betroffenen Anlagen vorab unterrichtet waren. Dennoch wird es für die betroffenen Bergarbeiter – rund 10 000 in Essen – Belastungen geben. Sie werden ‚verlegt‘, wie es im Bergbau heißt, was aber entweder weitere Arbeitswege oder Wohnungswechsel oder einen vollkommen neuen Beruf bedeutet. Der Sozialplan kann noch so umfassend sein, auf keinen Fall ist zu vermeiden, daß Menschen aus bisher gewohnten Lebensumständen herausgerissen werden. Neben dieser menschlichen Seite gibt es den kommunalen Blickwinkel. Das Wort von der ‚größten Kohlenstadt des Kontinents‘ ist bereits ein Attribut der Vergangenheit. Durch Krieg und Demontage verlor Essen sein ‚Stahlbein‘, jetzt schrumpft die Kohle auf eine einzige, wenn auch stattliche Anlage. Nur eines zeigt sich dabei: Das Bild der Industriestadt Essen, wie es über 100 Jahre von Historikern und Wirtschaftern gezeichnet wurde, stimmt nicht mehr. Essen wird erst ein neues Gesicht finden müssen – ohne Stahl und mit nur wenig Kohle.“

29. SEPTEMBER Die Tennishalle in Bergeborbeck auf dem ehemaligen Gaufeld, mit 12 Plätzen bis dahin Europas größte Halle, wird feierlich eröffnet.

27. OKTOBER Mit den Ehrenplaketten der Stadt werden ausgezeichnet: Berthold Beitz wegen seiner „Aufgeschlossenheit gegenüber den städtischen Belangen“, Berthold von Bohlen und Halbach wegen seiner Verdienste auf kulturellem Gebiet, Franz Feldens für sein Engagement beim Theater und Richard Neuhaus als Vorsitzender des Essener Einzelhandelsverbandes. Für ihr kommunalpolitisches Arbeiten erhalten Berta Möller-Dostali, Johannes Kimmeskamp, Albert Nitsch und Heinrich Strathmann die Auszeichnung.

30. OKTOBER Aus Protest gegen die Fahrpreiserhöhung bei der EVAG ziehen die Teilnehmer der Aktion „Roter Punkt“ durch die Innenstadt. Ihre Forderung lautet: „Einführung des 50-Pf.-Einheitstarifs!“

31. OKTOBER Die Festrede auf der Reformationsfeier in der Grugahalle hält Bischof Dr. Franz Hengsbach zum Thema „Warum noch zwei Kirchen?“.

29. NOVEMBER Der Essener Großkaufmann Theo Albrecht, Mitbesitzer der Aldi-Marktkette, wird entführt und nach Zahlung eines Lösegelds von 7 Millionen Mark am 16. Dezember wieder freigelassen.

1972

15. JANUAR Die Demonstranten der Aktion „Roter Punkt“ gegen die Preiserhöhung der EVAG bringen den Verkehr zum Erliegen, indem sie durch Sitzblockaden auf den Schienen Busse und Bahnen stoppen.
Die Protestaktionen wiederholen sich an den folgenden Wochenenden.

Demonstranten blockieren den Straßenbahnverkehr auf dem Bahnhofsvorplatz

19. JANUAR Riesengroß ist der Andrang im Folkwangmuseum, so daß der Vortragssaal nicht alle Besucher aufnehmen kann. Grund des Ansturms: Joseph Beuys im Gespräch mit Wulf Herzogenrath.

9. MÄRZ Essens Tennisstar Helga Masthoff-Niessen setzt die neue vollautomatische Flaschenabfüllanlage der Stauder Brauerei in Betrieb. Die Anlage hat eine Kapazität von 40 000 Halbliterflaschen in der Stunde.

30. MÄRZ Die Zeche Katharina, auf der in 71 Jahren 31 Millionen Tonnen Kohle gefördert wurden, wird stillgelegt.

6. APRIL Die Eissporthalle Essen-West wird ihrer Bestimmung übergeben.

22. APRIL Peter Handke liest im Museum Folkwang aus seinem Roman „Der kurze Brief zum langen Abschied“.

27. APRIL Das Mißtrauensvotum gegen die Regierung Brandt/Scheel ist das Gesprächsthema Nummer 1. Überall sitzen die Menschen vor dem Bildschirm und verfolgen die Debatte. In der Fachhochschule für Maschinenbau ruht der Lehrbetrieb. In zahlreichen Betrieben und Firmen kommt es zu spontanen Arbeitsniederlegungen.

4. MAI Die Komödie „Die Hebamme“ von Rolf Hochhuth wird in Essen zeitgleich mit München, Zürich und Göttingen uraufgeführt.

29. MAI Das Gymnasium am Stoppenberg, die erste voll ausgebaute höhere Tagesheimschule in Essen, wird offiziell ihrer Bestimmung übergeben.

21. JUNI Der Rat billigt einstimmig die Verträge über den Bau des Rathauses und des City-Centers. Statt der beiden großen Bürotürme sieht der neue Entwurf ein Hochhaus in Y-Form vor.

9. JULI – 3. SEPTEMBER In den Ausstellungshallen präsentiert sich die „Szene Rhein-Ruhr 72“, die mit einem Konzert von Mauricio Kagel eröffnet wird. Rund 150 Künstler – Maler, Bildhauer, Architekten, Filmemacher, Komponisten und Schriftsteller – stellen ihre Werke vor. Sie wollen damit einen Beitrag zum kulturellen Selbstverständnis dieser Landschaft bieten. Den Schlußtag gestaltet Ferdinand Kriwet, der auch mit seiner Rot-Weiß-Essen-Aktion auf der Szene vertreten ist, mit einer Multi Media-Show.

1. AUGUST Essen ist Universitätsstadt. Mit einem Festakt im städtischen Saalbau feiert die Stadt in Anwesenheit des Ministerpräsidenten Heinz Kühn die Gründung der Gesamthochschule. Zum

kommissarischen Gründungsrektor ist Professor Dr. Walter Kröll ernannt worden.

7. AUGUST Das Essener Schulwesen wird um zwei Facetten bereichert. Mit 288 Schülern beginnt der Unterricht in der ersten Gesamtschule an der Bockmühle, und an der Schellstraße wird die Freie Waldorfschule eröffnet. Letztere ist eine Wiederbegründung, denn von 1922 bis 1936 gab es bereits eine Rudolf-Steiner-Schule in Essen.

18. AUGUST Der zweite Gildehoftunnel wird für den Verkehr freigegeben.

18. AUGUST Der erste Trimm-Parcours wird im Stadtwald seiner Bestimmung übergeben. Zu den ersten, die trotz Regens die 333 Meter lange Laufbahn mit acht Hindernissen absolvieren, gehört die Bundestagsabgeordnete Antje Huber.

5. SEPTEMBER Axel Springer legt auf dem Gelände des früheren Gutes Sonnenschein in Kettwig den Grundstein für die neue Rhein-Ruhr-Druckerei des Springer-Verlages.

Von Protesten begleitet – der erste „Spatenstich“ zum Bau der Universität

15. SEPTEMBER Der „Struktur- und Entwicklungsplan für das Essener Schulwesen für die Jahre 1972 bis 1985“ wird der Öffentlichkeit vorgestellt. Kultusminister Jürgen Girgensohn lobt den Plan, der der erste in der Bundesrepublik ist, als Modell für alle Ballungszonen.

24. SEPTEMBER Als „quälende Anhäufung theatralischer Peinlichkeiten“ beschreibt der WAZ-Kritiker die deutsche Erstaufführung des Stücks „Freitag“ von Hugo Claus.

24. OKTOBER Der Bau der Universität im Segeroth beginnt. Der nordrhein-westfälische Finanzminister Hans Wertz macht den „ersten Spatenstich“.

19. NOVEMBER Bei der Bundestagswahl gewinnt die SPD 3,7 Prozentpunkte hinzu und erzielt mit 59 Prozent der Stimmen ihr bisher bestes Wahlergebnis. Trauer und Enttäuschung herrschen bei der CDU, die nur noch 33 Prozent verbuchen kann. Ein Plus hat die FDP zu verzeichnen, die auf 7,3 Stimmenanteil kommt. In den Bundestag ziehen alle drei SPD-Kandidaten (Antje Huber, Erwin Lange und Peter Reuschenbach) direkt ein, während Dr. Ernst Achenbach (FDP) über die Landesliste sein Mandat erhält.

13. DEZEMBER Die Ehrenplakette der Stadt Essen überreicht Bürgermeister Fritz Scheve dem Oberbürgermeister Horst Katzor, Dr. Hubert Lamers für seine langjährige Ratsmitgliedschaft und wegen seines Engagements für das Handwerk und Dr. Heinz-Horst Deichmann wegen seiner Verdienste auf dem Gebiet der Wohlfahrts- und Jugendpflege.

15. DEZEMBER Ohne geschmückten Förderwagen und ohne Abschiedsansprache wird auf Mathias Stinnes die letzte Kohle zu Tage gefördert.

1973

1. JANUAR Das Land Nordrhein-Westfalen übernimmt die Städtischen Krankenanstalten als Klinikum der Gesamthochschule Essen. „Es war doch eine zu große Belastung für die Stadt Essen, wenngleich dieser Augenblick für uns auch traurig ist“, kommentiert Oberstadtdirektor Dr. Rewoldt den Transfer.

28. MÄRZ Im Jugendzentrum erlebt das Stück „Mistero Buffo“ von Dario Fo seine deutsche Erstaufführung. Die Regie führt Arturo Corso.

30. APRIL Eine 400jährige Tradition geht zu Ende. Mit der Schließung der Verbundanlage Carl Funke/Poertingssiepen endet der Bergbau im Essener Süden.

25. MAI Das „Grips“-Theater für Kinder gastiert in der Aula des Burggymnasiums mit dem Stück „Mannomann“.

5. JUNI Bei der Eröffnung des neuen Druckhauses des Springer-Verlages spricht sich der Kettwiger Bürgermeister Albert Fiedler gegen die Eingemeindung nach Essen aus. Sie sei „hirnverbrannt“. „Wir wollen lieber erwachsen werden, als Kinder von Horst Katzor sein!“

10.–11. JUNI Mehr als 100 000 Menschen nehmen am Deutschlandtreffen der Schlesier teil. Der Bundesvorsitzende der Landmannschaft, Dr. Herbert Hupka, kritisiert, daß kein offizieller Vertreter der Stadt gekommen sei: „So wie Willkommensgrüße für östliche Gewaltherren an der Tagesordnung sind, bis hin zum Bruderkuß, so gehört es zur neuen Zeremonie des Umgangs mit den Vertriebenen, daß man sie erst gar nicht zur Kenntnis nimmt und darum auch nicht begrüßt.“

14. JUNI – 29. JULI In der Ausstellungshalle 2 zeigt das Deutsche Plakatmuseum 2200 politische Plakate aus aller Welt.

27. JUNI Die Kokerei Emil wird stillgelegt.

AUGUST An der Universitätsklinik wird erstmals einem Patienten ein (Atom-)Herzschrittmacher eingepflanzt.

2. AUGUST Auf der Kokerei Zollverein werden 112 Öfen modernster Bauart in Betrieb genommen.

16. SEPTEMBER Ein Solidaritätskonzert für das chilenische Volk und den toten Präsidenten Allende, bei dem die chilenische Gruppe Quilapayun spielt, wird im Jugendzentrum veranstaltet. Im Anschluß ziehen Demonstranten in einem Fackelzug zum Frohnhauser Markt.

22. OKTOBER In der Voraula II der Universität liest Elias Canetti aus seinen Werken.

31. OKTOBER An der Universität erfolgt die erste Habilitation außerhalb des medizinischen Fachbereichs. In einer öffentlichen Veranstaltung wird Dr. rer. nat. Herbert Lehmkuhl die Venia Legendi für allgemeine Chemie verliehen.

25. NOVEMBER „Die Kinder genießen den Tag. Sie erobern die Straße zurück, spielen dort Fußball, beleben sie mit ihren Fahrrädern und Kett-cars. Ampeln leuchten auf, um von den meisten nicht beachtet zu werden. Fußgänger und Radfahrer fühlen sich sicher, bewegen sich sorglos auf den freien Straßen." (NRZ) Die Energiekrise beschert die Bevölkerung mit dem ersten autolosen Sonntag.

15. DEZEMBER Die Bergleute der Zeche Emil-Fritz verfahren ihre letzte Schicht. Die einstige Bergbaustadt Essen weist damit nur noch eine einzige Zeche, nämlich Zollverein, auf.

1974

1. JANUAR Die Krupp Konsum-Anstalt wird von co op übernommen.

10.–14. FEBRUAR Mit einem Ausstand bei den städtischen Bühnen beginnt der Arbeitskampf im öffentlichen Dienst. Einen Tag später streiken die EVAG-Beschäftigten, so daß der öffentliche Nahverkehr darniederliegt. Ebenfalls am Ausstand beteiligt sind die Mitarbeiter der Städtischen Werke, der Müllabfuhr und der Straßenreinigung.

15. FEBRUAR Das erste Universitätsgebäude im Norden der Innenstadt wird dem Rektor der Gesamthochschule übergeben. Das Bargmann-Haus, benannt nach dem 1972 tödlich verunglückten Schul- und Hochschuldezernenten, wurde in 15 Monaten aus 47 000 Fertigbauteilen montiert. Es kostete 26 Millionen Mark und bietet Platz für 2000 Studenten und Bedienstete.

22. FEBRUAR „Lysistrata und die Nato" von Rolf Hochhuth nach Aristophanes mit Ellen Schwiers in der Hauptrolle wird im Opernhaus in der Inszenierung von Erich Schumacher uraufgeführt.

23. FEBRUAR Der „Oben-ohne"-Auftritt einer „Lady-Band" beim Pop-Carneval in der Grugahalle löst heftige Proteste sowohl beim Festausschuß Essener Karneval als auch beim Katholischen Frauenbund aus.

27. FEBRUAR Der Rat wählt Dr. Ernst Finkemeyer einstimmig zum neuen Oberstadtdirektor. Dr. Finkemeyer trat 1966 in die Dienste der Stadt und übernahm im Juli 1967 die Leitung der Stadtkämmerei. 1971 wurde er persönlicher Referent des Oberstadtdirektors, 1972 dann Beigeordneter. Dr. Finkemeyer, mit 38 Jahren damals der jüngste Oberstadtdirektor der Bundesrepublik, wird am 2. Mai in sein Amt eingeführt.

8. MÄRZ Das Ortsnetz Essen erhält die neue Telefon-Vorwahlnummer 0201.

31. MÄRZ Die Krupp Fleischwarenfabrik und die Bäckerei werden geschlossen.

25. MAI Um zwei Minuten vor 12 Uhr gibt auf dem Essener Hauptbahnhof die Oberbürgermeisterin von Oberhausen Luise Albertz das Startsignal für die neuen S-Bahn-Strecken Duisburg-Essen-Bochum und Oberhausen-Essen-Hattingen. „Wir gehen in das S-Bahn-Zeitalter“, erklärt der Vorsitzende des Bundesbahnvorstandes Dr. Vaerst, „das die Pause vom Auto und trotzdem bessere Verkehrsbedienung und Bequemlichkeit bietet.“

12. JULI In Teheran wird der Vertrag unterzeichnet, nach dem der iranische Staat 25,04 Prozent des Aktienkapitals der Fried. Krupp Hüttenwerke AG übernimmt.

19. JULI Nach dem Geschäftsbericht der EVAG liegen die Verluste des Unternehmens, umgerechnet auf das Fahrgastaufkommen, bei 24 Pfennigen pro Fahrgast. Der Kostendeckungsgrat fiel in einem Jahr von 88 auf nur 77 Prozent.

26. AUGUST Die Aktionäre der Rheinstahl AG billigen auf der Hauptversammlung, daß der Konzern zum 1. Oktober von der August Thyssen-Hütte übernommen wird.

28. SEPTEMBER – 13. OKTOBER Mit der Eröffnung der Ausstellung „Altfrid – Stift, Stadt, Bistum“ beginnen die Altfrid-Festwochen aus Anlaß des 1100. Todestags des Heiligen. Im Rahmen dieser Festtage werden die Gebeine in den neuen Schrein, den der Goldschmied Claus Pohl angefertigt hat, erhoben, und am 29. September wird der Altfrid-Brunnen vor der Münsterkirche der Öffentlichkeit übergeben.

24. NOVEMBER 288 Weichen, 239 Haupt- und Vorsignale und 155 Rangiersignale, die bisher von acht elektromechanischen, einem me-

chanischen und einem Gleisbildstellwerk bedient wurden, werden vom neuen Zentralstellwerk im Hauptbahnhof geschaltet und überwacht. Die technischen Anlagen prüfen selbsttätig, ob die Gleise frei sind, die Weichen für die gewählte Zugstrecke richtig stehen und die Signale korrekt anzeigen.

7. DEZEMBER Im Opernhaus wird das einzige Schauspiel von Alexander Solschenizyn „Republik der Arbeit" uraufgeführt. Die Regie hat Lothar Trautmann.
Begleitend zu der Aufführung wird im Foyer eine Ausstellung „Geographie des Grauens" gezeigt, die die Amnesty International-Gruppen Essen und Wuppertal zusammengestellt haben. In Fotos wird dokumentiert, in welchen Ländern Menschen aus politischen Gründen inhaftiert und gefoltert werden.

1975

1. JANUAR Die Stadt Kettwig wird als 49. Stadtteil nach Essen eingemeindet. Gegen die Eingemeindung hat die Stadt Klage erhoben.

2. JANUAR Im Folkwangmuseum veranstaltet Günther Uecker ein Schwarz-Weiß-Happening. Erst streicht er einen schwarzen Raum mit schwarzen Einrichtungsgegenständen weiß an, und danach malt sich auch Uecker selbst weiß an.

19. FEBRUAR Beim Bürgerberatungsdienst und in den 18 Nebenstellen des Einwohnermeldeamtes wird gegen eine Gebühr von 10 DM ein Seniorenpaß für Bürgerinnen und Bürger über 65 Jahre ausgeben. Mit dem Paß können verschiedene städtische Einrichtungen (Gruga, Bäder, Museen) kostenlos besucht werden, zudem gelten Ermäßigungen z. B. bei Konzerten und Kinovorstellungen. Essen ist nach Gießen die zweite deutsche Stadt, die solch einen Paß einführt.

21. FEBRUAR Mit einer Kundgebung in der Grugahalle, bei der Alt-Bundespräsident Gustav Heinemann, Oberbürgermeister Horst Katzor und Landesjustizminister Dr. Diether Posser sprechen, eröffnet die SPD den Landtags- und Kommunalwahlkampf.
Die CDU folgt am 7. März mit einer Veranstaltung im Saalbau mit dem Landesspitzenkandidaten Heinrich Köppler, der auch in Essen (Wahlkreis 67 – Steele) direkt kandidiert, und dem OB-Kandidaten Dr. Wilfried Heimes.
Katzor hebt hervor: „Unsere Leistungen können sich sehen

lassen, unsere Finanzen sind in Ordnung und unser städtisches Leben funktioniert vorbildlich." Daher dürfe man die Kommunalpolitik nicht der Neinsager-Partei CDU überlassen und die Führung nicht einem kommunalpolitischen Neuling anvertrauen. Dagegen setzt Dr. Heimes auf den „Schichtwechsel": „Die CDU hat frische, unverbrauchte Kraft und neue Ideen, die einen politischen Frühling garantieren. Am 4. Mai wollen wir die stärkste Partei in Essen werden, denn unsere Stadt braucht die CDU. Unser politischer Gegner, inzwischen eine Genossenschaft mit beschränkter Hoffnung, kann auch mit lautestem Wahlkampfgeschrei nicht davon ablenken, daß es seine letzte Schicht fährt."

8. MÄRZ Wolf Seesemann inszeniert die Uraufführung des Stücks „Rosenmontag" von Karl Otto Mühl in der Humboldtaula. Es wird eine „Pleite", die der Kritiker der „Rheinischen Post" „der ungeschickten, sterilen, zähflüssigen, bereits am Bühnenbild scheiternden Inszenierung" anlastet.

20. APRIL Mit einer Diskussionsveranstaltung über die Erwachsenenbildung, an der auch Kultusminister Jürgen Girgensohn teilnimmt, wird der zweite Bauabschnitt des Hauses der Erwachsenenbildung (VHS) eröffnet.

21. APRIL Im neuen Sparkassengebäude am III. Hagen wird der Kassendienst aufgenommen. Nach dreijähriger Bauzeit wird das Haus, das die Architekten Hentrich, Petschnigg und Partner entworfenen haben, bezogen. Für die farbliche Innengestaltung zeichnet Professor Herbert Bayer verantwortlich. Das Sitzungszimmer und den Vorraum haben Adolf Luther und Heinz Mack mit zwei Spiegelobjekten bzw. mit einer metallenen Lamellenwand künstlerisch ausgestaltet. Die feierliche Eröffnung erfolgt, verbunden mit einem Tag der offenen Tür, am 26. April.

4. MAI Bei der Kommunalwahl baut die SPD ihre absolute Mehrheit aus (54,9 %), während die CDU 2,1 Prozentpunkte verliert und mit 38,2 Prozent unter die 40-Prozent-Marke abrutscht. Mit 5,7 Prozent schafft die FDP nach langer Zeit wieder den Sprung ins Stadtparlament. Das setzt sich folgendermaßen zusammen: 47 SPD, 32 CDU und 4 Sitze FDP.
Bei der gleichzeitig durchgeführten Landtagswahl behauptet die SPD mit 54,5 Prozent ebenfalls ihre absolute Mehrheit. Während die CDU stabil bleibt (38,3 %), kann sich die FDP leicht verbessern (6 %). Direkt in den Landtag gewählt werden von der SPD Franz Busch (Wahlkreis 66) Johannes Gorlas (WK 67), Maria Jammes (WK 64), Kurt Nowack (WK 63), Dr. Diether Posser

(WK 68) und Ludwig Wörderhoff (WK 65). Im Wahlkreis 69 verteidigt Heinrich Schürmann (CDU) sein Direktmandat. Über die Landesliste gelangen Professor Fritz Halstenberg (SPD) und Dr. Wilfried Heimes (CDU) in den Landtag.

21. MAI Mit den Stimmen der SPD und der FDP wird Horst Katzor erneut zum Oberbürgermeister gewählt. Berta Möller-Dostali (SPD) ist wiederum seine erste Stellvertreterin, während zum 2. Bürgermeister Karlheinz Kuhs (FDP) gewählt wird.

1. JULI Mit dem „ersten Spatenstich" durch Oberbürgermeister Katzor beginnt nach jahrelangen Planungen der Bau des neuen Rathauses.

4. AUGUST Die „Badende" von Georg Kolbe, die jahrelang auf dem Kennedyplatz stand und unter den Autoabgasen gelitten hat, wird nach ihrer Restaurierung in einer Düsseldorfer Gießerei im Grugapark am Waldsee aufgestellt.

11. AUGUST Bei den Städtischen Werken beginnt die Umstellung von Kokerei- auf Erdgas. Als erste werden 200 Haushalte in Werden mit dem ungiftigen Gas versorgt. Die Umstellung wird am 3. September 1979 abgeschlossen.

5. OKTOBER Auf einer von der „Hilfsgemeinschaft Freiheit für Rudolf Heß" organisierten Veranstaltung im Saalbau fordert Bundesjustizminister a.D., Dr. Ewald Bucher, die Freilassung von Heß aus dem Spandauer Gefängnis. Gegen-Demonstranten hatten zuvor in der Nacht den Saalbau mit Parolen wie „Wir haben keine Gnade mit Heß" und „Laßt Heß im Knast" besprüht.

17. OKTOBER Mit einem Schweigemarsch durch Altenessen, den die Aktion gegen Umweltzerstörung organisiert hat, protestieren mehr als 500 Personen gegen die Umweltbelastung im Norden der Stadt. Die Demonstranten fordern eine Begrünung ihres Stadtviertels und Maßnahmen gegen den Lärm und gegen die Gestankbelästigung durch den Emscherschnellweg.

20. OKTOBER Martin Walser, Gastprofessor der Universität, beginnt seine Vorlesungsreihe zum Thema „Ironie als ein Verhältnis zur Geschichte".

20. NOVEMBER Bundespräsident Walter Scheel überreicht erstmals den Alfried-Krupp-von-Bohlen-und-Halbach-Preis für Energieforschung. Geehrt werden sechs „maßgebliche lebende Initiato-

ren und Träger der Entwicklung im Rheinischen Braunkohlenrevier“ (Berthold Beitz). Sie werden ausgezeichnet für die Kohlegewinnung im Tagebau ohne Landschaftszerstörung.

Verleihung des Alfried-Krupp-von Bohlen-und-Halbach-Preises

1976

1. JANUAR Der städtische Schlacht- und Viehhof wird privatisiert. Neuer Betreiber ist die FVE – Fleischversorgung Essen eG.

10.–11. JANUAR Mitglieder des Chile-Komitees Essen besetzen die Münsterkirche, um Unterstützung für das Friedenskomitee in Chile durch den Bischof und durch die Gläubigen zu erlangen. Dieses Komitee ist eine Gründung der chilenischen Kirchen, das durch Gemeinschaftsküchen Arbeitslose versorgt, das die Angehörigen von Regime-Opfern unterstützt und die Gegner der Junta in Strafrechtsangelegenheiten berät. Zahlreiche Katholiken unterschreiben den Protestbrief.

25. FEBRUAR Der Rat spricht sich einstimmig gegen den Vorschlag des Innenministers aus, Bottrop nach Essen einzugemeinden. Diese Ein-

gliederung sei für keine der beiden Städte von Vorteil und entspreche auch nicht den Zielen der kommunalen Neuordnung.

10. März In Anwesenheit des Bundesministers für Ernährung und Landwirtschaft, Josef Ertl, wird das Sudhaus und der Gärkeller der Stern-Brauerei an der Rellinghauser Straße offiziell eingeweiht. Ausgerichtet ist das Sudhaus, das bereits seit einigen Wochen im Betrieb ist, auf einen Ausstoß von 900 000 Hektolitern im Jahr.

26. März Bischof Dr. Franz Hengsbach gründet ein Institut für kirchengeschichtliche Forschung des Bistums Essen, zu dessen Leiter Studiendirektor Alfred Pothmann ernannt wird.

26. März Essens erstes Bürgerhaus, ein Kommunikations- und Freizeitzentrum für alle Generationen, wird in Freisenbruch am Schultenweg 41 eröffnet.

9. April Der nordrhein-westfälische Verfassungsgerichtshof wehrt die Klage Kettwigs gegen die Eingemeindung nach Essen ab.

24. Mai Die alte Krupp-Hauptverwaltung, das Turmhaus an der Altendorfer Straße, wird abgerissen. Gegen den Abriß wird allerorts Protest laut. Als eine „unverzeihliche Vernichtung eines besonders wichtigen historischen Denkmals“ und als eine „Barbarei, gerade in Essen, das durch den Krieg und durch die industrielle Strukturverschiebung so viel von seiner historischen Bausubstanz verloren hat, dieses herausragende Gebäude zu vernichten“, sehen es die Professoren Dr. Dirk Blasius, Dr. Lutz Niethammer, Hermann Sturm und Dr. Klaus Meyer-Abich von der Essener Universität an. „Es ist uns unverständlich, wie ein Gebäude von so hohem baugeschichtlichem Wert offenbar ohne Konsultierung des Landeskonservators zum Abbruch freigegeben werden konnte“, heißt es in ihrem offenen Brief.

30. Mai Zum ersten Mal verkehrt ein Oldtimer-Zug auf der Hespertal-Bahn zwischen Haus Scheppen und Kupferdreh.

7. Juli Im Alter von 76 Jahren verstirbt Dr. Gustav Heinemann. Im Beileidsschreiben der Stadt Essen heißt es: „In zahlreichen Ämtern hat sich Gustav Heinemann Verdienste sowohl um seine Heimatstadt Essen als auch um die Bundesrepublik Deutschland erworben. Stetes, unbeirrtes Eintreten für die weniger Privilegierten unserer Gesellschaft, für Freiheit und Gerechtigkeit hat jedem von uns Respekt und Anerkennung abgefordert. Wir selbst haben ihn in ungezählten Begegnungen

als einen Mann kennengelernt, der auch Unbequemlichkeiten nicht auswich, wenn es galt, seiner Zielsetzung näher zu kommen. Gegen jedes Obrigkeitsdenken gewandt, hatte er selbst im höchsten Staatsamt nie die Verbindung zum Bürger abreißen lassen. Mit seinem Tod sind wir ärmer geworden um eine aufrechte Persönlichkeit, die unsere Demokratie in entscheidender Weise mitgeprägt hat und das Ansehen Deutschlands in der Welt zu mehren wußte. Mit besonderer Dankbarkeit gedenken wir der zahlreichen Beweise der Verbundenheit mit unserer Stadt in der Zeit, als Gustav Heinemann das kommunalpolitische Tätigkeitsfeld verlassen und sich größeren Aufgaben zugewandt hatte. Mehr als einmal hat er zu erkennen gegeben, daß die Stadt Essen in seinem Leben nicht nur eine Wohnsitzfunktion erfüllte."

14. JULI Das 2,4 km lange Teilstück der L 441 zwischen Rellinghausen und Kupferdreh mit der neuen Ruhrbrücke wird für den Verkehr freigegeben.

*Grundsteinlegung des neuen Rathauses am 1. Juli 1976.
In der Bildmitte der Oberstadtdirektor Dr. Ernst Finkemeyer,
am Rednerpult Oberbürgermeister Horst Katzor*

24. Juli Das Defaka-Kaufhaus am Hauptbahnhof-Vorplatz schließt seine Pforten. An gleicher Stelle entsteht das moderne Horten-Kaufhaus.

24. August Der Hügelbrunnen im Varnhorstkreisel wird in Betrieb genommen.

27. August Der „Wasserwald", die von Norbert Kricke geschaffene Brunnenanlage zwischen Handelshof und Kettwiger Tor, wird in Betrieb genommen.

15. September Das Philharmonische Orchester unter der Leitung von Professor Heinz Wallberg gibt erstmals ein Konzert vor Arbeitern eines Werkes. Ort des „Strauß-Konzertes für Gasturbinen" ist die große Montagehalle bei AEG-Kanis.

3. Oktober Mit dem Ausgang der Bundestagswahl (SPD: 55,7; CDU: 36,2; FDP: 7,3 %) sind alle Politiker zufrieden. Die einen weil sie die absolute Mehrheit behauptet haben, die anderen weil sie 3,2 Prozentpunkte dazugewonnen haben. Direkt in den Bundestag ziehen wie vier Jahre zuvor Antje Huber, Erwin Lange und Peter Reuschenbach, alle SPD. Über die CDU-Landesreserveliste gelingt Dr. Paul Hoffacker der Sprung ins Parlament.

18. Oktober Im Wintersemester 76/77 sind Rolf Hochhuth und Max von der Grün Dozenten an der Essener Universität. Hochhuth hält ein Kolloquium über das politische Theater, während von der Grün über die Literatur der Arbeitswelt spricht.

20. Oktober In einer Pressekonferenz gibt die Krupp-Führungsspitze bekannt, daß sich der iranische Staat mit 25,01 Prozent am Stammkapital der Fried. Krupp GmbH beteilige.

28. November Beim Solidaritätsfest des Spanischen Kulturkreises in der Gruga, das unter dem Motto „Leben, Kämpfen, Solidarisieren" steht, ist der ausgebürgte Sänger und Dichter Wolf Biermann der Stargast des Abends.

1977

15. Februar In Rüttenscheid wird die Filiale der National-Bank ausgeraubt. Die Täterinnen flüchten mit einer Beute von 220 000 DM. Wie spätere Ermittlungen ergeben, war der Banküberfall

eine Tat der Rote Armee Fraktion (RAF) unter dem Kommando von Angelika Speitel.

27. FEBRUAR Der Kreuzweg im Dom, den der Salzburger Künstler Toni Schneider-Manzell geschaffen hat, wird erstmals vom Bischof und dem Domkapitel begangen.

25. APRIL An der Universität beginnt der Schriftsteller Heinar Kipphardt mit seiner Vorlesungsreihe „Das Tatsächliche in der Literatur".

28. APRIL Den langjährigen Ratsherren Fritz Kinnigkeit und Wilhelm Lüke sowie dem früheren IHK-Hauptgeschäftsführer, Dr. Heinz Spitznas, wird die Ehrenplakette der Stadt Essen verliehen.

29. APRIL – 3. JULI Im Folkwangmuseum ist die Ausstellung „Die dreißiger Jahre – Schauplatz Deutschland" zu sehen, die zusammen mit dem Haus der Kunst in München und dem Kunsthaus Zürich erarbeitet wurde. In dem umfassenden Gesamtüberblick über die Kunstproduktion eines Jahrzehnts werden sowohl die Werke der Emigranten Kandinsky, Klee und Beckmann als auch die der Nazikünstler Breker und Ziegler einbezogen.

9. MAI In Anwesenheit von Dr. Mildred Scheel, Gründerin der Deutschen Krebshilfe, wird das Westdeutsche Tumorzentrum am Essener Klinikum vorgestellt. In dem Zentrum werden nicht nur die Patienten optimal behandelt, sondern hier wird auch umfassende Grundlagenforschung betrieben und ein Krebsregister geführt.

28. MAI Die neue U-Bahn zwischen Essen und Mülheim wird mit einem Volksfest eröffnet. Die „Ruhr-Nachrichten" kommentieren: „Der Start der U-Bahn in Essen am letzten Mai-Wochenende hat historische Dimensionen. Es ist ein Jahrhundertereignis. Oberbürgermeister aus dem Siepen von Mülheim hat dieses Ereignis völlig zu Recht mit der ersten Fahrt der Eisenbahn zwischen Essen und Mülheim im Jahr 1862 verglichen, mit dem in unserer Region das Zeitalter der Postkutschen zu Ende ging. Dieses Ereignis wird diese Stadt für die nächsten Monate und Jahre prägen. Das Stadtbild wird sich verändern, wenn im ganzen Innenstadtbereich bis auf den Nordrand keine Straßenbahnen mehr zu sehen sind. Die knappe Zeit der Ampeln bleibt nur noch den Kraftfahrern und Fußgängern reserviert. ... Dennoch ist Euphorie mehr als verfehlt. Viel ange-

brachter ist eine nüchterne Skepsis, die gar nicht mehr so unnatürlich ist, seitdem durch die Ölkrise der blinde Fortschrittsglauben viel an Zulauf verloren hat. Die Skepsis ist aus vielen Brunnen genährt. Beim Beginn der U-Bahn-Bauarbeiten vor mehr als zwölf Jahren wurde noch die Illusion gehegt, die getrennte Verkehrsebene für die Schienenfahrzeuge könnte den Zuwachs des Individualverkehrs abbremsen. Anfang der sechziger Jahre hatte die EVAG 151 Millionen Fahrgäste im Jahr, und es gab 51 900 PKW. Mitte der siebziger Jahre war die EVAG auf 94 Millionen Fahrgäste geschrumpft, jedoch die Zahl der Fahrzeuge hatte sich bis zum gleichen Zeitpunkt verdreifacht. Auch die U-Bahn wird diese Entwicklung nicht umkehren. ... Eine weiterer Grund der Skepsis bezieht sich auf die Kosten. Die bisher fertiggestellten U-Bahn-Baulose erforderten 451 Mio. DM. ... Hoffen kann man ferner nur, daß die U-Bahn, die ja auch ein Beitrag sein sollte, die Großstadt menschlicher zu machen, nicht für manche Gruppen zum unmenschlichen Moloch wird. ..."

12. JUNI Im Alter von 75 Jahren verstirbt Dr. Hans Toussaint. Im Nachruf der Stadt heißt es: „Mit ihm verlieren wir eine Persönlichkeit, die sich in höchstem Maße um ihre Heimatstadt Essen verdient gemacht hat und deren Arbeit mit der Errichtung und Erhaltung unseres Gemeinwesens untrennbar verbunden ist. Dr. Hans Toussaint zählte zu den Männern der ersten Stunde; durch sein ausgeprägtes Demokratieverständnis half er mit, freiheitliche Formen des menschlichen Zusammenlebens neu zu entwickeln. Mit nie ermüdendem Einsatz war er zur Stelle, als es galt, aus den vom Weltkrieg hinterlassenen Trümmern eine neue Stadt zu schaffen. Seine nahezu drei Jahrzehnte umfassende Zugehörigkeit zum Rat der Stadt von 1946 bis 1975 ist beispielgebendes Zeugnis der Verbundenheit mit der Stadt Essen. Doch dabei ließ es Dr. Toussaint nicht bewenden. Mit Erfolg stellte er sich den Aufgaben der Landes- und Bundespolitik. Während der Tätigkeit als Mitglied des Landtages Nordrhein-Westfalen von 1947 bis 1958 und als Angehöriger des Deutschen Bundestages von 1957 bis 1969 wußte er stets die Belange unserer Stadt mit großem Sachverstand und ungebrochener Zielstrebigkeit zu vertreten, ohne hierbei je die Interessen des Gesamtstaates aus den Augen zu verlieren. ..."

1. JULI „Und was jetzt kommt, das haben wir gern / ran an die Ochsen, an Stauder und Stern. / Und Essen zum Wohle, zum Schluß trink ich drauf, / mein Gruß für heute: Herzlich Glück auf!" – so der Polierspruch beim Richtfest des neuen Rathauses.

23. Juli In der Grugahalle findet der erste „Rockpalast“ statt, den der WDR live in sechs europäische Länder überträgt.

8. September Kultusminister Jürgen Girgensohn übergibt den bis dahin größten Schulneubau, die Gesamtschule Bockmühle, seiner Bestimmung. An Baukosten sind über 50 Millionen DM aufgebracht worden.

4.–5. Oktober Im Opernhaus gastiert das Dramatische Theater Warschau mit den Inszenierungen „King Lear“ von Shakespeare und „Der Schlachthof“ von Slawomir Mrozek.

November Das Verwaltungsgebäude der Ferrostaal AG wird bezogen. Seine Besonderheit: Alle Mitarbeiter sitzen im Großraumbüro, auch die Vorstandsmitglieder.

24. November Die Essener Horten-Filiale, die auf dem Platz des abgebrochenen Defaka-Warenhaus gebaut worden ist, wird eröffnet.

28. November Mit einer Show „Theater über Theater“, zusammengestellt vom Dramaturgen Herbert Hauck, wird die neue Spielstätte der städtischen Bühnen, das „Casa Nova“, eröffnet.

10. Dezember Mehr als 15 000 Demonstranten ziehen in einem Protestmarsch, zu dem Studentenausschüsse, die Landes-Schülervertretung und die Gewerkschaft Erziehung und Wissenschaft aufgerufen hatten, durch die Innenstadt. Sie fordern mehr Geld für Bildung und Ausbildung und einen Abbau der Rüstungsausgaben.

15. Dezember Mit den Stimmen der SPD beschließt der Rat den Bau des City-Centers.

1978

25. Januar Der Rat beschließt, für besondere Leistungen im Umweltschutz einen Preis zu stiften.

28. Februar Mit 103 727 Stimmen gegen die sogenannte Koop-Schule endet das Volksbegehren gegen die Kooperative Schule. Das Nein von 20,16 Prozent der Wahlberechtigten feiert die CDU als großen Erfolg.

7. April – 15. Mai Das Folkwangmuseum zeigt von Joseph Beuys „Multiplizierte Kunst“.

24. April Im Sommersemester hält die Autorin Karin Struck an der Universität ein Seminar „Gespräch über den Roman".

1. Mai Auf der zentralen DGB-Kundgebung zum 1. Mai spricht Bundeskanzler Helmut Schmidt und der DGB-Vorsitzende Heinz Oskar Vetter.

12. Mai Oberbürgermeister Horst Katzor übergibt den neu gestalteten Dreiringplatz in Steele, der als erstes Teilstück der neuen Fußgängerzone fertiggestellt worden ist. Diese Übergabe ist zugleich der Auftakt zu den Festwochen anläßlich des 400jährigen Bestehens des Steeler Wappens.

5. Juni Am Tag der Umwelt wird erstmals der Essener Umweltpreis verliehen. Preisträger sind der WDR-Redakteur Alfred Zerban und der Betriebsrat des VEBA-Glaswerks.

5. Juni Im Alter von 80 Jahren verstirbt Wilhelm Nieswandt. Im Nachruf der Stadt heißt es: „Die Stadt Essen und ihre Bevölkerung beklagen zutiefst den Tod ihres hervorragenden Mitbürgers und früheren Oberbürgermeisters Wilhelm Nieswandt. Mit ihm verlieren wir eine Persönlichkeit, die sich im höchsten Maße um die Stadt Essen verdient gemacht hat. In den 13 Jahren als Essener Oberbürgermeister hat er Maßstäbe für die Entwicklung der Stadt gesetzt und bleibende Werte geschaffen. Ob als Oberbürgermeister oder zuvor als SPD-Fraktionsvorsitzender und Ratsherr, immer vertrat er die Belange der Stadt mit großem Sachverstand, leidenschaftlichem Engagement und einem ungewöhnlichen Durchsetzungsvermögen. Leben und Wirken Wilhelm Nieswandts waren geprägt von seinem untadeligen Charakter und seinem sozialen Verantwortungsbewußtsein gegenüber den Menschen. Wilhelm Nieswandt, der nach dem 1. Weltkrieg aus seiner ostpreußischen Heimat nach Essen zog, gehörte bereits von 1932 bis 1933 als Stadtverordneter der SPD dem Rat der Stadt Essen an. Seine kommunalpolitische Tätigkeit wurde durch den Nationalsozialismus gewaltsam unterbrochen. Nach Kriegsende 1945 gehörte Wilhelm Nieswandt zu den Männern der ersten Stunde. Die Bewältigung bitterster Not in den ersten Nachkriegsjahren ist mit dem Namen Wilhelm Nieswandt ebenso verbunden wie der spätere Wiederaufbau und der Ausbau der Stadt zu einem modernen und funktionsfähigen Gemeinwesen."

7. Juli Die Bundeswehr-Kaserne in Kray erhält den Namen Gustav-Heinemann-Kaserne. In einem Festakt enthüllt Verteidi-

gungsminister Hans Apel den Namensstein. Er würdigt Heinemann als einen Christen und Demokraten, an dem sich auch die Soldaten der Bundeswehr orientieren können: „Die Bundeswehr und ihre Soldaten sind stolz darauf, daß diese Kaserne zukünftig den Namen von Gustav Heinemann trägt. Die Bundeswehr übernimmt damit auch Verpflichtungen. Das wissen wir. Wir wollen ihnen gerecht werden."

17. AUGUST Im Steag-Fernheizwerk an der Gladbecker Straße eröffnet Bundesminister für Forschung und Technologie, Dr. Volker Hauff, den ersten Bauabschnitt der Fernwärmeschiene Ruhr.

1. SEPTEMBER Mehr als 6000 Schmidts in allen Schreibweisen des Namens treffen sich in der Grugahalle. Prominenteste Teilnehmer sind der Bundeskanzler Helmut Schmidt und seine Frau Loki. Zuvor hatte der Bundeskanzler ein Konzert des Philharmonischen Orchesters in der Lokomotivhalle von Krupp und das Folkwangmuseum besucht.

Helmut Schmidt zu Gast beim Konzert des Philharmonischen Orchesters

23. SEPTEMBER Einen privaten Besuch stattet der Erzbischof von Krakau, Kardinal Karol Woityla, Bischof Dr. Hengsbach ab. Drei Wochen später wird er zum Papst Johannes Paul II. gewählt.

24. SEPTEMBER Der griechische Metropolit in Deutschland weiht das neue griechische Begegnungs- und Beratungszentrum im evangelischen Altstadt-Haus.

10. NOVEMBER Siegfried Lenz liest im Folkwangmuseum aus seinem Roman „Heimatmuseum".

7. DEZEMBER Die Ehrenplakette der Stadt erhalten Hermann Fritsch, Vorsitzender des Gesamtbetriebsrates von Krupp, Friedel Hanster, langjähriger Vorsitzender des Kulturrings der Essener Jugend und des Theaterrings, Professor Kurt Jooss, der Architekt Werner Ruhnau und Professor Erich Sehlbach, Lehrer an der Folkwangschule von 1928 bis 1966. Otto Bartels, dem Autor (Jan Bart) vieler Heimatbücher, der am 26. November verstorben ist, wird die Plakette posthum verliehen.

1979

12. JANUAR Die Rektoratsübergabe an der Universität von Professor Dr. Walter Kröll an Professor Dr. Peter Neumann-Mahlkau wird massiv von protestierenden Studenten gestört.

16. JANUAR Im Postamt 1 wird die neue automatische Briefverteileranlage in Betrieb genommen, die 80 Prozent der Standardbriefe verarbeiten kann.

18. JANUAR Ein Großfeuer richtet in der Alten Synagoge gewaltige Schäden an. Vor allem die Industrieausstellung ist stark betroffen, Fernsehgeräte, Küchen- und Badezimmereinrichtungen sind total zerstört worden, während das Plakatmuseum unversehrt geblieben ist.

20. JANUAR Der Freundschaftsvertrag zwischen Essen und Grenoble wird unterzeichnet. „Unsere Überlegungen und Bemühungen sind im beiderseitigen Interesse darauf gerichtet, die Möglichkeiten zur Förderung des sportlichen, sozioedukativen und soziokulturellen Bereichs auf breiter Basis und zum Wohle aller Schichten der Bevölkerung auszunutzen und zu verbessern", ist im Protokoll zu lesen.

22. JANUAR Das erste Essener Frauenhaus, das mißhandelten Frauen und Kindern Schutz bietet, wird eröffnet.

31. JANUAR Den erstmals vergegebenen Kulturpreis der Stadt Essen erhält die Düsseldorfer Initiative „Werkstatt“, die Stadtteilkultur betreibt. Während der Oberbürgermeister die Preisvergabe verteidigt, da hiermit „zum ersten Mal kulturelle und ästhetische Leistungen gewürdigt“ würden, „die sich jenseits der traditionellen Kulturgewohnheiten, außerhalb der zentralen Kulturgewohnheiten, außerhalb der zentralen Kulturinstitute, außerhalb der traditionellen Vereine und außerhalb staatlich oder städtisch geförderter Einrichtungen auf die unmittelbare Umwelt der Stadtbewohner, eben die Stadtteile beziehen, um dort das soziale und kulturelle Klima gleichermaßen zu verbessern“, wird in der WAZ Kritik laut: „Der Kulturpreis der Stadt Essen, als Aushängeschild für eine kulturell aufgeschlossene Kommune von der WAZ angedacht, droht schon vor der ersten Verleihung in Verruf zu geraten. Mit dieser Auszeichnung sollte eine kulturelle Leistung von hohem Rang – in der Bundesrepublik und möglichst darüber hinaus anerkannt – honoriert werden. Doch in der Satzung wurde dieses große Ziel bereits gekappt. Durch die Bedingung, daß der oder die Preisträger eine wesentlichen Beitrag zur ‚Aufrüstung der Kulturarbeit in den Stadtteilen leisten sollen‘, bekam der Preis einen recht provinziellen Beigeschmack. Diesen vorgezeichneten Weg will nun die Mehrheitsfraktion offenbar strikt einhalten. ... Ein Vorort-Kulturpreis für ein Laienensemble wird Essens Ruf nicht zur Ehre gereichen.“

1. MÄRZ In den S-Bahnen wird der Fahrkartenverkauf eingestellt. Fahrausweise können nur noch an den Automaten gezogen werden.

1. MÄRZ Zwei Außenstellen der VHS werden eröffnet: das „Kulturforum Steele“ und die Außenstelle in Borbeck.

1. APRIL Im Opernhaus wird Kresimir Fribecs Ballett „Medea“ uraufgeführt.

11. APRIL Mit Bischof Franz Hengsbach an der Spitze protestieren 5000 Katholiken mit einem Schweigemarsch durch die Innenstadt gegen die Planung eines Beratungszentrums für Schwangere.

28. APRIL Die Uraufführung von Heiner Müllers „Hamletmaschine“

hinterläßt beim Publikum „Ratlosigkeit und Betroffenheit" (WAZ).

4. MAI Das neue Technische Untersuchungs- und Forschungszentrum des TÜV an der Langemarckstraße 20 wird eingeweiht.

29. MAI Professor Dr. Gerd Meyer-Schwickerath, seit 1959 Chef der Essener Augenklinik, erhält aus der Hand des Bundespräsidenten den Orden Pour le merite.

5. JUNI Aus Protest gegen geplante Entlassungen legen 1000 Mitarbeiter von AEG-Kanis spontan ihre Arbeit nieder.

9. JUNI Muhammed Ali, der in der Grugahalle in einer Sport-Show auftritt, trägt sich als erster Nichtpolitiker ins Stahlbuch der Stadt ein.

15. JUNI Der Gasbehälter am Reckhammerweg, ein markantes Wahrzeichen des Nordviertels, wird abgerissen. Durch die Umstellung von Kokerei- auf Erdgas ist der stählerne Koloß mit einem Fassungsvermögen von 80 000 Kubikmetern, der 1950 in Betrieb genommen worden war, überflüssig geworden.

19. JUNI Der Rat beschließt, die Städtischen Werke, bisher ein Eigenbetrieb der Stadt, in eine Aktiengesellschaft umzuwandeln. Die Eintragung ins Handelsregister des Amtsgerichts Essen erfolgt am 6. Juli.

22.–24. JUNI In der Gruga findet ein großes Volksfest der DKP statt, das mehr als 400 000 Besucher anlockt. Stargäste sind Juliette Greco, Maria Farantouri und Miriam Makeba.

JULI In der „Weuenschenke" in Altendorf wird die erste Frauenkneipe Essens eröffnet, zu der Männer keinen Zutritt haben.

JULI Der Haus-, Wohnungs- und Grundeigentümer-Verein Essen hat die allgemeine Hausordnung ins Türkische übersetzen lassen und vertreibt sie nun für 1 DM das Stück. „Das war eine echte Marktlücke, die wir eigentlich so nebenbei bei einem Gespräch über das Bierglas entdeckt haben", erklärt der Geschäftsführer des Vereins.

1.–26. AUGUST In den Messehallen 9 und 11 wird in der Ausstellung „Essener Kunstszene 79" ein Überblick über das Schaffen von mehr als 50 Essener Künstlerinnen und Künstler geboten.

3. SEPTEMBER In der Stadtbibliothek Steele wird die städtische Artothek eröffnet. 150 Bilder stehen zur Ausleihe zur Verfügung. Kritisiert wird der Standort: „Denn statt die Artothek an einem zentralen Punkt im Stadtgebiet anzusiedeln, um allen Bürgern die Möglichkeit zu geben, sie leicht zu erreichen, wählte die Verwaltung ausgerechnet einen Sitz an der äußersten Peripherie. Mit der Verlagerung zum Dreiringplatz in Steele wurde dieser Einrichtung und ihren Benutzern ein schlechter Dienst erwiesen.“ (WAZ)

14. SEPTEMBER Der Auftritt von Dr. Franz Josef Strauß im Kommunalwahlkampf, der durch Demonstranten massiv gestört wurde, sorgt für Konfliktstoff zwischen den Parteien. Die CDU wirft den Sozialdemokraten vor, gemeinsame Sache mit den Kommunisten gemacht zu haben, was die SPD empört zurückweist.

22. SEPTEMBER Für die sofortige Einrichtung eines Schwangerschaftskonfliktzentrums durch die Arbeiterwohlfahrt demonstrieren tausende von Frauen in der Innenstadt.

25. SEPTEMBER In Anwesenheit von Bundespräsident Karl Carstens wird im Saalbau der Deutsche Richtertag eröffnet.

30. SEPTEMBER Die Kommunalwahl endet mit einem Sieg der SPD, die ihren Stimmenanteil (54,1 %)) im Vergleich zu 1975 halten kann. Keine Veränderung gibt es auch bei der CDU (38,3 %), während die FDP mit 4,8 Prozent den Einzug ins Stadtparlament verfehlt. Die Grünen, die erstmals zu einer Kommunalwahl antreten, erreichen 1,6 Prozent der Stimmen.

19. OKTOBER Mit den Stimmen der SPD wird Horst Katzor abermals zum Oberbürgermeister gewählt. Seine Vertreter sind Fritz Kinnigkeit (SPD) und Helmut Karnath (SPD).

5. NOVEMBER Am Handelshof werden 17 alte Gaslaternen wieder in Betrieb genommen. Das „Laternenmuseum“ ist damit eröffnet.

7. NOVEMBER Das neue Rathaus, entworfen von dem Architekten Theodor Seifert, wird mit in einem Festakt und einem Tag der offenen Tür eröffnet. Es ist mit 23 Ober- und 4 Untergeschossen und einer Höhe von 106 Metern das höchste und größte Rathaus der Bundesrepublik. „Große Investitionen erfordern auch in der heutigen Zeit Mut, Risiko- und Entscheidungsbereitschaft“, erklärt

Oberstadtdirektor Dr. Ernst Finkemeyer bei der Einweihung. „Rat und Verwaltung haben diesen Tugenden folgend mit dem Bau des Rathauses allen Bürgern ein Angebot unterbreitet. Es liegt nun an ihnen, in die angebotene Hand einzuschlagen und Besitz zu ergreifen von diesem Haus, in das ein partnerschaftlicher Geist einziehen möge zum Vorteil und zum Wohle aller!"

8. NOVEMBER Das 26 000 Quadratmeter Nutzfläche umfassende City-Center wird eröffnet. Hier finden die Kunden ein Warenhaus, ein Möbelhaus, 62 Einzelhandelsgeschäfte und sechs Restaurants. „Das neue Center paßt nach Essen. Denn die Ruhrmetropole hat in den letzten Jahren durch einen Zuwachs an Dienstleistungsberufen auch die höheren Ansprüche der Kunden zu registrieren", lauten die Erklärungen der Investoren. „Daher haben wir uns bemüht, Top-Qualität in das City-Center zu bringen."

1980

1. JANUAR Der Verkehrsverbund Rhein-Ruhr (VRR) nimmt seinen Betrieb auf. Am ersten Tag herrscht Hochbetrieb in den Bussen und Bahnen, da alle Verkehrsmittel zum Null-Tarif benutzt werden dürfen.

20. JANUAR Im Opernhaus wird die „Rocky Horror Show" von Richard O'Brien in der Inszenierung von Walter Bockmayer erstaufgeführt. Es gibt lang anhaltenden Schlußapplaus, während sich der Kritiker der WAZ über den Erfolg wundert: „Tatsächlich ist es sensationell, daß ein solch schwaches Werk wie dieses Grusical seit nunmehr sieben Jahren im Kino und im Theater Furore macht. Der Rocky Horror Show fehlt eigentlich alles, was ein gutes Bühnenstück ausmacht."

23. JANUAR Den Preis der Stadt Essen zur Förderung jüngerer Künstler erhalten die Fotografin Annegret Koch und die Musiker Claudius Tanski und Detlef Tewes.

3. FEBRUAR Im Restaurant „Margarethenhöhe" findet die Gründungsversammlung des Kreisverbandes Essen der „Grünen" statt, die seit Mai 1979 anläßlich der Kommunalwahl in einer Wählergemeinschaft organisiert sind.

13. FEBRUAR Zwei Assistenzärzten des Elisabeth-Krankenhauses wird wegen eines Leserbriefes an den „Stern" zum Thema § 218 zum

31. März gekündigt. „Als katholisches Krankenhaus und kirchliche Stiftung könne man die Handlungsweise, die der kirchlichen Auffassung über die Tötung ungeborenen menschlichen Lebens gegenüberstehe, nicht auf sich beruhen lassen“, heißt es in dem Kündigungsschreiben.

14. März In der Volkshochschule liest Günter Wallraff aus dem Buch „Zeuge der Anklage“.

16. März Mit einer Gedenkstunde in der Alten Synagoge wird die Woche der Brüderlichkeit eröffnet. Die Feier findet in einem Provisorium statt, denn die Synagoge wird zu einer Mahn- und Gedenkstätte umgestaltet. „Wenn alles fertig ist, werden wir dieses Haus in die Hände der jungen Generation legen, damit sie hier Geschichtsbewußtsein in Begegnungen und Veranstaltungen bekommt“, erklärt der Oberbürgermeister.

28.–30. März Mehr als 2000 Delegierte von 530 Vereinen nehmen am Rheinischen Schützentag teil.

30. März Mitglieder des Lateinamerika-Kreises Essen besetzen die Domkirche während der 11-Uhr-Messe und verteilen Flugblätter, mit denen sie gegen die Ermordung des Erzbischofs Romero von San Salvador protestieren.

12.–13. April Mit zwei Großveranstaltungen in der Grugahalle beginnt der Landtagswahlkampf. Bundeskanzler Helmut Schmidt, Ministerpräsident Johannes Rau und Willy Brandt sind die Redner auf der SPD-, Helmut Kohl und Franz Josef Strauß die auf der CDU-Versammlung.

17. April In der „Lichtburg“ wird der Film „Panische Zeiten“ mit Udo Lindenberg uraufgeführt. Lindenberg, vom Oberbürgermeister mit der Frage „Sind Sie nicht ein Darsteller des berühmten Wicki-Films ‚Die Brücke’?“ begrüßt, fragt, verärgert über die Verwechslung mit Volker Lechtenbrink, zurück: „Sie entgiften doch gerade den Kapernberger Bach. Klappt das denn auch?“

11. Mai Mit einem Traumergebnis von 57,7 Prozent endet die Landtagswahl für die SPD. Die CDU muß Stimmeneinbußen hinnehmen und erreicht nur noch 34,9 Prozent. FDP und Grüne erhalten 4,3 bzw. 2,5 Prozent der Stimmen. Erstmals gewinnt die SPD auch alle Direktmandate. Für sie ziehen in den Landtag: Maria Jammes (Wahlkreis 75 – Altendorf, Frohnhausen, Haar-

zopf), Johannes Gorlas (WK 78 – Steele, Kray, Leithe, Freisenbruch), Dr. Peter Heinemann (WK 80 – Bredeney, Werden, Kettwig, Heisingen, Kupferdreh, Burgaltendorf), Kurt Nowack (WK 77 – Altenessen, Karnap, Stoppenberg, Katernberg), Dr. Diether Posser (WK 79 – Innenstadt, Rüttenscheid, Rellinghausen, Huttrop, Frillendorf) und Ludwig Wördehoff (WK 76 – Borbeck, Frintrop, Dellwig, Bochold). Über die Landesliste erhält Dr. Wilfried Heimes (CDU) sein Mandat.

27. MAI Die Stadt verweigert die Aufnahme weiterer Asylbewerber. Oberbürgermeister Horst Katzor erläutert den Beschluß: „Die Stadt Essen, die in der Vergangenheit bereits rund 1000 Asylbewerber aufgenommen hat, ist einer unkontrollierten Flut weiterer Asylbewerber nicht mehr gewachsen. Der Ausgang bisheriger Asylverfahren hat gezeigt, daß die meisten Bewerber nicht aus politischen, sondern aus wirtschaftlichen Gründen in die Bundesrepublik gekommen sind. Wenn wir die Verteilungspraxis und die Verfahrenspraxis bei Asylbewerbern nicht bald klären, fehlt uns Platz für jene Menschen, die aus politischer Überzeugung ihre Heimat verlassen mußten und denen wir zu helfen bereit sind.“

9.–10. JUNI In der Grugahalle findet der Bundesparteitag der SPD statt, auf dem auch das Wahlprogramm für die Bundestagswahl verabschiedet wird.

JULI Die Villa Knaudt wird abgerissen. Sie muß der Erweiterung des Folkwang- und Ruhrlandmuseums weichen.

1. SEPTEMBER Das Gedenkbuch für die jüdischen Mitbürger der Stadt Essen, „Geschichte und Schicksal der Essener Juden“ von Dr. Hermann Schröter, wird der Öffentlichkeit vorgestellt. Im Geleitwort wird die Absicht der Publikation betont: „Das Gedenkbuch soll auch ein Mahnmal sein, es will die Erinnerung an die Verbrechen lebendig halten, damit sich die Zeiten geistiger Entartung nicht wiederholen. Die Jugend möge daraus lernen, daß Menschenwürde und Freiheit überall und jederzeit mit Füßen getreten werden, wo Kritik und Toleranz sich nicht äußern dürfen.“

5. SEPTEMBER Das neue Alfried-Krupp-von-Bohlen-und-Halbach-Krankenhaus in Rüttenscheid wird eingeweiht.

8. SEPTEMBER Die von Dr. Wilhelm Sellmann erstellte „Essener Bibliographie“ wird der Öffentlichkeit vorgestellt. Sie enthält auf

1200 Seiten das Essener Schrifttum der Jahre 1574 bis 1960. Mehr als 35 000 Bücher, Broschüren, Aufsätze und Zeitungsartikel hat Sellmann in 25jähriger Arbeit erfaßt.

16. SEPTEMBER Peter Paul Zahl liest in der Universität aus seinen Werken. Eine Lesung im Jugendzentrum war vom zuständigen Dezernenten verboten worden.

5. OKTOBER Großer Stimmenzuwachs bei der FDP (10,7 %) und starke Verluste bei der CDU (32,6 %) bestimmen das Essener Ergebnis der Bundestagswahl. Die SPD behält mit 55,2 Prozent ihre absolute Mehrheit, während die Grünen nur 1 Prozent erreicht haben. In den Bundestag ziehen direkt ein: Antje Huber (Wahlkreis 90), Otto Reschke (WK 88) und Peter Reuschenbach (WK 89). Über die Reserveliste schafft überraschend Klaus Beckmann (FDP) den Sprung in das Parlament.

8. OKTOBER Für zwei Stunden besetzen Kurden das türkische Konsulat, um gegen die Regierung in Ankara zu protestieren.

18. OKTOBER Im Foyer des Rathauses wird ein 2,8 Tonnen schwerer Kohleblock aufgestellt. Er ist ein Geschenk der Ruhrkohle AG und soll an die Bergbauvergangenheit der Stadt erinnern. Die offizielle Übergabe durch den Vorstandsvorsitzenden der Ruhrkohle AG, Dr. Karlheinz Bund, findet am 5. November statt.

18.–26. OKTOBER Ein Theaterfestival für die ausländischen Mitbürger veranstalten die städtischen Bühnen. Sie wollen damit gegen die wachsende Ausländerfeindlichkeit Front machen.

27. OKTOBER Das neue C & A-Haus wird eröffnet. Fertiggestellt ist auch die Brunnenanlage auf dem Kurienplatz, die zum größten Teil der Kaufhaus-Konzern gesponsert hat.

29. OKTOBER Der Preis der Stadt Essen für Plakatgestaltung wird an den polnischen Künstler Jan Lenica verliehen.

9. NOVEMBER „Dieses politisch-historische Dokumentationsforum in der Alten Synagoge, das wir heute mit der wichtigen, erschütternden und mahnenden Ausstellung über den Widerstand und die Verfolgung während der nationalsozialistischen Gewaltherrschaft von 1933 bis 1945 eröffnen, ist eine Hoffnung. Es ist die Hoffnung, stets wachsam zu bleiben, schon früh Zeichen des Unheils zu erkennen und sich durch die Beschäftigung mit unserer jüngsten Vergangenheit immer der Sicherung der Demo-

kratie bewußt zu sein. Das politisch-historische Dokumentationsforum muß Alte und Junge mahnen: Was damals geschah – dies und ähnliches darf nicht mehr geschehen! ... Ich wünsche, daß die Alte Synagoge als Stätte der Mahnung, des Gewissens und der Versöhnung angenommen wird und sich zu einem zentralen Ort des Geisteslebens unserer Stadt entwickelt.“ Mit diesen Worten eröffnet Oberbürgermeister Horst Katzor die Mahn- und Gedenkstätte und zugleich die Dauerausstellung „Widerstand und Verfolgung in Essen von 1933 bis 1945“.

24. November Mehr als 50 000 neugierige Zuschauer sind zum Rathaus gekommen, um die Weltpremiere der Lasershow am Rathaus miterleben zu können. Doch es herrscht allgemeine Enttäuschung, da die grünen und blauen Laserstrahlen kaum zu erkennen sind. „Ich habe eine solche beschämende Situation noch nicht erlebt“, erklärt verärgert Oberbürgermeister Katzor. „Ich fühle mich getäuscht.“ Und die NRZ kommentiert: „Die hochgepriesene Laser-Welt-Premiere war schlichtweg eine Pleite. ... Die Enttäuschung der Essener ist groß. Wenn Essen als Ruhrmetropole strahlen will, muß was fürs Strahlen getan werden. ... Bleibt zu hoffen, daß es noch etwas zu reparieren gibt.“

14. Dezember Der letzte Tatort-Krimi mit Kommissar Haferkamp (Hans Jörg Felmy) wird ausgestrahlt. Sein Nachfolger ist der Kommissar Schimanski (Götz George) aus Duisburg.

1981

14. Januar Der Essener Filmclub, der im September 1949 gegründet worden war, löst sich auf, da die vier Programmkinos viele Aufgaben des Clubs übernommen haben.

6. März Im Saalbau ist Joseph Beuys Gast des Lions Club Baldeney. Unter dem Motto „Mein erweiterter Kunstbegriff“ erläutert Beuys seine Theorie von der sozialen Kunst.

30. März 20 000 Menschen ziehen in einem Schweigemarsch durch die Stadt und legen den Verkehr lahm, um gegen ein Schwangerschaftsberatungszentrum zu protestieren. Bischof Hengsbach sagt am Ende der Demonstration, daß „menschliches Leben vom Augenblick der Empfängnis da“ sei. „Jeder Schwangerschaftsabbruch ist Tötung eines unschuldigen menschlichen Lebens.“

APRIL Die Initiative „Zeche Carl“ beginnt mit den Umbauarbeiten der Waschkaue, um hier ein Bürger-, Jugend- und Kommunikationszentrum zu schaffen.

Die Zeche Carl vor dem Umbau zum Kulturzentrum

3. APRIL Das 5 Kilometer lange Teilstück der A 52 mit dem Anschluß an den Ruhrschnellweg in Frillendorf wird für den Verkehr freigegeben, wodurch eine spürbare Entlastung der B 224 eintritt.

21. APRIL Das umgebaute und völlig neu ausgestattete Hotel Handelshof nimmt die ersten Gäste auf. Zwei Tage später beginnt auch der Betrieb im Sheraton-Hotel am Saalbau.

1. MAI 75 Beamte eines Sonder-Einsatz-Kommandos räumen zwei seit Anfang April besetzte Häuser in der Segerothstraße und in der Alten Zeile in Steele. Vorausgegangen war ein Brandanschlag auf das SPD-Büro. Im Anschluß an die Räumung kommt es zu Demonstrationen in der Innenstadt mit kleineren Zwischenfällen.

JUNI Die evangelische Kirchengemeinde Bergeborbeck verkauft die Glaubenskirche an die Priesterbruderschaft Pius X., die der suspendierte Erzbischof Marcel Lefèbvre gegründet hatte.

1. Juni Das Sheraton-Hotel wird offiziell eröffnet. Der Oberbürgermeister betont die Wichtigkeit der Baumaßnahme: „Das Hotel schließt eine wesentliche Lücke in Essen, der Stadt der Messen und Kongresse."

3. Juni Für ihre langjährige politische Tätigkeit werden die Ratsmitglieder August Emde, Hans Fehr, Helmuth Karnath, Robert Malone, Ewald Schlierkamp und Hanns Sobek mit der Ehrenplakette der Stadt Essen ausgezeichnet.

7. August Bei einer Bergtour in den Ötztaler Alpen verunglückt der Oberstadtdirektor Dr. Ernst Finkemeyer tödlich. Wulf Mämpel charakterisiert ihn als den „menschlichsten Oberstadtdirektor, der in Essen je der Verwaltung vorstand". „Er freute sich über fortschrittliche Neuerungen, die die Stadt weiterbrachten. Er unterstützte jede Art von Aktivität, die Essens Image aufmöbeln half. Er war stets engagiert dabei, wenn es darum ging, die Ruhrmetropole lebens- und liebenswert zu machen. ... Essen hat einen Statthalter im besten Sinne des Wortes verloren."

26. September Das Essener Kinder- und Jugendtheater zeigt auf der Zeche Carl das umgearbeitete Märchen „Alice im Wunderland" unter dem an den Ort angepaßten Titel „Alice in der Zeche Carl".

30. September Das „Centrum de Regenboog", ein multifunktionales, von den Kirchengemeinden eingerichtetes Freizeit- und Kulturzentrum in Leeuwarden (Niederlande), und der Rektor der Hövel-Grundschule in Altenessen, Manfred Hoese, erhalten den Essener Kulturpreis. Das Kulturzentrum wird für sein Bemühen im Bereich alternativer Kulturformen ausgezeichnet, während Hoese für seine engagierte soziokulturelle Arbeit an der Schule und im Stadtteil geehrt wird.

4. Oktober Das renovierte Haus Heck wird mit einem Familiengottesdienst als evangelisches Jugendzentrum eingeweiht.

11. Oktober Im Opernhaus erlebt das Stück „Der Schlachthof" von Slawomir Mrozek seine deutsche Erstaufführung.

17. Oktober Das neue Frischezentrum an der Lützowstraße, ein Umschlagplatz für Fleisch, Obst, Gemüse, Milchprodukte und Lebensmittel aller Art, wird feierlich eröffnet. In den acht neuen Markthallen bieten 95 Firmen ihre Produkte an.

19. OKTOBER Das RWE-Kraftwerk Karnap wird an das Fernwärmenetz der Steag angeschlossen.

23. OKTOBER Die neue Fabrik der Metallwerke Altenberg AG an der Hafenstraße wird eröffnet. Oberbürgermeister Horst Katzor bezeichnet das 45 Millionen-Projekt als ein „Jahrhundertereignis für den Essener Norden".

25. OKTOBER Der vom Papst abgesetzte Erzbischof Marcel Lefèbvre, Sprecher der katholischen Traditionalisten, die die Beschlüsse des Zweiten Vatikanischen Konzils nicht anerkennen, weiht die renovierte, ehemalige Glaubenskirche in Bergeborbeck, die der evangelischen Gemeinde abgekauft worden war, neu als Bonifatiuskirche.

31. OKTOBER „Christen in dieser Zeit" ist das Motto der Reformationsfeier in der Grugahalle, bei der Ministerpräsident Johannes Rau die Festansprache hält.

25. NOVEMBER Der Rat wählt Kurt Busch zum neuen Oberstadtdirektor. Der Jurist aus Bünde (Westfalen) sammelte kommunale Verwaltungserfahrungen als Oberstadtdirektor von Göttingen. Seinen Amtseid legt Busch am 27. Januar 1982 ab.

27. NOVEMBER Die zweite U-Bahn-Linie, die U 17 von der Universität zur Margarethenhöhe, wird eröffnet.

1982

17. JANUAR Mehr als 2000 Personen, unter ihnen Ministerpräsident Johannes Rau, Oppositionsführer Professor Kurt Biedenkopf, Oberbürgermeister Horst Katzor, begleiten bei herrlichem Sonnenschein Bundespräsident Professor Karl Carstens bei seiner Wanderung von Hattingen-Bredenscheid über die Ruhrhöhenwege nach Werden.

17. FEBRUAR Das jahrelange Hin und Her über die Benennung von Straßen nach den bedeutendsten Politikern der Nachkriegsjahre hat ein Ende. Der Hauptausschuß beschließt, die vier Ruhrbrücken nach Kurt Schumacher (Steeler Brücke), Konrad Adenauer (Rellinghausen – Überruhr), Theodor Heuss (B 227) und Gustav Heinemann (Werdener Brücke) zu benennen.

Die Stärkung nach der Wanderung

24. FEBRUAR Der Rat beschließt, das neue Gildehof-Freizeitcenter von der Herms-Gruppe errichten zu lassen.

6. MÄRZ Anläßlich des Internationalen Frauentages findet in der Aula der alten Pädagogischen Hochschule eine Großveranstaltung „Gewalt gegen Frauen hat viele Gesichter“ statt, an der u.a. Bundesfamilienministerin Antje Huber, Heidi Wieczorek-Zeul und Alice Schwarzer teilnehmen.

18. MÄRZ In den Räumen des ehemaligen Marktamtes am Berliner Platz wird das Kirmesmuseum eröffnet. Die Essener Schausteller haben über 600 historische Gegenstände und Dokumente aus der Welt des Rummelplatzes zusammengetragen, die nun der Öffentlichkeit präsentiert werden.

10.–11. APRIL Erstmals seit 14 Jahren findet wieder ein Ostermarsch im Ruhrgebiet statt. Von Duisburg kommend, treffen sich am Samstagnachmittag 10 000 Teilnehmer auf dem Frohnhauser Markt. Am andern Morgen geht der Zug vom Altenessener Markt über Katernberg nach Gelsenkirchen weiter.

1. JUNI „Die strahlende Sonne der letzten Tage brachte es ans Licht: Essenerinnen in den Schwimmbädern sind nicht mehr prüde, sie machen es ihren Kolleginnen in München nach. In einigen

Freibädern sonnten sich die ersten ‚oben ohne', sehr zum Vergnügen manch eines männlichen Badegastes." Solches weiß die WAZ zu berichten.

7. Juni Die Stern-Brauerei Carl Funke AG braut nach altem Rezept das „Essener Actien Kräusen Original".

24. Juni Der 60 Meter hohe Stahlbeton-Förderturm der Schachtanlage Poertingssiepen, einst hochmoderner Zeuge des prosperierenden Bergbaus, wird gesprengt.

22. September Der Kulturpreis zur Förderung junger Künstler wird an die Autoren Wolfgang Komm, Franjo Terhart und René Zey verliehen.

Oktober Die Laseranlage am Rathaus wird wegen der hohen Betriebskosten und der Störungsanfälligkeit an die Universität verschenkt.

22. November Die St. Eligius- und Assindia-Quelle in Kray wird als Heilquelle staatlich anerkannt. Der Regierungspräsident Achim Rohde überreicht die Urkunde.

18. Dezember Ein Sonderparteitag der SPD gibt grünes Licht für den Theaterneubau. Mit 108 zu 72 sprechen sich die Delegierten für den Bau des Aalto-Theaters aus. „Das bejahende Votum für den Aalto-Bau bedeutet für die Metropole Essen einen weiteren städtebaulichen Meilenstein im Sinne oberzentraler Funktionen. Es bedeutet aber auch die Schaffung von würdigen Arbeitsbedingungen der Theaterleute. Es beweist zudem, daß die Essener SPD ihren Weg auf dem Gebiet der lokalen Kulturpolitik konsequent gehen wird: Nach U-Bahnbau, nach Rathaus-Neubau nun das dritte Großprojekt für unsere Stadt. ... Daß die SPD in der Phase der Rezession diesen Entschluß gefaßt hat, ist mutig und zukunftsorientiert. Ein Theater wird nämlich nicht für die nächsten zwei Jahre gebaut. Es soll auch noch kommenden Generationen als Heim der Musen und Ort freien Denkens dienen. Der Startschuß dazu fand am 18. Dezember 1982 statt. Vorhang auf für eine neue Epoche." So der Kommentar der WAZ.

1983

5. Februar „Für Frieden, Liberalität und soziale Gerechtigkeit" lautet das Motto einer Großveranstaltung in der Grugahalle, zu der die

„Aktion für mehr Demokratie“ aufgerufen hat. Anhaltende Ovationen löst die Rede von Heinrich Böll aus, aber auch Lew Kopelew und Pavel Kohout finden große Zustimmung.

22. FEBRUAR Die Restaurant- und Hotelkette Mövenpick übernimmt den Handelshof.

6. MÄRZ Mit Gewinnen der CDU (37,2 %) und Verlusten der SPD (52,1 %) endet die Bundestagswahl. FDP und Grüne liegen gleichauf bei 5,1 Prozent.
Erstmals seit 13 Jahren verliert die SPD auch wieder das Direktmandat im Südwahlkreis. Mit knapper Mehrheit zieht Dr. Paul Hoffacker (CDU) in den Bundestag ein. Die beiden anderen Direktmandate können Otto Reschke und Peter Reuschenbach behaupten. Über die jeweiligen Landeslisten erhalten Antje Huber (SPD) und Klaus Beckmann (FDP) einen Sitz im Parlament.

20. APRIL Am Gildehofzentrum beginnen die Bauarbeiten.

21. APRIL Die Entschlammung des Baldeneysees beginnt. Ein 200 Tonnen schwerer Schwimmbagger saugt den Schlamm ab, der in ein riesiges Spülbecken in der Heisinger Aue gepumt wird. Das Projekt, das zur Gewinnung eines hygienisch sauberen Trinkwassers erforderlich ist, wird von Naturschützern heftig angegriffen.

29. APRIL Die Kruppstiftung und die Universität Essen unterzeichnen den Vertrag über eine Stiftungsprofessur für Energiebetriebswirtschaftslehre.

4. MAI Das Deutsche Plakatmuseum Essen wird in den neuen Räumen im Haus am Theaterplatz, in der ehemaligen Stadtkasse, eröffnet. Auf einer Fläche von 600 Quadratmetern können nun Wechselausstellungen aus dem 60 000 Plakate umfassenden Fundus gezeigt werden.

5. MAI Bundespräsident Karl Carstens stattet der Stadt seinen offiziellen Besuch ab und trägt sich als 100. Gast ins Stahlbuch der Stadt ein.

19. MAI Der Oberleitungs-Spurbus der EVAG, der sowohl mit Elektromotor als auch mit Dieselantrieb fahren kann, macht seine erste Fahrt. Zum Fahrplanwechsel am 29. Mai werden die

Busse im Linienbetrieb zwischen Heisingen und Haarzopf eingesetzt.

28. Mai Der nach den Plänen der Landschafts- und Gartenarchitektin Helga Rose-Herzmann umgestaltete Burgplatz wird der Öffentlichkeit übergeben. Der Platz ist auch Kernstück des Laternenmuseums, denn hier stehen auf 48 Masten 73 Laternen aus aller Welt.

2. Juni Durch einen Großbrand wird eine Hälfte des City-Centers in Schutt und Asche gelegt. Die Feuerwehr schätzt den Sachschaden auf mehr als 20 Millionen Mark.

3. Juni Die A. Sutter GmbH übernimmt die Buchhandlung G.D. Baedeker.

8. Juni Das Freizeitcentrum Oase, das neue Spaßbad in Frohnhausen, wird eröffnet. Auf einer Funktionsfläche von 2000 Quadratmetern stehen dem Gast Schwimmbecken, Whirlpool, Unterwassermassage, Gegenstromanlagen, Wassergleitrutschen, Sauna und vieles mehr zur Verfügung.

16. Juni Beim Open-Air-Festival im Georg-Melches-Stadion feierten 15 000 begeisterte Fans die Rockstars Van Morrison, Mike Oldfield und die Gruppe Crosby, Stills & Nash.

20. Juni Wegen der ungünstigen Entwicklung auf dem Zins-Markt schließt die Herms-Gruppe die Baustelle Gildehof. „Mit Pauken und Trompeten war vor zwei Jahren der gigantische Plan des Gildehofzentrums der Öffentlichkeit vorgestellt worden. Rat und Verwaltung und die Herms-Gruppe schwelgten in Bau-Euphorie. Seit gestern hat sich das 160-Millionen-Ding (Freizeitzentrum, großer Verwaltungsturm und Hotel) als ein mögliches Windei entpuppt. Die gigantische Baustelle wurde dichtgemacht. ... Das anfängliche Frohlocken der Stadtväter, den häßlichen Gildehofplatz durch einen geschickten Schachzug von einer privaten Gruppe bebauen zu lassen, um damit aus dem Schneider zu sein, ist seit Montag einem Katzenjammer gewichen. Was nun?“ fragt nicht allein die WAZ.

Juli Die ersten Fälle von Aids werden registriert.

10. September Unter dem Motto „Zehn Jahre Putsch in Chile – Fällt morgen Nicaragua?“ steht die Solidaritätsveranstaltung für Süd- und Mittelamerika, zu der die SPD, der DGB und die evangeli-

sche und katholische Jugend eingeladen haben. 10 000 Besucher verfolgen ein sechsstündiges Programm mit Musik und Ansprachen. Der Priester und Lyriker Ernesto Cardenal, Kultusminister von Nicaragua, erinnert in seiner Rede an Salvadore Allende, den chilenischen Präsidenten, und er warnt die USA vor einem Putsch in Nicaragua.

18. SEPT. – 20. NOV. Das Folkwangmuseum würdigt in einer Retrospektive das Lebenswerk des Expressionisten Erich Heckel.

6. OKTOBER Der Rat beschließt, für das Essener Theater und das Philharmonische Orchester eine GmbH zu gründen.

11. OKTOBER Im Ruhrlandmuseum wird die Ausstellung „Rote Erde – Bilder und Räume zum Bergarbeiterleben an der Ruhr um 1900“ eröffnet.

20. OKTOBER Mit einer Menschenkette an der Porscheplatte, gebildet aus Schülern, Lehrern, Eltern und Passanten, endet der von der Friedensbewegung ausgerufene Aktionstag an den Schulen, an dem gegen die Stationierung weiterer Atomwaffen protestiert wird.

28. OKTOBER Das vergrößerte Folkwangmuseum wird durch den Ministerpräsidenten Johannes Rau feierlich eröffnet, der erklärt: „Sie alle haben dazu beigetragen, die Stadt Essen reicher zu machen ... Sie haben auch unser Land Nordrhein-Westfalen, das eben wahrlich nicht nur ein Land der Maloche ist, reicher gemacht.“

15. NOVEMBER Oberbürgermeister Horst Katzor macht den ersten Spatenstich für das Aalto-Theater.

15. NOVEMBER Große Bestürzung löst in Katernberg die Nachricht aus, daß die Zeche Zollverein geschlossen werden soll. Ein ehemaliger Bergmann gibt die Stimmung wider: „Das tut mir am Herzen weh. Wenn man wie ich 40 Jahre lang dort gearbeitet hat, trifft einen das sehr. Mir schmerzt zwar dauernd die Lunge, aber diese Nachrichten sind hart. Da kann man richtig wehmütig werden.“

20.–26. NOVEMBER Mit einem Konzert der Tschechischen Philharmonie beginnen die Kulturtage der CSSR. Das umfangreiche Programm berücksichtigt alle Sparten der Kultur vom Tanz über den Jazz und das Theater hin zu den Bildenden Künsten.

27. NOVEMBER Im Opernhaus erlebt das Schauspiel „Das Labyrinth der Träume“ von Dieter Forte seine deutsche Erstaufführung.

8. DEZEMBER Die Stadt verleiht Berthold Beitz den Ehrenring der Stadt Essen. In der Verleihungsurkunde heißt es: „Die Auszeichnung gilt einer Persönlichkeit, deren engagiertes Wirken in wirtschaftlichen und gesellschaftlichen Führungspositionen nicht zuletzt auch dem Wohl der Stadt Essen gewidmet ist und deren Entscheidungen in höchster unternehmerischer Verantwortung sich an den Prinzipien des sozialen Konsenses orientieren. Vorbildlich und beredtes Zeugnis hoher menschlicher und moralischer Integrität ist der persönliche Einsatz gegenüber Verfolgten im letzten Kriege, der eine gute Ausgangslage für die späteren erfolgreichen völkerverständigenden Bemühungen bildete. Respekt über die nationalen Grenzen hinaus erwarb sich Herr Beitz auch durch die großzügige Förderung von Kunst und Wissenschaft.“

1984

24. JANUAR Die städtischen Dienstfahrzeuge werden zukünftig mit bleifreiem Benzin betankt. Die erste Zapfsäule auf dem Gelände des Fuhrparks in Frillendorf wird von Oberstadtdirektor Busch in Betrieb genommen.

10. FEBRUAR Die Borbecker Dampfbier-Brauerei, mit großem Aufwand restauriert, schenkt wieder Bier aus: das Salon- und das Zwickelbier.

22. FEBRUAR Der Kulturpreis der Stadt Essen für Plakatgestaltung wird Professor Heinz Edelmann verliehen.

25. MÄRZ – 27. MAI Finanzminister Dr. Diether Posser eröffnet im Folkwangmuseum die Verbundausstellung „Der Westdeutsche Impuls 1900 – 1914“, an der sechs Museen beteiligt sind. In Essen wird „Das Schöne und die Ware. Industrieprodukte und Design“ und die Gartenstadt Margarethenhöhe thematisiert.

5. APRIL Das Gildehof-Zentrum wird weitergebaut. Der Rat billigt den Vertrag mit dem Investor Friedrich Schröder, der das Konzept eines Freizeitzentrums weiterverfolgen will. Aufgegeben wird der Bau eines Hotels, dafür soll aber Raum für die Stadtbibliothek eingeplant werden.

17.–21. MAI Alt-Bundeskanzler Helmut Schmidt eröffnet den Bundesparteitag der SPD in der Grugahalle.

20. JUNI Den Kulturpreis der Stadt Essen erhalten der Mitherausgeber der „Borbecker Nachrichten", Walter Wimmer, sowie Dr. Detlev Peukert, Dr. Ernst Schmidt und Gustav Streich, die sich um die Aufarbeitung der NS-Geschichte der Stadt verdient gemacht haben.

26. JUNI Bischof Dr. Franz Hengsbach erhält den Ehrenring der Stadt Essen. „Die Auszeichnung ist einer Persönlichkeit gewidmet, die ihr hohes geistliches Amt in ganz besonderem Maße auch als Anwaltschaft für benachteiligte Bevölkerungsgruppen in aller Welt versteht. Zahlreiche Initiativen zur Gründung von Hilfswerken legen Zeugnis ab von der tiefen Verbundenheit mit all denen, die Unrecht und Not erleiden. Schon vor der Berufung zum Bischof des am 1. Januar 1958 errichteten Bistums Essen war Bischof Dr. Hengsbach der Ruhrregion und vor allem den hier lebenden Menschen mit ihren sich aus der Arbeitswelt ergebenden speziellen Sorgen und Nöten besonders zugewandt. In Jahren wirtschaftlicher Umbrüche, auch gerade in jüngster Zeit, ließ er den Betroffenen seelsorgerischen Beistand und materielle Fürsorge zuteil werden." So lautet die Begründung für Auszeichnung.

29. JULI Das Mineralien-Museum in der ehemaligen Hinsbeck-Schule in Kupferdreh, eine Außenstelle des Ruhrlandmuseums, wird offiziell eröffnet. Aufgebaut wurde das Museum in Kooperation mit dem Verein Bürgerschaft Kupferdreh, der durch engagierte Mitarbeit entscheidend zu der Realisierung des Projekts beigetragen hat.

20. AUGUST Landwirtschaftsminister Klaus Matthiesen legt den Grundstein zum Müllheizkraftwerk Karnap.

30. AUGUST Das neue Messehaus mit dem Kongreß-Bereich und die Halle 2 werden vom Ministerpräsidenten Johannes Rau offiziell eröffnet.

9. SEPTEMBER Das Museum Altenessen wird eröffnet. Auf zwei Etagen werden Funde aus aller Welt zur Kulturgeschichte von der Altsteinzeit bis zum frühen Mittelalter präsentiert. Entstanden ist die Ausstellung in enger Zusammenarbeit mit der Universität.

20. SEPTEMBER Mit der Ehrenplakette der Stadt Essen werden die Ratsangehörigen Ursula Billen, Erna Loos und Werner Streit sowie der Europapolitiker Erwin Lange ausgezeichnet.

29. SEPTEMBER Zufriedenheit herrscht bei der SPD, die zwar bei der Kommunalwahl leichte Verluste hinnehmen muß, aber dennoch die absolute Mehrheit mit 52,3 Prozent erzielt. Enttäuscht sind hingegen die CDU-Politiker, die Partei kommt nur noch auf 35,6 Prozent der Stimmen. Während die FDP abermals mit 2,7 Prozent den Einzug ins Stadtparlament verfehlt, ist die Freude bei den Grünen groß, denn sie erhalten 8,8 Prozent und sieben Sitze im Rat der Stadt.

15. OKTOBER An der Kreuzung Steeler Straße/Dinnendahlstraße wird die erste Ampel für Blinde installiert.

19. OKTOBER MdB Peter Reuschenbach wird zum Oberbürgermeister gewählt. Seine Vertreter sind Hanns Sobek (CDU) und Fritz Kinnigkeit (SPD).

11.–16. NOVEMBER Als eine „Chance für Verständigung und Freundschaft zwischen den Völkern“ bezeichnet Oberbürgermeister Peter Reuschenbach die „Polnische Woche“, die mit einer Aufführung des Balletts „Dornröschen“ durch die Große Oper Warschau eröffnet wird.

29. NOVEMBER Das neue Ruhrlandmuseum wird eröffnet. Es bietet unter dem Titel „Vom Ruhrland zum Ruhrgebiet“ sowohl einen Einblick in die geologische Entwicklung des Reviers als auch ein faszinierendes Panorama der Lebens- und Arbeitswelten der Stahl- und Bergarbeiter und ihrer Familien sowie des Bürgertums.

14. DEZEMBER Erstmals wird der Gustav-Heinemann-Friedenspreis für Kinder- und Jugendbücher in Essen verliehen. Gudrun Pausewang erhält die Auszeichnung für ihr Buch „Die letzten Kinder von Schewenborn“.

1985

17. JANUAR Im westlichen Ruhrgebiet wird Smog-Alarm gegeben. Die Schulen schließen, und der Inividualverkehr ist zwischen 6 und 10 Uhr sowie zwischen 15 und 20 Uhr in den Sperrgebieten verboten. Am 18. Januar verschärft sich die Lage, so daß in

Eine Besuchergruppe vor der nachgebildeten Arbeiterküche im Ruhrlandmuseum

den Sperrgebieten ein totales Fahrverbot angeordnet wird. Erst zwei Tage später, am Nachmittag des 20. Januars, erfolgt die Entwarnung.

12. FEBRUAR Nach Beendigung des Probebetriebs wird die neue Wasseraufbereitungsanlage in Überruhr, deren Grundstein am 21. April 1980 gelegt wurde, in Betrieb genommen. Sie hat eine Leistung von maximal 300 000 Kubikmeter pro Tag.

7. MÄRZ Zu Ehren der jüdischen Familie Hirschland wird der Wiener Platz in Hirschlandplatz umbenannt.

8. MÄRZ Auf das Gebäude des Gesamtverbandes der Steinkohlen-Industrie wird ein Bombenanschlag verübt, zu dem sich die Revolutionären Zellen bekennen. Die Bombe, die in der Nacht um 2 Uhr detoniert, verursacht erheblichen Sachschaden.

15.–31. MÄRZ Folkwang '85, das Festival der Künste, prägt das Bild der Stadt. „Ein Füllhorn mit Balletten, Konzerten, Ausstellungen, Filmen, Dichterlesungen, Künstlerfesten und Kunstaktionen ging in den letzten 14 Tagen über Essen nieder. Jeder konnte sich nach eigenem Geschmack das Passende herauspicken. Dank hoher Qualität waren durchweg kaum Nieten dabei. ... Die Stadt, die sich in ihrer jüngsten kulturellen Vergangenheit nur selten mit Ruhm bekleckerte, konnte dadurch neues Land gewinnen." So das Resümee der WAZ.

19.–22. MÄRZ In der Grugahalle und im Messe-Kongreßzentrum findet der Bundesparteitag der CDU statt.

19. APRIL Jürgen Lodemann stellt seinen neuen Roman „Essen Viehofer Platz" vor.

12. MAI Überschwenglichen Jubel bei der SPD, riesengroße Enttäuschung bei der CDU löst das Ergebnis der Landtagswahl aus. Mit 61,2 bzw. 29 Prozent werden Rekordmarken erreicht. Die FDP (4,5 %) und die Grünen (4,4 %) liegen unter der 5-Prozent-Marke.
Wiederum gewinnt die SPD alle sechs Direktmandate. So ziehen in den Landtag ein: Johannes Gorlas (Wahlkreis 78), Dr. Peter Heinemann (WK 80), Dr. Diether Posser (WK 79), Horst Radtke (WK 75), Jürgen Thulke (WK 76) und Gerd-Peter Wolf (WK 77). Letzterer erzielt mit 74,8 Prozent der Stimmen das beste Ergebnis im Lande. Über die Landesliste kommt Dr. Wilfried Heimes (CDU) ins Parlament.

14. MAI Finanzminister Dr. Diether Posser legt den Grundstein für das Operative Zentrum der Universitätsklinik. Ein Augenblick, auf den alle lange gewartet haben, denn die Planungen reichen bis ins Jahr 1969 zurück, und die Baugrube war dann in den 70er Jahren ausgehoben worden. Auf die Geburtswehen anspielend, sagt Rektor Professor Fritz Steimle, daß die Bodenkundler und Biologen das Bauloch lange genug als Übungsfeld genutzt hätten. Wenn die Bauarbeiten nicht jetzt begonnen hätten, wäre das Feuchtbiotop möglicherweise noch unter Naturschutz gestellt worden.

22. MAI Die SPD-Fraktion billigt das leicht modifizierte Konzept für das Gildehof-Zentrum. Doch abermals werden warnende Stimmen laut. Zweifel äußert Wulf Mämpel bei der Bad-Lösung: „Die Oase in Frohnhausen ist ohne Frage ein Hit, eine bundesdeutsche Rarität. Sie arbeitet als einziges Bad kostendeckend. Doch wenn das Freizeitbad im Gildehof täglich 1700 Besucher zusätzlich anlocken soll und in Altenessen eine zweite Oase fertiggestellt sein wird, muß Essen drei solcher Einrichtungen verkraften. Und das bei sinkender Einwohner-

zahl. Ob diese Rechnung aufgeht, wer will das heute beurteilen. Hoffentlich haben alle Beteiligten ihre Schularbeiten gemacht." Das Ja der CDU-Fraktion folgt am 10. Juni, die die Einrichtung der Stadtbibliothek als positives Ergebnis herausstellt. Dagegen kritisiert die Grün-Alternative Liste das Vorhaben: „Außerdem sind wir sicher, daß das Bad im Gildehofzentrum ein finanzieller Flop wird."

10. JUNI Bundespräsident Richard von Weizsäcker hat seine 50 Essener Ehrenpatenkinder in die Villa Hügel eingeladen. Nach dem Erdbeerkuchen-Essen geht es zur Besichtigung der Feuerwehr.

15. JUNI Auf Initiative der Stadt wird die Essener Technologie- und Entwicklungs-Centrum GmbH (ETEC) gegründet, die ein Centrum baut, in das technologieorientierte und innovative Unternehmen aus den Bereichen Energie-, Umwelt-, Kommunikations-, Informations- und Medizintechnik einziehen.

11. JULI Der Investor Friedrich Schröder macht die Mitteilung, daß sich die Deutsche Genossenschaftsbank am Gildehofzentrum beteiligen werde.

31. AUGUST Den Preis der Stadt zur Förderung junger Künstler erhalten die Musiker Michael Freimuth, Uwe Hein, Susanne Hilker, Thomas Gabriel, Gunnar Polansky, Martin Klusmann, Ursula Kamp und der bildende Künstler Heinz Francke.

22. SEPTEMBER Auf dem Gelände der abgerissenen Zeche Poertingssiepen wird ein Naturpark eröffnet. Bei aller Freude erklärte Oberbürgermeister Peter Reuschenbach: „Ich würde mich auch freuen, wenn wir eine ähnliche Feier bei der Eröffnung einer neuen Firma oder eines neuen Industriegrundstücks veranstalten könnten. Denn ohne Industrie können wir auch die Freizeitparks im Ruhrgebiet nicht feiern."

16. OKTOBER Das Einkaufszentrum Theaterpassage im ehemaligen Sparkassengebäude wird feierlich eröffnet. Es beheimatet 27 Geschäfte, 4 Restaurants, das Plakatmuseum, die „Casa Nova", eine Zweigstelle der Sparkasse und die Techniker-Krankenkasse.

NOVEMBER „Tausende Essener haben hier Kaffee und Kuchen geschlemmt. Wer weiß, wieviele Rendezvous hier stattgefunden haben. Getanzt wurde an dieser Stelle: Die gute alte Polkazeit, die Schieberzeit, die Swing- und Boogie-Woogie-Zeit, Samba, Walzer und Tango, auch Tänze der Beatles-Zeit – sie wurden alle an dieser Stelle getanzt. Großer Blumenhof im Essener Grugapark – ein Begriff für Freizeitvergnügen vieler Generationen, ein Symbol für Lebenslust in Essen. Die gute alte Blumenhof-Zeit ist vorbei. Der Abbruchhammer hat das Sagen. Manch Essener Paar, das sich im Blumenhof fand, wird ihm nachweinen." – ein wehmütiger WAZ-Nachruf auf ein Gebäude.

10. NOVEMBER Das Folkwangmuseum zeigt eine Werkübersicht über das Schaffen von Lovis Corinth.

1986

15./16. MÄRZ Zum 17. und letzten Mal findet ein „Rockpalast" in der Grugahalle statt. Ein begeisternder Auftritt der Kölner Gruppe BAP bildet den Abschluß, der mit viel Abschiedsschmerz verbunden ist.

APRIL Die Tiere verlassen den Grugapark. Da das Aquarium und das Terrarium abgerissen werden, werden die Fische, Kaimane, Schlangen, Krokodile und Schildkröten in andere Tierparks verbracht.

10. MAI Gegen Atomkraftwerke in Ost und West protestieren Tausende mit einem Zug durch die Innenstadt, der vor dem RWE-Hochhaus endet. Auslöser dieser Demonstration ist das Unglück in Tschernobyl.

31. MAI Die Essener Eisenwerke in Altenessen schließen den Betrieb.

31. MAI Die 4,2 Kilometer lange Südstrecke der U-Bahn zwischen Hauptbahnhof und Gruga nimmt ihren Betrieb auf.

31. MAI Der Präsident des Deutschen Handball-Bundes, Bernhard Thiele, überreicht nach dem letzten Heimspiel von Tusem Essen dem Mannschaftskapitän Thomas Happe die Meisterschaftsschale. Tusem ist erstmals in der Vereinsgeschichte Deutscher Handball-Meister geworden. Mannschaft, Trainer und Vorstand werden am nächsten Tag von 6000 Fans auf dem Kleinen Markt auf der Margarethenhöhe begeistert gefeiert. Weitere Meisterschaften folgen in den Jahren 1987 und 1989.

Meisterschaftsfeier des Tusem auf dem Kleinen Markt

7. JUNI Vor 800 geladenen Ehrengästen wird die Ausstellung „Barock in Dresden 1694 - 1763“ in der Villa Hügel eröffnet. 600 Kunstschätze - Gemälde, Zeichnungen, Porzellan, Waffen, Münzen, Möbel, Textilien, Gold- und Silberschmiedearbeiten - dokumentieren die Blütezeit der Residenz Dresden im 18. Jahrhundert. „Diese Schätze werden große Bewunderung erleben und einen Massenandrang auslösen“, prophezeit Minister präsident Johannes Rau richtig.

JULI Auf dem Gelände der ehemaligen Zinkhütte in Bergeborbeck, auf dem Einfamilienhäuser gebaut werden, werden extreme hohe Werte an Quecksilber und anderen Schwermetallen festgestellt, so daß ein Baustopp verhängt wird.

31. JULI Das Kaufhaus Wertheim, errichtet auf dem Grund und Boden des alten Rathauses, wird 20 Jahre nach seiner Eröffnung wieder geschlossen.

22. SEPTEMBER Für sein Stück „Der Beistrich oder Katharina Boticelli in Gelsenkirchen-Bulmke“ erhält Jürgen Lodemann den vom Theaterring ausgeschriebenen Essener Dramatikerpreis.

3.–5. OKTOBER In der Grugahalle besiegen Boris Becker und Eric Jelen im ersten Davis-Cup-Spiel auf Essener Boden die Mannschaft von Ecuador mit 5:0.

10. OKTOBER Die neue Ortspackkammer an der Stoppenberger Straße, wo alle Pakete und Päckchen für Groß-Essen bearbeitet und zum Versand gebracht werden, wird feierlich der Öffentlichkeit vorgestellt. Die Baukosten beliefen sich auf 24 Millionen Mark.

24. OKTOBER Hansgünther Heyme inszeniert die bundesdeutsche Erstaufführung des Stücks „Cromwell" von Christoph Hein.

14. NOVEMBER Horst Katzor erhält den Ehrenring der Stadt Essen. In der Verleihungsurkunde heißt es: „Die Auszeichnung gilt einem Mann, der sich beispielgebend für die kommunale Selbstverwaltung eingesetzt hat. Die Erfolge seines Wirkens sind nachhaltig gekennzeichnet von dem Bestreben, auf demokratischem Wege vernünftige Zielsetzungen nach ihren bestmöglichen Lösungsmöglichkeiten zu verwirklichen. Als Vorsitzender der SPD-Ratsfraktion und als Oberbürgermeister dieser Stadt hat Horst Katzor mit großer Energie und Beharrlichkeit wirkungsvoll zur Neugestaltung der sozialen Großstadt Essen beigetragen. In Jahren wirtschaftlicher Umbrüche, auch und gerade in jüngster Zeit, wirkte er mit hoher politischer Integrationsfähigkeit entscheidend an der Bewältigung der vielschichtigen Probleme mit. Als Ausdruck dankbarer Anerkennung der vielfältigen Verdienste verleiht die Stadt Essen die Ehrung."

23. DEZEMBER „Weiß der Teufel, warum, es tut doch weh!" lautet der Kommentar eines Bergmanns, der die allgemeine Stimmung widerspiegelt, zur Schließung von Zollverein, der letzten Essener Zeche. „Der 23. Dezember 1986 ist für die Stadt Essen, und ich verhehle nicht, auch für mich persönlich, ein schmerzliches Datum", erklärt Oberbürgermeister Peter Reuschenbach. „Der Abschied von Zollverein und damit der Abschied von der Kohle fällt so schwer wie der endgültige Abschied von einem liebgewordenen Freund. Auf Kohle ist Essen gebaut, mit Kohle ist Essen erwachsen geworden. Eins weiß ich aber sicher: Essen wird am Rückzug der Kohle nicht zugrunde gehen. ... Die Kumpel auf Zollverein sollen wissen, daß die ganze Stadt immer stolz auf sie und ihre Kollegen waren. Wir sind hier dem schweren Beruf des Bergmanns stets mit großem Respekt begegnet, diesen Respekt werden wir auch jenen nicht versagen, die heute zum letzten Mal ein- und ausfahren. Und der Gruß

Glückauf wird auch weiterhin der des Essener Oberbürgermeisters bleiben!“

1987

21. Januar Der Rat beschließt, das Gelände der ehemaligen Zinkhütte in Bergeborbeck sanieren zu lassen. Der belastete Boden im ersten Bauabschnitt soll abgetragen werden, während die anderen Bauabschnitte nicht mehr zur Ausführung kommen. Hier will man den Boden abgedecken. Den betroffenen Bauherren wird ein Ersatzbaugrundstück angeboten.

Die letzte Schicht auf Zollverein

25. JANUAR Bei der Bundestagswahl muß die CDU Verluste hinnehmen. Sie rutscht auf 33 Prozent ab, während die SPD (52 %) ihr Ergebnis der letzten Bundestagswahl bestätigt. Zu den Gewinnern gehören die Grünen (7,4 %) und die FDP (6,8 %).
Die Direktmandate werden wiederum von der SPD (Ingrid Becker-Inglau, Otto Reschke und Peter Reuschenbach) gewonnen, während über die Landeslisten Klaus Beckmann (FDP), Dr. Paul Hoffacker (CDU) und Trude Unruh (Grüne) in den Bundestag einziehen.

23. FEBRUAR Der Abriß des Wertheim-Gebäudes beginnt.

25. MÄRZ Den Preis der Stadt Essen für Plakatgestaltung erhält der Amerikaner Milton Glaser.

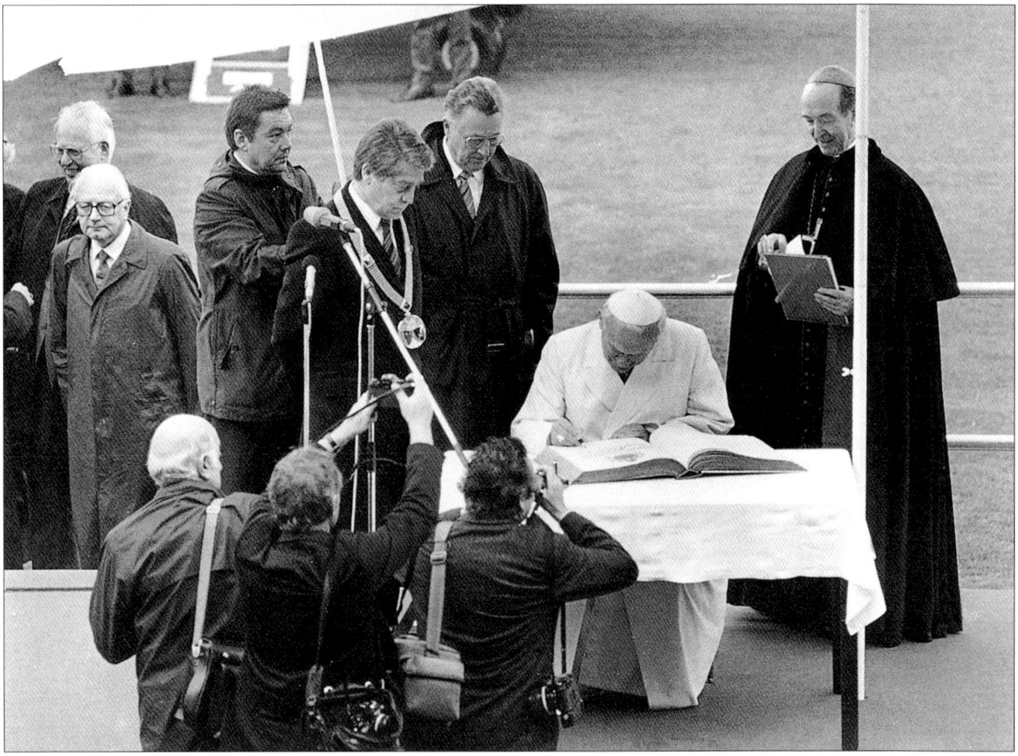

Der Papst trägt sich ins Stahlbuch ein

3. APRIL Das mit einem Aufwand von 15 Millionen DM gebaute Messe-Restaurant, der neue Blumenhof in der Gruga, wird offiziell eröffnet. Es ist umgeben von einem über 4000 Quadratmeter großen japanischen Garten, der allgemeine Bewunderung auslöst. „Hier ist ein Stück meiner japanischen Heimat ent-

standen. Ich bin beeindruckt, wie gut sich der Garten in eine europäische Landschaft einbettet“, lautet der Kommentar des japanischen Generalkonsuls.

2. MAI Zum ersten Mal in der Geschichte betritt ein Papst Essener Boden. Um 13 Uhr 19 landet der Hubschrauber mit Papst Johannes Paul II. im Grugastadion. Nach der Begrüßung durch den Oberbürgermeister („Ihr Besuch ist eine Ermunterung für diese Region, die um ihre Zukunft kämpft.“) und der Eintragung ins Stahlbuch fährt der Papst in seinem „Papamobil“ zum Burgplatz, wo er vom Bischof Dr. Hengsbach willkommen geheißen wird. Am Abend ist der Papst zu Gast im Priesterseminar in Werden.

22. MAI Auf einem Sonderparteitag der Landes-CDU im Saalbau wird Norbert Blüm zum neuen Landesvorsitzenden gewählt.

5. JUNI Jürgen Lodemanns „Der Beistrich“ wird uraufgeführt. Die Kritik ist nicht sehr begeistert. „Dem Stück fehlt über weite Strecken der dramatische Atem“, moniert die WAZ.

6./7. AUGUST In einer fünfstündigen Operation wird einer 48jährigen Frau im Universitäts-Klinikum das Herz eines Österreichers transplantiert.

3. SEPTEMBER Mit einem Marktfest wird die neue Fußgängerzone Marktstraße in Borbeck eröffnet.

9. SEPTEMBER Der Staatsratsvorsitzende der DDR, Erich Honecker, ist zu Gast auf der Villa Hügel.

17. SEPTEMBER In Anwesenheit des norwegischen Kronprinzen wird die 75 Gemälde umfassende Edvard-Munch-Ausstellung im Museum Folkwang eröffnet.

28./29. SEPTEMBER Zum ersten Mal ist am Universitäts-Klinikum eine Leber transplantiert worden. Die schwierige Operation dauerte 11 Stunden.

12. OKTOBER Trotz strömenden Regens demonstrieren mehr als 10 000 Bergmänner, Geschäftsleute und Handwerker auf dem Katernberger Markt gegen die Energiepolitik der Bundesregierung.

21. OKTOBER Der AEG-Aufsichtsrat beschließt, eine neue Fabrik von AEG Kanis auf dem ehemaligen Gelände des Krupphafens zu bauen.

25. OKTOBER Im Grillotheater wird Christoph Heins Emigranten-Stück „Passage“ in der Inszenierung von Hansgünther Heyme uraufgeführt.

31. OKTOBER Beim Reformationsfest in der Grugahalle hält Lew Kopelew die Festansprache, in der er dazu aufruft, „endlich aus der Geschichte zu lernen, damit die Geschichte nicht in einer globalen Selbstzerstörung endet“.

31. OKTOBER Im Gildehof-Center eröffnet Toys ’R’ us sein Geschäft.

NOVEMBER Das Restaurant „Ange d‘Or“ in Kettwig wird mit dem zweiten Michelin-Stern ausgezeichnet.

6. NOVEMBER Über 10 000 Menschen protestieren auf dem Kurienplatz gegen geplante Kürzungen im städtischen Sozial- und Jugendhaushalt.

9. NOVEMBER Das Müllheizkraftwerk Karnap, mit dessen Bau im Juni 1984 begonnen und das im Mai 1987 fertiggestellt wurde, wird offiziell seiner Bestimmung übergeben. Hier soll das gesamte Haus- und Gewerbemüllaufkommen der Städte Bottrop, Essen, Gelsenkirchen, Gladbeck und Mülheim entsorgt werden.

19. NOVEMBER Das Gildehof-Bad ist eröffnet. Wegen der Finanzlage der Stadt hat man auf eine Feier verzichtet. Der Auftakt verläuft enttäuschend, nur 849 Gäste werden gezählt – statt der erhofften 3500, die für einen rentabeln Betrieb erforderlich sind.

19.–22. NOVEMBER In der Grugahalle finden die Judo-Weltmeisterschaften statt, an der 266 Männer und 190 Frauen aus 64 Nationen teilnehmen.

9. DEZEMBER Mehrere hundert Stahlarbeiter aus Rheinhausen stürmen die Villa Hügel, wo der Aufsichtsrat der Fried. Krupp GmbH tagt und über das Schicksal der Hütte in Rheinhausen entscheidet.

10. DEZEMBER Aus Protest gegen den Abbau von Arbeitsplätzen in der Stahlindustrie blockieren Stahlarbeiter Kreuzungen und legen in den Morgenstunden den Verkehr lahm.

1988

21. JANUAR Das Kaufhaus Loosen GmbH & Co KG meldet Konkurs an.

25. JANUAR „Der Umzug ins Gildehof-Center war weder eine Verlegenheitslösung noch eine Gefälligkeitsentscheidung zugunsten des Bauherrn dieses Hauses. Es war und ist eine schon lange fällige Entscheidung, um Qualität und Funktion unserer Zentralbibliothek auf die Höhe der Zeit zu bringen“, erklärt der Oberbürgermeister Peter Reuschenbach bei der feierliche Eröffnung der Bücherei. Auf einer Fläche von 5500 Quadratmetern sind mehr als 200 000 Bücher, Musikcassetten, Filme und Spiele untergebracht.
Während der Feierstunde erscheinen 300 Mitarbeiter des Kaufhauses Loosen, die gegen die bevorstehende Schließung des Kaufhauses protestieren.

27. JANUAR Der Kulturpreis der Stadt Essen wird der Schweizerin Ursula Rellstab für ihr Engagement für die Quartier-Kultur verliehen.

21. FEBRUAR Das Non-Stop-Kulturprogramm in der Aula der Folkwang-Hochschule für Musik beginnt. Mit dieser Aktion protestieren Künstler, Lehrer und Studenten gegen den geplanten Abriß des traditionsreichen Gebäudes. Mit Erfolg. Bei einem Gespräch zwischen der Wissenschaftsministerin Anke Brunn und dem Oberstadtdirektor Kurt Busch am 10. März wird der vorläufige Erhalt der Aula vereinbart, da das Land die Unterhaltungskosten übernehmen will.

23. FEBRUAR Eine von der IG Metall organisierte Menschenkette zieht sich vom Krupp-Werk in Rheinhausen durchs gesamte Ruhrgebiet bis zur Hoesch-Westfalenhütte in Dortmund. Mit ihr soll gegen die Vernichtung von Arbeitsplätzen im Montanbereich demonstriert werden. In Essen beteiligen sich 15 000 Männer und Frauen, die eine 17 Kilometer lange Kette quer durch die Stadt bilden.

2. MÄRZ Das erste Geschäft im neuen Einkaufs- und Bürocenter auf dem ehemaligen Rathaus-, dann Wertheim-Gelände öffnet seine Tore.

19. MÄRZ Das traditionsreiche Kaufhaus Loosen, das von P & C aufgekauft wurde, wird geschlossen.

11. MAI Die neue von Gottfried Böhm entworfene Aula der Folkwang-Hochschule wird von Ministerpräsident Johannes Rau feierlich eingeweiht.

9. JUNI In der Villa Hügel wird die Ausstellung „Prag um 1600 – Kunst und Kultur am Hofe Rudolfs II." eröffnet.

20. JUNI Der Geschäftsführer der W. Girardet Druck und Verlag GmbH teilt dem Betriebsrat mit, daß Konkurs beim Amtsgericht eingereicht werde. Nach einigen erfolglosen Verhandlungen wird das Konkursverfahren am 4. Juli eröffnet.

28. JUNI Papst Johannes Paul II. ernennt Bischof Dr. Franz Hengsbach zum Kardinal.

10. AUGUST Auf der Tunnelwiese im Grugapark werden der Tenor Placido Domingo und 150 Mitglieder des Ensembles „Antologia de la Zarzuela" bei einem Freiluftkonzert von 7000 Besuchern enthusiastisch gefeiert.

3.–4. SEPTEMBER 20 Buchhändler- und Verlagsfirmen bieten beim 1. Essener Büchermarkt in 50 nach Themen geordneten Ständen auf der Kettwiger Straße einen Überblick über das aktuelle Buchangebot. Begleitend dazu finden Lesungen im Literaturzelt auf dem Flachsmarkt und in der Stadtbibliothek statt, wobei Martin Walser den größten Andrang zu verzeichnen hat.

17.–18. SEPTEMBER Im und rund um das Aalto-Theater findet das große Theaterfest statt. Auf 13 Bühnen wird den 80 000 Besuchern eine bunte Mischung aus Musik und Tanz, Pantomime und Schauspiel, Kabarett und Chansons geboten.

25. SEPTEMBER In Anwesenheit des finnischen Staatspräsidenten, des Bundespräsidenten, des Ministerpräsidenten des Landes Nordrhein-Westfalen und 1100 geladener Ehrengäste wird das Aalto-Theater mit Richard Wagners „Die Meistersinger von Nürnberg" eingeweiht. In seinem Grußwort schreibt der Ministerpräsident: „Mit dem von Alvar Aalto schon 1959 erdachten und nun nach achtzehn Jahren nach seinem Tode verwirklichten Bau wird die Kulturstadt Essen zweifellos bereichert. Wir wissen, daß die Architektur Alvar Aaltos, die in ihren besten Schöpfungen geprägt ist von der Naturerfahrung seiner finnischen Heimat, Weltgeltung hat. Also ist Anlaß, sich darüber zu freuen, daß einer seiner interessantesten Entwürfe nun auch bei uns in Nordrhein-Westfalen nach langer, von

Diskussionen erfüllter Wartezeit Gestalt wird. ... Essener Stadt- und Kulturpolitik hat sich mit diesem neuen Theater, wie ich denke, zum Ziel gesetzt, der großen Oper wie dem großen Schauspiel eine würdige Heimstatt zu bieten. Das war und ist eine Investition in die Baukunst, aber auch in die Zukunft eines bedeutenden und künstlerisch wie gesellschaftlich relevanten Theaterspiels. Zu anderen, zu weithin ausstrahlenden Institutionen wie Folkwang-Museum, Folkwang-Hochschule und Villa Hügel gesellt sich nun die Bühne in einem gleicherweise eleganten wie platzbestimmten Haus. Ich sehe darin eine Herausforderung für die Entwicklung neuer künstlerischer Kraft, aber auch für die Finanzkraft städtischer Kulturpolitik. Diesen Herausforderungen gewachsen zu sein, sie mit Mut, Risikobewußtsein und anhaltendem Erfolg zu bestehen – das ist Inhalt meines aufrichtigen und herzlichen Wunsches an alle Beteiligten."

Das Aalto-Theater mit der Steinsäule von Ulrich Rückriem im Vordergrund

4. OKTOBER Stefan Heym liest in der Volkshochschule aus seinem neuen Roman „Nachruf".

13. Oktober Erstmals erscheint eine Briefmarke der Deutschen Bundespost mit einem Essener Motiv. Auf der neuen Wohlfahrtsmarke ist die Krone Ottos III. aus dem Münsterschatz zu sehen.

26. Oktober Das Parkleitsystem für die 10 400 Einstellplätze in der Innenstadt wird in Betrieb genommen. 200 Wechselverkehrszeichen, an 105 Standorten errichtet, zeigen an, in welchem Parkhaus noch Plätze frei sind.

5. November Nach zweijährigen Restaurierungsarbeiten wird die Alte Synagoge mit der neuen Dauerausstellung „Stationen jüdischen Lebens. Von der Emanzipation bis zur Gegenwart“ durch den Ministerpräsidenten Johannes Rau eröffnet.

5. Dezember Berthold Beitz, Vorsitzender der Kulturstiftung Ruhr, übergibt Oberbürgermeister Reuschenbach das Bildarchiv Ruhr mit 400 000 industriegeschichtlichen Fotografien.

1989

12. Januar – 26. Februar Das Folkwangmuseum würdigt in einer umfassenden Werkschau das künstlerische Schaffen von Johannes Itten.

25. Januar Den Kulturpreis der Stadt Essen zur Förderung junger Künstler erhält der Architekturstudent Michael Laudert.

11. Februar Zu gewalttätigen Auseinandersetzungen und Festnahmen kommt es bei einer Demonstration, bei der etwa 8000 Menschen die Freilassung der inhaftierten Journalistin Ingrid Strobl fordern, der die Beteiligung an einem Sprengstoff-Attentat vorgeworfen wird.

30. März Im alten, völlig entkernten Kaufhaus Loosen eröffnet P & C seine neue Filiale.

21. Mai Mit einem 19:16 Erfolg im Rückspiel gegen US Creteil gewinnt Tusem Essen den Handball-Europa-Cup der Pokalsieger.

1. Juni Das Operative Zentrum II des Universitätsklinikums wird eingeweiht.

21. Juni Berthold Beitz legt den Vorsitz im Aufsichtsrat der Fried. Krupp GmbH nieder. Er wird aber sogleich zum Ehrenvorsitzenden des Aufsichtsgremiums gewählt.

15. Juli Im Aalto-Theater wird die Oper „Graf Mirabeau" des Komponisten Siegfried Matthus uraufgeführt.

15./16. Juli Die Polizei löst eine „Party" von Neo-Nazis der Freien Arbeiter-Partei (FAP) im Strandbad Baldeney auf. Dabei wird ein durch Haftbefehl gesuchter Beteiligter festgenommen.

30. August Der neugestaltete Kennedyplatz wird mit einem Fest eingeweiht.

September In enger Kooperation mit Professor Vilim Vasata startet die Stadt eine neue Werbekampagne mit sogenannten Image-Plakaten, die bundesweit geklebt werden.

1. September Das umstrittene Bergarbeiter-Denkmal „Steile Lagerung" von Professor Max Kratz wird auf der Freiheit enthüllt. Der Vorsitzende der IG Bergbau und Energie, Hans Werner Meyer, hebt lobend hervor, daß zum ersten Male seit 1945 die Bergleute durch ein Denkmal gewürdigt würden.

3. September Bei einem Open-Air-Konzert im Georg-Melches-Stadion feiern 19 000 Fans Herbert Grönemeyer. Den Erlös des Abends von etwa 170 000 Mark kommt Arbeitsloseninitiativen im Ruhrgebiet zugute.

6. September Friedensnobelpreisträger Lech Walesa ist zu Gast bei Kardinal Franz Hengsbach. Zusammen mit zahlreichen Aussiedlern nimmt er an der Frühmesse im Dom teil.

7. September – 29. Oktober Mit Unterstützung der IG Bergbau und Energie, die ihr 100jähriges Bestehen feiert, findet im Ruhrlandmuseum die Ausstellung „Ausbeute. Bergbau und Bergarbeit in der Fotografie" statt.

1. Oktober Mit Verlusten für die SPD (50,5 %) und die CDU (32,4 %) und Gewinnen für die Grünen (9,8 %) und die FDP (5,2 %) enden die Kommunalwahlen.
Die ersten Kommentare: „Das Wahlergebnis gibt der SPD keinen Grund zum Jubeln. Dennoch ist es möglich, mit der absoluten Mehrheit unsere Arbeit gut fortzusetzen." (Oberbürgermeister Peter Reuschenbach) – „Am Ende vieler Arbeit ein für uns enttäuschendes Ergebnis." (CDU Spitzenkandidat Hanns Sobek) – „Wir freuen uns sehr, daß wir fast unser Ziel, ein zweistelliges Ergebnis, erreicht haben." (Christine Weinbörner, Grüne) – „Ich bin sehr, sehr glücklich. Es gibt nichts Schwierigeres,

als nach acht Jahren den Sprung zurück ins Rathaus zu schaffen.“ (FDP-Spitzenkandidatin Georgia Kaiser)

6. Oktober Im alten Heisinger Rathaus wird von Ministerpräsident Johannes Rau und der Wissenschaftsministerin Anke Brunn das Kulturwissenschaftliche Institut eingeweiht. Es soll – nach den Worten der Ministerin – eine „Institution zum Nachdenken“ sein, in der Geistes- und Sozialwissenschaftler fachübergreifend arbeiten und diskutieren werden. Gründungsbeauftragter des Instituts ist der Historiker Professor Dr. Lutz Niethammer.

18. Oktober Bei der Wahl des neuen Oberbürgermeisters erhält Peter Reuschenbach nur 35 von 43 möglichen SPD-Stimmen, weshalb er die Wahl nicht annimmt. Neue Oberbürgermeisterin wird dadurch Annette Jäger, die auf der SPD-Liste an zweiter Stelle stand. Ihre Vertreter sind Hanns Sobek (CDU) und Rosemarie Heiming (CDU).

4.–8. Dezember Günter Grass, im Wintersemester „poet in residence“ der Universität Essen, eröffnet seine Blockveranstaltung (täglich von 12 – 18 Uhr) im total überfüllten Hörsaal R 11 TOO D 03.

1990

31. Januar Der Kulturpreis der Stadt Essen für Plakatgestaltung wird an Professor Günter Kieser verliehen.

3./4. Februar Vor dem Kellereingang des RWE-Warenannahmelagers explodiert ein Sprengkörper. Durch die Wucht der Explosion fliegen Betonteile durch die Luft, werden mehrere Büroräume verwüstet, und zersplittern im Umkreis von 200 Metern die Fensterscheiben. Zu dem Bombenanschlag bekennt sich die „Kämpfende Einheit Cepa Gallende“.

16. Februar Das neue Arbeitsamt am Berliner Platz wird feierlich eröffnet. Parallel dazu findet eine von der ÖTV organisierte Protestveranstaltung statt, bei der die herrschende Personalnot beklagt wird.

9. März Eine Gruppe von etwa 30 Skinheads überfällt das Asylantenwohnheim am Sachsenring und wirft die Fensterscheiben ein. Beim Eintreffen der Polizei flüchten die Täter. In der folgenden Nacht machen wiederum einige Skinheads Randale vor dem Heim und schießen mit Pistolen in die Luft.

27. März Auf Einladung des Initiativkreises Ruhrgebiet spricht der Friedensnobelpreisträger Henry Kissinger in der Grugahalle. Es ist die Auftaktveranstaltung der Reihe „Nobelpreisträger im Ruhrgebiet".

31. März Die Walter-Hohmann-Sternwarte weiht ihr neues Spiegelteleskop ein, mit dem Galaxien, die Millionen von Lichtjahren entfernt sind, beobachtet werden können.

4. Mai Umweltminister Klaus Matthiesen eröffnet die neue Schleuse in Steele-Horst, durch die die Ruhr zwischen Hattingen und der Spillenburg schiffbar wird.

13. Mai Mit 57 Prozent hat die SPD bei der Landtagswahl die absolute Mehrheit deutlich übertroffen, wenngleich sie einige Stimmenverluste im Vergleich zur Landtagswahl 1985 hinnehmen muß. Leicht zulegen können CDU (29,3 %), die Grünen (5,6 %) und die FDP (5 %). Direkt in den Landtag ziehen Heidemarie Berger (Wahlkreis 80), Johannes Gorlas (WK 78), Jarka Pazdziora-Merk (WK 79), Horst Radtke (WK 75), Jürgen Thulke (WK 76) und Gerd-Peter Wolf (WK 77), alle von der SPD. Über die Landesliste kommen Franz-Josef Britz und Manfred Kuhmichel (beide CDU) ins Parlament.

9. Juni – 4. November In der Villa Hügel ist die Ausstellung „Petersburg um 1800", veranstaltet von der Kulturstiftung Ruhr, zu sehen. Mehr als 550 Exponate (Gemälde, Möbel, Porzellan, Glas, Bücher etc) aus den Beständen der Eremitage werden gezeigt.

11. August – 4. November Das Folkwangmuseum präsentiert die Ausstellung „Vincent van Gogh und die Moderne 1890 – 1914", in der Gemälde van Goghs zusammen mit Werken von Künstlern gezeigt werden, die wichtige Impulse von dem holländischen Maler empfingen.

23. August Die Ehrenplakette der Stadt Essen erhalten die Ratsmitglieder Gerhard Kersting, Rudolf Koblitz, Hanslothar Kranz, Karl-Heinz Völker und Helmut Wolff für ihr kommunalpolitisches Engagement.

15.–16. September Mit einem großen Theaterfest wird die Fertigstellung des umgebauten Grillo-Theaters gefeiert. Die Spielzeit wird dann am 22. September mit Shakespeares „Ein Sommernachtstraum" eröffnet.

26. September Im Ruhrlandmuseum wird die Ausstellung „Vergessene Zeiten – Mittelalter im Ruhrgebiet" gezeigt.

13. NOVEMBER Peter von Zahn präsentiert den neuen Stadtfilm „Essen – Eine Zukunft wird besichtigt“.

2. DEZEMBER Mit Verlusten bei der SPD (47,8 %), die nach langer Zeit wieder unter die 50 Prozent-Marke rutscht, und bei den Grünen (4,2 %), und mit einem Gewinn bei der FDP, die 10,3 Prozent der Stimmen erhält, endet die Bundestagswahl, bei der die CDU mit 33,8 Prozent stabil geblieben ist. Die Direktmandate erobern wiederum Ingrid Becker-Inglau, Otto Reschke und Peter Reuschenbach (alle SPD), während Dr. Paul Hoffacker (CDU) und Klaus Beckmann (FDP) über die Landesliste in den Bundestag gelangen.

1991

10. JANUAR Der Offene Fernseh-Kanal Essen geht auf Sendung. Die Beiträge wurden nicht von Profis erstellt, sondern stammen von interessierten Bürgern. Jeden Donnerstag wird das Programm ausgestrahlt, das die Essener übers Kabel empfangen können.

15. JANUAR Mit einer Mahnwache vor der Marktkirche demonstrieren Essener Bürgerinnen und Bürger gegen die drohende Kriegsgefahr am Golf. Im Anschluß an die Friedensdemonstration wird zunächst die Straße vor dem Hauptbahnhof und dann die A 430 von 50 Personen besetzt, so daß die Autobahn für den Verkehr gesperrt werden muß.
Die Protestkundgebungen wiederholen sich in den folgenden Tagen. Am 17. Januar ziehen die Schüler der Borbecker Schulen in einem Sternmarsch zum Borbecker Markt, andere Jugendliche demonstrieren vor der Hauptverwaltung von Ferrostaal, da dem Unternehmen eine Verwicklung in den Golfkonflikt vorgeworfen wird. Den Höhepunkt erreicht die Protestwelle am 18. Januar, als über 10 000 Menschen für den Frieden im Nahen Osten demonstrieren.

21. JANUAR Wegen des Golfkrieges setzt das Festkomitee Essener Karneval den Rosenmontagszug ab.

23. JANUAR Der Rat beschließt die Gründung einer Essener Wirtschaftsförderungs-GmbH, an der die Stadt und die Wirtschaft jeweils zu 50 Prozent beteiligt sind.

28. JANUAR Das Zentrum für Türkeistudien wird von Bonn nach Essen verlegt und der Universität angegliedert.

9. FEBRUAR Im Aalto-Theater wird Gray Veredons Ballett „Der Diener zweier Herren“ nach Goldoni erstmals in Deutschland aufgeführt.

27. FEBRUAR Den Kulturpreis der Stadt Essen erhalten die Interessengemeinschaft Alte Universität Erfurt, die sich für die Wiedererrichtung der Universität als europäische Hochschule einsetzt, und die ARKA-Kulturwerkstatt in Schonnebeck.

5.–9. JUNI Zum ersten Mal in seiner Geschichte findet der Evangelische Kirchentag in drei Städten – Bochum, Dortmund und Essen – statt. Eröffnet wird er in Essen mit einem Gottesdienst auf dem Kennedyplatz.

14. JUNI Der Oberbürgermeister von Tel Aviv, Sholmo Lahat, und die Essener Oberbürgermeisterin, Annette Jäger, unterzeichnen die Partnerschaftsurkunden für ihre Städte.

24. JUNI Im Alter von 80 Jahren stirbt Dr. Franz Kardinal Hengsbach. In einem Nachruf würdigt die Stadt Essen das Leben des Trägers des Ehrenringes: „Seit seinem Amtsantritt im Jahre 1958 hat er als Bischof von Essen über mehr als drei Jahrzehnte das Bild der katholischen Kirche in unserem Bistum geprägt. Den Menschen im Ruhrgebiet war Kardinal Hengsbach in besonderer Weise verbunden. Seine Sorge galt vor allem den schwierigen regionalen Strukturproblemen und ihren Folgen. Über die kirchliche Seelsorge hinaus galt sein Wirken den Lebens- und Arbeitsverhältnissen der Menschen an der Ruhr. Mit mahnenden Worten richtete er häufig Appelle an die Entscheidungsträger aus Politik, Industrie und Gewerkschaften, um zu sozialverträglichen Strukturveränderungen beizutragen. Äußeres Zeichen seiner Verbundenheit mit der Region war das Kohlestück in seinem Bischofsring.“

27. JUNI – 17. JULI Mit einer Lesung von Texten des Österreichers Thomas Bernhard durch Marianne Hoppe und einem Gastspiel des Tanztheaters Metros aus Barcelona wird das Festival „Theater der Welt“ eröffnet. Zweieinhalb Wochen präsentieren 39 Theatergruppen aus 18 Ländern, unter ihnen das Wiener Burgtheater und das Theatre du Soleil von Ariane Mnouchkine, einen Überblick über das aktuelle Theaterschaffen. Die 118 Vorstellungen, von denen 44 restlos ausverkauft sind, besuchen 28 700 Menschen, insgesamt wird eine Platzauslastung von 76 Prozent erzielt. Dennoch urteilt die „Frankfurter Allgemeine Zeitung“: „Die großen Namen wurden goutiert, die großen

Unbekannten ignoriert. Hansgünther Heyme, der hier viel bewegt hat, war es nicht beschieden, Essen in eine Theaterstadt zu verwandeln. Die Ruhrmetropole nimmt wenig Notiz von dem Ereignis.“

2. JULI Die Hauptversammlung der Stern-Brauerei Carl Funke AG beschließt, nach dem Verkauf ihrer Braustätte an der Rellinghauser Straße ihren Hauptsitz nach Köln zu verlegen und die Gesellschaft in Dom-Kölsch Brauerei AG umzubenennen.

10. SEPTEMBER Der Oberbürgermeister von Nishnij Nowgorod, Omari Scharadse, und Oberbürgermeisterin Annette Jäger unterzeichnen den Partnerschaftsvertrag zwischen den beiden Städten.

22. SEPTEMBER Die Ausstellung „Das Jüdische Museum Prag – Von schönen Gegenständen und ihren Besitzern“ wird in der Alten Synagoge eröffnet. Zugleich gratuliert die Oberbürgermeisterin zur Auszeichnung im Rahmen des Europäischen Museumspreises.

23. OKTOBER AEG-Kanis und Kanis Energie GmbH eröffnen offiziell ihre neuen Werke für Gasturbinen und elektrische Maschinen am Stadthafen.

24. OKTOBER Peter Rühmkorf beginnt an der Universität sein Seminar „Kreatives Schreiben“.

31. OKTOBER Das umgebaute Textil-Kaufhaus Boecker öffnet seine Pforten.

7. NOVEMBER Im Grillotheater wird das Stück „King Kongo“ von Gaston Salvatore uraufgeführt (Inszenierung: Hansgünther Heyme).

14. NOVEMBER Oberstadtdirektor Kurt Busch und Professor Vilim Vasata stellen das neue Stadt-Signet, ein geschwungenes E, vor. Das E demonstriere, so Vasata, mit Schwung den Weg nach oben und sei ein Zeichen fortschrittlicher Aktivität. Es habe „optische Energie“.

11. DEZEMBER Einen Tag vor Beginn des normalen Kinobetriebs feiert das Cinemaxx mit 1300 geladenen Gästen Premiere. Es ist mit 16 Sälen und 5200 Sitzplätzen das größte Filmtheater der Bundesrepublik.

18. DEZEMBER Der Papst ernennt den Weihbischof in Köln und Titularbischof von Egabro Dr. Hubert Luthe zum neuen Bischof von Essen.

1992

16. JANUAR Hansgünther Heyme inszeniert die Uraufführung von Calderons „Die Tochter der Luft“ in der Übersetzung und Überarbeitung von Hans Magnus Enzensberger. In einer Doppelrolle als Königin Semiramis und ihres Sohnes tritt Gudrun Landgrebe auf.

2. FEBRUAR Bischof Dr. Hubert Luthe wird in sein Amt eingeführt. In seiner Begrüßungsansprache führt der Vorsitzende der Deutschen Bischofskonferenz, Bischof Dr. Karl Lehmann, aus: „Im Namen der deutschen Bischöfe darf ich Sie, lieber Hubert Luthe, herzlich begrüßen. Sie sind ja kein Unbekannter in unserem Kollegium der Bischöfe. Schon 22 Jahre sind Sie Mitglied der Deutschen Bischofskonferenz und haben segensreich in ihr gewirkt. Von Anfang an, nämlich bald nach Ihrer Bischofsweihe Ende Oktober 1969, bis zum heutigen Tag sind Sie zwei Aufgaben in seltener Treue besonders verbunden geblieben, nämlich der Kommission für Fragen der Glaubens- und Sittenlehre und für Fragen der Wissenschaft und Kultur. ... Bischof Luthe lag die theologisch-philosophische Verantwortung der Bischöfe inmitten unserer Kultur und einer hohen wissenschaftlichen Zivilisation am Herzen und hat dafür große Verdienste erworben. Nicht zuletzt darum hat ihn die Bischofskonferenz schon vor über 20 Jahren zum Beauftragten beim Cusanus-Werk berufen. ... Wir Bischöfe sind aus langem, vertrautem Umgang mit Ihnen überzeugt, daß Sie mit den bewährten Weihbischöfen Wolfgang Große und Franz Grave das Schiff des Bistums Essen gut und verlaßlich in das dritte Jahrtausend steuern werden.“

5. FEBRUAR Die Alfried-Krupp-von-Bohlen-und-Halbach-Stiftung finanziert eine Professur an der Essener Universität für Fotografie und ihre Geschichte. Sie wird dem Fachbereich Gestaltung/Kunsterziehung angehören.

1. APRIL Radio Essen geht um 13 Uhr auf Sendung. Interviewgäste sind u.a. Wolfgang Clement, Leiter der Düsseldorfer Staatskanzlei, und Bernhard Paul, Chef des Zirkus Roncalli.

25. APRIL Mit der Arbeitsniederlegung des technischen Personals des Aalto-Theaters beginnt der Streik im öffentlichen Dienst, der bis zum 7. Mai das Leben in der Stadt lähmt.

27. MAI 40 000 Fans feiern Marius Müller-Westernhagen bei seinem Open-Air-Auftritt im Georg-Melches-Stadion.

6. JUNI – 8. NOVEMBER In der Villa Hügel wird die Ausstellung „Metropole London 1800 - 1840“ gezeigt, die die glanzvolle Epoche der englischen Hauptstadt zu Beginn des 19. Jahrhunderts umfassend dokumentiert.

28. JUNI – 27. NOVEMBER Das Folkwangmuseum präsentiert die Ausstellung „Die Wahrheit des Sichtbaren - Edward Hopper und die Fotografie“.

6. SEPTEMBER In Werden feiern Tausende von Gläubigen den 1250. Geburtstag des heiligen Ludgerus. Die Prozession mit dem Schrein durch die festlich geschmückten Straßen und das Hochamt, das der Kölner Erzbischof, Kardinal Joachim Meissner, zelebriert, sind der Abschluß und zugleich der Höhepunkt des Ludgerus-Jahres.

11. SEPTEMBER Die Deutsche Montan Technologie (DMT) eröffnet in Kray ein Umweltcentrum, dessen Aufgaben die Erkundung und Sanierung von Altlasten, Standortsuche und Bauberatung für Deponien sowie die Messung von Umweltbelastungen sind.

17. SEPTEMBER Nach acht Monaten Umbauzeit können wieder Bücher in der Traditionsbuchhandlung Baedeker gekauft werden. Durch den Umbau wurde die Verkaufsfläche verdoppelt. Auf vier Etagen stehen nun über 2000 Quadratmeter zur Verfügung. „Baedeker ist und bleibt ein Denkmal unserer Stadt und setzt mit dem Neubau das besondere Lesezeichen für die Region Essen und das Ruhrgebiet“, erklärt der Aufsichtsratsvorsitzende der A. Sutter GmbH, Kurt Schoop.

7. NOVEMBER Auf dem Burgplatz demonstrieren trotz schlechten Wetters Tausende gegen Rassismus, Fremdenfeindlichkeit und Antisemitismus.

1. DEZEMBER Ilse Menz verkauft ihre Firma Menz & Jaeck GmbH, über die sie die acht Lichtspielhäuser darunter die „Lichtburg“ betrieb, an die UFA-Theatergesellschaft. Ein wichtiges Kapitel Essener Kulturgeschichte geht damit zu Ende.

23. DEZEMBER Das Gildehof-Bad schließt seine Pforten.

1993

1. JANUAR Über 300 000 Menschen demonstrieren mit einer Lichterkette in der Essener Innenstadt gegen Fremdenfeindlichkeit. Die größte Kundgebung in der Geschichte des Reviers verwandelt die City in ein Lichtermeer.

Die Lichterkette formiert sich vor der alten Synagoge

1. MÄRZ Mit einem Gottesdienst wird die Frühjahrstagung der Deutschen Bischofskonferenz eröffnet, an der mehr als 70 Kardinäle, Bischöfe und Weihbischöfe teilnehmen. So viel Purpur und Violett war noch nie in der Münsterkirche zu sehen.

1. APRIL In einer alten, umgebauten Werkshalle von Krupp wird das Ikea-Möbelhaus eröffnet.

3. JUNI In Reaktion auf den Brandanschlag in Solingen, bei der zwei türkische Frauen und drei Kinder starben, protestieren Deutsche und Türken gegen den aufkommenden Rechtsradikalismus und gegen Fremdenhaß. Auch in einigen Betrieben legen

die Arbeitnehmer kurzfristig die Arbeit nieder und gedenken der Opfer des Brandanschlags.

25. JUNI Auf einem Sonderparteitag der SPD in der Grugahalle wird Rudolf Scharping zum neuen Vorsitzenden der Partei gewählt.

25. JUNI In Anwesenheit zahlreicher Ehrengäste eröffnet der russische Kulturminister Jewgenij J. Sidorow die Ausstellung des Folkwangmuseums „Von Monet bis Picasso“. Zu sehen sind 120 Spitzenwerke der französischen Impressionisten und der klassischen Moderne, die die russischen Sammler Iwan Morosow und Sergej Schtschukin zu Beginn des Jahrhunderts zusammengetragen haben und die sich heute im Moskauer Puschkin-Museum und in der Eremitage von St. Petersburg befinden. Die Ausstellung findet mehr als 572 000 Besucher, soviele gab es bis dahin noch nie in Deutschland bei einer Gemäldeausstellung.

30. JUNI Auf der Kokerei Zollverein wird der letzte Koks gelöscht.

20. JULI Wissenschaftsministerin Anke Brunn eröffnet die neue Aids-Station im Universitäts-Klinikum. Die Einrichtung mit 10 Betten dient als Anlaufstelle für schwererkrankte Patienten aus dem gesamten Ruhrgebiet.

5. SEPTEMBER Die Abteikirche in Werden wird von Papst Johannes Paul II. zur Basilika erhoben.

1994

11. JANUAR Die neue Zentrale der Firma Krupp Hoesch International (KHI) an der Theodor-Althoff-Straße in Bredeney wird offiziell eröffnet. KHI hat mehr als 5000 Mitarbeiter und ist weltweit zuständig für die Bereiche Stahlvertrieb, Transport und Verkehr sowie Entsorgung und Recycling.

12. JANUAR Im Georg-Melches-Stadion beginnt der Abbau der traditionsreichen Westkurve, die wegen Einsturzgefahr nicht mehr betreten werden durfte.

28. JANUAR Mit einer Gala eröffnet das neue Theater „Satiricon“ im Girardet-Haus.

14. MAI Im Endspiel um den deutschen Fußball-Pokal unterliegt Rot-Weiß Essen Werder Bremen mit 1:3. Dennoch werden die Spieler am Sonntag von 5000 Fans auf dem Kennedyplatz begeistert empfangen.

10. JUNI Das Girardet-Haus wird offiziell seiner Bestimmung übergeben. Oberbürgermeisterin Annette Jäger lobt: „Aus einer einzigen Produktionsstätte wird ein kreatives Miteinander unterschiedlicher Nutzungen, die sich gegenseitig befruchten."

11. JUNI – 13. NOVEMBER In der Villa Hügel gibt die Ausstellung „Paris – Belle Epoque" einen faszinierenden Überblick über das Leben und die Kunst in der europäischen Metropole zwischen 1880 und 1910.

18. JUNI „Wir feiern heute kein Fest, danach ist uns nicht zumute", sagt Günter Staatz, Leiter des Humboldt-Gymnasiums, bei der Abiturientenverabschiedung, denn zum Ende des Schuljahres wird die traditionsreiche, 130 Jahre alte Schule aufgelöst und in die Gesamtschule Essen-Mitte umgewandelt.

3. SEPTEMBER Europas erste Solarsiedlung geht in Betrieb. 25 Reihenhäuser des Allbaus in der Pausstraße sind mit Solarzellenanlagen auf dem Dach versehen worden, die die Energie des Sonnenlichts in Gleichstrom umwandeln. Bei gutem Wetter können so bis zu 40 Prozent des Bedarfs abgedeckt werden.

12. SEPTEMBER Bei strömenden Regen wird der Grundstein für das neue RWE-Verwaltungsgebäude gelegt. Der 127 Meter hohe Turm soll mit 27 Obergeschossen das höchste Verwaltungsgebäude des Ruhrgebiets werden.

6.–9. OKTOBER Die erste Tanzmesse NRW, die der Leiter der Staatskanzlei, Minister Wolfgang Clement, eröffnet, ist ein großer Erfolg. 50 Veranstalter präsentieren sich, und statt der erhofften 4000 Zuschauer kommen 8000.

16. OKTOBER Bei der Bundestagswahl legt die SPD 2,8 Prozentpunkte zu und kommt auf 50,6 Prozent der Stimmen. Ebenfalls Gewinne haben die Grünen (7,3 %) aufzuweisen, während die Regierungsparteien Verluste hinnehmen müssen: CDU: 31,2 % (- 2,6); FDP: 6,9 % (- 3,4). Ingrid Becker-Inglau, Rolf Hempelmann und Otto Reschke, alle SPD, erobern die drei Essener Direktmandate, während Hermann Gröhe und Norbert Königstein von der CDU auf der Landesliste abgesichert sind.
Bei der gleichzeitig stattfindenden Kommunalwahl rutscht

die SPD von 50,5 auf 49,3 Prozent ab, hat aber weiterhin die absolute Mehrheit der Mandate. Die CDU (33,6 %) weist ein kleines Plus auf ebenso wie die Grünen (10,9 %). Verlierer der Wahl ist die FDP, die mit 2,8 Prozent den Sprung ins Stadtparlament nicht schafft.

2. NOVEMBER In seiner konstituierenden Sitzung bestätigt der Rat Oberbürgermeisterin Annette Jäger in ihrem Amt. Ebenso wiedergewählt wird Bürgermeisterin Rosemarie Heiming (CDU). Als zweiter Bürgermeister fungiert zukünftig Thomas Fresen (SPD).

17. NOVEMBER Bundespräsident Roman Herzog ist bei seinem Antrittsbesuch in Nordrhein-Westfalen Gast in Werden, wo er zusammen mit Johannes Rau eine Präsentation von Studenten und Studentinnen der Folkwang-Hochschule für Musik, Theater und Tanz besucht.

1. DEZEMBER Mit viel Musik und einer Gewinnverlosung wird das umgebaute und mit einem Glasdach versehene City Center wieder eröffnet. In die Umgestaltung wurden 90 Millionen Mark investiert.

4. DEZEMBER Das umgestaltete Amerikahaus auf dem Kennedyplatz wird unter dem neuen Namen Europa-Haus eröffnet. Es beherbergt nun ein Theater, ein Bistro, eine Cocktail-Bar, Ausstellungsräume sowie ein überregionales Ticket- und Informations-Center.

9.–10. DEZEMBER „Heute ist Essen Europas Mittelpunkt“ textet die NRZ, „Gipfel-Treffen hält ganze Stadt in Atem“ die WAZ. Die Staats- und Ministerpräsidenten, Minister und Staatssekretäre aus den 15 Mitgliedsländern der EU sind zu Gast in Essen, und entsprechend groß ist das Medieninteresse. „Keine Nachrichten-Sendung ohne das Essener Gipfel-Ereignis, kaum ein Fernseh-Kanal ohne Ruhrstadt-Bilder, und selbst in den internationalen Tageszeitungen erfahren die Leser plötzlich, daß nördlich von Köln-Bonn-Düsseldorf kein Brachland liegt. Essen im Blickpunkt, zumindest für zwei Tage, zumindest mit der berechtigten Aussicht auf eine positive Langzeitwirkung. Die Medien nehmen Notiz von Essen und dem Gipfel. Das war nicht anders zu erwarten. Und was tun die Essener? Jedenfalls hat sie bis heute nicht das befallen, was DIE ZEIT bei ihren Recherchen im Gipfel-Vorfeld verspürte. Die Kollegen der Hamburger Wochenzeitung befanden allen Ernstes, seit der Kanzler Essen als Tagungsort auserkoren habe, herrsche in der Stadt ‚eine regelrechte Euro-Manie‘. Wo sie diese Form krankhaft übersteigerter Leidenschaft für Europa und den Gipfel entdeckt haben wollen, wird wohl das Geheimnis der hanseatischen Zeitgeister bleiben. Daß sich nicht nur die Organisatoren in Bonn und Brüssel auf dieses Ereignis vorbereitet haben, sondern man sich auch in der Gastgeber-Stadt rechtzeitig Gedanken gemacht hat, sollte so ungewöhnlich nicht sein. ... In den Messehallen an der Gruga gabs so manches Lob von den Gästen. Schön zu hören. Die Essener selbst, so scheints, hat das Polit-Spektakel zumindest bis jetzt überwiegend kalt gelassen. Zu registrieren ist Ärger über abgeschleppte Autos, verstopfte Straßen und verspätete EVAG-Busse. Und mancher wird sich wohl auch fragen, ob ein paar Polizei-Kontrollen weniger den Sicherheits-Standard nicht auch erfüllt hätten. Für den Großteil der Stadt und ihrer Menschen aber wars ein ganz normaler Freitag." So die Beobachtungen von Ulrich Führmann.

Während der erste Tag ruhig verläuft, gibt es am Samstag eine nicht genehmigte Kundgebung auf dem Willy-Brandt-Platz. Als die Demonstranten der Aufforderung der Polizei, den Platz zu verlassen, nicht Folge leisten, werden sie von einem massiven Polizeiaufgebot von etwa 1000 Beamten eingekreist und dann vorläufig in Gewahrsam genommen.

Der Euro-Gipfel

1995

22. März Personaldezernent Hermann Hartwich wird mit den Stimmen der SPD und der CDU zum neuen Oberstadtdirektor gewählt. Die Vereidigung und Amtseinführung erfolgt dann am 28. Juni. Als seine wichtigste Aufgabe sieht Hartwich neben dem Umbau der Verwaltung die Lösung der sozialen Probleme (Arbeitslosigkeit, Wohnungsnot, abnehmende Solidarität) an.

24. März Ein Brandanschlag legt die Moschee in Katernberg in Schutt und Asche.

11. April Mit einer würdevollen Gedenkfeier in der Marktkirche begeht die Stadt den 50. Jahrestag der Befreiung Essens durch die Amerikaner. Bürgermeister Thomas Fresen betont in seiner Ansprache: „Nie wieder dürfen wir zulassen, daß ein Krieg von deutschem Boden ausgeht. Nie wieder dürfen wir zulassen, daß die Feinde von Demokratie und Humanität in unserem Land an Einfluß gewinnen."

12. April Im Ruhrlandmuseum wird die Ausstellung „Bildberichte. Aus dem Ruhrgebiet der Nachkriegszeit" eröffnet.

14. Mai Bei der Landtagswahl muß die SPD empfindliche Verluste (- 4,8) hinnehmen, behält aber mit 52,2 Prozent ihre absolute Mehrheit. Einen Stimmenrückgang hat auch die FDP (3,1 %) zu beklagen, während die CDU (30,6 %) leicht dazu gewinnt. Die Grünen sind die eigentlichen Sieger der Wahl, denn sie haben ihren Stimmenanteil von 5,6 auf 11,1 Prozent beinahe verdoppelt. Wiederum fallen alle Direktmandate an die SPD. Es ziehen in den Landtag: Heidemarie Berger, Wilhelm Nowack, Jarka Pazdziora-Merk, Horst Radtke, Jürgen Thulke und Gerd-Peter Wolf von der SPD sowie Franz-Josef Britz und Manfred Kuhmichel von der CDU.

23. Juni – 2. Juli Mit dem Konzert „Klang. Explorations" im Aalto-Theater werden die Weltmusiktage 1995 eröffnet, die die Internationale Gesellschaft für neue Musik seit 1923 jährlich veranstaltet. 1500 Künstler aus zehn Nationen machen das Ruhrgebiet bis zum 2. Juli zum Treffpunkt der musikalischen Avantgarde.

11. November Ministerpräsident Johannes Rau eröffnet in der Alten Synagoge die Ausstellung „Hannah Arendt – Lebensweg einer deutschen Jüdin".

25. NOVEMBER Auf dem Kennedyplatz versammeln sich etwa 200 kurdischen Demonstranten, die wenig später den Verkehr auf der Hachestraße durch eine Sitzblockade zum Erliegen bringen. Als die Polizei einschreitet, kommt es zu gewaltsamen Auseinandersetzungen. Steine und Molotowcocktails werden geworfen. Mehr als 100 Kurden nimmt die Polizei fest.

30. NOVEMBER Im Ruhrlandmuseum wird die Ausstellung „Die Mauer der Stadt – Essen vor der Industrie“ eröffnet.

Abkürzungsverzeichnis

ADAC	Allgemeiner Deutscher Automobil-Club
AOK	Allgemeine Ortskrankenkasse
CDU	Christlich-Demokratische Union
DAF	Deutsche Arbeitsfront
DDP	Deutsche Demokratische Partei
DGB	Deutscher Gewerkschaftsbund
DKP	Deutsche Kommunistische Partei
DNVP	Deutschnationale Volkspartei
DVP	Deutsche Volkspartei
ETEC	Essener Technologie- und Entwicklungs-Centrum
EVAG	Essener Verkehrs AG
FDJ	Freie Deutsche Jugend
FDP	Freie Demokratische Partei
GVP	Gesamtdeutsche Volkspartei
KPD	Kommunistische Partei Deutschlands
MSPD	Mehrheitssozialdemokratische Partei Deutschlands
NPD	Nationaldemokratische Partei Deutschlands
NRZ	Neue Ruhr-Zeitung
NSBO	Nationalsozialistische Betriebszellen-Organisation
NSDAP	Nationalsozialistische Deutsche Arbeiterpartei
NSV	Nationalsozialistische Volkswohlfahrt
RAF	Rote Armee Fraktion
RGO	Revolutionäre Gewerkschafts-Organisation
RWE	Rheinisch-Westfälische Elektrizitätswerk AG
SA	Sturmabteilung
SPD	Sozialdemokratische Partei Deutschlands
SS	Schutzstaffel
TÜV	Technischer Überwachungsverein
USPD	Unabhängige Sozialdemokratische Partei Deutschlands
VHS	Volkshochschule
VRR	Verkehrsverbund Rhein-Ruhr
WAZ	Westdeutsche Allgemeine Zeitung
WDR	Westdeutscher Rundfunk
WHW	Winterhilfswerk

Literatur

Die Chronik basiert auf den Stadtchroniken und Verwaltungsberichten der Stadt, die sich im Stadtarchiv befinden, und auf den Zeitungen „Neue Ruhr-Zeitung“ (NRZ), „Ruhr-Nachrichten“ und „Westdeutsche Allgemeine Zeitung“ (WAZ). Ausgewertet wurden auch die „Beiträge zur Geschichte von Stadt und Stift Essen“ (EB), „Die Heimatstadt Essen“ und „Das Münster am Hellweg“ (MaH).
Für die Ereignisse des Jahres 1933 war die Dokumentation „Essen. Eine Großstadt im Jahr des Unheils“, hg.v. Thomas Rother unter Mitarbeit von Theo Gaudig, Hans Lomberg, Benno Reicher und Dr. Ernst Schmidt, Essen 1983, sehr wertvoll.

Des weiteren wurden berücksichtigt:

Bajohr, Frank: Zwischen Krupp und Kommune, Essen 1988

Baumann, Carl-Friedrich: Schloß Landsberg und Thyssen, Duisburg – Mülheim 1993

Bestand qualitätvoller Bauten aus den „fünfziger Jahren“ in Essen, bearb. von Joachim Petsch u.a., Bochum 1994

Böhnke, Wilfried: Die NSDAP im Ruhrgebiet 1920-1933, Bonn – Bad Godesberg 1974

Brandi, Paul: Essener Arbeitsjahre, in: EB 75 (1959), S. 5 – 110

Buschmann, Walter: Zeche Zollverein in Essen, Köln – Neuß 1987

Chronik der CDU Essen, Essen 1995

Die Stadt Essen, hg.v. Presse- und Informationsamt der Stadt Essen, Essen 1983

Döpper, Franz B.: Essen und seine alten Firmen, Hamburg 1986

Dokumentation zur Geschichte des Museum Folkwang 1912-1945, Essen 1983

„Es begann 1842 – 150 Jahre Sport in Essen“, hg.v. Stadtsportbund Essen, Essen 1992

Feldens, Franz: Alt-Essener Bilderbuch, Essen 1954

Feldens, Franz: 75 Jahre städtische Bühnen Essen, Essen 1967

Fischer, Wolfram: Herz des Reviers. 125 Jahre Wirtschaftsgeschichte des Industrie- und Handelskammerbezirks Essen – Mülheim – Oberhausen, Essen 1965

Gebhardt, Gerhard: Ruhrbergbau, Essen 1957

Herlemann, Beatrix: Kommunalpolitik der KPD im Ruhrgebiet 1924-1933, Wuppertal 1977

Hundert Jahre in Essen auf Draht – Die Straßenbahn, hg.v. der Essener Verkehrs-AG, Essen 1993

Jahn, Robert: Essener Geschicht, Essen 1857

Kellen, Toni: Essen in Wort und Bild, Essen 1902

Klein, Käthe: Aus der Geschichte der Folkwangschule für Gestaltung, Essen 1965

Kösters, Hans G.: Margarethenhöhe. Dichtung in Stein und Grün, Essen 1981

Kösters, Hans G.: Essen Stunde Null, Düsseldorf 1982

Kühr, Herbert: Parteien und Wahlen im Stadt- und Landkreis Essen in der Zeit der Weimarer Republik, Düsseldorf 1973

Laumann, Antje: Drei Denkmäler des 19. Jahrhunderts in Essen, in: MaH 28 (1975), S. 1 - 16

Meyer, Carl: Geschichte der Bürgermeistereien Stoppenberg, Rotthausen und Kray-Leithe, ihrer Gemeinden, Höfe und Industrien, Essen 1914 (3. Aufl.)

Morsey, Rudolf: Die deutsche Zentrumspartei, in: Das Ende der Parteien 1933, hg. v. Erich Matthias u. Rudolf Morsey, Düsseldorf 1960, S. 281 - 452

Müller, Walter: Vom Wöchnerinnenasyl zum Universitätsklinikum, Münster 1981

Parent, Thomas: Das Ruhrgebiet, Köln 1984

Pohl, Hans: Vom Stadtwerk zum Elektrizitätsgroßunternehmen. Gründung, Aufbau und Ausbau der Rheinisch-Westfälischen Elektrizitätswerke AG (RWE) 1898-1918, Stuttgart 1982

Quellensammlung zur Geschichte der sozialen Betriebsverfassung, bearb. v. Gerhard Adelmann, 2 Bde., Bonn 1960 u. 1965

Rüttenscheider Zeittafel, bearb. v. Karlotto Bogumil und Margrit Brand, Essen 1980

Sabel, Karl: Essen - Wie es fiel und sich wieder erhob, Essen 1961

Schmidt, Ernst: Lichter in der Finsternis, 3 Bde., Frankfurt 1979, Essen 1988 u. 1994

Schneider, Sigrid (Hg.): Bildberichte. Aus dem Ruhrgebiet der Nachkriegszeit, Essen 1995

Schneider, Wolf: Essen - Abenteuer einer Stadt, Düsseldorf - Wien 1971 (3. Aufl.)

Schröter, Hermann: Geschichte und Schicksal der Essener Juden, Essen 1980

Sellmann, Wilhelm: 100 Jahre Wohlfahrtsehrendienst. Das öffentliche Sozialwesen der Stadt Essen in Vergangenheit und Gegenwart, Essen 1967

Siebrecht, Fritz: Altenessen, Berlin 1915

Spethmann, Hans: Zwölf Jahre Ruhrbergbau, 4 Bde., Berlin 1928-1930

Steinberg, Hans-Josef: Widerstand und Verfolgung in Essen 1933-1945, Hannover 1969

Streich, Günter/Schmidt, Ernst: „Sie machen fortgesetzt Versammlungen“. Der Neubeginn der SPD in Essen von April 1945 bis Januar 1946, Essen 1995

Tümmler, Hans: Essen – so wie es war, 2 Bde., Düsseldorf 1973 u. 1981

Uecker, Matthias: Zwischen Industrieprovinz und Großstadthoffnung. Kulturpolitik im Ruhrgebiet der zwanziger Jahre, Wiesbaden 1994

40 Jahre SPD-Fraktion im Rat der Stadt Essen, hg.v. der SPD-Fraktion Essen, Essen 1986

Waidelich, Jürgen-Dieter: Essen spielt Theater, Düsseldorf u.a. 1994

Wohnen und Markt. Gemeinnützigkeit wieder modern, hg. v. Allbau AG Essen, Essen 1994

BILD-NACHWEIS

Ruhrlandmuseum
- Bestand van Heekern 168, 185 (2), 189, 190
- Bestand Kleu 194
- Bestand Lerche 184
- Bestand Schmidt 30

Stadtarchiv
16, 39, 48, 71, 86, 93, 113, 126, 147, 153, 154, 158, 162, 193, 200, 290

Stadtbildstelle
13, 18, 21, 23, 26, 28, 29, 32, 33, 35, 40, 43, 50, 57, 59, 62, 64, 65, 67, 80, 95, 98, 106, 108, 110, 115, 119, 120, 129, 131, 137, 141, 144, 145, 156, 159, 165, 166, 173, 199, 203, 205, 206, 211, 214, 215, 222, 228, 233, 236, 239, 241, 243, 246, 249, 252, 259, 262, 267, 273, 275, 278, 282, 285, 295, 298, 301, 307, 310, 312, 314, 322, 324, 330, 340, 343, 351, 355, 357, 358, 363, 373, 377

Personen index

Sachindex